7급 국가직 공무원 시험대비

박문각
공무원

기출문제

PSAT 김영진
상황판단 유형분석

기본편

김영진 편저

동영상 강의 www.pmg.co.kr

7급
PSAT

박문각

이 책의 **머리말**

국가직 7급 공무원 1차 시험이 PSAT으로 변경되어 시행된 지 어느덧 4년차에 접어들었습니다. 하지만 여전히 7급 기출만으로는 시험 대비로 충분하지 못하고 PSAT 상황판단 영역이 특별한 지식을 필요로 하지 않음에도 불구하고 출제범위조차 가늠할 수 없습니다. 또한, 문항의 형태나 소재에 대한 예측도 어려운 속성 때문에 유사 기출까지 확장하여 학습할 수밖에는 없는 것이 현실입니다. 이에 효율적이고 효과적인 대비를 위한 교재의 필요성을 절감하여 본서를 출간하게 되었습니다. 본서의 주요 특징은 다음과 같습니다.

첫째, 주로 최근 연도(2015년~2022년)를 기준으로 5급·7급 민간경력자채용, 7급 공채, 5급 공채의 문항으로 구성했습니다. 출제 트렌드에 적합한 기간으로 한정하되 본서에 수록하는 문항을 무분별하게 선별할 경우 차후 연도별 기출을 모의시험으로 활용할 때 자칫 기억의 잔상으로 본래 목적의 효과가 반감될 수 있는 점을 고려해 편집 문항의 범위에 일정한 제한을 두었습니다.

둘째, 철저하게 수험생의 입장에서 학습의 효과를 극대화하기 위해 본 문제에서 제공된 보기, 선택지, 조건, 규칙, 도표 등의 원문을 최대한 그대로 살려 정오판단의 근거를 쉽게 확인할 수 있습니다. 또한 핵심 정보를 추출하여 이를 가공하거나 또는 해결하는 과정 등을 실전 풀이에 최대한 근접하게 하여 실제로 활용할 수 있도록 하였고, 전략적이고 효율적인 분석이 가능합니다.

본서를 통해 학습하는 수험생 분들은 다음의 사항에 유의하길 바랍니다.

첫째, 1차 시험인 PSAT은 2차 전문과목을 학습하는 방식과는 다른 차원에서 접근해야 합니다. 기억된 지식과 정보를 통해 선지의 정오를 판정하는 일반적인 학습방식과는 달리 1차 PSAT은 본질적으로 문제마다 직접적이고 구체적인 해결방안을 수립하고 사고력을 발휘해야 하는 시험입니다. 그런 만큼 항시 주도적이고 능동적인 자세와 관점으로 학습이 이루어져야 합니다. 즉, 본인의 판단을 중심으로 해설 등의 내용을 참고하되 요소별로 유불리를 따져 본인에게 필요한 부분만 취사선택해야 합니다. 그것을 바탕으로 사고의 방식을 보정해가는 방향으로 진행해야 합니다. 그러므로 해설을 이해하고 익히는 수준에서 머무는 것은 가급적 지양하는 것이 바람직할 것입니다.

둘째, 문제 해결의 전 과정을 스스로 피드백하여 본인의 강점과 약점을 파악해야 합니다. 실전처럼 문제를 푸는 연습도 중요하지만, 풀이 후에 오답 등을 정리하는 과정이 그보다 더 중요합니다. 문제를 해결하는 과정에서 본인이 정답에 접근하지 못했던 이유가 문제를 이해하지 못해서인지, 상황이나 자료의 분석을 잘못한 것인지, 아니면 사안별로 적용하는 과정에 미흡한 점이 있었는지를 따져서 부족한 부분에 대해서는 반복 학습을 통해 이를 극복해야 합니다.

본서에서 구분하고 있는 유형을 기준으로 어느 정도의 보편적인 대응 방법을 익히고 훈련한 뒤에는 본서에서 다루지 않은 전후 연도의 기출 문제를 모의시험으로 활용한다면 충분한 준비가 되지 않을까 생각합니다. 본서는 국가직 7급 시험을 대비하기 위해 제작된 것이지만 5급 공채나 입법고시 그리고 2025년도부터 도입이 예정되어 있는 법원행정고시나 국회직 8급 시험을 대비하기 위한 범용성도 갖추고 있습니다.

마지막으로 늘 물심양면으로 지원을 아끼지 않으시는 김종요 상무님과 졸서임에도 흔쾌히 출판에 응해주시고 본서의 구성과 편집에 대해 조언해 주신 김현실 이사님, 감당하기 벅찬 교정임에도 꼼꼼하게 부족한 부분을 채워주신 전슬기 주임님, 그리고 사랑하는 가족에게 이 자리를 빌려 감사의 인사를 전합니다.

수험생 여러분의 합격을 진심으로 기원합니다.

2024년 4월

박문각 PSAT 상황판단 김영진 드림

CONTENTS

이 책의 **차례**

OT 오리엔테이션 · 6

Part 01 이해추론편

CHAPTER 01 **이해추론– 법령제시형**

[1.1] 법령제시 · 14

CHAPTER 02 **이해추론– 비문학독해 및 추론**

[1.2] 비문학독해 및 추론 · · · · · · · · · · · · · · · · · · 33

Part 02 추리분석편

CHAPTER 01 **추리분석– 게임·퍼즐·퀴즈형**

[2.1] 게임·퍼즐·퀴즈 · 52

CHAPTER 02 **추리분석– 수·규칙·암호추리형**

[2.2] 수·규칙·암호추리 · 64

Part 03 조건판단편

CHAPTER 01 **조건판단– 배치결정형(선정, 조합, 순서)**

[3.1] 배치결정(선정, 조합, 순서) · · · · · · · · · · · · · · 80

CHAPTER 02 **조건판단– 의사결정형(비교, 평가, 최선)**

[3.2] 의사결정(비교, 평가, 최선) · · · · · · · · · · · · · · · 96

Part 04 자료판정편

CHAPTER 01 **자료판정– 단순수치계산(개별, 합산, 순위)**

[4.1] 단순수치계산(개별, 합산, 순위) · · · · · · · · · · · 114

CHAPTER 02 **자료판정– 최적수치계산(경우, 제한, 최적)**

[4.2] 최적수치계산(경우, 제한, 최적) · · · · · · · · · · · 127

정답 및 해설 · 140

빠른 정답 찾기 · 222

OT

오리엔테이션

오리엔테이션

1. 상황판단 영역의 의미

어떤 특정한 자료나 조건, 상황에 대해서 이를 이해하고 분석하고 추론하고 평가하여 문제에서 요구하는 사항을 일정한 기준에 부합하도록 유효적절하게 올바른 판단을 하여 문제를 해결하는 능력을 평가하는 영역이라고 할 수 있다.

※ 인사처가 제시한 평가 요소 : 상황의 이해능력, 추론 및 분석능력, 문제해결능력, 판단 및 의사결정 능력 등을 측정함.

2. 상황판단 영역의 속성 (※ 예제는 수업 파트에서 모두 다루고 있으니 정답과 해설은 각 파트별 문항으로 참고하기 바람)

(1) 배경지식의 불필요성

상황판단영역은 기본적으로 특정분야의 지식을 필요로 하지 않는다. 물론 때에 따라서는 배경지식이 풍부한 수험생인 경우 혹은 자신의 전공분야나 관심사와 관련한 내용이 제시문에 사용된 경우에는 어느 정도 유리함이 있을 수 있겠지만 그 유리함 또한 제시문에 접근하는 친숙함 정도일 것이고 문제 해결의 측면에서는 또다른 차원의 과정이 필요한 만큼 그 유리함이 그리 크다고 볼 수는 없다. 즉, 내가 가지고 있는 지식을 바탕으로 바로 문제에 접근하고 별 고민 없이 문제를 해결하는 2차 전문과목의 경우와는 판이하게 다르다는 점을 반드시 인식해야 한다.

예제 1 **다음 글을 근거로 판단할 때, 甲이 귀가했을 때의 정확한 시각은?** 21 5급 공채 가책형 29번

> 甲은 집에 있는 시계 X의 건전지가 방전되어 새 건전지로 갈아 끼웠다. 甲은 정확한 시각을 알 수 없어서 일단 X의 시각을 정오로 맞춘 직후 일정한 빠르기로 걸어 친구 乙의 집으로 갔다. 乙의 집에 당일 도착했을 때 乙의 집 시계 Y는 10시 30분을 가리키고 있었다. 甲은 乙과 1시간 동안 이야기를 나눈 후 집으로 출발했다. 집으로 돌아올 때는 갈 때와 같은 길을 2배의 빠르기로 걸었다. 집에 도착했을 때, X는 14시 정각을 가리키고 있었다. 단, Y는 정확한 시각보다 10분 느리게 설정되어 있다.

※ X와 Y는 시각이 부정확한 것 외에는 정상 작동하고 있다.

① 11시 40분   ② 11시 50분
③ 12시 00분   ④ 12시 10분
⑤ 12시 20분

본 문제는 시간 관리가 철저하기로 유명한 칸트의 일화를 소재로 활용한 문제인데 칸트의 일대기를 제대로 알고 있는 수험생이었을지라도 결국 문제의 해결은 주어진 상황에서 물리법칙(거리=속력×시간)에 따라 판단하면 충분하다는 것을 확인할 수 있다. 다음의 [예제2]를 살펴보자.

예제 2 **다음 글을 근거로 판단할 때, ○○공장에서 4월 1일과 4월 2일에 작업한 최소 시간의 합은?** 20 5급 공채 나책형 30번

> ○○공장은 작업반 A와 B로 구성되어 있고 제품 X와 제품 Y를 생산한다. 다음 표는 각 작업반이 1시간에 생산할 수 있는 각 제품의 수량을 나타낸다. 각 작업반은 X와 Y를 동시에 생산할 수 없고 작업 속도는 일정하다.
>
> 〈작업반별 시간당 생산량〉
>
> (단위 : 개)
>
> | 구분 | X | Y |
> |---|---|---|
> | 작업반 A | 2 | 3 |
> | 작업반 B | 1 | 3 |
>
> ○○공장은 4월 1일 오전 9시에 X 24개와 Y 18개를 주문받았으며, 4월 2일에도 같은 시간에 동일한 주문을 받았다. 당일 주문받은 물량은 당일에 모두 생산하였다.
> 4월 1일에는 작업 여건상 두 작업반이 같은 시간대에 동일한 종류의 제품만을 생산해야 했지만, 4월 2일에는 그러한 제약이 없었다. 두 작업반은 매일 동시에 작업을 시작하며, 작업 시간은 작업 시작 시점부터 주문받은 물량 생산 완료 시점까지의 시간을 의미한다.

① 19시간   ② 20시간
③ 21시간   ④ 22시간
⑤ 23시간

본 문제 또한 영국의 경제학자 데이비드 리카도(David Ricardo)의 비교우위론의 관점에서 출제된 문제이다. 4월 2일 작업에 관해서는 제품 X 1개에 대한 제품 Y 1개의 기회비용이 작업반 A의 경우에는 1.5(3/2)이고 작업반 B의 경우에는 3(3/1)이므로 제품 Y에 대한 기회비용이 더 큰 작업반 B가 제품 Y를 생산하고 제품 X를 작업반 A가 전량 생산하는 것이 작업 시간을 최소화하는 선택일 것이다. 그러나 우리가 이런 경제학적 배경지식이 없다한들 문제를 풀고 정답을 도출하는데 얼마나 많은 지장이 있겠는가. 상식선에서 제품 Y는 두 작업반 간에 생산량에 차이가 없고 제품 X가 작업반 A쪽에 생산량에 우위가 있으므로 자

연스럽게 생산 계획을 결정하는 데에 아무런 문제가 없을 것이다.

이처럼 배경지식의 유무가 문제해결에 많은 영향을 주는 것은 아니라는 점을 인지하기 바란다. 더구나 본인이 가지고 있는 지식이 오히려 문제가 요구하는 본질적인 부분을 간과하는 선입견으로 작용할 수도 있는 위험 요소가 될 수 있는 만큼 철저하게 문제를 통한 해결만을 추구해야 함을 명심해야 한다.

따라서 특정분야의 지식을 습득, 암기하려고 하기보다는 구체적인 자료들 속에서 문제해결에 필요한 정보를 효율적으로 추출하고 이를 통해 자신의 <u>논리적, 비판적 사고력</u>으로 판단, 분석하여 문제를 해결하려는 능력을 향상시키는 데 주력해야 한다.

(2) 출제범위의 불명확성(문항을 구성하는 소재의 다양성)

상황판단영역에서 출제되는 문항(제시문)의 소재는 특정분야에 치우치지 않고 인문과학, 사회과학, 자연과학 등 다양한 분야에서 활용되고 있다. 이는 4차 산업혁명을 필두로 급변하는 사회 속에서 공직자들의 직무수행 환경 또한 점차 예측하기 어려운 다양한 상황에 직면하게 될 것이고 이에 대해 적절하고 원활하게 대응하기 위한 능력의 구비여부를 평가하기 위함일 것이다. 다만, 직무수행의 법적 근거가 되는 관련 법령이나 각 부서별로 업무관련성이 높은 소재는 빈번하게 출제되고 있으니 참고하도록 한다.(⑩ 인사 : 인사교류, 위원위촉, 채용 등, 교육 : 과정이수, 워크숍 개최 등, 계약 : 입찰공고, 사업자 선정 등)

예제 3 **다음 글을 근거로 판단할 때 옳은 것은?**

22 5급 공채 나책형 1번

> 제00조 ① 자신의 생명 또는 신체상의 위험을 무릅쓰고 급박한 위해에 처한 다른 사람의 생명·신체 또는 재산을 구하기 위한 구조행위로서 다음 각 호의 어느 하나의 경우에 대해서는 이 법을 적용한다. 다만 자신의 행위로 인하여 위해에 처한 사람에 대하여 구조행위를 하다가 사망하거나 부상을 입은 행위는 제외한다.
> 1. 범죄행위를 제지하거나 그 범인을 체포하다가 사망하거나 부상을 입은 경우
> 2. 운송수단의 사고로 위해에 처한 다른 사람의 생명·신체 또는 재산을 구하다가 사망하거나 부상을 입은 경우
> 3. 천재지변, 수난(水難), 화재 등으로 위해에 처한 다른 사람의 생명·신체 또는 재산을 구하다가 사망하거나 부상을 입은 경우
> 4. 물놀이 등을 하다가 위해에 처한 다른 사람의 생명 또는 신체를 구하다가 사망하거나 부상을 입은 경우
> ② 의사자(義死者)란 직무 외의 행위로서 구조행위를 하다가 사망하여 □□부장관이 의사자로 인정한 사람을 말한다.
> ③ 의상자(義傷者)란 직무 외의 행위로서 구조행위를 하다가 신체상의 부상을 입어 □□부장관이 의상자로 인정한 사람을 말한다.
> 제00조 ① 국가는 의사자·의상자가 보여준 살신성인의 숭고한 희생정신과 용기가 항구적으로 존중될 수 있도록 서훈(敍勳)을 수여하는 등 필요한 조치를 할 수 있다.
> ② 국가와 지방자치단체는 의사자를 추모하고 숭고한 뜻을 기리기 위한 동상 및 비석 등의 기념물을 설치하는 기념사업을 수행할 수 있다.
> ③ 국가는 다음 각 호의 기준에 따라 의상자 및 의사자 유족에게 보상금을 지급한다.
> 1. 의상자의 경우에는 그 본인에게 지급한다.
> 2. 의사자의 경우에는 그 배우자, 자녀, 부모, 조부모, 형제자매의 순으로 지급한다. 이 경우 같은 순위의 유족이 2인 이상인 때에는 보상금을 같은 금액으로 나누어 지급한다.

※ 서훈 : 공적의 등급에 따라 훈장을 내림

① 의사자 甲에게 배우자와 자녀가 있는 경우, 보상금은 전액 배우자에게 지급된다.
② 지방자치단체는 의상자 乙에게 서훈을 수여하거나 동상을 설치하는 기념사업을 수행할 수 있다.
③ 소방관 丙이 화재 현장에 출동하여 화재를 진압하던 중 부상을 입은 경우, 丙은 의상자로 인정될 수 있다.
④ 물놀이를 하던 丁이 물에 빠진 애완동물을 구조하던 중 부상을 입은 경우, 丁은 의상자로 인정될 수 있다.
⑤ 운전자 戊가 자신이 일으킨 교통사고의 피해자를 구조하던 중 다른 차량에 치여 부상당한 경우, 戊는 의상자로 인정될 수 있다.

본 [예제3]은 상황판단에서 출제비중이 가장 높은 법령제시형 문항으로 [의상자 등 예우 및 지원에 관한 법률]에서 제2조 정의와 제3조 적용범위 등을 부분적으로 발췌하여 제시문으로 활용하고 있다. 수험생 중에서 본 법률을 접해본 수험생이 과연 몇이나 될까? 아마도 거의 없을 것이다. 심지어 우리의 실생활과 나름 밀접한 관련을 갖는 민법의 내용조차 전공자이거나 특별히 학습할 기회를 가져본 수험생을 제외하고는 낯설기는 마찬가지일 것이다. 참고로 16년도 이전에는 민법상 과실상계 및 손익상계, 특정물 인도, 선의취득, 연대채무, 변제충당, 동산의 인도, 이혼, 실종선고, 상속 등 일반법을 근거로 한 문제가 다양

하게 출제되었으나 이후로는 특별법 위주의 출제경향이 두드러지고 있다.

예컨대 고용보험법 시행령(임금피크제 지원금 관련), 지방보조금 관리규정, 지방자치단체 적극행정 공무원의 징계 절차에서의 소명 또는 소송 등에 관한 표준지침, 동물 보호법, 아이돌봄 지원법, 문화재보호법, 학교급식법, 여객자동차운수사업법 등으로 출제되고 있다.

이처럼 법령제시형의 유형 또한 제시문에 활용되는 소재가 매우 다양하여 예측이 불가능하다는 사실을 인지해야 한다.

(3) 출제유형의 불확실성

상황판단 영역에서 평가하는 요소들은 각기 독립적으로 구분되는 별개의 항목으로 딱 잘라서 나눌 수 있는 것이 아니라 서로가 유기적으로 연결되어 있는 총체적 문제해결능력쯤으로 이해하는 것이 바람직하다. 물론 문제를 구성하는 소재의 종류나 그 구조에 있어 나름 정형화된 부분들도 있음은 충분히 인정할 수 있다. 가령, 법령제시형의 경우 제시문으로 발췌하는 법령과 해당 부분이 매년 달라질 뿐 법령을 소재로 하여 해당 법령을 이해하고 해석하여 적용하는 일련의 과정을 묻는 형식이라든지 구체적인 자료(평가 항목별 점수 등)를 토대로 일정한 조건에 부합하는 사업자를 선정하는 유형이라든지 주어진 상황속에서 이익을 극대화(편익 −비용)하는 최선의 대안을 결정하는 유형 등이 그러하다. 하지만, 본래 그 유형별 학습이라는 것도 학습 효과 측면에서 효율성을 높이고 전략적 사고의 밑거름을 갖추기 위한 과정일 뿐 해당 유형에 대한 문제를 해결하는 과정에서 무비판적으로 익숙한 패턴에 따라 별 고민 없이 해결할 수 있는 문항은 많지 않을 수 있기에 고정적인 시각으로 그대로 대입하는 방식으로 훈련을 하려 해서는 안된다. 결국 문제의 형태만으로 풀이의 전략을 한정적으로 구사하기보다는 유형별 사고의 패턴을 발휘하되 실제 본질에 유효적절한 해법을 유연하게 적용하는 것이 필요하다.

3. 효과적인 학습 전략

앞서 살펴본 바와 같이 PSAT시험은 지식을 바탕으로 평가하는 시험이 아니므로 관련 지식을 습득, 암기하려고 해서는 안된다. 기본 교육과정을 거친 수험생이라면 충분하다고 생각하며 심지어는 아주 기초적인 초·중등 과정 정도의 해법으로도 해결할 수 있는 여지가 다분한 시험인 것이다.

만약 대학 교양 수준을 넘어서는 제시문을 활용하는 경우에는 문제를 해결하는데 필요한 정보를 각주나 별표 등으로 관련 개념을 충분히 제시해 주는 만큼 지식의 함양하려는 욕구를 빨리 떨쳐내는 것이 필요하다. 따라서 결국에 피셋을 대비하기 위한 효과적인 학습방법은 아래와 같이 정리할 수 있다.

첫째, 문제에 대한 적응력을 높이는 것이다.

이는 다양한 기출문제를 풀어봄으로써 자연히 쌓아갈 수 있는 부분이지만 그냥 단순히 양으로 많은 문제를 풀어본다는 의미를 넘어 풀어본 문제에 대한 정확한 피드백을 전제로 할 때 비로소 그 효과가 생길 것이다.

둘째, 유형별로 사고의 패턴을 갖추는 것이다.

인사처가 제시한 추상적인 평가요소를 기준으로 나누는 것이 아니라 실제 우리가 체감할 수 있는 문제의 본질적인 부분을 기준으로 유형을 나누고 이를 반복적으로 학습하는 것이 일정한 사고의 패턴을 갖추는데 효과적이라고 할 수 있다. 더구나 이렇게 유사한 유형을 학습하다 보면 유기적인 사고가 가능하고 유연하게 대처할 수 있는 대응력 또한 향상될 것은 분명하다.

[참고] 본서에서 분류한 유형의 구분은 다음과 같다.

Type 1. 이해추론	1.1 법령제시
	1.2 비문학독해 및 추론
Type 2. 추리분석	2.1 게임·퍼즐·퀴즈
	2.2 수·규칙·암호 추리
Type 3. 조건판단	3.1 배치결정(위치·순서, 선정·조합)
	3.2 의사결정(비교판단, 대안선택)
Type 4. 자료판정	4.1 단순계산(총합 도출 및 점수별 순위, 선정, 비교)
	4.2 최적계산(제한조건하에서의 최댓(솟)값)

셋째, 전체를 조망하는 안목을 길러야 한다.

우리가 피셋 학습을 하다보면 시간 부족을 뼈저리게 경험하게 된다. 어느 시험이건 시간의 제약이 어찌보면 수험생들의 가장 큰 장벽이라고도 할 수 있는데, 특히 이 피셋의 경우에는 그 체감 장벽이 여타 다른 시험과는 차원이 다르게 큰 부담으로 작용하는 경우가 많다. 왜냐하면 비단 2차 전문과목과 비교해 보더라도 2차 시험에서는 어느 정도 준비가 된 상태를 전제로 한다면 우리가 시험장에서 느끼는 고민의 시간이라는 것이 두어개 선지를 놓고 긴가민가하는 정도에 불과할 것이지만 본 피셋의 경우에는 애초에 문제를 읽고 파악하는 데에만 어느 정도 시간이 소요되고 문제를 해결하는데 있어 실마리를 찾고 유효

적절한 해법을 모색하는데 상당한 시간이 걸리기 마련이기 때문이다.

그렇기 때문에 피셋은 시간 단축이라는 큰 숙명을 안고 있다고 해도 과언이 아니다. 그렇다면 시간 단축의 비결은 무엇일까? 단언컨대 풀이과정의 단축이 그 해법일 것이다. 물론 풀이과정을 줄이기 위한 차원의 전략이나 구사해야 하는 스킬들은 다양하게 있을 수 있지만 기본적으로 해당 문제가 가지는 본질적인 구조를 파악하는 것이 필요한 것이다. 이를 위해서는 문제의 지엽적인 부분에 집착하여 문제를 해결해야 하는 목표를 놓쳐서는 안된다. 다음의 [예제4]를 살펴보자.

예제 4 다음 〈상황〉을 근거로 판단할 때, 乙이 B 도시에 도착하였을 때 乙이 이동한 총 거리는 얼마인가?

17 입법 가책형 24번

상황

A 도시와 B 도시는 거리 1,000킬로미터의 유일한 도로로 연결되어 있다. 甲은 A 도시를 출발하여 시속 10킬로미터의 속도로 위 도로를 따라 B 도시로 가고 있다. 乙은 甲이 A 도시를 출발한 때로부터 10시간 후에 甲에 대한 보급품을 싣고 A 도시를 출발하여 시속 30킬로미터의 속도로 뒤따라 가서 甲을 만나게 되면 그 자리에서 甲에게 보급품을 전달해 준 후 A 도시로 되돌아간다.

A 도시에 도착하면 다시 보급품을 싣고 甲을 뒤따라가 甲에게 보급품을 전달하는 과정을 반복하며, 항상 시속 30킬로미터의 속도를 유지한다. 乙이 세 번째로 甲을 만나 甲에게 보급품을 보급한 지점에서 乙은 甲에게 보급품을 전달한 후 A 도시로 돌아가지 않고 甲과 함께 시속 10킬로미터의 속도로 B 도시로 간다.

※ 甲과 乙 모두 휴식이나 수면 없이 계속 위에서 설명한 속도로 이동한다고 가정한다.

※ 乙이 甲을 만나 보급품을 공급하고 방향을 바꿀 때 및 A 도시에 도착하여 보급품을 싣고 방향을 바꿀 때 별도의 시간이 소요되지 않으며, 이동거리의 변화 또한 없는 것으로 가정한다.

① 1,800킬로미터　　　　② 1,900킬로미터
③ 2,000킬로미터　　　　④ 2,100킬로미터
⑤ 2,200킬로미터

본 문항은 아주 어려운 문항은 아니라 어느 정도 수학적 사고력을 갖춘 수험생이라면 나름 수월하게 문제를 해결할 수 있을 것이다. 다만, 문제를 파악한 후에 정답을 내기까지 어떤 과정을 거쳐 풀이하느냐는 여전히 고민해야 할 부분인 것이다. 응용수리 형태이니 상황을 어느 정도 도식화해보고 특정 항목들을 미지수로 잡고 '거=속×시' 법칙에 따라 식을 세워 연립방정식 등을 활용하여 비교적 교과서적으로 풀이한다면 피셋 시험에 바람직한 해법은 아닐 것이다.

여러분은 본 문제를 어떻게 해결하려 할 것인가. 다급한 마음에 문제지 여백에 많은 흔적을 남기면서 식에 의존해서 답을 구하려고 하고 있는 것은 아닌지… 스스로를 점검해보자.

문제에서 乙의 총 이동거리를 묻고 있다. 乙의 속력은 일정하니 첫 번째 두 번째 甲과 만날 때까지의 시간만 구할 수 있다면 이 문제는 눈으로도 해결해 볼 수 있을 것이다. 세 번째 甲과 만나서 B도시로 가는 조건은 이동거리를 계산함에 있어 아무런 영향을 주지 않기 때문이다.

다시 말해 문제가 묻고 있는 것이 무엇인지… 즉, 문제 해결의 목표 지점을 명확히 파악하고 초기 세팅된 시작 포인트와 결국 문제에서 요구하는 마지막 포인트를 집중적으로 파악하는 것이 중요하다. 그 중간에 논리적 과정은 필요에 의해 일정 부분이 생략이 될 여지도 있고, 문제의 시작에서 결론으로 가는 순방향으로 접근하거나 때로는 결론에서부터 시작하여 역방향으로 상황을 역이용해서 답을 도출할 수도 있는 것이다. 다음의 [예제5]도 살펴보자.

예제 5 다음 글을 근거로 판단할 때, 甲과 乙이 콩을 나누기 위한 최소 측정 횟수는? 20 5급 공채 나책형 29번

甲이 乙을 도와 총 1,760 g의 콩을 수확한 후, 甲은 400 g을 가지고 나머지는 乙이 모두 가지기로 하였다. 콩을 나눌 때 사용할 수 있는 도구는 2개의 평형접시가 달린 양팔저울 1개, 5 g짜리 돌멩이 1개, 35 g짜리 돌멩이 1개뿐이다. 甲과 乙은 양팔저울 1개와 돌멩이 2개만을 이용하여 콩의 무게를 측정한다. 양팔저울의 평형접시 2개가 평형을 이룰 때 1회의 측정이 이루어진 것으로 본다.

① 2　　　　　　　　② 3
③ 4　　　　　　　　④ 5
⑤ 6

이런 퀴즈 유형에 빠르게 대처하기 위한 방법 중 하나는 바로 '출제자의 의도'를 파악해보는 것이다. 출제자가 문제를 구성하면서 문제해결의 실마리를 제공하는 단서,

즉 포인트를 발견할 수 있는 감각이 필요한 것이다. 본 문항을 처음 접하는 경우라면 자칫하다가 오랜 고민을 할 수도 있는데 왜냐하면 콩의 무게를 재는 측면에서 바라본다면 으레 보다 적은 양인 400g을 덜어내는 것이 횟수를 줄일 수 있는 기준이 될 거라 생각이 들기 마련이기 때문이다. 콩을 400g으로 재어 덜어내는 경우로 단순히 생각한다면 굳이 총량을 줄 필요는 없지 않은가… 콩밭에 콩은 무한히 많다고 전제하면 그만일 테니….

여기서 출제자가 의도한 장치인 콩의 총 무게(1,760g)에 착안하여 콩을 똑같이 나누는 관점에서 실마리를 찾는다면 굉장히 쉽게 문제를 해결할 수 있는 것이다.

결론적으로 우리가 피셋을 학습하면서 유념해야 할 부분은 ⅰ) 전체를 바라보는 안목을 기르고 그 안에서 ⅱ) 출제자의 의도가 담긴 단서를 포착하려 해야 하고 ⅲ) 부분과 전체를 유연하게 조율할 수 있어야 하며 ⅳ) 무엇으로부터 시작하고 결국 무엇을 구해야 하는지에 대한 질문의 요지를 명확히 파악한 후에 문제를 해결하는 과정을 합리적으로 단축할 수 있어야만 하는 것이다.

넷째, 주도적이고 비판적인 사고를 해야 한다.

우리는 피셋준비를 기출문제로 해야 한다는 사실을 누구보다 잘 알고 있다. 하지만 기출문제로 학습한다는 것의 의미를 간혹 그동안 축적된 기출을 모두 풀어보면 되는 것쯤으로 오해하는 경우도 있다. 물론 양적으로 충분한 기출을 소화한다면 그것 또한 의미 있는 부분이긴 하겠지만 좀 더 적은 분량을 풀더라도 문제를 푸는 방식에 대한 고민과 사후 정리방식을 정하는데 있어 여러 시행착오를 거치더라도 효과를 극대화할 수 있는 자신만의 적절한 방법을 찾아야 하는 것이다. 늘 수업 때 강조하고 있는 <3 STEP 학습법>을 소개하니 참고하기 바란다.

- 1 STEP : 문제 풀이 시 카운트다운(한 문항별 2분 ~ 3분 정도) 혹은 카운트 업(소요시간 체크)을 통해 시간의 제약 속에서 매 문항마다 실전 상황을 시뮬레이션하여 진행하기
- 2 STEP : 정오답을 가릴 것 없이 모든 문항에 대해 꼼꼼히 리뷰하기
  → 문제의 본질을 정확하게 이해하려는 점검이 반드시 뒤따라야 한다. 점검 시 체크포인트는
ⅰ) 문제를 구성하는 여러 자료(용어, 산식, 수치, 조건 등)의 정확한 의미 파악 : 오답 시 논리적 흠결이나 왜곡을 정정하거나 무답 시 풀이의 실마리를 착안해내는 중요한 기본 과정

ⅱ) 자료의 정보화 비중 내지는 강약 : 정답 도출을 위한 유의미한 자료와 그렇지 않은 자료의 구분 및 처리 방식의 문제점 보완
ⅲ) 다른 관점에서의 접근 가능성 여부의 판단 : 효율성 개선(시간 절약 및 풀이 과정의 단축)방안 및 대안의 발견
- 3 STEP : 1 STEP 과 2 STEP 간의 유기적인 연계 활동
  → 2 STEP 과정 후 1 STEP에서의 문제점 등을 보완하기 위한 조율 단계를 반드시 거쳐야 한다. 위의 2개의 과정이 별개 독립으로만 진행되지 않도록 2개의 과정에서 발생한 간극을 최소화시키는 연계 활동이 보장되도록 할 것

🖥 이해추론형 핵심가이드

이해추론형의 문제는 주로 i) 법령제시형, ii) 비문학독해형, iii) 대화형 추론 등의 유형으로 출제된다.

첫째 i) <법령제시형>의 경우 법조문 형식의 제시문을 주고 이를 근거로 하여 조문의 내용을 이해하고 있는지 조문의 내용을 해석하고 사례에 올바르게 적용할 수 있는지 여부 등을 평가하는 유형이라고 할 수 있다. 공무원으로서 갖추어야 할 필수 역량 중에 하나라고 할 수 있으므로 이에 대한 평가 비중은 30% 내외로 매우 높은 편이다. 이에 대한 대비로는 법조문을 빠르게 이해하고 해석하여(사례에 적용하는 경우에도 마찬가지) 법조문만의 특징적인 구조를 파악(주제 →객체(대상) → 요건 → 효과 순으로 구성)하고 관련된 요소를 중심으로 원칙과 예외에 따른 규정의 내용을 명확히 구분 적용하는 것이 핵심 포인트라 할 수 있다.

한편, 법령형 유형에서 난도 높은 케이스는 제시문을 근거로 그와 관련된 구체적인 사례(상황)가 제시되어 특정 사례에서 발생한 문제점을 해결하기 위해 타당한 근거를 찾거나 해결 가능성 또는 사안에의 적용 결과 등을 판단(강한 사례형)하는 부분이 복합적으로 적용되는 유형일 것이다.(but 출제율 낮음) 보도자료 작성, 민원 대응, 법률 개정 등의 실무와 관련한 다양한 제시문의 활용능력을 평가하는 유형으로 기본 점수 획득과 시간 단축의 유형으로 적극 공략해야 한다.

둘째 ii) <비문학독해형>의 경우 인문과학, 사회과학, 자연과학 등 다양한 소재와 시대적 배경을 바탕으로 제시문이 등장하는 독해 유형으로 키워드(key word) 중심으로 빠른 독해력을 요구하는 형태라 할 수 있다. 주로 대립/비교/구분/분류 등의 구도를 가지는 설명문 형식의 제시문이 많은 편이며, 기원/유래 등을 포함하여 시간적 선후관계 또는 낯선 개념(의의, 정의 등)을 포함하는 유형이 주로 출제된다. 출제 비중은 낮은 편이지만 상판 전반에 걸쳐 모든 유형을 해결하기 위한 기본적 전제로서의 요소이므로 독해력의 향상을 위해서도 유사 기출까지 학습해야 할 이유는 충분하다.

셋째 ii) <대화형 추론>의 경우 일정한 대화 내용이나 상황의 조건을 제시한 후 논리적으로 전개되는 과정을 통해 특정한 결과를 도출하기 위한 필요한 수치 내지는 조건을 찾는다거나 상황에 부합하는 결과를 예측하는 형태 등으로 출제된다. 한편, 진술 등의 진위 여부를 가려내서 추론하는 유형은 유사 시험에서는 종종 출제되므로 대비할 필요가 있다. 추론의 핵심과정은 1) 형식적 모순(판단 근거의 기준을 어디로 정할 것인지의 문제)으로부터 2) 실질적 모순(가정을 통한 추리 단계를 적절히 잘 적용하여 결과의 모순 등으로 가정 내용을 확정하는 문제)으로 과정순으로 해결하는 것이 효율적이므로 형식적으로 모순되거나(양립불가능) 일치하는 부분을 찾는 것이 중요하다. 이는 언어논리 영역에서 다루는 논리논증의 성격을 띠고 있기는 하지만 언어논리에서 다루는 기호논리 위주의 판단에서 더 나아가 수 추리 등 타 유형의 속성을 가미한 형태로 출제가 될 수 있다는 점에 차이가 있으므로 이를 감안해 대비해야 할 것이다.

마지막으로 본 유형에서는 문항별 난도에 따라 운영에 차이가 있기는 하겠지만 대체적으로 대화형 추론(특히, 진실 혹은 거짓 진술을 확정하거나 수 추리 등이 결합된 형태의 복합 문항)을 제외한 나머지 유형은 점수를 확보하고 시간을 절약할 수 있는 전략적 유형에 해당하므로 문제풀이 속도와 정확성에 대해 확보해야 한다.

PART
01

이해추론편

CHAPTER 01 이해추론 – 법령제시형

CHAPTER 02 이해추론 – 비문학독해 및 추론

이해추론 – 법령제시형

1.1 법령제시

01 다음 글을 근거로 판단할 때 옳은 것은?

21 민경채 나책형 2번

제00조 ① 영화업자는 제작 또는 수입한 영화(예고편영화를 포함한다)에 대하여 그 상영 전까지 영상물등급위원회로부터 상영등급을 분류받아야 한다. 다만 다음 각 호의 어느 하나에 해당하는 영화에 대하여는 그러하지 아니하다.
 1. 대가를 받지 아니하고 청소년이 포함되지 아니한 특정인에 한하여 상영하는 단편영화
 2. 영화진흥위원회가 추천하는 영화제에서 상영하는 영화
② 제1항 본문의 규정에 의한 영화의 상영등급은 영화의 내용 및 영상 등의 표현 정도에 따라 다음 각 호와 같이 분류한다. 다만 예고편영화는 제1호 또는 제4호로 분류하고 청소년 관람불가 예고편영화는 청소년 관람불가 영화의 상영 전후에만 상영할 수 있다.
 1. 전체관람가: 모든 연령에 해당하는 자가 관람할 수 있는 영화
 2. 12세 이상 관람가: 12세 이상의 자가 관람할 수 있는 영화
 3. 15세 이상 관람가: 15세 이상의 자가 관람할 수 있는 영화
 4. 청소년 관람불가: 청소년은 관람할 수 없는 영화
③ 누구든지 제1항 및 제2항의 규정을 위반하여 상영등급을 분류받지 아니한 영화를 상영하여서는 안 된다.
④ 누구든지 제2항 제2호 또는 제3호의 규정에 의한 상영등급에 해당하는 영화의 경우에는 해당 영화를 관람할 수 있는 연령에 도달하지 아니한 자를 입장시켜서는 안 된다. 다만 부모 등 보호자를 동반하여 관람하는 경우에는 그러하지 아니하다.
⑤ 누구든지 제2항 제4호의 규정에 의한 상영등급에 해당하는 영화의 경우에는 청소년을 입장시켜서는 안 된다.

① 예고편영화는 12세 이상 관람가 상영등급을 받을 수 있다.
② 청소년 관람불가 영화의 경우, 청소년은 부모와 함께 영화관에 입장하여 관람할 수 있다.
③ 상영등급 분류를 받지 않은 영화의 경우, 영화업자는 영화진흥위원회가 추천한 △△영화제에서 상영할 수 없다.
④ 영화업자는 청소년 관람불가 예고편영화를 15세 이상 관람가 영화의 상영 직전에 상영할 수 있다.
⑤ 영화업자는 초청한 노인을 대상으로 상영등급을 분류받지 않은 단편영화를 무료로 상영할 수 있다.

02 다음 글과 〈상황〉을 근거로 판단할 때 옳은 것은?

21 민경채 나책형 3번

제00조 ① 집합건물을 건축하여 분양한 분양자와 분양자와의 계약에 따라 건물을 건축한 시공자는 구분소유자에게 제2항 각 호의 하자에 대하여 과실이 없더라도 담보책임을 진다.
② 제1항의 담보책임 존속기간은 다음 각 호와 같다.
 1. 내력벽, 주기둥, 바닥, 보, 지붕틀 및 지반공사의 하자: 10년
 2. 대지조성공사, 철근콘크리트공사, 철골공사, 조적(組積)공사, 지붕 및 방수공사의 하자: 5년
 3. 목공사, 창호공사 및 조경공사의 하자: 3년
③ 제2항의 기간은 다음 각 호의 날부터 기산한다.
 1. 전유부분: 구분소유자에게 인도한 날
 2. 공용부분: 사용승인일
④ 제2항 및 제3항에도 불구하고 제2항 각 호의 하자로 인하여 건물이 멸실(滅失)된 경우에는 담보책임 존속기간은 멸실된 날로부터 1년으로 한다.
⑤ 분양자와 시공자의 담보책임에 관하여 이 법에 규정된 것보다 매수인에게 불리한 특약은 효력이 없다.

※ 구분소유자: 집합건물(예 아파트, 공동주택 등) 각 호실의 소유자
※ 담보책임: 집합건물의 하자로 인해 분양자, 시공자가 구분소유자에 대하여 지는 손해배상, 하자보수 등의 책임

〈상황〉

甲은 乙이 분양하는 아파트를 매수하려고 乙과 아파트 분양계약을 체결하였다. 丙건설사는 乙과의 계약에 따라 아파트를 시공하였고, 준공검사 후 아파트는 2020. 5. 1. 사용승인을 받았다. 甲은 아파트를 2020. 7. 1. 인도받고 등기를 완료하였다.

① 丙은 창호공사의 하자에 대해 2025. 7. 1.까지 담보책임을 진다.
② 丙은 철골공사의 하자에 과실이 없으면 담보책임을 지지 않는다.
③ 乙은 甲의 전유부분인 거실에 물이 새는 방수공사의 하자에 대해 2025. 5. 1.까지 담보책임을 진다.
④ 대지조성공사의 하자로 인하여 2023. 10. 1. 공용부분인 주차장 건물이 멸실된다면 丙은 2024. 7. 1. 이후에는 담보책임을 지지 않는다.
⑤ 乙이 甲과의 분양계약에서 지반공사의 하자에 대한 담보책임 존속기간을 5년으로 정한 경우라도, 2027. 10. 1. 그 하자가 발생한다면 담보책임을 진다.

03 다음 글을 근거로 판단할 때 옳은 것은?

21 민경채 나책형 1번

제00조 ① 사업주는 근로자가 조부모, 부모, 배우자, 배우자의 부모, 자녀 또는 손자녀(이하 '가족'이라 한다)의 질병, 사고, 노령으로 인하여 그 가족을 돌보기 위한 휴직(이하 '가족돌봄휴직'이라 한다)을 신청하는 경우 이를 허용하여야 한다. 다만 대체인력 채용이 불가능한 경우, 정상적인 사업 운영에 중대한 지장을 초래하는 경우, 근로자 본인 외에도 조부모의 직계비속 또는 손자녀의 직계존속이 있는 경우에는 그러하지 아니하다.

② 사업주는 근로자가 가족(조부모 또는 손자녀의 경우 근로자 본인 외에도 직계비속 또는 직계존속이 있는 경우는 제외한다)의 질병, 사고, 노령 또는 자녀의 양육으로 인하여 긴급하게 그 가족을 돌보기 위한 휴가(이하 '가족돌봄휴가'라 한다)를 신청하는 경우 이를 허용하여야 한다. 다만 근로자가 청구한 시기에 가족돌봄휴가를 주는 것이 정상적인 사업 운영에 중대한 지장을 초래하는 경우에는 근로자와 협의하여 그 시기를 변경할 수 있다.

③ 제1항 단서에 따라 사업주가 가족돌봄휴직을 허용하지 아니하는 경우에는 해당 근로자에게 그 사유를 서면으로 통보하여야 한다.

④ 가족돌봄휴직 및 가족돌봄휴가의 사용기간은 다음 각 호에 따른다.

1. 가족돌봄휴직 기간은 연간 최장 90일로 하며, 이를 나누어 사용할 수 있을 것
2. 가족돌봄휴가 기간은 연간 최장 10일로 하며, 일 단위로 사용할 수 있을 것. 다만 가족돌봄휴가 기간은 가족돌봄휴직 기간에 포함된다.
3. ○○부 장관은 감염병의 확산 등을 원인으로 심각단계의 위기경보가 발령되는 경우, 가족돌봄휴가 기간을 연간 10일의 범위에서 연장할 수 있다.

① 조부모와 부모를 함께 모시고 사는 근로자가 조부모의 질병을 이유로 가족돌봄휴직을 신청한 경우, 사업주는 가족돌봄휴직을 허용하지 않을 수 있다.

② 사업주는 근로자가 신청한 가족돌봄휴직을 허용하지 않는 경우, 해당 근로자에게 그 사유를 구술 또는 서면으로 통보해야 한다.

③ 정상적인 사업 운영에 중대한 지장을 초래하는 경우, 사업주는 근로자의 가족돌봄휴가 시기를 근로자와 협의 없이 변경할 수 있다.

④ 근로자가 가족돌봄휴가를 8일 사용한 경우, 사업주는 이와 별도로 그에게 가족돌봄휴직을 연간 90일까지 허용해야 한다.

⑤ 감염병의 확산으로 심각단계의 위기경보가 발령되고 가족돌봄휴가 기간이 5일 연장된 경우, 사업주는 근로자에게 연간 20일의 가족돌봄휴가를 허용해야 한다.

04 다음 글을 근거로 판단할 때, 〈보기〉에서 옳은 것만을 모두 고르면? 19 민경채 나책형 1번

제00조 지방자치단체의 장은 행정재산에 대하여 그 목적 또는 용도에 장애가 되지 않는 범위에서 사용 또는 수익을 허가할 수 있다.

제00조 ① 행정재산의 사용·수익허가기간은 그 허가를 받은 날부터 5년 이내로 한다.

② 지방자치단체의 장은 허가기간이 끝나기 전에 사용·수익허가를 갱신할 수 있다.

③ 제2항에 따라 사용·수익허가를 갱신 받으려는 자는 사용·수익허가기간이 끝나기 1개월 전에 지방자치단체의 장에게 사용·수익허가의 갱신을 신청하여야 한다.

제00조 ① 지방자치단체의 장은 행정재산의 사용·수익을 허가하였을 때에는 매년 사용료를 징수한다.

② 지방자치단체의 장은 행정재산의 사용·수익을 허가할 때 다음 각 호의 어느 하나에 해당하면 제1항에도 불구하고 그 사용료를 면제할 수 있다.

　1. 국가나 다른 지방자치단체가 직접 해당 행정재산을 공용·공공용 또는 비영리 공익사업용으로 사용하려는 경우

　2. 천재지변이나 재난을 입은 지역주민에게 일정기간 사용·수익을 허가하는 경우

제00조 ① 지방자치단체의 장은 행정재산의 사용·수익허가를 받은 자가 다음 각 호의 어느 하나에 해당하면 그 허가를 취소할 수 있다.

　1. 지방자치단체의 장의 승인 없이 사용·수익의 허가를 받은 행정재산의 원상을 변경한 경우

　2. 해당 행정재산의 관리를 게을리하거나 그 사용 목적에 위배되게 사용한 경우

② 지방자치단체의 장은 사용·수익을 허가한 행정재산을 국가나 지방자치단체가 직접 공용 또는 공공용으로 사용하기 위하여 필요로 하게 된 경우에는 그 허가를 취소할 수 있다.

③ 제2항의 경우에 그 취소로 인하여 해당 허가를 받은 자에게 손실이 발생한 경우에는 이를 보상한다.

〈보기〉

ㄱ. A시의 장은 A시의 행정재산에 대하여 B기업에게 사용허가를 했더라도 국가가 그 행정재산을 직접 공용으로 사용하기 위해 필요로 하게 된 경우, 그 허가를 취소할 수 있다.

ㄴ. C시의 행정재산에 대하여 C시의 장이 천재지변으로 주택을 잃은 지역주민에게 임시 거처로 사용하도록 허가한 경우, C시의 장은 그 사용료를 면제할 수 있다.

ㄷ. D시의 행정재산에 대하여 사용허가를 받은 E기업이 사용 목적에 위배되게 사용한다는 이유로 허가가 취소되었다면, D시의 장은 E기업의 손실을 보상하여야 한다.

ㄹ. 2014년 3월 1일에 5년 기한으로 F시의 행정재산에 대하여 수익허가를 받은 G가 허가 갱신을 받으려면, 2019년 2월 28일까지 허가 갱신을 신청하여야 한다.

① ㄱ, ㄴ　　　　　② ㄴ, ㄷ
③ ㄷ, ㄹ　　　　　④ ㄱ, ㄴ, ㄹ
⑤ ㄴ, ㄷ, ㄹ

05 다음 글과 〈상황〉을 근거로 판단할 때 옳은 것은?

19 민경채 나책형 2번

제00조 이 법에서 사용하는 용어의 뜻은 다음과 같다.
　1. '자연장(自然葬)'이란 화장한 유골의 골분(骨粉)을 수목·화초·잔디 등의 밑이나 주변에 묻어 장사하는 것을 말한다.
　2. '개장(改葬)'이란 매장한 시신이나 유골을 다른 분묘에 옮기거나 화장 또는 자연장하는 것을 말한다.
제00조 ① 사망한 때부터 24시간이 지난 후가 아니면 매장 또는 화장을 하지 못한다.
② 누구든지 허가를 받은 공설묘지, 공설자연장지, 사설묘지 및 사설자연장지 외의 구역에 매장하여서는 안 된다.
제00조 ① 매장(단, 자연장 제외)을 한 자는 매장 후 30일 이내에 매장지를 관할하는 시장·군수·구청장(이하 '시장 등'이라 한다)에게 신고하여야 한다.
② 화장을 하려는 자는 화장시설을 관할하는 시장 등에게 신고하여야 한다.
③ 개장을 하려는 자는 다음 각 호의 구분에 따라 시신 또는 유골의 현존지(現存地) 또는 개장지(改葬地)를 관할하는 시장 등에게 각각 신고하여야 한다.
　1. 매장한 시신 또는 유골을 다른 분묘로 옮기거나 화장하는 경우: 시신 또는 유골의 현존지와 개장지
　2. 매장한 시신 또는 유골을 자연장하는 경우: 시신 또는 유골의 현존지
제00조 ① 국가, 시·도지사 또는 시장 등이 아닌 자는 가족묘지, 종중·문중묘지 등을 설치·관리할 수 있다.
② 제1항의 묘지를 설치·관리하려는 자는 해당 묘지 소재지를 관할하는 시장 등의 허가를 받아야 한다.

─〈상황〉─

　甲은 90세의 나이로 2019년 7월 10일 아침 7시 A시에서 사망하였다. 이에 甲의 자녀는 이미 사망한 甲의 배우자 乙의 묘지(B시 소재 공설묘지)에서 유골을 옮겨 가족묘지를 만드는 것을 포함하여 장례에 대하여 논의하였다.

① 甲을 2019년 7월 10일 매장할 수 있다.
② 甲을 C시 소재 화장시설에서 화장하려는 경우, 그 시설을 관할하는 C시의 장에게 신고하여야 한다.
③ 甲의 자녀가 가족묘지를 설치·관리하려는 경우, 그 소재지의 관할 시장 등에게 신고하여야 한다.
④ 甲의 유골의 골분을 자연장한 경우, 자연장지 소재지의 관할 시장에게 2019년 8월 10일까지는 허가를 받아야 한다.
⑤ 乙의 유골을 甲과 함께 D시 소재 공설묘지에 합장하려는 경우, B시의 장과 D시의 장의 허가를 각각 받아야 한다.

06 다음 글을 근거로 판단할 때 옳은 것은?

18 민경채 가책형 2번

제○○조 ① 지방자치단체의 장은 하수도정비기본계획에 따라 공공하수도를 설치하여야 한다.
② 시·도지사는 공공하수도를 설치하고자 하는 때에는 사업시행지의 위치 및 면적, 설치하고자 하는 시설의 종류, 사업시행기간 등을 고시하여야 한다. 고시한 사항을 변경 또는 폐지하고자 하는 때에도 또한 같다.
③ 시장·군수·구청장(자치구의 구청장을 말한다. 이하 같다)은 공공하수도를 설치하려면 시·도지사의 인가를 받아야 한다.
④ 시장·군수·구청장은 제3항에 따라 인가받은 사항을 변경하거나 폐지하려면 시·도지사의 인가를 받아야 한다.
⑤ 시·도지사는 국가의 보조를 받아 설치하고자 하는 공공하수도에 대하여 제2항에 따른 고시 또는 제3항의 규정에 따른 인가를 하고자 할 때에는 그 설치에 필요한 재원의 조달 및 사용에 관하여 환경부장관과 미리 협의하여야 한다.
제□□조 ① 공공하수도관리청(이하 '관리청'이라 한다)은 관할 지방자치단체의 장이 된다.
② 공공하수도가 둘 이상의 지방자치단체의 장의 관할구역에 걸치는 경우, 관리청이 되는 자는 제○○조 제2항에 따른 공공하수도 설치의 고시를 한 시·도지사 또는 같은 조 제3항에 따른 인가를 받은 시장·군수·구청장으로 한다.

※ 공공하수도: 지방자치단체가 설치 또는 관리하는 하수도

① A 자치구의 구청장이 관할구역 내에 공공하수도를 설치하려고 인가를 받았는데, 그 공공하수도가 B 자치구에 걸치는 경우, 설치하려는 공공하수도의 관리청은 B 자치구의 구청장이다.
② 시·도지사가 국가의 보조를 받아 공공하수도를 설치하려면, 그 설치에 필요한 재원의 조달 등에 관하여 환경부장관의 인가를 받아야 한다.
③ 시장·군수·구청장이 공공하수도 설치에 관하여 인가받은 사항을 폐지할 경우에는 시·도지사의 인가를 필요로 하지 않는다.
④ 시·도지사가 공공하수도 설치를 위해 고시한 사항은 변경할 수 없다.
⑤ 시장·군수·구청장이 공공하수도를 설치하려면 시·도지사의 인가를 받아야 한다.

07 다음 글을 근거로 판단할 때 옳은 것은?

18 민경채 가책형 15번

제○○조 ① 무죄재판을 받아 확정된 사건(이하 '무죄재판사건'이라 한다)의 피고인은 무죄재판이 확정된 때부터 3년 이내에, 확정된 무죄재판사건의 재판서(이하 '무죄재판서'라 한다)를 법무부 인터넷 홈페이지에 게재하도록 해당 사건을 기소한 검사의 소속 지방검찰청에 청구할 수 있다.
② 피고인이 제1항의 무죄재판서 게재 청구를 하지 아니하고 사망한 때에는 그 상속인이 이를 청구할 수 있다. 이 경우 같은 순위의 상속인이 여러 명일 때에는 상속인 모두가 그 청구에 동의하였음을 소명하는 자료도 함께 제출하여야 한다.
③ 무죄재판서 게재 청구가 취소된 경우에는 다시 그 청구를 할 수 없다.
제□□조 ① 제○○조의 청구를 받은 날부터 1개월 이내에 무죄재판서를 법무부 인터넷 홈페이지에 게재하여야 한다.
② 다음 각 호의 어느 하나에 해당할 때에는 무죄재판서의 일부를 삭제하여 게재할 수 있다.
 1. 청구인이 무죄재판서 중 일부 내용의 삭제를 원하는 의사를 명시적으로 밝힌 경우
 2. 무죄재판서의 공개로 인하여 사건 관계인의 명예나 사생활의 비밀 또는 생명·신체의 안전이나 생활의 평온을 현저히 해칠 우려가 있는 경우
③ 제2항 제1호의 경우에는 청구인의 의사를 서면으로 확인하여야 한다.
④ 제1항에 따른 무죄재판서의 게재기간은 1년으로 한다.

① 무죄재판이 확정된 피고인 甲은 무죄재판이 확정된 때부터 3년 이내에 관할법원에 무죄재판서 게재 청구를 할 수 있다.
② 무죄재판이 확정된 피고인 乙이 무죄재판서 게재 청구를 취소한 후 사망한 경우, 乙의 상속인은 무죄재판이 확정된 때부터 3년 이내에 무죄재판서 게재 청구를 할 수 있다.
③ 무죄재판이 확정된 피고인 丙이 무죄재판서 게재 청구 없이 사망한 경우, 丙의 상속인은 같은 순위의 다른 상속인의 동의 없이 무죄재판서 게재 청구를 할 수 있다.
④ 무죄재판이 확정된 피고인 丁이 무죄재판서 게재 청구를 하면 그의 무죄재판서는 법무부 인터넷 홈페이지에 3년간 게재된다.
⑤ 무죄재판이 확정된 피고인 戊의 청구로 무죄재판서가 공개되면 사건 관계인의 명예를 현저히 해칠 우려가 있는 경우, 무죄재판서의 일부를 삭제하여 게재할 수 있다.

08 다음 글과 〈상황〉을 근거로 판단할 때, 〈보기〉에서 옳은 것만을 모두 고르면?

18 민경채 가책형 16번

제00조(유치권의 내용) 타인의 물건 또는 유가증권을 점유한 자는 그 물건이나 유가증권에 관하여 생긴 채권이 변제기에 있는 경우에는 변제를 받을 때까지 그 물건 또는 유가증권을 유치할 권리가 있다.
제00조(유치권의 불가분성) 유치권자는 채권 전부의 변제를 받을 때까지 유치물 전부에 대하여 그 권리를 행사할 수 있다.
제00조(유치권자의 선관의무) ① 유치권자는 선량한 관리자의 주의로 유치물을 점유하여야 한다.
② 유치권자는 채무자의 승낙 없이 유치물의 사용, 대여 또는 담보제공을 하지 못한다. 그러나 유치물의 보존에 필요한 사용은 그러하지 아니하다.
제00조(경매) 유치권자는 채권의 변제를 받기 위하여 유치물을 경매할 수 있다.
제00조(점유상실과 유치권소멸) 유치권은 점유의 상실로 인하여 소멸한다.

※ 유치 : 물건 등을 일정한 지배 아래 둠

─〈상황〉─
甲은 아버지의 양복을 면접시험에서 입으려고 乙에게 수선을 맡겼다. 수선비는 다음 날까지 계좌로 송금하기로 하고 옷은 일주일 후 찾기로 하였다. 甲은 수선비를 송금하지 않은 채 일주일 후 옷을 찾으러 갔고, 옷 수선을 마친 乙은 수선비를 받을 때까지 수선한 옷을 돌려주지 않겠다며 유치권을 행사하고 있다.

─〈보기〉─
ㄱ. 甲이 수선비의 일부라도 지급한다면 乙은 수선한 옷을 돌려주어야 한다.
ㄴ. 甲이 수선한 옷을 돌려받지 못한 채 면접시험을 치렀고 이후 필요가 없어 옷을 찾으러 가지 않겠다고 한 경우, 乙은 수선비의 변제를 받기 위해 그 옷을 경매할 수 있다.
ㄷ. 甲이 수선을 맡긴 옷을 乙이 도둑맞아 점유를 상실하였다면 乙의 유치권은 소멸한다.
ㄹ. 甲이 수선비를 지급할 때까지, 乙은 수선한 옷을 甲의 승낙 없이 다른 사람에게 대여할 수 있다.

① ㄱ, ㄴ　　　　　② ㄱ, ㄹ
③ ㄴ, ㄷ　　　　　④ ㄷ, ㄹ
⑤ ㄴ, ㄷ, ㄹ

회독 ☐☐☐ 난도 ★☆☆ 소요시간 ☐☐☐

09 다음 글을 근거로 판단할 때, 〈보기〉에서 규정을 위반한 행위만을 모두 고르면? 17 민경채 나책형 5번

제00조(청렴의 의무) ① 공무원은 직무와 관련하여 직접적이든 간접적이든 사례·증여 또는 향응을 주거나 받을 수 없다.

② 공무원은 직무상의 관계가 있든 없든 그 소속 상관에게 증여하거나 소속 공무원으로부터 증여를 받아서는 아니 된다.

제00조(정치운동의 금지) ① 공무원은 정당이나 그 밖의 정치단체의 결성에 관여하거나 이에 가입할 수 없다.

② 공무원은 선거에서 특정 정당 또는 특정인을 지지 또는 반대하기 위한 다음의 행위를 하여서는 아니 된다.

1. 투표를 하거나 하지 아니하도록 권유 운동을 하는 것
2. 기부금을 모집 또는 모집하게 하거나, 공공자금을 이용 또는 이용하게 하는 것
3. 타인에게 정당이나 그 밖의 정치단체에 가입하게 하거나 가입하지 아니하도록 권유 운동을 하는 것

③ 공무원은 다른 공무원에게 제1항과 제2항에 위배되는 행위를 하도록 요구하거나, 정치적 행위에 대한 보상 또는 보복으로서 이익 또는 불이익을 약속하여서는 아니 된다.

제00조(집단행위의 금지) ① 공무원은 노동운동이나 그 밖에 공무 외의 일을 위한 집단행위를 하여서는 아니 된다. 다만, 사실상 노무에 종사하는 공무원은 예외로 한다.

② 제1항 단서에 규정된 공무원으로서 노동조합에 가입된 자가 조합 업무에 전임하려면 소속 장관의 허가를 받아야 한다.

─ 보기 ─

ㄱ. 공무원 甲은 그 소속 상관에게 직무상 관계없이 고가의 도자기를 증여하였다.

ㄴ. 사실상 노무에 종사하는 공무원으로서 노동조합에 가입된 乙은 소속 장관의 허가를 받아 조합 업무에 전임하고 있다.

ㄷ. 공무원 丙은 동료 공무원 丁에게 선거에서 A정당을 지지하기 위한 기부금을 모집하도록 요구하였다.

ㄹ. 공무원 戊는 국회의원 선거기간에 B후보를 낙선시키기 위해 해당 지역구 지인들을 대상으로 다른 후보에게 투표하도록 권유 운동을 하였다.

① ㄱ, ㄴ   ② ㄴ, ㄷ
③ ㄷ, ㄹ   ④ ㄱ, ㄴ, ㄹ
⑤ ㄱ, ㄷ, ㄹ

회독 ☐☐☐ 난도 ★★☆ 소요시간 ☐☐☐

10 다음 글과 〈상황〉을 근거로 판단할 때, 〈보기〉에서 옳은 것만을 모두 고르면? 17 민경채 나책형 7번

제00조(우수현상광고) ① 광고에 정한 행위를 완료한 자가 수인(數人)인 경우에 그 우수한 자에 한하여 보수(報酬)를 지급할 것을 정하는 때에는 그 광고에 응모기간을 정한 때에 한하여 그 효력이 생긴다.

② 전항의 경우에 우수의 판정은 광고에서 정한 자가 한다. 광고에서 판정자를 정하지 아니한 때에는 광고자가 판정한다.

③ 우수한 자가 없다는 판정은 할 수 없다. 그러나 광고에서 다른 의사표시가 있거나 광고의 성질상 판정의 표준이 정하여져 있는 때에는 그러하지 아니하다.

④ 응모자는 제2항 및 제3항의 판정에 대하여 이의를 제기하지 못한다.

⑤ 수인의 행위가 동등으로 판정된 때에는 각각 균등한 비율로 보수를 받을 권리가 있다. 그러나 보수가 그 성질상 분할할 수 없거나 광고에 1인만이 보수를 받을 것으로 정한 때에는 추첨에 의하여 결정한다.

※ 현상광고 : 어떤 목적으로 조건을 붙여 보수(상금, 상품 등)를 지급할 것을 약속한 광고

─ 상황 ─

A청은 아래와 같은 내용으로 우수논문공모를 위한 우수현상광고를 하였고, 대학생 甲, 乙, 丙 등이 응모하였다.

┌─────────────────────────────┐
우수논문공모
- 논문주제 : 청렴한 공직사회 구현을 위한 정책방안
- 참여대상 : 대학생
- 응모기간 : 2017년 4월 3일 ~ 4월 28일
- 제 출 처 : A청
- 수 상 자 : 1명(아래 상금 전액 지급)
- 상 금 : 금 1,000만 원정
- 특이사항
  - 논문의 작성 및 응모는 단독으로 하여야 한다.
  - 기준을 충족한 논문이 없다고 판정된 경우, 우수논문을 선정하지 않을 수 있다.
└─────────────────────────────┘

─ 보기 ─

ㄱ. 우수논문의 판정은 A청이 한다.

ㄴ. 우수논문이 없다는 판정이 이루어질 수 있다.

ㄷ. 甲, 乙, 丙 등은 우수의 판정에 대해 이의를 제기할 수 있다.

ㄹ. 심사결과 甲과 乙의 논문이 동등한 최고점수로 판정되었다면, 甲과 乙은 500만 원씩 상금을 나누어 받는다.

① ㄱ, ㄴ   ② ㄱ, ㄷ   ③ ㄷ, ㄹ
④ ㄱ, ㄴ, ㄹ   ⑤ ㄴ, ㄷ, ㄹ

회독 ☐☐☐ 난도 ★☆☆ 소요시간 ☐☐☐

11 다음 A국의 규정을 근거로 판단할 때 옳은 것은?

16 민경채 5책형 15번

제00조 ① 법령 등을 제정·개정 또는 폐지(이하 "입법"
이라 한다)하려는 경우에는 해당 입법안을 마련한 행정청
은 이를 예고하여야 한다. 다만, 다음 각 호의 어느 하나에
해당하는 경우에는 예고를 하지 아니할 수 있다.
  1. 신속한 국민의 권리 보호 또는 예측 곤란한 특별한 사
     정의 발생 등으로 입법이 긴급을 요하는 경우
  2. 상위 법령 등의 단순한 집행을 위한 경우
  3. 예고함이 공공의 안전 또는 복리를 현저히 해칠 우려
     가 있는 경우
② 법제처장은 입법예고를 하지 아니한 법령안의 심사 요
청을 받은 경우에 입법예고를 하는 것이 적당하다고 판단
할 때에는 해당 행정청에 입법예고를 권고하거나 직접 예
고할 수 있다.
제00조 ① 행정청은 입법안의 취지, 주요 내용 또는 전문
(全文)을 관보·공보나 인터넷·신문·방송 등을 통하여
널리 공고하여야 한다.
② 행정청은 입법예고를 할 때에 입법안과 관련이 있다고
인정되는 중앙행정기관, 지방자치단체, 그 밖의 단체 등이
예고사항을 알 수 있도록 예고사항을 통지하거나 그 밖의
방법으로 알려야 한다.
③ 행정청은 예고된 입법안의 전문에 대한 열람 또는 복
사를 요청받았을 때에는 특별한 사유가 없으면 그 요청에
따라야 하며, 복사에 드는 비용을 복사를 요청한 자에게
부담시킬 수 있다.

① 행정청은 신속한 국민의 권리 보호를 위해 입법이 긴급
   을 요하는 경우 입법예고를 하지 않을 수 있다.
② 행정청은 예고된 입법안 전문에 대한 복사 요청을 받은
   경우 복사에 드는 비용을 부담하여야만 한다.
③ 행정청은 법령의 단순한 집행을 위해 그 하위 법령을 개
   정하는 경우 입법예고를 하여야만 한다.
④ 법제처장은 입법예고를 하지 않은 법령안의 심사를 요
   청받은 경우 그 법령안의 입법예고를 직접 할 수 없다.
⑤ 행정청은 법령을 폐지하는 경우 입법예고를 하지 않는다.

회독 ☐☐☐ 난도 ★★☆ 소요시간 ☐☐☐

12 다음 글과 〈상황〉을 근거로 판단할 때 옳은 것은?

15 민경채 인책형 6번

제00조(국회의 정기회) 정기회는 매년 9월 1일에 집회한다.
그러나 그 날이 공휴일인 때에는 그 다음날에 집회한다.
제00조(국회의 임시회) ① 임시회의 집회요구가 있을 때
에는 의장은 집회기일 3일 전에 공고한다. 이 경우 둘 이
상의 집회요구가 있을 때에는 집회일이 빠른 것을 공고하
되, 집회일이 같은 때에는 그 요구서가 먼저 제출된 것을
공고한다.
② 국회의원 총선거 후 최초의 임시회는 의원의 임기개시
후 7일째에 집회한다.
제00조(연간 국회운영기본일정 등) ① 의장은 국회의 연
중 상시운영을 위하여 각 교섭단체대표의원과의 협의를
거쳐 매년 12월 31일까지 다음 연도의 국회운영기본일정
을 정하여야 한다. 다만, 국회의원 총선거 후 처음 구성되
는 국회의 당해 연도의 국회운영기본일정은 6월 30일까지
정하여야 한다.
② 제1항의 연간 국회운영기본일정은 다음 각 호의 기준
에 따른다.
  1. 매 짝수월(8월·10월 및 12월을 제외한다) 1일(그 날
     이 공휴일인 때에는 그 다음날)에 임시회를 집회한다.
     다만, 국회의원 총선거가 있는 월의 경우에는 그러하
     지 아니하다.
  2. 정기회의 회기는 100일, 제1호의 규정에 의한 임시회
     의 회기는 매 회 30일을 초과할 수 없다.

─〈상황〉─
• 국회의원 총선거는 4년마다 실시하며, 그 임기는 4년이다.
• 제△△대 국회의원 총선거는 금년 4월 20일(수)에 실시
  되며 5월 30일부터 국회의원의 임기가 시작된다.

① 제△△대 국회의 첫 번째 임시회는 4월 27일에 집회한다.
② 올해 국회의 정기회는 9월 1일에 집회하여 12월 31일에
   폐회한다.
③ 내년도 국회의 회기는 정기회와 임시회의 회기를 합하
   여 연간 130일을 초과할 수 없다.
④ 내년 4월 30일에 임시회의 집회요구가 있을 때에는 국회
   의장의 임시회 집회공고 없이 5월 1일에 임시회가 집회
   된다.
⑤ 제△△대 국회의 의장은 각 교섭단체대표의원과의 협의
   를 거쳐 내년도 국회운영기본일정을 올해 12월 31일까
   지 정해야 한다.

13 다음 글을 근거로 판단할 때, 〈표〉의 ㉠~㉣에 들어갈 기호로 모두 옳은 것은? 15 민경채 인책형 16번

법 제○○조(학교환경위생 정화구역) 시·도의 교육감은 학교환경위생 정화구역(이하 '정화구역'이라 한다)을 절대정화구역과 상대정화구역으로 구분하여 설정하되, 절대정화구역은 학교출입문으로부터 직선거리로 50미터까지인 지역으로 하고, 상대정화구역은 학교경계선으로부터 직선거리로 200미터까지인 지역 중 절대정화구역을 제외한 지역으로 한다.

법 제△△조(정화구역에서의 금지시설) ① 누구든지 정화구역에서는 다음 각 호의 어느 하나에 해당하는 시설을 하여서는 아니 된다.
 1. 도축장, 화장장 또는 납골시설
 2. 고압가스·천연가스·액화석유가스 제조소 및 저장소
 3. 폐기물수집장소
 4. 폐기물처리시설, 폐수종말처리시설, 축산폐수배출시설
 5. 만화가게(유치원 및 대학교의 정화구역은 제외한다)
 6. 노래연습장(유치원 및 대학교의 정화구역은 제외한다)
 7. 당구장(유치원 및 대학교의 정화구역은 제외한다)
 8. 호텔, 여관, 여인숙
② 제1항에도 불구하고 대통령령으로 정하는 구역에서는 제1항의 제2호, 제3호, 제5호부터 제8호까지에 규정된 시설 중 교육감이 학교환경위생정화위원회의 심의를 거쳐 학습과 학교보건위생에 나쁜 영향을 주지 아니한다고 인정하는 시설은 허용될 수 있다.

대통령령 제□□조(제한이 완화되는 구역) 법 제△△조 제2항에서 '대통령령으로 정하는 구역'이란 법 제○○조에 따른 상대정화구역(법 제△△조 제1항 제7호에 따른 당구장 시설을 하는 경우에는 정화구역 전체)을 말한다.

〈표〉

시설 \ 구역	초·중·고등학교		유치원·대학교	
	절대정화구역	상대정화구역	절대정화구역	상대정화구역
폐기물처리시설	×	×	×	×
폐기물수집장소	×	△	×	△
당구장	㉠		㉢	
만화가게		㉡		
호텔				㉣

×: 금지되는 시설
△: 학교환경위생정화위원회의 심의를 거쳐 허용될 수 있는 시설
○: 허용되는 시설

	㉠	㉡	㉢	㉣
①	△	○	○	△
②	△	△	○	△
③	×	△	○	△
④	×	△	△	×
⑤	×	×	△	×

14 다음 글과 〈상황〉을 근거로 판단할 때 옳은 것은?

22 5급공채 나책형 3번

제○○조 ① 소비자는 물품 등의 사용으로 인한 피해의 구제를 한국소비자원에 신청할 수 있다.
② 국가·지방자치단체 또는 소비자단체는 소비자로부터 피해구제의 신청을 받은 때에는 한국소비자원에 그 처리를 의뢰할 수 있다.
③ 사업자는 소비자로부터 피해구제의 신청을 받은 때에는 다음 각 호의 어느 하나에 해당하는 경우에 한하여 한국소비자원에 그 처리를 의뢰할 수 있다.
  1. 소비자로부터 피해구제의 신청을 받은 날부터 30일이 경과하여도 합의에 이르지 못하는 경우
  2. 한국소비자원에 피해구제의 처리를 의뢰하기로 소비자와 합의한 경우
제□□조 ① 한국소비자원장은 피해구제신청사건을 처리함에 있어서 당사자 또는 관계인이 법령을 위반한 것으로 판단되는 때에는 관계 기관에 이를 통보하고 적절한 조치를 의뢰하여야 한다. 다만 다음 각 호의 경우에는 그러하지 아니하다.
  1. 피해구제신청사건의 당사자가 피해보상에 관한 합의를 하고 법령위반행위를 시정한 경우
  2. 관계 기관에서 위법사실을 이미 인지·조사하고 있는 경우
② 한국소비자원장은 피해구제신청의 당사자에 대하여 피해보상에 관한 합의를 권고할 수 있다.
제△△조 한국소비자원장은 제○○조의 규정에 따라 피해구제의 신청을 받은 날부터 30일 이내에 제□□조 제2항의 규정에 따른 합의가 이루어지지 아니하는 때에는 지체 없이 소비자분쟁조정위원회에 분쟁조정을 신청하여야 한다.
제◇◇조 한국소비자원의 피해구제 처리절차 중에 법원에 소를 제기한 당사자는 그 사실을 한국소비자원에 통보하여야 한다.

─〈상황〉─

소비자 甲은 사업자 乙이 생산한 물품을 사용하다가 피해를 입었다. 이에 甲은 乙에게 피해구제를 신청하였다.

① 乙이 신청을 받은 날부터 30일이 지나도록 甲과 합의에 이르지 못한 경우, 乙은 한국소비자원에 그 처리를 의뢰할 수 있다.
② 甲과 乙이 한국소비자원에 피해구제의 처리를 의뢰하기로 합의한 경우, 乙은 30일 이내에 소비자분쟁조정위원회에 분쟁조정을 신청하여야 한다.
③ 한국소비자원이 甲의 피해구제 처리절차를 진행하는 중에는 甲은 해당 사건에 대해 법원에 소를 제기할 수 없다.
④ 한국소비자원장이 권고한 피해보상에 관한 합의가 甲과 乙 사이에 이루어지지 않은 경우, 한국소비자원장은 30일 이내에 소비자분쟁조정위원회에 분쟁조정을 신청하여야 한다.
⑤ 한국소비자원장은 피해구제신청사건을 처리함에 있어서 乙이 법령을 위반한 것으로 판단되면, 관계 기관에서 위법사실을 이미 인지·조사하고 있는 경우라도 관계 기관에 이를 통보하고 적절한 조치를 의뢰하여야 한다.

회독 □□□ 난도 ★☆☆ 소요시간 □□□

15 다음 글을 근거로 판단할 때 옳은 것은?

22 5급공채 나책형 2번

제00조 ① 본인 또는 배우자, 직계혈족(이하 '본인 등'이라 한다)은 가족관계등록부의 기록사항에 관하여 발급할 수 있는 증명서(가족관계증명서, 기본증명서, 혼인관계증명서, 입양관계증명서, 친양자입양관계증명서 등)의 교부를 청구할 수 있고, 본인 등의 대리인이 청구하는 경우에는 본인 등의 위임을 받아야 한다. 다만 다음 각 호의 어느 하나에 해당하는 경우에는 본인 등이 아닌 경우에도 교부를 신청할 수 있다.
  1. 국가 또는 지방자치단체가 직무상 필요에 따라 문서로 신청하는 경우
  2. 소송·민사집행의 각 절차에서 필요한 경우
  3. 다른 법령에서 본인 등에 관한 증명서를 제출하도록 요구하는 경우
② 제1항에도 불구하고 친양자입양관계증명서는 다음 각 호의 어느 하나에 해당하는 경우에 한하여 교부를 청구할 수 있다.
  1. 친양자가 성년이 되어 신청하는 경우
  2. 법원의 사실조회촉탁이 있거나 수사기관이 수사상 필요에 따라 문서로 신청하는 경우
③ 제1항 및 제2항에 따라 증명서의 교부를 청구하는 사람은 수수료를 납부하여야 하며, 증명서의 송부를 신청하는 경우에는 우송료를 따로 납부하여야 한다.
④ 본인 또는 배우자, 부모, 자녀는 가족관계등록부의 기록사항 전부 또는 일부에 대하여 전자적 방법에 의한 열람을 청구할 수 있다. 다만 친양자입양관계증명서의 기록사항에 대하여는 친양자가 성년이 된 이후에만 청구할 수 있다.

① A의 직계혈족인 B가 A의 기본증명서 교부를 청구할 때에는 A의 위임을 받아야 한다.
② 본인의 입양관계증명서 교부를 청구한 C는 수수료와 우송료를 일괄 납부하여야 한다.
③ 지방자치단체는 직무상 필요에 따라 구두로 지역주민 D의 가족관계증명서 교부를 신청할 수 있다.
④ E의 자녀 F는 E의 혼인관계증명서의 기록사항에 대해 전자적 방법에 의한 열람을 청구할 수 있다.
⑤ 미성년자 G는 본인의 친양자입양관계증명서의 기록사항에 대해 전자적 방법에 의한 열람을 청구할 수 있다.

회독 □□□ 난도 ★★☆ 소요시간 □□□

16 다음 글과 〈상황〉을 근거로 판단할 때 옳은 것은?

22 5급 공채 나책형 4번

제00조 ① 박물관에는 임원으로서 관장 1명, 상임이사 1명, 비상임이사 5명 이내, 감사 1명을 둔다.
② 감사는 비상임으로 한다.
③ 관장은 정관으로 정하는 바에 따라 □□부장관이 임면하고, 상임이사와 비상임이사 및 감사의 임면은 정관으로 정하는 바에 따른다.
제00조 ① 관장의 임기는 3년으로 하며, 1년 단위로 연임할 수 있다.
② 이사와 감사의 임기는 2년으로 하며, 1년 단위로 연임할 수 있다.
③ 임원의 사임 등으로 인하여 선임되는 임원의 임기는 새로 시작된다.
④ 관장은 박물관을 대표하고 그 업무를 총괄하며, 소속 직원을 지휘·감독한다.
⑤ 관장이 부득이한 사유로 직무를 수행할 수 없을 때에는 상임이사가 그 직무를 대행하고, 상임이사도 직무를 수행할 수 없을 때에는 정관으로 정하는 임원이 그 직무를 대행한다.
제00조 ① 박물관의 중요 사항을 심의·의결하기 위하여 박물관에 이사회를 둔다.
② 이사회는 의장을 포함한 이사로 구성하고 관장이 의장이 된다.
③ 이사회는 재적이사 과반수의 출석으로 개의하고, 재적이사 과반수의 찬성으로 의결한다.
④ 감사는 직무와 관련하여 필요한 경우 이사회에 출석하여 발언할 수 있다.
제00조 ① 박물관의 임직원이나 임직원으로 재직하였던 사람은 그 직무상 알게 된 비밀을 누설하거나 도용하여서는 아니 된다.
② 제1항을 위반하여 직무상 알게 된 비밀을 누설하거나 도용한 사람은 2년 이하의 징역 또는 2천만 원 이하의 벌금에 처한다.

─〈상황〉─
○○박물관에는 임원으로 이사인 관장 A, 상임이사 B, 비상임이사 C, D, E, F와 감사 G가 있다.

① A가 2년간 재직하다가 퇴직한 경우, 새로 임명된 관장의 임기는 1년이다.
② 이사회에 A, B, C, D, E가 출석한 경우, 그중 2명이 반대하면 안건은 부결된다.
③ A가 부득이한 사유로 직무를 수행할 수 없을 때에는 G가 소속 직원을 지휘·감독한다.
④ B가 직무상 알게 된 비밀을 누설한 경우, 1년의 징역과 500만 원의 벌금에 처해질 수 있다.
⑤ ○○박물관 정관에 "관장은 이사, 감사를 임면한다."라고 규정되어 있는 경우, A는 G의 임기가 만료되면 H를 상임감사로 임명할 수 있다.

17 다음 글을 근거로 판단할 때 옳은 것은?

21 5급 공채 가책형 1번

제00조 ① 특별시장·광역시장·특별자치시장·도지사 또는 특별자치도지사(이하 '시·도지사'라 한다)는 아이돌보미의 양성을 위하여 적합한 시설을 교육기관으로 지정·운영하여야 한다.

② 시·도지사는 교육기관이 다음 각 호의 어느 하나에 해당하는 경우 사업의 정지를 명하거나 그 지정을 취소할 수 있다. 다만 제1호에 해당하는 경우 지정을 취소하여야 한다.

　1. 거짓이나 그 밖의 부정한 방법으로 교육기관으로 지정을 받은 경우

　2. 교육과정을 1년 이상 운영하지 아니하는 경우

③ 제2항 제1호의 방법으로 교육기관 지정을 받은 자는 1년 이하의 징역 또는 1천만 원 이하의 벌금에 처한다.

④ 아이돌보미가 되려는 사람은 시·도지사가 지정·운영하는 교육기관에서 교육과정을 수료하여야 한다.

⑤ 아이돌보미가 되려는 사람은 여성가족부장관이 실시하는 적성·인성검사를 받아야 한다.

제00조 ① 아이돌보미는 다른 사람에게 자기의 성명을 사용하여 아이돌보미 업무를 수행하게 하거나 수료증을 대여하여서는 아니 된다.

② 아이돌보미가 아닌 사람은 아이돌보미 또는 이와 유사한 명칭을 사용할 수 없다.

③ 제1항, 제2항을 위반한 사람에게는 300만 원 이하의 과태료를 부과한다.

제00조 ① 여성가족부장관은 아이돌봄서비스의 질적 수준과 아이돌보미의 전문성 향상을 위하여 보수교육을 실시하여야 한다.

② 제1항에 따른 보수교육은 전문기관에 위탁하여 실시할 수 있다.

① 아이돌보미가 아닌 보육 관련 종사자도 아이돌보미 명칭을 사용할 수 있다.

② 시·도지사는 아이돌보미 양성을 위한 교육기관을 지정·운영하고 보수교육을 실시하여야 한다.

③ 아이돌보미가 되려는 사람은 시·도지사가 실시하는 적성·인성검사를 받아야 한다.

④ 서울특별시의 A기관이 부정한 방법을 통해 아이돌보미 양성을 위한 교육기관으로 지정을 받은 경우, 서울특별시장은 200만 원의 과태료를 부과할 수 있다.

⑤ 인천광역시의 B기관이 아이돌보미 양성을 위한 교육기관으로 지정된 후 교육과정을 1년간 운영하지 않은 경우, 인천광역시장은 그 지정을 취소할 수 있다.

18 다음 글과 〈상황〉을 근거로 판단할 때 옳은 것은?

21 5급 공채 가책형 2번

제00조 ① 문화재청장은 학술조사 또는 공공목적 등에 필요한 경우 다음 각 호의 지역을 발굴할 수 있다.

　1. 고도(古都)지역

　2. 수중문화재 분포지역

　3. 폐사지(廢寺址) 등 역사적 가치가 높은 지역

② 문화재청장은 제1항에 따라 발굴할 경우 발굴의 목적, 방법, 착수 시기 및 소요 기간 등의 내용을 발굴 착수일 2주일 전까지 해당 지역의 소유자, 관리자 또는 점유자(이하 '소유자 등'이라 한다)에게 미리 알려 주어야 한다.

③ 제2항에 따른 통보를 받은 소유자 등은 그 발굴에 대하여 문화재청장에게 의견을 제출할 수 있으며, 발굴을 거부하거나 방해 또는 기피하여서는 아니 된다.

④ 문화재청장은 제1항의 발굴이 완료된 경우에는 완료된 날부터 30일 이내에 출토유물 현황 등 발굴의 결과를 소유자 등에게 알려 주어야 한다.

⑤ 국가는 제1항에 따른 발굴로 손실을 받은 자에게 그 손실을 보상하여야 한다.

⑥ 제5항에 따른 손실보상에 관하여는 문화재청장과 손실을 받은 자가 협의하여야 하며, 보상금에 대한 합의가 성립하지 않은 때에는 관할 토지수용위원회에 재결(裁決)을 신청할 수 있다.

⑦ 문화재청장은 제1항에 따른 발굴 현장에 발굴의 목적, 조사기관, 소요 기간 등의 내용을 알리는 안내판을 설치하여야 한다.

〈상황〉

문화재청장 甲은 고도(古都)에 해당하는 A지역에 대한 학술조사를 위해 2021년 3월 15일부터 A지역의 발굴에 착수고자 한다. 乙은 자기 소유의 A지역을 丙에게 임대하여 현재 임차인 丙이 이를 점유·사용하고 있다.

① 甲은 A지역 발굴의 목적, 방법, 착수 시기 및 소요 기간 등에 관한 내용을 丙에게 2021년 3월 29일까지 알려주어야 한다.

② A지역의 발굴에 대한 통보를 받은 丙은 甲에게 그 발굴에 대한 의견을 제출할 수 있다.

③ 乙은 발굴 현장에 발굴의 목적 등을 알리는 안내판을 설치하여야 한다.

④ A지역의 발굴로 인해 乙에게 손실이 예상되는 경우, 乙은 그 발굴을 거부할 수 있다.

⑤ A지역과 인접한 토지 소유자인 丁이 A지역의 발굴로 인해 손실을 받은 경우, 丁은 보상금에 대해 甲과 협의하지 않고 관할 토지수용위원회에 재결을 신청할 수 있다.

19 다음 글을 근거로 판단할 때 옳은 것은?

21 5급 공채 가책형 3번

제00조 ① 농림축산식품부장관은 채소류 등 저장성이 없는 농산물의 가격안정을 위하여 필요하다고 인정할 때에는 생산자 또는 생산자단체로부터 농산물가격안정기금으로 해당 농산물을 수매할 수 있다. 다만 가격안정을 위하여 특히 필요하다고 인정할 때에는 도매시장에서 해당 농산물을 수매할 수 있다.

② 제1항에 따라 수매한 농산물은 판매 또는 수출하거나 사회복지단체에 기증하는 등 필요한 처분을 할 수 있다.

③ 농림축산식품부장관은 제1항과 제2항에 따른 수매 및 처분에 관한 업무를 농업협동조합중앙회·산림조합중앙회(이하 '농림협중앙회'라 한다) 또는 한국농수산식품유통공사에 위탁할 수 있다.

제00조 ① 농림축산식품부장관은 농산물(쌀과 보리는 제외한다. 이하 이 조에서 같다)의 수급조절과 가격안정을 위하여 필요하다고 인정할 때에는 농산물가격안정기금으로 농산물을 비축하거나 농산물의 출하를 약정하는 생산자에게 그 대금의 일부를 미리 지급하여 출하를 조절할 수 있다.

② 제1항에 따른 비축용 농산물은 생산자 또는 생산자단체로부터 수매할 수 있다. 다만 가격안정을 위하여 특히 필요하다고 인정할 때에는 도매시장에서 수매하거나 수입할 수 있다.

③ 농림축산식품부장관은 제1항과 제2항에 따른 사업을 농림협중앙회 또는 한국농수산식품유통공사에 위탁할 수 있다.

④ 농림축산식품부장관은 제2항 단서에 따라 비축용 농산물을 수입하는 경우, 국제가격의 급격한 변동에 대비하여야 할 필요가 있다고 인정할 때에는 선물거래(先物去來)를 할 수 있다.

① 한국농수산식품유통공사는 가격안정을 위해 수매한 저장성이 없는 농산물을 외국에 수출할 수 없다.

② 채소류의 가격안정을 위해서 특히 필요하다고 인정되어 수매할 경우, 농림협중앙회는 소매시장에서 수매하여야 한다.

③ 농림협중앙회는 보리의 수급조절을 위하여 보리 생산자에게 대금의 일부를 미리 지급하여 출하를 조절할 수 있다.

④ 농림축산식품부장관은 개별 생산자로부터 비축용 농산물을 수매할 수 있다.

⑤ 농림축산식품부장관은 비축용 농산물 국제가격의 급격한 변동에 대비하여야 할 필요가 있다고 인정할 경우에도 선물거래를 할 수 없다.

20 다음 글을 근거로 판단할 때 옳은 것은?

20 5급 공채 나책형 1번

제○○조 ① 지방자치단체의 장은 소속공무원이 적극행정으로 인해 징계 의결 요구가 된 경우 적극행정지원위원회(이하 '위원회'라 한다)의 변호인 선임비용 지원결정(이하 '지원결정'이라 한다)에 따라 200만 원 이하의 범위 내에서 변호인 선임비용을 지원할 수 있다.

② 지방자치단체의 장은 소속공무원이 적극행정으로 인해 고소·고발을 당한 경우 위원회의 지원결정에 따라 기소 이전 수사과정에 한하여 500만 원 이하의 범위 내에서 변호인 선임비용을 지원할 수 있다.

③ 제1항, 제2항에 따라 지원결정을 받은 공무원은 이미 변호인을 선임한 경우를 제외하고는 선임비용을 지원받은 날부터 1개월 내에 변호인을 선임하여야 한다.

제□□조 ① 위원회는 지원결정을 받은 공무원이 다음 각 호의 어느 하나에 해당하는 경우 그 결정을 취소할 수 있다.

1. 허위 또는 부정한 방법으로 지원결정을 받은 경우
2. 제○○조 제2항의 고소·고발 사유와 동일한 사실관계로 유죄의 확정판결을 받은 경우
3. 제○○조 제3항의 사항을 이행하지 않은 경우

② 제1항에 따라 지원결정이 취소된 경우 해당 공무원은 지원받은 변호인 선임비용을 즉시 반환하여야 한다.

③ 위원회는 제2항에 따른 반환의무를 전부 부담시키는 것이 타당하지 않다고 판단하는 경우에는 반환의무의 일부 또는 전부를 면제하는 결정을 할 수 있다.

④ 제1항부터 제3항은 해당 공무원이 변호인 선임비용을 지원받은 후 퇴직한 경우에도 적용한다.

※ 적극행정이란 공무원이 불합리한 규제를 개선하는 등 공공의 이익을 위해 창의성과 전문성을 바탕으로 적극적으로 업무를 처리하는 행위를 말한다.

① 지방자치단체의 장은 소속공무원이 적극행정으로 인해 징계 의결 요구가 된 경우, 위원회의 지원결정에 따라 500만 원의 변호인 선임비용을 지원할 수 있다.

② 지원결정을 받은 공무원이 적극행정으로 인해 고발당한 사건에 대해 이미 변호인을 선임하였더라도 선임비용을 지원받은 날부터 1개월 내에 새로운 변호인을 선임해야 한다.

③ 지원결정을 받은 공무원이 적극행정으로 인해 고소당한 사유와 동일한 사실관계로 무죄의 확정판결을 받은 경우, 위원회는 지원결정을 취소해야 한다.

④ 지원결정이 취소된 경우라도 위원회는 해당 공무원이 지원받은 변호인 선임비용에 대한 반환의무의 일부 또는 전부를 면제하는 결정을 할 수 있다.

⑤ 지원결정에 따라 변호인 선임비용을 지원받고 퇴직한 공무원에 대해 지원결정이 취소되더라도 그가 그 비용을 반환하는 경우는 없다.

21 다음 글과 〈상황〉을 근거로 판단할 때 옳은 것은?

20 5급 공채 나책형 2번

제○○조 ① 주택 등에서 월령 2개월 이상인 개를 기르는 경우, 그 소유자는 시장·군수·구청장에게 이를 등록하여야 한다.
② 소유자는 제1항의 개를 기르는 곳에서 벗어나게 하는 경우에는 소유자의 성명, 소유자의 전화번호, 등록번호를 표시한 인식표를 그 개에게 부착하여야 한다.
제□□조 ① 맹견의 소유자는 다음 각 호의 사항을 준수하여야 한다.
 1. 소유자 없이 맹견을 기르는 곳에서 벗어나지 아니하게 할 것
 2. 월령이 3개월 이상인 맹견을 동반하고 외출할 때에는 목줄과 입마개를 하거나 맹견의 탈출을 방지할 수 있는 적정한 이동장치를 할 것
② 시장·군수·구청장은 맹견이 사람에게 신체적 피해를 주는 경우, 소유자의 동의 없이 맹견에 대하여 격리조치 등 필요한 조치를 취할 수 있다.
③ 맹견의 소유자는 맹견의 안전한 사육 및 관리에 관하여 정기적으로 교육을 받아야 한다.
제△△조 ① 제□□조 제1항을 위반하여 사람을 사망에 이르게 한 자는 3년 이하의 징역 또는 3천만 원 이하의 벌금에 처한다.
② 제□□조 제1항을 위반하여 사람의 신체를 상해에 이르게 한 자는 2년 이하의 징역 또는 2천만 원 이하의 벌금에 처한다.

── 상황 ──

甲과 乙은 맹견을 각자 자신의 주택에서 기르고 있다. 甲은 월령 1개월인 맹견 A의 소유자이고, 乙은 월령 3개월인 맹견 B의 소유자이다.

① 甲이 A를 동반하고 외출하는 경우 A에게 목줄과 입마개를 해야 한다.
② 甲은 맹견의 안전한 사육 및 관리에 관하여 정기적으로 교육을 받지 않아도 된다.
③ 甲이 A와 함께 타 지역으로 여행을 가는 경우, A에게 甲의 성명과 전화번호를 표시한 인식표를 부착하지 않아도 된다.
④ B가 제3자에게 신체적 피해를 주는 경우, 구청장이 B를 격리조치하기 위해서는 乙의 동의를 얻어야 한다.
⑤ 乙이 B에게 목줄을 하지 않아 제3자의 신체를 상해에 이르게 한 경우, 乙을 3년의 징역에 처한다.

22 다음 글을 근거로 판단할 때 옳은 것은?

20 5급 공채 나책형 3번

제00조 ① 청원경찰이란 기관의 장 또는 시설·사업장 등의 경영자(이하 '기관의 장 등'이라 한다)가 경비를 부담할 것을 조건으로 경찰의 배치를 신청하는 경우 그 기관·시설·사업장 등의 경비를 담당하게 하기 위하여 배치하는 경찰을 말한다.
② 청원경찰을 배치받으려는 기관의 장 등은 관할 지방경찰청장에게 청원경찰 배치를 신청하여야 한다.
③ 지방경찰청장은 제2항의 청원경찰 배치신청을 받으면 지체 없이 그 배치 여부를 결정하여야 한다.
④ 지방경찰청장은 청원경찰 배치가 필요한 경우 관할 구역에 소재하는 기관의 장 등에게 청원경찰을 배치할 것을 요청할 수 있다.
제00조 ① 청원경찰은 청원경찰의 배치결정을 받은 자[이하 '청원주'(請願主)라 한다]와 배치된 기관·시설·사업장의 구역을 관할하는 경찰서장의 감독을 받아 그 경비구역만의 경비를 목적으로 필요한 범위에서 「경찰관 직무집행법」에 따른 경찰관의 직무를 수행한다.
② 청원경찰은 제1항에도 불구하고 수사활동 등 사법경찰관리(司法警察官吏)의 직무를 수행해서는 아니 된다.
제00조 ① 청원경찰은 청원주가 임용하되, 임용을 할 때에는 미리 관할 지방경찰청장의 승인을 받아야 한다.
② 「국가공무원법」의 결격사유에 해당하는 사람은 청원경찰로 임용될 수 없다.
③ 청원경찰의 임용자격·임용방법·교육 및 보수에 관하여는 대통령령으로 정한다.
제00조 청원주가 청원경찰이 휴대할 무기를 대여받으려는 경우에는 관할 경찰서장을 거쳐 지방경찰청장에게 무기대여를 신청하여야 한다.

① 청원경찰의 임용승인과 직무감독의 권한은 관할 경찰서장에게 있다.
② 청원경찰은 관할 지방경찰청장의 요청뿐만 아니라 배치받으려는 기관의 장 등의 신청에 의해서도 배치될 수 있다.
③ 청원경찰의 임용자격 및 임용방법은 「국가공무원법」에 따르며, 청원경찰의 결격사유는 대통령령으로 정한다.
④ 청원경찰은 배치된 사업장의 경비를 목적으로 필요한 범위에서 수사활동 등 사법경찰관리의 직무를 수행할 수 있다.
⑤ 청원경찰은 직무수행에 필요한 경우 직접 관할 지방경찰청장에게 무기대여를 신청하여야 한다.

회독 □□□ 난도 ★☆☆ 소요시간 _____

23 다음 글을 근거로 판단할 때 옳은 것은?

20 민경채 가책형 1번

제00조 ① 광역교통위원회는 위원장 1명과 상임위원 1명 및 다음 각 호의 위원을 포함하여 30명 이내로 구성한다.
  1. 대도시권 광역교통 관련 업무를 담당하는 중앙행정기관 소속 고위공무원 중 대통령령으로 정하는 사람
  2. 대도시권에 포함되는 광역지방자치단체의 부단체장 중 대통령령으로 정하는 사람
  3. 그 밖에 광역교통 관련 전문지식과 경험이 풍부한 사람
② 광역교통위원회의 위원장은 국토교통부장관의 제청으로 대통령이 임명하고, 위원은 국토교통부장관이 임명 또는 위촉한다.
제00조 ① 실무위원회는 다음 각 호의 사항을 심의한다.
  1. 광역교통위원회에 부칠 안건의 사전검토 또는 조정에 관한 사항
  2. 그 밖에 실무위원회의 위원장이 심의가 필요하다고 인정하는 사항
② 실무위원회의 위원장은 광역교통위원회의 상임위원이 된다.
③ 실무위원회의 위원은 다음 각 호의 사람이 된다.
  1. 기획재정부·행정안전부·국토교통부 및 행정중심복합도시건설청 소속 공무원 중 소속 기관의 장이 지명하는 사람
  2. 대도시권에 포함되는 시·도 또는 시·군·구(자치구를 말한다) 소속 공무원 중 소속 기관의 장이 광역교통위원회와 협의해 지명하는 사람
  3. 교통·도시계획·재정·행정·환경 등 광역교통에 관한 학식과 경험이 풍부한 사람 중에서 광역교통위원회의 위원장이 성별을 고려해 위촉하는 50명 이내의 사람

---

① 실무위원회의 위원 위촉 시 성별은 고려하지 않는다.
② 광역교통위원회의 구성원은 실무위원회의 구성원이 될 수 없다.
③ 광역교통위원회 위원장의 위촉 없이도 실무위원회의 위원이 될 수 있다.
④ 공무원이 아닌 사람은 실무위원회의 위원은 될 수 있으나, 광역교통위원회의 위원은 될 수 없다.
⑤ 광역교통위원회의 위원으로 행정안전부 소속 공무원을 선정하는 경우 행정안전부장관이 임명한다.

회독 □□□ 난도 ★☆☆ 소요시간 _____

24 다음 글을 근거로 판단할 때 옳은 것은?

20 민경채 가책형 3번

제00조 ① 수입신고를 하려는 자(업소를 포함한다)는 해당 수입식품의 안전성 확보 등을 위하여 식품의약품안전처장이 정하는 기준에 따라 해외제조업소에 대하여 위생관리 상태를 점검할 수 있다.
② 제1항에 따라 위생관리 상태를 점검한 자는 식품의약품안전처장에게 우수수입업소 등록을 신청할 수 있다.
③ 식품의약품안전처장은 제2항에 따라 신청된 내용이 식품의약품안전처장이 정하는 기준에 적합한 경우에는 우수수입업소 등록증을 신청인에게 발급하여야 한다.
④ 우수수입업소 등록의 유효기간은 등록된 날부터 3년으로 한다.
⑤ 식품의약품안전처장은 우수수입업소가 다음 각 호의 어느 하나에 해당하는 경우에는 그 등록을 취소하거나 시정을 명할 수 있다. 다만 우수수입업소가 제1호에 해당하는 경우에는 등록을 취소하여야 한다.
  1. 거짓이나 그 밖의 부정한 방법으로 등록된 경우
  2. 수입식품 수입·판매업의 시설기준을 위배하여 영업정지 2개월 이상의 행정처분을 받은 경우
  3. 수입식품에 대한 부당한 표시를 하여 영업정지 2개월 이상의 행정처분을 받은 경우
⑥ 제5항에 따라 등록이 취소된 업소는 그 취소가 있은 날부터 3년 동안 우수수입업소 등록을 신청할 수 없다.
제00조 ① 식품의약품안전처장은 수입신고된 수입식품에 대하여 관계공무원으로 하여금 필요한 검사를 하게 하여야 한다.
② 식품의약품안전처장은 수입신고된 수입식품이 다음 각 호의 어느 하나에 해당하는 경우에는 제1항에도 불구하고 수입식품의 검사 전부 또는 일부를 생략할 수 있다.
  1. 우수수입업소로 등록된 자가 수입하는 수입식품
  2. 해외우수제조업소로 등록된 자가 수출하는 수입식품

---

① 업소 甲이 우수수입업소 등록을 신청하기 위해서는 식품의약품안전처장이 정하는 기준에 따라 국내 자기업소에 대한 위생관리 상태를 점검하여야 한다.
② 업소 乙이 2020년 2월 20일에 우수수입업소로 등록되었다면, 그 등록은 2024년 2월 20일까지 유효하다.
③ 업소 丙이 부정한 방법으로 우수수입업소로 등록된 경우 식품의약품안전처장은 등록을 취소하지 않고 시정을 명할 수 있다.
④ 우수수입업소 丁이 수입식품 수입·판매업의 시설기준을 위배하여 영업정지 1개월의 행정처분을 받았다면, 그 때로부터 3년 동안 丁은 우수수입업소 등록을 신청할 수 없다.
⑤ 식품의약품안전처장은 우수수입업소 戊가 수입신고한 수입식품에 대한 검사를 전부 생략할 수 있다.

회독 ☐☐☐ 난도 ★★☆ 소요시간 ☐☐☐

25 다음 글을 근거로 판단할 때 옳은 것은?

20 민경채 가책형 2번

> 제○○조 이 법에서 사용하는 용어의 뜻은 다음과 같다.
> 1. '배아'란 인간의 수정란 및 수정된 때부터 발생학적으로 모든 기관이 형성되기 전까지의 분열된 세포군을 말한다.
> 2. '잔여배아'란 체외수정으로 생성된 배아 중 임신의 목적으로 이용하고 남은 배아를 말한다.
>
> 제△△조 ① 누구든지 임신 외의 목적으로 배아를 생성하여서는 아니 된다.
> ② 누구든지 배아를 생성할 때 다음 각 호의 어느 하나에 해당하는 행위를 하여서는 아니 된다.
> 1. 특정의 성을 선택할 목적으로 난자와 정자를 선별하여 수정시키는 행위
> 2. 사망한 사람의 난자 또는 정자로 수정하는 행위
> 3. 미성년자의 난자 또는 정자로 수정하는 행위. 다만 혼인한 미성년자가 그 자녀를 얻기 위하여 수정하는 경우는 제외한다.
> ③ 누구든지 금전, 재산상의 이익 또는 그 밖의 반대급부를 조건으로 배아나 난자 또는 정자를 제공 또는 이용하거나 이를 유인하거나 알선하여서는 아니 된다.
>
> 제☐☐조 ① 배아의 보존기간은 5년으로 한다. 다만 난자 또는 정자의 기증자가 배아의 보존기간을 5년 미만으로 정한 경우에는 이를 보존기간으로 한다.
> ② 제1항에도 불구하고 제1항의 기증자가 항암치료를 받는 경우 그 기증자는 보존기간을 5년 이상으로 정할 수 있다.
> ③ 배아생성의료기관은 제1항 또는 제2항에 따른 보존기간이 끝난 배아 중 제◇◇조에 따른 연구의 목적으로 이용하지 아니할 배아는 폐기하여야 한다.
>
> 제◇◇조 제☐☐조에 따른 배아의 보존기간이 지난 잔여배아는 발생학적으로 원시선(原始線)이 나타나기 전까지만 체외에서 다음 각 호의 연구 목적으로 이용할 수 있다.
> 1. 난임치료법 및 피임기술의 개발을 위한 연구
> 2. 희귀·난치병의 치료를 위한 연구

※ 원시선: 중배엽 형성 초기에 세포의 이동에 의해서 형성되는 배반(胚盤)의 꼬리쪽 끝에서 볼 수 있는 얇은 선

① 배아생성의료기관은 불임부부를 위해 반대급부를 조건으로 배아의 제공을 알선할 수 있다.

② 난자 또는 정자의 기증자는 항암치료를 받지 않더라도 배아의 보존기간을 6년으로 정할 수 있다.

③ 배아생성의료기관은 혼인한 미성년자의 정자를 임신 외의 목적으로 수정하여 배아를 생성할 수 있다.

④ 보존기간이 남은 잔여배아는 발생학적으로 원시선이 나타나기 전이라면 체내에서 난치병 치료를 위한 연구 목적으로 이용할 수 있다.

⑤ 생성 후 5년이 지나지 않은 잔여배아도 발생학적으로 원시선이 나타나기 전까지 체외에서 피임기술 개발을 위한 연구에 이용하는 것이 가능한 경우가 있다.

회독 ☐☐☐ 난도 ★☆☆ 소요시간 ☐☐☐

26 다음 글을 근거로 판단할 때, 〈보기〉에서 저작권자의 허락없이 허용되는 행위만을 모두 고르면?

20 민경채 가책형 4번

제00조 타인의 공표된 저작물의 내용·형식을 변환하거나 그 저작물을 복제·배포·공연 또는 공중송신(방송·전송을 포함한다)하기 위해서는 특별한 규정이 없는 한 저작권자의 허락을 받아야 한다.
제00조 ① 누구든지 공표된 저작물을 저작권자의 허락없이 시각장애인을 위하여 점자로 복제·배포할 수 있다.
② 시각장애인을 보호하고 있는 시설, 시각장애인을 위한 특수학교 또는 점자도서관은 영리를 목적으로 하지 아니하고 시각장애인의 이용에 제공하기 위하여, 공표된 어문저작물을 저작권자의 허락없이 녹음하여 복제하거나 디지털음성정보기록방식으로 복제·배포 또는 전송할 수 있다.
제00조 ① 누구든지 공표된 저작물을 저작권자의 허락없이 청각장애인을 위하여 한국수어로 변환할 수 있으며 이러한 한국수어를 복제·배포·공연 또는 공중송신할 수 있다.
② 청각장애인을 보호하고 있는 시설, 청각장애인을 위한 특수학교 또는 한국어수어통역센터는 영리를 목적으로 하지 아니하고 청각장애인의 이용에 제공하기 위하여, 공표된 저작물에 포함된 음성 및 음향 등을 저작권자의 허락없이 자막 등 청각장애인이 인지할 수 있는 방식으로 변환할 수 있으며 이러한 자막 등을 청각장애인이 이용할 수 있도록 복제·배포·공연 또는 공중송신할 수 있다.

※ 어문저작물: 소설·시·논문·각본 등 문자로 이루어진 저작물

〔보기〕
ㄱ. 학교도서관이 공표된 소설을 청각장애인을 위하여 한국수어로 변환하고 이 한국수어를 복제·공중송신하는 행위
ㄴ. 한국어수어통역센터가 영리를 목적으로 청각장애인의 이용에 제공하기 위하여, 공표된 영화에 포함된 음성을 자막으로 변환하여 배포하는 행위
ㄷ. 점자도서관이 영리를 목적으로 하지 아니하고 시각장애인의 이용에 제공하기 위하여, 공표된 피아니스트의 연주 음악을 녹음하여 복제·전송하는 행위

① ㄱ   ② ㄴ
③ ㄱ, ㄷ   ④ ㄴ, ㄷ
⑤ ㄱ, ㄴ, ㄷ

회독 ☐☐☐ 난도 ★☆☆ 소요시간 ☐☐☐

27 다음 글과 〈상황〉을 근거로 판단할 때, 〈보기〉에서 옳은 것만을 모두 고르면? 21 5급 공채 가책형 21번

제00조 ① 급식은 유아의 교육을 위하여 설립·운영되는 국립·공립·사립 유치원을 대상으로 실시한다.
② 제1항에도 불구하고 원아수 50명 미만의 사립 유치원은 급식 대상에서 제외한다. 다만 교육감이 필요하다고 인정하는 경우 급식 대상에 포함시킬 수 있다.
③ 교육감은 제2항에 따라 급식 대상에서 제외되는 유치원의 명칭과 주소를 매년 1월말까지 공시하여야 한다.
제00조 ① 유치원에 두는 영양교사의 배치기준은 다음 각호와 같다.
 1. 급식을 실시할 유치원에는 영양교사 1명을 둔다.
 2. 제1호에도 불구하고 같은 교육지원청의 관할구역에 있는 원아수 각 200명 미만인 유치원은 2개 이내의 유치원에 순회 또는 공동으로 영양교사를 둘 수 있다.
② 교육감은 급식을 위한 시설과 설비를 갖춘 유치원 중 원아수 100명 미만의 유치원에 대하여 영양관리, 식생활지도 등의 업무를 지원하기 위하여 교육지원청에 전담직원을 둘 수 있다. 이 경우 교육지원청의 지원을 받는 유치원에는 영양교사를 둔 것으로 본다.

〔상황〕
• 현재 유치원 현황은 다음과 같다.

유치원	분류	원아수	관할 교육지원청
A	공립	223	甲
B	사립	152	乙
C	사립	123	乙
D	사립	74	丙
E	공립	46	丙

〔보기〕
ㄱ. A유치원은 급식을 실시하기 위하여 영양교사 1명을 배치해야 한다.
ㄴ. B유치원과 C유치원은 공동으로 영양교사 1명을 배치할 수 있다.
ㄷ. 급식을 위한 시설과 설비를 갖춘 D유치원이 丙교육지원청의 전담직원을 통하여 영양관리, 식생활 지도 등의 업무를 지원받고 있다면, D유치원은 영양교사를 둔 것으로 본다.
ㄹ. E유치원은 급식 대상에서 제외되는 유치원으로 그 명칭과 주소가 매년 1월말까지 공시되어야 한다.

① ㄱ, ㄴ   ② ㄱ, ㄹ
③ ㄷ, ㄹ   ④ ㄱ, ㄴ, ㄷ
⑤ ㄴ, ㄷ, ㄹ

28 다음 글을 근거로 판단할 때 옳은 것은?

21 5급 공채 가책형 22번

제00조 ① 재산공개대상자 및 그 이해관계인이 보유하고 있는 주식의 직무관련성을 심사·결정하기 위하여 인사혁신처에 주식백지신탁 심사위원회(이하 '심사위원회'라 한다)를 둔다.
② 심사위원회는 위원장 1명을 포함한 9명의 위원으로 구성한다.
③ 심사위원회의 위원장 및 위원은 대통령이 임명하거나 위촉한다. 이 경우 위원 중 3명은 국회가, 3명은 대법원장이 추천하는 자를 각각 임명하거나 위촉한다.
④ 심사위원회의 위원은 다음 각 호의 어느 하나에 해당하는 자격을 갖추어야 한다.
  1. 대학이나 공인된 연구기관에서 부교수 이상의 직에 5년 이상 근무하였을 것
  2. 판사, 검사 또는 변호사로 5년 이상 근무하였을 것
  3. 금융 관련 분야에 5년 이상 근무하였을 것
  4. 3급 이상 공무원 또는 고위공무원단에 속하는 공무원으로 3년 이상 근무하였을 것
⑤ 위원장 및 위원의 임기는 2년으로 하되, 1차례만 연임할 수 있다. 다만 임기가 만료된 위원은 그 후임자가 임명되거나 위촉될 때까지 해당 직무를 수행한다.
⑥ 주식의 직무관련성은 주식 관련 정보에 관한 직접적·간접적인 접근 가능성, 영향력 행사 가능성 등을 기준으로 판단하여야 한다.

① 심사위원회의 위원장은 위원 중에서 호선한다.
② 심사위원회의 위원 중 3명은 국회가 위촉한다.
③ 심사위원회의 위원이 4년을 초과하여 직무를 수행하는 경우가 있다.
④ 주식 관련 정보에 관한 간접적인 접근 가능성은 주식의 직무관련성을 판단하는 기준이 될 수 없다.
⑤ 금융 관련 분야에 5년 이상 근무하였더라도 대학에서 부교수 이상의 직에 5년 이상 근무하지 않으면 심사위원회의 위원이 될 수 없다.

29 다음 글을 근거로 판단할 때 옳은 것은?

19 5급 공채 가책형 21번

제00조(연구실적평가) ① 연구직으로 근무한 경력이 2년 이상인 연구사(석사 이상의 학위를 가진 사람은 제외한다)는 매년 12월 31일까지 그 연구실적의 결과를 논문으로 제출하여야 한다. 다만 연구실적 심사평가를 3번 이상 통과한 연구사는 그러하지 아니하다.
② 연구실적의 심사를 위하여 소속기관의 장은 임용권자 단위 또는 소속 기관 단위로 직렬별, 직류별 또는 직류 내 같은 업무분야별로 연구실적평가위원회를 설치하여야 한다.
③ 연구실적평가위원회는 위원장을 포함한 5명의 위원으로 구성한다. 위원장과 2명의 위원은 소속기관 내부 연구관 중에서, 위원 2명은 대학교수나 외부 연구기관·단체의 연구관 중에서 연구실적평가위원회를 구성할 때마다 임용권자가 임명하거나 위촉한다. 이 경우 위원 중에는 대학교수인 위원이 1명 이상 포함되어야 한다.
④ 연구실적평가위원회의 회의는 임용권자나 위원장이 매년 1월 중에 소집하고, 그 밖에 필요한 경우에는 수시로 소집한다.
⑤ 연구실적평가위원회의 표결은 무기명 투표로 하며, 재적위원 과반수의 찬성으로 의결한다.

※ 대학교수와 연구관은 겸직할 수 없음

① 개별 연구실적평가위원회는 최대 3명의 대학교수를 위원으로 위촉할 수 있다.
② 연구실적평가위원회 위원장은 소속기관 내부 연구관이 아닌 대학교수가 맡을 수 있다.
③ 연구실적평가위원회에 4명의 위원이 출석한 경우와 5명의 위원이 출석한 경우의 의결정족수는 같다.
④ 연구실적평가위원회 위원으로 위촉된 경력이 있는 사람을 재위촉하는 경우 별도의 위촉절차를 거치지 않아도 된다.
⑤ 석사학위 이상을 소지하지 않은 모든 연구사는 연구직으로 임용된 이후 5년이 지나면 석사학위를 소지한 연구사와 동일하게 연구실적 결과물 제출을 면제받는다.

회독 ☐☐☐ 난도 ★★☆ 소요시간 ☐☐☐

30 다음 글을 근거로 판단할 때 옳은 것은?

19 5급 공채 가책형 22번

제00조(사무의 관장) 시장(특별시장·광역시장은 제외한다. 이하 같다)·군수 및 자치구의 구청장은 이 법에 따른 본인서명사실확인서 및 전자본인서명확인서의 발급·관리 등에 관한 사무를 관장한다.

제00조(본인서명사실확인서의 발급 신청) ① 본인서명사실확인서를 발급받으려는 사람 중 다음 각 호의 어느 하나에 해당하는 사람은 시장·군수·구청장(자치구가 아닌 구의 구청장을 포함한다)이나 읍장·면장·동장(이하 '발급기관'이라 한다)을 직접 방문하여 발급을 신청하여야 한다.

 1. 대한민국 내에 주소를 가진 국민
 2. 대한민국 내에 주소를 가지지 아니한 국민
 3. 「재외동포의 출입국과 법적 지위에 관한 법률」에 따라 국내거소신고를 한 재외국민

② 미성년자인 신청인이 제1항에 따라 본인서명사실확인서의 발급을 신청하려는 경우에는 법정대리인과 함께 발급기관을 직접 방문하여 법정대리인의 동의를 받아 신청하여야 한다.

제00조(전자본인서명확인서 발급시스템 이용의 승인) ① 민원인은 전자본인서명확인서 발급시스템을 이용하려는 경우에는 미리 시장·군수 또는 자치구의 구청장(이하 '승인권자'라 한다)의 승인을 받아야 한다.

② 제1항에 따라 승인을 받으려는 민원인은 승인권자를 직접 방문하여 이용 승인을 신청하여야 한다.

③ 미성년자인 민원인이 제2항에 따라 이용 승인을 신청하려는 경우에는 법정대리인과 함께 승인권자를 직접 방문하여 법정대리인의 동의를 받아 신청하여야 한다.

제00조(인감증명서와의 관계) 부동산거래에서 인감증명서 제출과 함께 관련 서면에 인감을 날인하여야 할 때에는 다음 각 호의 어느 하나에 해당하는 경우 인감증명서를 제출하고 관련 서면에 인감을 날인한 것으로 본다.

 1. 본인서명사실확인서를 제출하고 관련 서면에 서명을 한 경우
 2. 전자본인서명확인서 발급증을 제출하고 관련 서면에 서명을 한 경우

① 대구광역시 수성구 A동 주민 甲(30세)이 전자본인서명확인서 발급시스템을 이용하기 위해서는 미리 동장을 방문하여 이용 승인을 신청하여야 한다.

② 재외국민 乙(26세)이 「재외동포의 출입국과 법적 지위에 관한 법률」에 따라 국내거소신고를 하였다면 본인서명사실확인서 발급을 신청한 것으로 본다.

③ 본인서명사실확인서를 발급받은 바 있는 丙(17세)이 전자본인서명확인서 발급시스템 이용 승인을 신청하기 위해서는 법정대리인의 동의를 받지 않아도 된다.

④ 토지매매시 인감증명서를 제출하고 관련 서면에 인감을 날인하여야 하는 경우, 본인서명사실확인서를 제출하고 관련 서면에 서명하는 것으로 대신할 수 있다.

⑤ 서울특별시 종로구 B동 주민 丁(25세)은 본인서명사실확인서를 발급받기 위하여 서울특별시장을 방문하여 전자본인서명확인서 발급시스템 이용 승인을 신청하여야 한다.

31 다음 글을 근거로 판단할 때 옳은 것은?

18 5급 공채 나책형 22번

제00조 이 법은 법령의 공포절차 등에 관하여 규정함을 목적으로 한다.

제00조 ① 법률 공포문의 전문에는 국회의 의결을 받은 사실을 적고, 대통령이 서명한 후 대통령인을 찍고 그 공포일을 명기하여 국무총리와 관계 국무위원이 서명한다.

② 확정된 법률을 대통령이 공포하지 아니할 때에는 국회의장이 이를 공포한다. 국회의장이 공포하는 법률의 공포문 전문에는 국회의 의결을 받은 사실을 적고, 국회의장이 서명한 후 국회의장인을 찍고 그 공포일을 명기하여야 한다.

제00조 조약 공포문의 전문에는 국회의 동의 또는 국무회의의 심의를 거친 사실을 적고, 대통령이 서명한 후 대통령인을 찍고 그 공포일을 명기하여 국무총리와 관계 국무위원이 서명한다.

제00조 대통령령 공포문의 전문에는 국무회의의 심의를 거친 사실을 적고, 대통령이 서명한 후 대통령인을 찍고 그 공포일을 명기하여 국무총리와 관계 국무위원이 서명한다.

제00조 ① 총리령을 공포할 때에는 그 일자를 명기하고, 국무총리가 서명한 후 총리인을 찍는다.

② 부령을 공포할 때에는 그 일자를 명기하고, 해당 부의 장관이 서명한 후 그 장관인을 찍는다.

제00조 ① 법령의 공포는 관보에 게재함으로써 한다.

② 관보의 내용 및 적용 시기 등은 종이관보를 우선으로 하며, 전자관보는 부차적인 효력을 가진다.

※ 법령 : 법률, 조약, 대통령령, 총리령, 부령을 의미한다.

① 모든 법률의 공포문 전문에는 국회의장인이 찍혀 있다.

② 핵무기비확산조약의 공포문 전문에는 총리인이 찍혀 있다.

③ 지역문화발전기본법의 공포문 전문에는 대법원장인이 찍혀 있다.

④ 대통령인이 찍혀 있는 법령의 공포문 전문에는 국무총리의 서명이 들어 있다.

⑤ 종이관보에 기재된 법인세법의 세율과 전자관보에 기재된 그 세율이 다른 경우 전자관보를 기준으로 판단하여야 한다.

32 다음 글과 〈상황〉을 근거로 판단할 때 옳은 것은?

18 5급 공채 나책형 23번

제00조 ① 증인신문은 증인을 신청한 당사자가 먼저 하고, 다음에 다른 당사자가 한다.

② 재판장은 제1항의 신문이 끝난 뒤에 신문할 수 있다.

③ 재판장은 제1항과 제2항의 규정에 불구하고 언제든지 신문할 수 있다.

④ 재판장은 당사자의 의견을 들어 제1항과 제2항의 규정에 따른 신문의 순서를 바꿀 수 있다.

⑤ 당사자의 신문이 중복되거나 쟁점과 관계가 없는 때, 그 밖에 필요한 사정이 있는 때에 재판장은 당사자의 신문을 제한할 수 있다.

⑥ 합의부원은 재판장에게 알리고 신문할 수 있다.

제00조 ① 증인은 따로따로 신문하여야 한다.

② 신문하지 않은 증인이 법정 안에 있을 때에는 법정에서 나가도록 명하여야 한다. 다만 필요하다고 인정한 때에는 신문할 증인을 법정 안에 머무르게 할 수 있다.

제00조 재판장은 필요하다고 인정한 때에는 증인 서로의 대질을 명할 수 있다.

제00조 증인은 서류에 의하여 진술하지 못한다. 다만 재판장이 허가하면 그러하지 아니하다.

※ 당사자 : 원고, 피고를 가리킨다.

┌─ 상황 ─┐

원고 甲은 피고 乙을 상대로 대여금반환청구의 소를 제기하였다. 이후 절차에서 甲은 丙을, 乙은 丁을 각각 증인으로 신청하였으며 해당 재판부(재판장 A, 합의부원 B와 C)는 丙과 丁을 모두 증인으로 채택하였다.

① 丙을 신문할 때 A는 乙보다 먼저 신문할 수 없다.

② 甲의 丙에 대한 신문이 쟁점과 관계가 없는 때, A는 甲의 신문을 제한할 수 있다.

③ A가 丁에 대한 신문을 乙보다 甲이 먼저 하게 하려면, B와 C의 의견을 들어야 한다.

④ 丙과 丁을 따로따로 신문해야 하는 것이 원칙이지만, B는 필요하다고 인정한 때 丙과 丁의 대질을 명할 수 있다.

⑤ 丙이 질병으로 인해 서류에 의해 진술하려는 경우 A의 허가를 요하지 않는다.

이해추론 – 비문학독해 및 추론

▶ 1.2 비문학독해 및 추론

회독 □□□ 난도 ★☆☆ 소요시간 [   ]

01 다음 글을 근거로 판단할 때 옳지 않은 것은?

20 민경채 가책형 5번

이해충돌은 공직자들에게 부여된 공적 의무와 사적 이익이 충돌하는 갈등상황을 지칭한다. 공적 의무와 사적 이익이 충돌한다는 점에서 이해충돌은 공직부패와 공통점이 있다. 하지만 공직부패가 사적 이익을 위해 공적 의무를 저버리고 권력을 남용하는 것이라면, 이해충돌은 공적 의무와 사적 이익이 대립하는 객관적 상황 자체를 의미한다. 이해충돌 하에서 공직자는 공적 의무가 아닌 사적 이익을 추구하는 결정을 내릴 위험성이 있지만 항상 그런 결정을 내리는 것은 아니다.

공직자의 이해충돌은 공직부패 발생의 상황요인이며 공직부패의 사전 단계가 될 수 있기 때문에 이에 대한 적절한 규제가 필요하다. 공직부패가 의도적 행위의 결과인 반면, 이해충돌은 의도하지 않은 상태에서 발생하는 상황이다. 또한 공직부패는 드문 현상이지만 이해충돌은 일상적으로 발생하기 때문에 직무수행 과정에서 빈번하게 나타날 수 있다. 그런 이유로 이해충돌에 대한 전통적인 규제는 공직부패의 사전예방에 초점이 맞추어져 있었다.

최근에는 이해충돌에 대한 규제의 초점이 정부의 의사결정 과정과 결과에 대한 신뢰성 확보로 변화되고 있다. 이는 정부의 의사결정 과정의 정당성과 공정성 자체에 대한 불신이 커지고, 그 결과가 시민의 요구와 선호를 충족하지 못하고 있다는 의구심이 제기되고 있는 상황을 반영하고 있다. 신뢰성 확보로 규제의 초점이 변화되면서 이해충돌의 개념이 확대되어, 외관상 발생 가능성이 있는 것만으로도 이해충돌에 대해 규제하는 것이 정당화되고 있다.

① 공직부패는 권력 남용과 관계없이 공적 의무와 사적 이익이 대립하는 객관적 상황 자체를 의미한다.
② 이해충돌 발생 가능성이 외관상으로만 존재해도 이해충돌에 대해 규제하는 것이 정당화되고 있다.
③ 공직자의 이해충돌과 공직부패는 공적 의무와 사적 이익의 충돌이라는 점에서 공통점이 있다.
④ 공직자의 이해충돌은 직무수행 과정에서 빈번하게 발생할 가능성이 있다.
⑤ 이해충돌에 대한 규제의 초점은 공직부패의 사전예방에서 정부의 의사결정 과정과 결과에 대한 신뢰성 확보로 변화되고 있다.

회독 □□□ 난도 ★☆☆ 소요시간 [   ]

02 다음 글을 근거로 판단할 때, 〈보기〉에서 옳은 것만을 모두 고르면?

20 민경채 가책형 15번

일반적인 내연기관에서는 휘발유와 공기가 엔진 내부의 실린더 속에서 압축된 후 점화 장치에 의하여 점화되어 연소된다. 이 때의 연소는 휘발유의 주성분인 탄화수소가 공기 중의 산소와 반응하여 이산화탄소와 물을 생성하는 것이다. 여러 개의 실린더에서 규칙적이고 연속적으로 일어나는 '공기·휘발유' 혼합물의 연소에서 발생하는 힘으로 자동차는 달리게 된다. 그런데 간혹 실린더 내의 과도한 열이나 압력, 혹은 질 낮은 연료의 사용 등으로 인해 '노킹(knocking)' 현상이 발생하기도 한다. 노킹 현상이란 공기·휘발유 혼합물의 조기 연소 현상을 지칭한다. 공기·휘발유 혼합물이 점화되기도 전에 연소되는 노킹 현상이 지속되면 엔진의 성능은 급격히 저하된다.

자동차 연료로 사용되는 휘발유에는 '옥탄가(octane number)'라는 값에 따른 등급이 부여된다. 옥탄가는 휘발유의 특성을 나타내는 수치 중 하나로, 이 값이 높을수록 노킹 현상이 발생할 가능성은 줄어든다. 甲국에서는 보통, 중급, 고급으로 분류되는 세 가지 등급의 휘발유가 판매되고 있는데, 이 등급을 구분하는 최소 옥탄가의 기준은 각각 87, 89, 93이다. 하지만 甲국의 고산지대에 위치한 A시에서 판매되는 휘발유는 다른 지역의 휘발유보다 등급을 구분하는 최소 옥탄가의 기준이 등급별로 2씩 낮다. 이는 산소의 밀도가 낮아 노킹 현상이 발생할 가능성이 더 낮은 고산지대의 특징을 반영한 것이다.

〔보기〕
ㄱ. A시에서 고급 휘발유로 판매되는 휘발유의 옥탄가는 91 이상이다.
ㄴ. 실린더 내에 과도한 열이 발생하면 노킹 현상이 발생할 수 있다.
ㄷ. 노킹 현상이 일어나지 않는다면, 일반적인 내연기관 내부의 실린더 속에서 공기·휘발유 혼합물은 점화가 된 후에 연소된다.
ㄹ. 내연기관 내에서의 연소는 이산화탄소와 산소가 반응하여 물을 생성하는 것이다.

① ㄱ, ㄴ
② ㄱ, ㄹ
③ ㄷ, ㄹ
④ ㄱ, ㄴ, ㄷ
⑤ ㄴ, ㄷ, ㄹ

03 다음 글을 근거로 판단할 때, 〈보기〉에서 옳은 것만을 모두 고르면? 19 민경채 나책형 14번

현대적 의미의 시력 검사법은 1909년 이탈리아의 나폴리에서 개최된 국제안과학회에서 란돌트 고리를 이용한 검사법을 국제 기준으로 결정하면서 탄생하였다. 란돌트 고리란 시력 검사표에서 흔히 볼 수 있는 C자형 고리를 말한다. 란돌트 고리를 이용한 시력 검사에서는 5m 거리에서 직경이 7.5mm인 원형 고리에 있는 1.5mm 벌어진 틈을 식별할 수 있는지 없는지를 판단한다. 5m 거리의 1.5mm이면 각도로 따져서 약 1′(1분)에 해당한다. 1°(1도)의 1/60이 1′이고, 1′의 1/60이 1″(1초)이다.

이 시력 검사법에서는 구분 가능한 최소 각도가 1′일 때를 1.0의 시력으로 본다. 시력은 구분 가능한 최소 각도와 반비례한다. 예를 들어 구분할 수 있는 최소 각도가 1′의 2배인 2′이라면 시력은 1.0의 1/2배인 0.5이다. 만약 이 최소 각도가 0.5′이라면, 즉 1′의 1/2배라면 시력은 1.0의 2배인 2.0이다. 마찬가지로 최소 각도가 1′의 4배인 4′이라면 시력은 1.0의 1/4배인 0.25이다. 일반적으로 시력 검사표에는 2.0까지 나와 있지만 실제로는 이보다 시력이 좋은 사람도 있다. 천문학자 A는 5″까지의 차이도 구분할 수 있었던 것으로 알려져 있다.

〈보기〉
ㄱ. 구분할 수 있는 최소 각도가 10′인 사람의 시력은 0.1이다.
ㄴ. 천문학자 A의 시력은 12인 것으로 추정된다.
ㄷ. 구분할 수 있는 최소 각도가 1.25′인 甲은 구분할 수 있는 최소 각도가 0.1′인 乙보다 시력이 더 좋다.

① ㄱ
② ㄱ, ㄴ
③ ㄴ, ㄷ
④ ㄱ, ㄷ
⑤ ㄱ, ㄴ, ㄷ

04 다음 글을 근거로 판단할 때 옳은 것은?

18 민경채 가책형 1번

정책의 쟁점 관리는 정책 쟁점에 대한 부정적 인식을 최소화하여 정책의 결정 및 집행에 우호적인 환경을 조성하기 위한 행위를 말한다. 이는 정책 쟁점이 미디어 의제로 전환된 후부터 진행된다.

정책의 쟁점 관리에서는 쟁점에 대한 지식수준과 관여도에 따라 공중(公衆)의 유형을 구분하여 공중의 특성에 맞는 전략적 대응방안을 제시한다. 어떤 쟁점에 대해 지식수준과 관여도가 모두 낮은 공중을 '비활동 공중'이라고 한다. 그러나 쟁점에 대한 지식수준이 낮더라도 쟁점에 노출되어 쟁점에 대한 관여도가 높아지게 되면 이들은 '환기 공중'으로 변화한다. 이러한 환기 공중이 쟁점에 대한 지식수준까지 높아지면 지식수준과 관여도가 모두 높은 '활동 공중'으로 변하게 된다. 쟁점에 대한 지식수준이 높지만 관여도가 높지 않은 공중은 '인지 공중'이라고 한다.

인지 공중은 사회의 다양한 쟁점에 관한 지식을 가지고 있지만 적극적으로 활동하지 않아 이른바 행동하지 않는 지식인이라고도 불리는데, 이들의 관여도를 높여 활동 공중으로 이끄는 것은 매우 어렵다. 이 때문에 이들이 정책 쟁점에 긍정적 태도를 가지게 하는 것만으로도 전략적 성공이라고 볼 수 있다. 반면 환기 공중은 지식수준은 낮지만 쟁점 관여도가 높은 편이어서 문제해결에 필요한 지식을 얻게 된다면 활동 공중으로 변화한다. 따라서 이들에게는 쟁점에 대한 미디어 노출을 증가시키거나 다른 사람과 쟁점에 대해 토론하게 함으로써 지식수준을 높이는 전략을 취할 필요가 있다. 한편 활동 공중은 쟁점에 대한 지식수준과 관여도가 모두 높기 때문에 조직화될 개연성이 크고, 자신의 목적을 이루기 위해 시간과 노력을 아낌없이 투자할 자세가 되어 있다. 정책의 쟁점 관리를 제대로 하려면 이들이 정책을 우호적으로 판단할 수 있도록 하는 다양한 전략을 마련하여야 한다.

① 정책의 쟁점 관리는 정책 쟁점이 미디어 의제로 전환되기 전에 이루어진다.
② 어떤 쟁점에 대한 지식수준이 높지만 관여도가 낮은 공중을 비활동 공중이라고 한다.
③ 비활동 공중이 어떤 쟁점에 노출되면서 관여도가 높아지면 환기 공중으로 변한다.
④ 공중은 한 유형에서 다른 유형으로 변화할 수 없기 때문에 정책의 쟁점 관리를 할 필요가 없다.
⑤ 인지 공중의 경우, 쟁점에 대한 미디어 노출을 증가시키고 다른 사람과 쟁점에 대해 토론하게 만든다면 활동 공중으로 쉽게 변한다.

회독 ▢▢▢ 난도 ★☆☆ 소요시간 ▢

05 다음 글을 근거로 판단할 때, 〈보기〉에서 옳은 것만을 모두 고르면? 18 민경채 가책형 14번

국회의원 선거는 목적에 따라 총선거, 재선거, 보궐선거 등으로 나누어진다. 대통령제 국가에서는 의원의 임기가 만료될 때 총선거가 실시된다. 반면 의원내각제 국가에서는 의원의 임기가 만료될 때뿐만 아니라 의원의 임기가 남아 있으나 총리(수상)에 의해 의회가 해산된 때에도 총선거가 실시된다.

대다수의 국가는 총선거로 전체 의원을 동시에 새롭게 선출하지만, 의회의 안정성과 연속성을 고려하여 전체 의석 중 일부만 교체하기도 한다. 이러한 예는 미국, 일본, 프랑스 등의 상원선거에서 나타나는데, 미국은 임기 6년의 상원의원을 매 2년마다 1/3씩, 일본은 임기 6년의 참의원을 매 3년마다 1/2씩 선출한다. 프랑스 역시 임기 6년의 상원의원을 매 3년마다 1/2씩 선출한다.

재선거는 총선거가 실시된 이후에 당선 무효나 선거 자체의 무효 사유가 발생하였을 때 다시 실시되는 선거를 말한다. 예를 들어 우리나라에서는 선거 무효 판결, 당선 무효, 당선인의 임기 개시 전 사망 등의 사유가 있는 경우에 재선거를 실시한다.

보궐선거는 의원이 임기 중 직책을 사퇴하거나 사망하는 등 부득이한 사유로 의정 활동을 수행할 수 없는 경우에 이를 보충하기 위해 실시되는 선거이다. 다수대표제를 사용하는 대부분의 국가는 보궐선거를 실시하는 반면, 비례대표제를 사용하는 대부분의 국가는 필요시 의원직을 수행할 승계인을 총선거 때 함께 정해 두어 보궐선거를 실시하지 않는다.

〈보기〉
ㄱ. 일본 참의원의 임기는 프랑스 상원의원의 임기와 같다.
ㄴ. 미국은 2년마다 전체 상원의원을 새로 선출한다.
ㄷ. 우리나라에서는 국회의원 당선인이 임기 개시 전 사망한 경우 재선거가 실시된다.
ㄹ. 다수대표제를 사용하는 대부분의 국가에서는 의원이 임기 중 사망하였을 때 보궐선거를 실시한다.

① ㄱ, ㄴ
② ㄱ, ㄷ
③ ㄴ, ㄹ
④ ㄱ, ㄷ, ㄹ
⑤ ㄴ, ㄷ, ㄹ

회독 ▢▢▢ 난도 ★★☆ 소요시간 ▢

06 다음 글을 근거로 판단할 때, 〈보기〉에서 옳은 것만을 모두 고르면? 17 민경채 나책형 3번

지진의 강도는 '리히터 규모'와 '진도'로 나타낼 수 있다. 리히터 규모는 미국 지질학자인 찰스 리히터가 지진의 강도를 절대적 수치로 나타내기 위해 제안한 개념이다. 리히터 규모는 지진계에 기록된 지진파의 최대 진폭을 측정하여 수학적으로 계산한 값이며, 지진이 발생하면 각 지진마다 고유의 리히터 규모 값이 매겨진다. 리히터 규모는 지진파의 최대 진폭이 10배가 될 때마다 1씩 증가하는데, 이때 지진에너지는 약 32배가 된다. 리히터 규모는 소수점 아래 한 자리까지 나타내는데, 예를 들어 'M 5.6' 또는 '규모 5.6'의 지진으로 표시된다.

진도는 지진이 일어났을 때 어떤 한 지점에서 사람이 느끼는 정도와 건물의 피해 정도 등을 상대적으로 등급화한 수치로, 동일한 지진에 대해서도 각 지역에 따라 진도가 달라질 수 있다. 예를 들어, 어떤 지진이 발생했을 때 발생 지점에서 거리가 멀어질수록 진도는 낮게 나타난다. 또한 진도는 각 나라별 실정에 따라 다른 기준이 채택된다. 우리나라는 12단계의 '수정 메르칼리 진도'를 사용하고 있으며, 진도를 나타내는 수치는 로마 숫자를 이용하여 '진도 III'과 같이 표시한다. 표시되는 로마 숫자가 클수록 지진을 느끼는 정도나 피해의 정도가 크다는 것을 의미한다.

〈보기〉
ㄱ. M 5.6인 지진을 진도로 표시하면 나라별로 다르게 표시될 수 있다.
ㄴ. M 4.0인 지진의 지진파 최대 진폭은 M 2.0인 지진의 지진파 최대 진폭의 100배이다.
ㄷ. 진도 II인 지진이 일어났을 때, 어떤 한 지점에서 사람이 느끼는 정도와 건물의 피해 정도는 진도 IV인 지진의 2배이다.
ㄹ. M 6.0인 지진의 지진에너지는 M 3.0인 지진의 1,000배이다.

① ㄱ, ㄴ
② ㄱ, ㄷ
③ ㄴ, ㄷ
④ ㄴ, ㄹ
⑤ ㄷ, ㄹ

07 다음 글을 근거로 판단할 때, 〈보기〉에서 옳은 것만을 모두 고르면? 20 7급 모의 9번

기상예보는 일기예보와 기상특보로 구분할 수 있다. 일기예보는 단기예보, 중기예보, 장기예보 등 시간에 따른 것이고, 기상특보는 주의보, 경보 등 기상현상의 정도에 따른 것이다.

일기예보 중 가장 짧은 기간을 예보하는 단기예보는 3시간 예보와 일일예보로 나뉜다. 3시간 예보는 오늘과 내일의 날씨를 예보하며, 매일 0시 발표부터 시작하여 3시간 간격으로 1일 8회 발표한다. 일일예보는 오늘과 내일, 모레의 날씨를 1일 단위(0시 ~ 24시)로 예보하며 매일 5시, 11시, 17시, 23시에 발표한다. 다음으로 중기예보에는 주간예보와 1개월 예보가 있다. 주간예보는 일일예보를 포함하여 일일예보가 예보한 기간의 다음날부터 5일간의 날씨를 추가로 예보하며 매일 발표한다. 1개월 예보는 앞으로 한 달간의 기상전망을 발표한다. 마지막으로 장기예보는 계절예보로서 봄, 여름, 가을, 겨울의 각 계절별 기상전망을 발표한다.

기상특보는 주의보와 경보로 나뉜다. 주의보는 재해가 일어날 가능성이 있는 경우에, 경보는 중대한 재해가 예상될 때 발표하는 것이다. 주의보가 발표된 후 기상현상의 경과가 악화된다면 경보로 승격 발표되기도 한다. 또한 기상특보의 기준은 지역마다 다를 수도 있다. 대설주의보의 예보 기준은 24시간 신(新)적설량이 대도시일 때 5 cm 이상, 일반지역일 때 10 cm 이상, 울릉도일 때 20 cm 이상이다. 대설경보의 예보 기준은 24시간 신적설량이 대도시일 때 20 cm 이상, 일반지역일 때 30 cm 이상, 울릉도일 때 50 cm 이상이다.

〈보기〉

ㄱ. 월요일에 발표되는 주간예보에는 그 다음 주 월요일의 날씨가 포함된다.
ㄴ. 일일예보의 발표 시각과 3시간 예보의 발표 시각은 겹치지 않는다.
ㄷ. 오늘 23시에 발표된 일일예보는 오늘 5시에 발표된 일일예보보다 18시간 더 먼 미래의 날씨까지 예보한다.
ㄹ. 대도시 A의 대설경보 예보 기준은 울릉도의 대설주의보 예보 기준과 같다.

① ㄱ, ㄴ
② ㄱ, ㄷ
③ ㄷ, ㄹ
④ ㄱ, ㄴ, ㄹ
⑤ ㄴ, ㄷ, ㄹ

08 다음 글과 〈상황〉을 근거로 판단할 때 옳은 것은? 22 5급 공채 나책형 7번

한 지리학자는 임의의 국가에 분포하는 도시를 인구규모 순으로 배열할 때, 도시 순위와 인구규모 사이에 일정한 법칙이 존재한다는 것을 발견했다. 이를 도시의 순위규모법칙이라고 부르며, 이에 따른 분포를 '순위규모분포'라고 한다. 순위규모분포가 나타나는 경우 인구규모 두 번째 도시의 인구는 인구규모가 가장 큰 도시인 수위도시 인구의 1/2이고, 세 번째 도시의 인구는 수위도시 인구의 1/3이 된다. 그 이하의 도시에도 동일한 규칙이 적용된다.

이와 달리 한 국가의 인구규모 1위 도시에 인구가 집중되는 양상이 나타나면 이를 '종주분포'라고 한다. 도시화가 전국적으로 진행되지 않은 나라에서는 인구규모 2위 이하의 도시에 비해 1위 도시의 인구규모가 훨씬 큰 종주분포 형태를 보인다. 이때 인구규모가 첫 번째인 도시를 종주도시라고 부른다. 종주분포의 정도를 측정하는 척도로 종주도시지수가 사용된다. 종주도시지수는 '1위 도시의 인구 ÷ 2위 도시의 인구'로 나타낸다. 대체로 개발도상국의 경우 급속한 산업화로 종주도시로의 인구집중이 현저하게 나타나기 때문에 종주도시지수가 높다.

〈상황〉

• 순위규모분포를 보이는 A국에서 인구규모 세 번째 도시의 인구는 200만 명이다.
• 종주분포를 보이는 B국에서 인구규모 두 번째 도시의 인구는 200만 명이고 종주도시지수는 3.3이다.

① A국의 수위도시와 인구규모 두 번째 도시 간 인구의 차이는 300만 명이다.
② B국의 인구규모 세 번째 도시의 인구는 종주도시의 1/3이다.
③ B국의 종주도시 인구는 A국의 수위도시에 비해 40만 명 적다.
④ 인구규모 첫 번째 도시와 두 번째 도시의 인구 합은 A국이 B국보다 60만 명 더 많다.
⑤ A국과 B국의 인구규모 두 번째 도시 인구는 동일하다.

회독 ☐☐☐ 난도 ★★☆ 소요시간 ☐☐☐

09 다음 글을 근거로 판단할 때, 〈보기〉에서 옳은 것만을 모두 고르면? 22 5급 공채 나책형 26번

석유에서 얻을 수 있는 연료를 대체하는 물질 중 하나는 식물성 기름이다. 식물성 기름의 지방산을 처리하면 자동차 연료로 쓸 수 있는 바이오디젤을 만들 수 있다. 바이오디젤은 석유에서 얻는 일반디젤에 비해 몇 가지 장점이 있다. 바이오디젤은 분진이나 일산화탄소, 불완전연소 유기물과 같은 오염 물질을 적게 배출한다. 또한 석유에서 얻는 연료와 달리 식물성 기름에는 황이 거의 들어 있지 않아 바이오디젤을 연소했을 때 이산화황이 거의 배출되지 않는다. 바이오디젤은 기존 디젤 엔진에서도 사용될 수 있고 석유 연료에 비해 쉽게 생분해되기 때문에 외부로 유출되더라도 환경에 미치는 영향이 작다.

물론 바이오디젤도 단점이 있다. 우선 바이오디젤은 일반디젤보다 생산원가가 훨씬 높다. 또한 바이오디젤은 생분해되기 때문에 장기간 저장이 어렵고, 질소산화물을 더 많이 배출한다. 그뿐 아니라 엔진에 접착성 찌꺼기가 남을 수 있고, 일반디젤보다 응고점이 높다. 이 때문에 바이오디젤을 일반디젤의 첨가물로 사용하고 있다. 바이오디젤과 일반디젤은 쉽게 혼합되며, 그 혼합물은 바이오디젤보다 응고점이 낮다. 바이오디젤은 영어 약자 BD로 나타내는데, BD20은 바이오디젤 20 %와 일반디젤 80 %의 혼합 연료를 뜻한다.

─〈보기〉─
ㄱ. 같은 양이라면 BD20의 생산원가가 일반디젤보다 낮을 것이다.
ㄴ. 석유에서 얻은 연료에는 황 성분이 포함되어 있을 것이다.
ㄷ. 같은 온도에서 바이오디젤이 액체일 때 일반디젤은 고체일 수 있다.
ㄹ. 바이오디젤만 연료로 사용하면 일반디젤만 사용했을 때와 비교해서 질소산화물 배출은 늘지만 이산화황 배출은 줄어들 것이다.

① ㄱ ② ㄴ, ㄷ
③ ㄴ, ㄹ ④ ㄷ, ㄹ
⑤ ㄱ, ㄴ, ㄷ

회독 ☐☐☐ 난도 ★★☆ 소요시간 ☐☐☐

10 다음 글을 근거로 판단할 때 옳은 것은? 22 5급 공채 나책형 27번

커피에 함유된 카페인의 각성효과는 사람에 따라 다르다. 커피를 한 잔만 마셔도 각성효과가 큰 사람이 있고, 몇 잔을 연거푸 마셔도 거의 영향을 받지 않는 사람도 있다. 甲국 정부는 하루 카페인 섭취량으로 성인은 400 mg 이하, 임신부는 300 mg 이하, 어린이·청소년은 체중 1 kg당 2.5 mg 이하를 권고하고 있다.

카페인은 식물에서 추출한 알칼로이드 화학물질로 각성효과, 기억력, 집중력을 일시적으로 향상시킨다. 카페인의 효과는 '아데노신'과 밀접한 관련이 있다. 사람의 몸에서 생성되는 화학물질인 아데노신은 뇌의 각성상태를 완화시켜 잠들게 하는 신경전달물질이다. 이 아데노신이 뇌 수용체와 결합하기 전에 카페인이 먼저 뇌 수용체와 결합하면 각성효과가 나타나게 된다. 즉 커피 속의 카페인은 아데노신의 역할을 방해하는 셈이다.

몸에 들어온 카페인은 간에서 분해된다. 카페인의 분해가 잘 될수록 각성효과가 빨리 사라진다. 카페인이 간에서 분해되는 과정에는 카페인 분해 효소가 필요하다. 카페인 분해 효소의 효율이 유전적·환경적 요인에 따라 어떻게 달라지는지 확인하기 위해 조사를 진행하였다. 그 결과 흡연 또는 여성의 경우 피임약 복용 등도 카페인 분해 효율에 영향을 주지만 유전적 요인이 가장 큰 영향을 준다는 결론에 도달했다. 카페인 분해 효소의 효율을 결정하는 유전자는 15번 염색체에 있다. 이 유전자 염기서열 특정 부분의 변이가 A형인 사람을 '빠른 대사자', C형인 사람을 '느린 대사자'로 나누기도 한다. C형인 사람은 카페인 분해가 느려서 카페인이 일으키는 각성효과를 길게 받는다. "나는 낮에 커피 한 잔만 마셔도 밤에 잠이 안 와!"라고 말하는 사람은 느린 대사자일 가능성이 높다. 반면에 커피를 마셔도 잘 자는 사람은 빠른 대사자일 가능성이 높다.

① 甲국 정부가 권고하는 하루 카페인 섭취량 이하를 섭취하면 각성효과가 나타나지 않는다.
② 카페인은 각성효과를 돕는 아데노신 분비를 촉진시킨다.
③ 유전자 염기서열 특정 부분의 변이가 A형인 사람은 C형인 사람보다 카페인의 각성효과가 더 오래 유지된다.
④ 몸무게가 60 kg인 성인 남성에 대해 甲국 정부가 권고하는 하루 카페인 섭취량은 최대 150 mg이다.
⑤ 사람에 따라 커피의 각성효과가 달라지는 데 가장 큰 영향을 주는 것은 유전적 요인이다.

www.pmg.co.kr

11 다음 글을 근거로 판단할 때, 〈보기〉에서 옳은 것만을 모두 고르면? 21 5급 공채 가책형 7번

맥동변광성(脈動變光星)은 팽창과 수축을 되풀이하면서 밝기가 변하는 별이다. 맥동변광성은 변광 주기가 길수록 실제 밝기가 더 밝다. 이를 '주기-광도 관계'라 한다. 세페이드 변광성은 보통 3일에서 50일 이내의 변광 주기를 갖는 맥동변광성이다. 지구에서 관찰되는 별의 밝기는 지구로부터의 거리에 따라 달라지기 때문에 실제 밝기는 측정하기 어려운데, 세페이드 변광성의 경우는 주기-광도 관계를 이용하여 실제 밝기를 알 수 있다.

별의 밝기는 등급으로 표시하기도 하는데, 지구에서 측정한 밝기인 겉보기등급과 실제 밝기를 나타낸 절대등급이 있다. 두 경우 모두 등급의 수치가 작을수록 밝은데, 그 수치가 1 줄어들 때마다 2.5배 밝아진다. 겉보기등급이 절대등급과 다른 까닭은 별의 밝기가 거리의 제곱에 반비례하기 때문이다. 한편 모든 별이 지구로부터 10파섹(1파섹 = 3.26광년)의 일정한 거리에 있다고 가정하고 지구에서 관찰된 밝기를 산출한 것을 절대등급이라고 한다. 어느 성단에서 세페이드 변광성이 발견되면 주기-광도 관계에 따라 별의 절대등급을 알 수 있으므로, 겉보기등급과의 차이를 보아 그 성단까지의 거리를 계산할 수 있다.

천문학자 W. 바데는 세페이드 변광성에 두 종류가 있으며, Ⅰ형 세페이드 변광성이 동일한 변광 주기를 갖는 Ⅱ형 세페이드 변광성보다 1.5등급만큼 더 밝다는 것을 밝혀냈다.

〈보기〉
ㄱ. 변광 주기가 10일인 Ⅰ형 세페이드 변광성은 변광 주기가 50일인 Ⅰ형 세페이드 변광성보다 어둡다.
ㄴ. 변광 주기가 동일한 두 개의 Ⅱ형 세페이드 변광성의 겉보기등급 간에 수치 차이가 1이라면, 지구로부터 두 별까지의 거리의 비는 2.5이다.
ㄷ. 실제 밝기를 기준으로 비교할 때, 변광 주기가 20일인 Ⅰ형 세페이드 변광성은 같은 주기의 Ⅱ형 세페이드 변광성보다 2.5배 이상 밝다.
ㄹ. 지구로부터 1파섹 떨어진 별의 밝기는 절대등급과 겉보기등급이 동일하다.

① ㄱ, ㄷ ② ㄱ, ㄹ
③ ㄴ, ㄷ ④ ㄴ, ㄹ
⑤ ㄱ, ㄴ, ㄷ

12 다음 글과 〈상황〉을 근거로 판단할 때 옳은 것은? 21 5급 공채 가책형 27번

질병의 확산을 예측하는 데 유용한 수치 중 하나로 '기초 감염재생산지수($R0$)'가 있다. 간단히 말해 이 수치는 질병에 대한 예방조치가 없을 때, 해당 질병에 감염된 사람 한 명이 비감염자 몇 명을 감염시킬 수 있는지를 나타낸다. 다만 이 수치는 질병의 전파 속도를 의미하지는 않는다. 예를 들어 $R0$가 4라고 하면 예방조치가 없을 때, 한 사람의 감염자가 질병에서 회복하거나 질병으로 사망하기 전까지 그 질병을 평균적으로 4명의 비감염자에게 옮긴다는 뜻이다. 한편 또 하나의 질병 통계치인 치사율은 어떤 질병에 걸린 환자 중 그 질병으로 사망하는 환자의 비율을 나타내는 것으로 $R0$의 크기와 반드시 비례하지는 않는다.

예방조치가 없을 때, $R0$가 1보다 큰 질병은 전체 개체군으로 확산될 것이다. 이 수치는 때로 1보다 훨씬 클 수 있다. 스페인 독감은 3, 천연두는 6, 홍역은 무려 15였다. 전염성이 강한 질병 중 하나로 꼽히는 말라리아의 $R0$는 100이 넘는다.

문제는 특정 전염병이 한 차례 어느 지역을 휩쓸고 지나간 후 관련 통계 자료를 수집·분석할 수 있는 시간이 더 흐르고 난 뒤에야, 그 질병의 $R0$에 대해 믿을 만한 추정치가 나온다는 데 있다. 그렇기에 새로운 질병이 발생한 초기에는 얼마 되지 않는 자료를 바탕으로 추정을 할 수밖에 없다. $R0$와 마찬가지로 치사율도 확산 초기 단계에서는 정확하게 알 수 없다.

〈상황〉
다음 표는 甲국의 최근 20년간의 데이터를 토대로 A ~ F질병의 $R0$를 추정한 것이다.

질병	A	B	C	D	E	F
R0	100	15	6	3	2	0.5

① 예방조치가 없다면, 발병 시 가장 많은 사람이 사망하는 질병은 A일 것이다.
② 예방조치가 없다면, A ~ F질병 모두가 전 국민을 감염시킬 것이다.
③ 예방조치가 없다면, C질병이 전 국민을 감염시킬 때까지 걸리는 시간은 평균적으로 D질병의 절반일 것이다.
④ $R0$와 달리 치사율은 전염병의 확산 초기 단계에서도 정확하게 알 수 있다.
⑤ 예방조치가 없다면, 감염자 1명당 감염시킬 수 있는 사람 수의 평균은 B질병이 D질병의 5배일 것이다.

회독 □□□ 난도 ★★☆ 소요시간 □□□

13 다음 글을 근거로 판단할 때 옳지 않은 것은?

20 5급 공채 나책형 26번

개발도상국으로 흘러드는 외국자본은 크게 원조, 부채, 투자가 있다. 원조는 다른 나라로부터 지원받는 돈으로, 흔히 해외 원조 혹은 공적개발원조라고 한다. 부채는 은행 융자와 정부 혹은 기업이 발행한 채권으로, 투자는 포트폴리오 투자와 외국인 직접투자로 이루어진다. 포트폴리오 투자는 경영에 대한 영향력보다는 경제적 수익을 추구하기 위한 투자이고, 외국인 직접투자는 회사 경영에 일상적으로 영향력을 행사하기 위한 투자이다.

개발도상국에 유입되는 이러한 외국자본은 여러 가지 문제점을 보이고 있다. 해외 원조는 개발도상국에 대한 경제적 효과가 있다고 여겨져 왔으나 최근 경제학자들 사이에서는 그러한 경제적 효과가 없다는 주장이 점차 힘을 얻고 있다.

부채는 변동성이 크다는 단점이 지적되고 있다. 특히 은행 융자는 변동성 큰 것으로 유명하다. 예컨대 1998년 개발도상국에 대하여 이루어진 은행 융자 총액은 500억 달러였다. 하지만 1998년 러시아와 브라질, 2002년 아르헨티나에서 일어난 일련의 금융 위기가 개발도상국을 강타하여 1999 ~ 2002년의 4개년 동안에는 은행 융자 총액이 연평균 −65억 달러가 되었다가, 2005년에는 670억 달러가 되었다. 은행 융자만큼 변동성이 큰 것은 아니지만, 채권을 통한 자본 유입 역시 변동성이 크다. 외국인은 1997년에 380억 달러의 개발도상국 채권을 매수했다. 그러나 1998 ~ 2002년에는 연평균 230억 달러로 떨어졌고, 2003 ~ 2005년에는 연평균 440억 달러로 증가했다.

한편 포트폴리오 투자는 은행 융자만큼 변동성이 크지는 않지만 채권에 비하면 변동성이 크다. 개발도상국에 대한 포트폴리오 투자는 1997년의 310억 달러에서 1998 ~ 2002년에는 연평균 90억 달러로 떨어졌고, 2003 ~ 2005년에는 연평균 410억 달러에 달했다.

① 개발도상국에 대한 투자는 경제적 수익뿐만 아니라 회사 경영에 영향력을 행사하기 위해서도 이루어질 수 있다.

② 해외 원조는 개발도상국에 대한 경제적 효과가 없다고 주장하는 경제학자들이 있다.

③ 개발도상국에 유입되는 외국자본에는 해외 원조, 은행 융자, 채권, 포트폴리오 투자, 외국인 직접투자가 있다.

④ 개발도상국에 대한 2005년의 은행 융자 총액은 1998년의 수준을 회복하지 못하였다.

⑤ 1998 ~ 2002년과 2003 ~ 2005년의 연평균을 비교할 때, 개발도상국에 대한 포트폴리오 투자가 채권보다 증감액이 크다.

회독 □□□ 난도 ★☆☆ 소요시간 □□□

14 다음 글을 근거로 판단할 때, 〈보기〉에서 옳은 것만을 모두 고르면?

19 5급 공채 가책형 7번

보다 많은 고객을 끌어들일 수 있는 이상적인 점포 입지를 결정하기 위한 상권분석이론에는 'X가설'과 'Y가설'이 있다. X가설에 의하면, 소비자는 유사한 제품을 판매하는 점포들 중 한 점포를 선택할 때 가장 가까운 점포를 선택한다. 그러나 이동거리가 점포 선택에 큰 영향을 미치기는 하지만, 소비자가 항상 가장 가까운 점포를 찾는다는 X가설이 적용되기 어려운 상황들이 있다. 가령, 소비자들은 먼 거리에 위치한 점포가 보다 나은 구매기회를 제공함으로써 이동에 따른 추가 노력을 보상한다면 기꺼이 먼 곳까지 찾아간다.

한편 Y가설은 다른 조건이 동일하다면 두 도시 사이에 위치하는 어떤 지역에 대한 각 도시의 상거래 흡인력은 각 도시의 인구에 비례하고, 각 도시로부터의 거리 제곱에 반비례한다고 본다. 즉, 인구가 많은 도시일수록 더 많은 구매기회를 제공할 가능성이 높으므로 소비자를 끌어당기는 힘이 크다고 본 것이다.

예를 들어, 일직선 상에 A, B, C 세 도시가 있고, C시는 A시와 B시 사이에 위치하며, C시는 A시로부터 5km, B시로부터 10km 떨어져 있다. 그리고 A시 인구는 50만 명, B시의 인구는 400만 명, C시의 인구는 9만 명이다. 만약 A시와 B시가 서로 영향을 주지 않고, C시의 모든 인구가 A시와 B시에서만 구매한다고 가정하면, Y가설에 따라 A시와 B시로 구매활동에 유인되는 C시의 인구 규모를 계산할 수 있다. A시의 흡인력은 20,000(= 50만 ÷ 25), B시의 흡인력은 40,000(= 400만 ÷ 100)이다. 따라서 9만 명인 C시의 인구 중 1/3인 3만 명은 A시로, 2/3인 6만 명은 B시로 흡인된다.

〈보기〉

ㄱ. X가설에 따르면, 소비자가 유사한 제품을 판매하는 점포들 중 한 점포를 선택할 때 소비자는 더 싼 가격의 상품을 구매하기 위해 더 먼 거리에 있는 점포에 간다.

ㄴ. Y가설에 따르면, 인구 및 다른 조건이 동일할 때 거리가 가까운 도시일수록 이상적인 점포 입지가 된다.

ㄷ. Y가설에 따르면, C시로부터 A시와 B시가 떨어진 거리가 5km로 같다고 가정할 때 C시의 인구 중 8만 명이 B시로 흡인된다.

① ㄱ   ② ㄴ

③ ㄱ, ㄷ   ④ ㄴ, ㄷ

⑤ ㄱ, ㄴ, ㄷ

회독 ☐☐☐ 난도 ★★☆ 소요시간 ☐☐☐

※ 다음 글을 읽고 물음에 답하시오. [문 15 ~ 16]

19 5급 공채 가책형 19~20번

도지(賭地)란 조선 후기에 도지권을 가진 소작농이 일정한 사용료, 즉 도조(賭租)를 내고 빌려서 경작했던 논밭을 말한다. 지주는 도지를 제공하고 그 대신 도조를 받았다. 도지권을 가진 소작농은 농작물을 수확하여 도조를 치른 후 나머지를 차지하였다. 도지계약은 구두로 하는 것이 보통이고, 문서를 작성하는 경우는 드물었다.

도조를 정하는 방법에는 수확량을 고려하지 않고 미리 일정액을 정하는 방식과 매년 농작물을 수확하기 직전에 지주가 간평인(看坪人)을 보내어 수확량을 조사하고 그 해의 도조를 결정하는 방식이 있었다. 후자의 경우에 수확량에 대한 도조의 비율은 일정하였다. 특히 논밭을 경작하기 전에 도조를 미리 지급하고 경작하는 경우의 도지를 선도지(先賭地)라고 하였다.

도지권을 가진 소작농은 그 도지를 영구히 경작할 수 있었고, 지주의 승낙이 없어도 임의로 도지권을 타인에게 매매, 양도, 임대, 저당, 상속할 수 있었다. 도지권의 매매 가격은 지주의 소유권 가격의 1/2이었으며, 도지의 전체 가격은 소작농의 도지권 가격과 지주의 소유권 가격의 합이었다. 도조는 수확량의 약 1/4에서 1/3 정도에 불과하여 일반적인 소작지의 소작료보다 훨씬 저렴하였기 때문에, 도지권을 가진 소작농은 도지를 다른 소작농에게 빌려주고 그로부터 일반 소작료를 받아 지주에게 납부해야 할 도조를 제외한 다음 그 차액을 가지기도 하였다. 지주가 이러한 사실을 알더라도 그것은 당연한 도지권의 행사이기 때문에 간섭하지 않았다.

지주가 도지권을 소멸시키거나 다른 소작농에게 이작(移作)시키려고 할 때에는 도지권을 가진 소작농의 동의를 구하고 도지권의 가격만큼을 지급하여야 하였다. 다만 도지권을 가진 소작농이 도조를 납부하지 않는 상황에는 지주가 소작농의 동의를 얻은 뒤 도지권을 팔 수 있었다. 이 경우 지주는 연체된 도조를 빼고 나머지는 소작농에게 반환하여야 하였다.

도지권은 일제가 실시한 토지조사사업에 의하여 그 권리가 부정됨으로써 급격히 소멸하게 되었다. 일제의 토지조사사업으로 부분적 소유권으로서의 소작농의 도지권은 부인되었고 대신 소작기간 20년 이상 50년 이하의 소작권이 인정되었다. 이것은 원래의 도지권 성격과는 크게 다른 것이었으므로 도지권을 소유한 소작농들은 도지권 수호운동을 전개하였으나, 일제의 무력탄압으로 모두 좌절되고 말았다.

15 윗글을 근거로 판단할 때, 〈보기〉에서 옳은 것만을 모두 고르면?

〈보기〉

ㄱ. 지주의 사전 승낙이 없어도 도지권을 매입한 소작농이 있었을 수 있다.

ㄴ. 지주가 간평인을 보내어 도조를 결정하였다면, 해당 도지는 선도지가 아니었을 것이다.

ㄷ. 도지권을 가진 소작농들은 일제의 토지조사사업으로 소작을 할 수 없게 되었다.

ㄹ. 도지권을 가진 소작농이 도지권을 매매하려면, 그 소작농은 지주의 동의를 얻어야 했다.

① ㄱ, ㄴ   ② ㄱ, ㄹ

③ ㄴ, ㄷ   ④ ㄷ, ㄹ

⑤ ㄱ, ㄴ, ㄷ

16 윗글을 근거로 판단할 때, 〈상황〉의 ㉠~㉣에 들어갈 수의 합은? (단, 쌀 1말의 가치는 5냥이며, 주어진 조건 외에는 고려하지 않는다)

〈상황〉

甲 소유의 논 A는 1년에 한 번 수확하고 수확량은 매년 쌀 20말이다. 소작농 乙은 A 전부를 대상으로 매년 수확량의 1/4을 甲에게 도조로 납부하는 도지계약을 甲과 체결한 상태이다. A의 전체 가격은 甲, 乙의 도지계약 당시부터 올해 말까지 변동 없이 900냥이다.

재작년 乙은 수확 후 甲에게 정해진 도조 액수인 (㉠)냥을 납부하였다.

작년 초부터 큰 병을 얻은 乙은 더 이상 농사를 지을 수 없게 되자, 乙은 매년 (㉡)냥을 받아 도조 납부 후 25냥을 남길 생각으로 丙에게 A를 빌려주었다.

그러나 乙은 약값에 허덕여 작년과 올해분의 도조를 甲에게 납부하지 못했다. 결국 甲은 乙의 동의를 얻어 丁에게 A에 대한 도지권을 올해 말 (㉢)냥에 매매한 후, 乙에게 (㉣)냥을 반환하기로 하였다.

① 575   ② 600

③ 625   ④ 750

⑤ 925

회독 ☐☐☐ 난도 ★☆☆ 소요시간 ☐☐☐

17 다음 글을 근거로 판단할 때 옳은 것은?

18 5급 공채 나책형 6번

오늘날에는 매우 다양한 모양의 바퀴가 사용되고 있는데, 통나무를 잘라 만든 원판 모양의 나무바퀴는 기원전 5000년경부터 사용된 것으로 추정된다. 이후 나무바퀴는 세 조각의 판자를 맞춘 형태로 진화했다. 현존하는 유물로는 기원전 3500년경에 제작된 것으로 추정되는 메소포타미아의 전차(戰車)용 나무바퀴가 가장 오래된 것이다.

바퀴가 처음부터 모든 문명에서 사용된 것은 아니다. 이집트에서는 피라미드를 만들 때 바퀴가 아닌 썰매를 사용했다. 잉카 원주민과 아메리카 원주민은 유럽인이 전파해주기 전까지 바퀴의 존재조차 몰랐다. 유럽인이 바퀴를 전해준 다음에도 아메리카 원주민들은 썰매를 많이 이용했다. 에스키모는 지금도 개가 끄는 썰매를 이용하고 있다.

바퀴가 수레에만 사용된 것은 아니다. 도자기를 만드는 데 사용하는 돌림판인 물레는 바퀴의 일종으로 우리나라에서는 4,000년 전부터 사용했다. 메소포타미아에서도 바퀴는 그릇을 빚는 물레로 쓰였다.

바퀴의 성능은 전쟁용 수레인 전차가 발달하면서 크게 개선되었다. 기원전 2000년경 히타이트족은 처음으로 바퀴살이 달린 바퀴를 전차에 사용하였다. 그 뒤 산업혁명기에 발명된 고무타이어가 바퀴에 사용되면서 바퀴의 성능은 한층 개선되었다. 1885년 다임러와 벤츠가 최초로 가솔린 자동차를 발명했다. 자동차용 공기압 타이어는 그로부터 10년 후 프랑스의 미쉐린 형제에 의해 처음으로 개발되었다. 1931년 미국 듀퐁사가 개발한 합성고무가 재료로 사용되면서 타이어의 성능은 더욱 발전하고 종류도 다양해졌다.

① 바퀴를 처음 만들고 사용한 사람은 기원전 3500년경 메소포타미아인이다.
② 19세기 초반부터 이미 자동차에 공기압 타이어가 사용되었다.
③ 전차의 발달과 고무타이어의 발명은 바퀴의 성능 개선에 기여했다.
④ 바퀴가 없었던 지역에 바퀴가 전해진 이후 그 지역에서 썰매는 사용되지 않았다.
⑤ 바퀴가 수레를 움직이는 것 외에 다른 용도로 사용되기 시작한 것은 산업혁명기 이후였다.

회독 ☐☐☐ 난도 ★☆☆ 소요시간 ☐☐☐

18 다음 〈상황〉과 〈대화〉를 근거로 판단할 때 6월생은?

19 민경채 나책형 22번

〈상황〉
• 같은 해에 태어난 5명(지나, 정선, 혜명, 민경, 효인)은 각자 자신의 생일을 알고 있다.
• 5명은 자신을 제외한 나머지 4명의 생일이 언제인지는 모르지만, 3월생이 2명, 6월생이 1명, 9월생이 2명이라는 사실은 알고 있다.
• 아래 〈대화〉는 5명이 한 자리에 모여 나눈 대화를 순서대로 기록한 것이다.
• 5명은 〈대화〉의 진행에 따라 상황을 논리적으로 판단하고, 솔직하게 대답한다.

〈대화〉
민경: 지나야, 네 생일이 5명 중에서 제일 빠르니?
지나: 그럴 수도 있지만 확실히는 모르겠어.
정선: 혜명아, 네가 지나보다 생일이 빠르니?
혜명: 그럴 수도 있지만 확실히는 모르겠어.
지나: 민경아, 넌 정선이가 몇 월생인지 알겠니?
민경: 아니, 모르겠어.
혜명: 효인아, 넌 민경이보다 생일이 빠르니?
효인: 그럴 수도 있지만 확실히는 모르겠어.

① 지나
② 정선
③ 혜명
④ 민경
⑤ 효인

회독 □□□ 난도 ★☆☆ 소요시간 ⬚⬚⬚⬚⬚

19 다음 글을 근거로 판단할 때, 〈보기〉에서 옳은 것만을 모두 고르면? 18 민경채 가책형 23번

- 손글씨 대회 참가자 100명을 왼손으로만 필기할 수 있는 왼손잡이, 오른손으로만 필기할 수 있는 오른손잡이, 양손으로 모두 필기할 수 있는 양손잡이로 분류하고자 한다.
- 참가자를 대상으로 아래 세 가지 질문을 차례대로 하여 해당하는 참가자는 한 번만 손을 들도록 하였다.
  [질문 1] 왼손으로만 필기할 수 있는 사람은?
  [질문 2] 오른손으로만 필기할 수 있는 사람은?
  [질문 3] 양손으로 모두 필기할 수 있는 사람은?
- 양손잡이 중 일부는 제대로 알아듣지 못해 질문 1, 2, 3에 모두 손을 들었고, 그 외 모든 참가자는 올바르게 손을 들었다.
- 질문 1에 손을 든 참가자는 16명, 질문 2에 손을 든 참가자는 80명, 질문 3에 손을 든 참가자는 10명이다.

보기

ㄱ. 양손잡이는 총 10명이다.
ㄴ. 왼손잡이 수는 양손잡이 수보다 많다.
ㄷ. 오른손잡이 수는 왼손잡이 수의 6배 이상이다.

---

① ㄱ
② ㄴ
③ ㄱ, ㄴ
④ ㄱ, ㄷ
⑤ ㄴ, ㄷ

회독 □□□ 난도 ★★☆ 소요시간 ⬚⬚⬚⬚⬚

20 다음 글을 근거로 판단할 때, 〈보기〉에서 옳은 것만을 모두 고르면? 22 5급 공채 나책형 35번

A마을에서는 다음과 같이 양의 이름을 짓는다.

- '물', '불', '돌', '눈' 중 한 개 이상의 글자를 사용하여 이름을 짓는다.
- 봄에 태어난 양의 이름에는 '물', 여름에 태어난 양의 이름에는 '불', 가을에 태어난 양의 이름에는 '돌', 겨울에 태어난 양의 이름에는 '눈'이 반드시 포함되어야 한다.
- 수컷 양의 이름에는 '물', 암컷 양의 이름에는 '불'이 반드시 포함되어야 한다.
- 같은 글자가 두 번 이상 사용되어서는 안 된다.

보기

ㄱ. 겨울에 태어난 A마을 양이 암컷이라면, 그 양에게 붙일 수 있는 두 글자 이름은 두 가지이다.
ㄴ. A마을 양 '물불'은 여름에 태어났다면 수컷이고 봄에 태어났다면 암컷이다.
ㄷ. A마을 양의 이름은 모두 두 글자 이상 네 글자 이하이다.

---

① ㄱ
② ㄴ
③ ㄷ
④ ㄱ, ㄴ
⑤ ㄴ, ㄷ

회독 □□□ 난도 ★★★ 소요시간 [ ]

21 다음 글을 근거로 판단할 때, 〈보기〉에서 옳은 것만을 모두 고르면? 21 5급 공채 가책형 14번

甲: 안녕? 나는 지난 주말 중 하루에 당일치기로 서울 여행을 다녀왔는데, 서울에는 눈이 예쁘게 내려서 너무 좋았어. 너희는 지난 주말에 어디 있었니?

乙: 나는 서울과 강릉을 하루에 모두 다녀왔는데, 두 곳 다 눈이 예쁘게 내리더라.

丙: 나는 부산과 강릉에 하루씩 있었는데 하늘에서 눈을 보지도 못했어.

丁: 나도 광주에 하루 있었는데, 해만 쨍쨍하고 눈은 안 왔어. 그날 뉴스를 보니까 부산에도 광주처럼 눈은 커녕 해가 쨍쨍하다고 했더라고.

甲: 응? 내가 서울에 있던 날 뉴스를 봤는데, 광주에도 눈이 내리고 있다고 했어.

※ 지난 주말(토요일과 일요일) 각 도시에 눈이 내린 날은 하루 종일 눈이 내렸고, 눈이 내리지 않은 날은 하루 종일 눈이 내리지 않았다.

─〈보기〉─

ㄱ. 광주에는 지난 주말 중 하루만 눈이 내렸다.

ㄴ. 지난 주말 중 하루만 서울에 눈이 내렸다면 부산에도 지난 주말 중 하루만 눈이 내렸다.

ㄷ. 지난 주말 중 하루만 부산에 눈이 내렸다면 甲과 乙이 서울에 있었던 날은 다른 날이다.

ㄹ. 지난 주말 중 하루만 서울에 눈이 내렸다면 丙이 부산에 있었던 날과 丁이 광주에 있었던 날은 다른 날이다.

① ㄱ, ㄴ   ② ㄱ, ㄷ

③ ㄴ, ㄹ   ④ ㄱ, ㄷ, ㄹ

⑤ ㄴ, ㄷ, ㄹ

회독 □□□ 난도 ★★★ 소요시간 [ ]

22 다음으로부터 추론한 것으로 옳은 것만을 〈보기〉에서 있는 대로 고른 것은? 14 리트 추리논증 홀수형 33번

한 아파트에서 발생한 범죄 사건의 용의자로 유석, 소연, 진우가 경찰에서 조사를 받았다. 사건이 발생한 아파트에서 피해자와 같은 층에 사는 사람은 이 세 사람뿐인데, 이들은 각각 다음과 같이 차례로 진술하였다. 이 중 진우의 두 진술 ⓔ와 ⓕ는 모두 참이거나 또는 모두 거짓이다.

유석
ⓐ: "범행 현장에서 발견된 칼은 진우의 것이다."
ⓑ: "나는 피해자를 만나본 적이 있다."

소연
ⓒ: "피해자와 같은 층에 사는 사람은 모두 피해자를 만난 적이 있다."
ⓓ: "피해자와 같은 층에 사는 사람 중에서 출근이 가장 늦은 사람은 유석이다."

진우
ⓔ: "유석의 두 진술은 모두 거짓이다."
ⓕ: "소연의 두 진술은 모두 참이다."

─〈보기〉─

ㄱ. ⓑ가 거짓이면, 범행 현장에서 발견된 칼은 진우의 것이다.

ㄴ. ⓒ가 참이면, 범행 현장에서 발견된 칼은 진우의 것이다.

ㄷ. ⓐ가 거짓이고 ⓓ가 참이면, 소연과 진우 중 적어도 한 사람은 피해자를 만난 적이 없다.

① ㄱ   ② ㄴ

③ ㄱ, ㄷ   ④ ㄴ, ㄷ

⑤ ㄱ, ㄴ, ㄷ

회독 ☐☐☐ 난도 ★☆☆ 소요시간 ☐

23 다음 글을 근거로 판단할 때 옳지 않은 것은?

20 민경채 가책형 14번

최근 공직자의 재산상태와 같은 세세한 사생활 정보까지 공개하라는 요구가 높아지고 있다. 공직자의 사생활은 일반시민의 사생활만큼 보호될 필요가 없다는 것이 그 이유다. 비슷한 맥락에서 일찍이 플라톤은 통치자는 가족과 사유재산을 갖지 말아야 한다고 주장했다.

공직자의 사생활 보호에 대한 논의는 '동등한 사생활 보호의 원칙'과 '축소된 사생활 보호의 원칙'으로 구분된다. 동등한 사생활 보호의 원칙은 공직자의 사생활도 일반시민과 동등한 정도로 보호되어야 한다고 본다. 이 원칙의 지지자들은 우선 공직자의 사생활 보호로 공적으로 활용 가능한 인재가 증가한다는 점을 강조한다. 사생활이 보장되지 않으면 공직 희망자가 적어져 인재 활용이 제한되고 다양성도 줄어들게 된다는 것이다. 또한 이들은 선정적인 사생활 폭로가 난무하여 공공정책에 대한 실질적 토론과 민주적 숙고가 사라져 버릴 위험성에 대해서도 경고한다.

반면, 공직자는 일반시민보다 우월한 권력을 가지고 있다는 것과 시민을 대표한다는 것 때문에 축소된 사생활 보호의 원칙이 적용되어야 한다는 주장도 있다. 공직자는 일반시민이 아니기 때문에 동등한 사생활 보호의 원칙을 적용할 수 없다는 것이다. 이 원칙의 지지자들은 공직자들이 시민 생활에 영향을 미치는 결정을 내리기 때문에, 사적 목적을 위해 권력을 남용하지 않고 부당한 압력에 굴복하지 않으며 시민이 기대하는 정책을 추구할 가능성이 높은 사람이어야 한다고 주장한다. 즉 이러한 공직자가 행사하는 권력에 대해 책임을 묻기 위해서는 사생활 중 관련된 내용은 공개되어야 한다는 것이다. 또한 공직자는 시민을 대표하기 때문에 훌륭한 인간상으로 시민의 모범이 되어야 한다는 이유도 들고 있다.

① 축소된 사생활 보호의 원칙은 공직자와 일반시민의 사생활 보장의 정도가 달라야 한다고 본다.
② 통치자의 사생활에 대한 플라톤의 생각은 동등한 사생활 보호의 원칙보다 축소된 사생활 보호의 원칙에 더 가깝다.
③ 동등한 사생활 보호의 원칙을 지지하는 이유 중 하나는 공직자가 시민을 대표하는 훌륭한 인간상이어야 하기 때문이다.
④ 동등한 사생활 보호의 원칙을 지지하는 이유 중 하나는 사생활이 보장되지 않으면 공직 희망자가 적어질 수 있다고 보기 때문이다.
⑤ 축소된 사생활 보호의 원칙을 지지하는 이유 중 하나는 공직자가 일반시민보다 우월한 권력을 가지고 있다고 보기 때문이다.

회독 ☐☐☐ 난도 ★☆☆ 소요시간 ☐

24 다음 글을 근거로 판단할 때 옳지 않은 것은?

19 민경채 나책형 4번

조선시대 임금에게 올리는 진지상을 수라상이라 하였다. 수라는 올리는 시간 순서에 따라 각각 조(朝)수라, 주(晝)수라, 석(夕)수라로 구분되고, 조수라 전에 밥 대신 죽을 주식으로 올리는 죽(粥)수라도 있었다. 수라상은 두 개의 상, 즉 원(元)반과 협(狹)반에 차려졌다.

수라 전후에 반과(盤果)상이나 미음(米飮)상이 차려지기도 했는데, 반과상은 올리는 시간 순서에 따라 조다(早茶), 주다(晝茶), 만다(晚茶), 야다(夜茶) 등을 앞에 붙여서 달리 불렀다. 반과상은 국수를 주식으로 하고, 찬과 후식류를 자기(磁器)에 담아 한 상에 차렸다. 미음상은 미음을 주식으로 하고, 육류 음식인 고음(膏飮)과 후식류를 한 상에 차렸다.

다음은 경복궁을 출발한 행차 첫째 날과 둘째 날에 임금에게 올리기 위해 차린 전체 상차림이다.

첫째 날		둘째 날	
장소	상차림	장소	상차림
노량참	조다반과	화성참	죽수라
노량참	조수라	화성참	조수라
시흥참	주다반과	화성참	주다반과
시흥참	석수라	화성참	석수라
시흥참	야다반과	화성참	야다반과
중로	미음		

① 행차 둘째 날에 협반은 총 1회 사용되었다.
② 화성참에서는 미음이 주식인 상이 차려지지 않았다.
③ 행차 첫째 날 낮과 둘째 날 낮에는 주수라가 차려지지 않았다.
④ 행차 첫째 날 밤과 둘째 날 밤에는 후식류를 자기에 담은 상차림이 있었다.
⑤ 국수를 주식으로 한 상은 행차 첫째 날과 둘째 날을 통틀어 총 5회 차려졌다.

회독 ☐☐☐ 난도 ★☆☆ 소요시간 ☐☐

25 다음 글을 근거로 판단할 때 옳은 것은?

18 민경채 가책형 3번

다산 정약용은 아전의 핵심적인 직책으로 향승(鄕丞)과 좌수(座首), 좌우별감(左右別監)을 들고 있다. 향승은 지방관서장인 현령의 행정보좌역이고, 좌수는 지방자치기관인 향청의 우두머리로 이방과 병방의 직무를 관장한다. 좌우별감은 좌수의 아랫자리인데, 좌별감은 호방과 예방의 직무를 관장하고, 우별감은 형방과 공방의 직무를 관장한다.

다산은 향승이 현령을 보좌해야 하는 자리이기 때문에 반드시 그 고을에서 가장 착한 사람, 즉 도덕성이 가장 높은 사람에게 그 직책을 맡겨야 한다고 하였다. 또한 좌수는 그 자리의 중요성을 감안하여 진실로 마땅한 사람으로 얻어야 한다고 강조하였다. 좌수를 선발하기 위해 다산이 제시한 방법은 다음과 같다. 먼저 좌수후보자들에게 모두 종사랑(從仕郞)의 품계를 주고 해마다 공적을 평가해 감사나 어사로 하여금 식년(式年)에 각각 9명씩을 추천하게 한다. 그리고 그 가운데 3명을 뽑아 경관(京官)에 임명하면, 자신을 갈고 닦아 명성이 있고 품행이 바른 사람이 그 속에서 반드시 나올 것이라고 주장했다. 좌우별감을 선발할 때에도 역시 마땅히 쓸 만한 사람을 골라 정사를 의논해야 한다고 했다.

다산은 아전을 임명할 때, 진실로 쓸 만한 사람을 얻지 못하면 그저 자리를 채우기는 하되 정사는 맡기지 말라고 했다. 아울러 아첨을 잘하는 자는 충성스럽지 못하므로 이를 잘 살피도록 권고했다. 한편 다산은 문관뿐만 아니라 무관의 자질에 대해서도 언급하였다. 그에 따르면 무관의 반열에 서는 자는 모두 굳세고 씩씩해 적을 막아낼 만한 기색이 있는 사람으로 뽑되, 도덕성을 첫째의 자질로 삼고 재주와 슬기를 다음으로 해야 한다고 강조하였다.

※ 식년(式年) : 과거를 보는 시기로 정한 해

① 관직의 서열로 보면 좌우별감은 좌수의 상관이다.
② 다산이 주장하는 좌수 선발방법에 따르면, 향승은 식년에 3명의 좌수후보자를 추천한다.
③ 다산은 아전으로 쓸 만한 사람이 없을 때에는 자리를 채우지 말아야 한다고 하였다.
④ 다산은 경관 가운데 우수한 공적이 있는 사람에게 종사랑의 품계를 주어야 한다고 주장했다.
⑤ 다산은 무관의 자질로 재주와 슬기보다 도덕성이 우선한다고 보았다.

회독 ☐☐☐ 난도 ★★☆ 소요시간 ☐☐

26 다음 글을 근거로 판단할 때 옳은 것은?

18 민경채 가책형 13번

군국기무처는 1894년 7월 27일부터 같은 해 12월 17일까지 존속한 최고 정책결정 기관이었다. 1894년 7월 흥선대원군을 추대한 새로운 정권이 수립되자, 그 이전부터 논의되어 오던 제도개혁을 실시하고자 합의체 형식의 초정부적 정책결정 기구인 군국기무처를 구성하였다. 이 기구의 이름은 1882년부터 1883년까지 존속하였던 기무처의 이름을 따서 흥선대원군이 명명하였다.

군국기무처가 실제로 활동한 기간은 약 3개월이었다. 이 기간 중 군국기무처는 40회의 회의를 통해 약 210건의 의안을 심의하여 통과시켰는데, 그 중에는 189개의 개혁의안도 포함되어 있었다. 군국기무처가 심의하여 통과시킨 의안은 국왕의 재가를 거쳐 국법으로 시행하였는데, 그 가운데는 전제왕권의 제약이나 재정제도의 일원화뿐만 아니라, 양반·상인 등 계급의 타파, 공·사노비제의 폐지, 조혼의 금지, 과부의 재가 허용 등 조선사회의 경제·사회질서를 근본적으로 변혁시키는 내용도 있었다. 여기에는 1880년대 이래 개화운동에서 강조한 개혁안과 더불어 동학운동에서 요구한 개혁안이 포함되기도 하였다. 군국기무처가 추진한 이때의 개혁을 갑오개혁이라고 부른다.

그러나 군국기무처의 기능은 청일전쟁에서 일본이 최초의 결정적인 승리를 거둔 1894년 9월 중순 이후 서서히 약화되기 시작하였다. 청일전쟁의 초기에는 조선의 개혁정권에 대해 회유정책을 쓰며 군국기무처의 활동에 간섭을 하지 않았던 일본이 청일전쟁의 승리가 확실해지자 적극적인 개입정책을 쓰기 시작하였던 것이다. 일본 정부가 새로 임명한 주한공사 이노우에는 군국기무처를 자신이 추진하려는 일본의 제도적 개입의 방해물로 간주하여 11월 20일 고종에게 요구한 20개의 안건에 군국기무처의 폐지를 포함시켰다. 고종도 그의 전제왕권을 제약한 군국기무처의 존재를 탐탁지 않게 여기던 터였으므로 이 기구를 12월 17일 칙령으로 폐지하였다.

① 흥선대원군은 군국기무처를 칙령으로 폐지하였다.
② 군국기무처는 기무처의 이름을 따서 고종이 명명하였다.
③ 일본의 청일전쟁 승리가 확실해지면서 군국기무처의 기능은 더욱 강화되었다.
④ 군국기무처는 실제 활동 기간 동안 월 평균 210건 이상의 개혁의안을 통과시켰다.
⑤ 군국기무처가 통과시킨 의안에는 동학운동에서 요구한 개혁안이 담기기도 하였다.

회독 ☐☐☐ 난도 ★★☆ 소요시간 ☐☐☐

27 다음 글을 근거로 판단할 때 옳은 것은?

17 민경채 나책형 1번

우리나라는 1948년 7월 17일 공포된 제헌 헌법에서 처음으로 근대적인 지방자치제도의 도입 근거를 마련하였다. 이후 1949년 7월 4일 지방자치법이 제정되어 지방선거를 통해 지방의회를 구성할 수 있게 되었다. 지방자치법의 주요 내용을 살펴보면 다음과 같다. 첫째, 지방자치단체의 종류는 서울특별시와 도, 시·읍·면으로 한다. 둘째, 의결기관과 집행기관을 따로 둔다. 셋째, 지방자치단체장 중 서울특별시장과 도지사는 대통령이 임명하고, 시·읍·면장은 지방의회가 선출한다. 넷째, 지방의회의원은 임기 4년의 명예직으로 한다. 다섯째, 지방의회에는 지방자치단체장에 대한 불신임권을, 지방자치단체장에게는 지방의회 해산권을 부여한다.

그러나 실제로 지방자치법에 따른 지방선거는 사회가 불안정하다는 이유로 실시되지 못한 채 연기되었다. 이후 대통령은 1951년 12월 31일 헌법 개정과 함께 갑작스럽게 지방선거 실시를 발표하였다. 이에 따라 전쟁 중인 1952년 4월 25일에 치안 불안 지역과 미수복 지역을 제외한 지역에서 시·읍·면의회 의원선거를 실시하였고, 5월 10일에 서울특별시, 경기도, 강원도 등을 제외한 7개 도에서 도의회 의원선거를 실시하였다. 1953년 5월에는 선거를 치르지 못했던 지역에서 도의회의원을 선출하는 선거가 실시되었다.

1956년에는 지방자치법을 개정하여 시·읍·면장을 주민직선을 통해 선출하도록 하였다. 이에 따라 같은 해 8월 8일 제2차 시·읍·면의회 의원선거와 동시에 최초로 주민직선에 의한 시·읍·면장 선거가 실시되었다. 그리고 8월 13일에는 서울특별시의회 및 도의회 의원선거가 실시되었다. 4년 뒤인 1960년 12월에는 지방자치법을 다시 개정하고, 서울특별시장 및 도지사도 주민직선제로 선출하도록 하였다. 이에 따라 같은 해 12월 12일에 서울특별시의회 및 도의회 의원선거, 19일에 시·읍·면의회 의원선거, 26일에 시·읍·면장 선거, 29일에 서울특별시장 및 도지사 선거가 실시되었다.

① 1949년 제정 당시 지방자치법에 따르면, 주민들이 지방자치단체장을 직접 선출하도록 되어 있었다.
② 1949년 제정 당시 지방자치법에 따르면, 대통령이 시·읍·면장을 지명하도록 되어 있었다.
③ 1952년에는 모든 지역에서 지방선거를 통해 지방의회의원이 선출되었다.
④ 1956년에는 지방선거를 통해 시·읍·면장이 처음으로 주민에 의해 직접 선출되었다.
⑤ 1960년 12월에는 전국적으로 두 차례의 지방선거가 실시되었다.

회독 ☐☐☐ 난도 ★☆☆ 소요시간 ☐☐☐

28 다음 글을 근거로 판단할 때, 〈보기〉에서 옳은 것만을 모두 고르면? 22 5급 공채 나책형 6번

사람들은 관리자의 업무지시 능력이 뛰어난 작업장일수록 '업무실수 기록건수'가 적을 것이라고 생각한다. 이런 통념을 검증하기 위해 ○○공장의 8개 작업장을 대상으로 연구가 진행되었다. 각 작업장의 인력 구성과 업무량 등은 모두 동일했다. 업무실수 기록건수를 종속변수로 설정하고 6개월 동안 관련 자료를 꼼꼼히 조사하여 업무실수 기록건수 실태를 파악하였다. 또한 공장 구성원에 대한 설문조사와 인터뷰를 통해 관리자의 업무지시 능력, 근로자의 직무만족도, 직장문화 등을 조사했다.

분석 결과 관리자의 업무지시 능력이 우수할수록, 근로자의 직무만족도가 높을수록 업무실수 기록건수가 많았다. 또한 근로자가 상급자의 실수 지적을 두려워하지 않고 자신의 실수를 인정하며 그것을 통해 학습하려는 직장문화에서는 업무실수 기록건수가 많았다. 반면 업무실수 기록건수가 적은 작업장에서는 근로자가 자신의 실수를 보고하면 상급자로부터 질타나 징계를 받을 것이라는 우려 때문에 가급적 실수를 감추었다.

〈보기〉
ㄱ. 업무실수 기록건수가 많은 작업장에서는 실수를 통해 학습하려는 직장문화가 약할 것이다.
ㄴ. 업무실수 기록건수가 많다고 해서 근로자의 직무만족도가 낮은 것은 아닐 것이다.
ㄷ. 관리자의 업무지시 능력이 우수한 작업장일수록 업무실수 기록건수가 적을 것이다.
ㄹ. 징계에 대한 우려가 약한 작업장보다 강한 작업장에서 업무실수 기록건수가 적을 것이다.

① ㄱ, ㄴ ② ㄱ, ㄷ
③ ㄴ, ㄷ ④ ㄴ, ㄹ
⑤ ㄷ, ㄹ

회독 ☐☐☐ 난도 ★☆☆ 소요시간 ☐☐☐☐

29 다음 글을 근거로 판단할 때, A학자의 언어체계에서 표기와 그 의미를 연결한 것으로 옳지 않은 것은?

19 5급 공채 가책형 27번

A학자는 존재하는 모든 사물들을 자연적인 질서에 따라 나열하고 그것들의 지위와 본질을 표현하는 적절한 기호를 부여하면 보편언어를 만들 수 있다고 생각했다.

이를 위해 A학자는 우선 세상의 모든 사물을 40개의 '속(屬)'으로 나누고, 속을 다시 '차이(差異)'로 세분했다. 예를 들어 8번째 속인 돌은 순서대로 아래와 같이 6개의 차이로 분류된다.

(1) 가치 없는 돌
(2) 중간 가치의 돌
(3) 덜 투명한 가치 있는 돌
(4) 더 투명한 가치 있는 돌
(5) 물에 녹는 지구의 응결물
(6) 물에 녹지 않는 지구의 응결물

이 차이는 다시 '종(種)'으로 세분화되었다. 예를 들어, '가치 없는 돌'은 그 크기, 용도에 따라서 8개의 종으로 분류되었다.

이렇게 사물을 전부 분류한 다음에 A학자는 속, 차이, 종에 문자를 대응시키고 표기하였다.

예를 들어, 7번째 속부터 10번째 속까지는 다음과 같이 표기된다.

7) 원소: de
8) 돌: di
9) 금속: do
10) 잎: gw

차이를 나타내는 표기는 첫 번째 차이부터 순서대로 b, d, g, p, t, c, z, s, n을 사용했고, 종은 순서대로 w, a, e, i, o, u, y, yi, yu를 사용했다. 따라서 'di'는 돌을 의미하고 'dib'는 가치 없는 돌을 의미하며, 'diba'는 가치 없는 돌의 두 번째 종을 의미한다.

① ditu – 물에 녹는 지구의 응결물의 여섯 번째 종
② gwpyi – 잎의 네 번째 차이의 네 번째 종
③ dige – 덜 투명한 가치 있는 돌의 세 번째 종
④ deda – 원소의 두 번째 차이의 두 번째 종
⑤ donw – 금속의 아홉 번째 차이의 첫 번째 종

회독 ☐☐☐ 난도 ★☆☆ 소요시간 ☐☐☐☐

30 다음 글을 근거로 판단할 때 옳지 않은 것은?

18 5급 공채 나책형 1번

공공성은 서구에서 유래된 '퍼블릭(public)'이나 '오피셜(official)'과 동아시아에서 전통적으로 사용해 온 개념인 '공(公)'이나 '공공(公共)'이 접합되어 이루어진 개념이다. 공공성 개념은 다음과 같은 세 가지 의미를 포괄하고 있다. 첫째, 어떤 사적인 이익이 아니라 공동체 전체의 이익과 관계된다는 의미이다. 둘째, 만인의 이익을 대표하여 관리하는 정통성을 지닌 기관이라는 의미가 있다. 셋째, 사사롭거나 편파적이지 않으며 바르고 정의롭다는 의미이다.

정도전의 정치사상에서 가장 인상적인 것은 정치권력의 사유화에 대한 강렬한 비판의식과 아울러 정치권력을 철저하게 공공성의 영역 안에 묶어두려는 의지이다. 또 그가 이를 위한 제도적 장치의 마련을 끊임없이 고민하였다는 사실도 확인되고 있다. 정도전은 정치공동체에서 나타나는 문제의 근저에 '자기 중심성'이 있고, 고려의 정치적 경험에서 자기 중심성이 특히 '사욕(私慾)'의 정치로 나타났다고 생각했다. 그리고 이로 인해 독선적인 정치와 폭정이 야기되었다고 보았다. 정도전은 이러한 고려의 정치를 소유 지향적 정치로 보았고, 이에 대한 대안으로 '공론'과 '공의'의 정치를 제시하였는데 이를 '문덕(文德)'의 정치라 불렀다.

공공성과 관련하여 고려와 조선의 국가 운영 차이를 가장 선명히 드러내는 것은 체계적인 법전의 유무이다. 고려의 경우는 각 행정부처들이 독자적인 관례나 규정에 따라서 통치를 하였을 뿐, 일관되고 체계적인 법전을 갖추고 있지 못하였다. 그래서 조선의 건국 주체는 중앙집권적인 국가운영체제를 확립하기 위해서 법체계를 갖추려고 했다. 이러한 노력을 통해 만든 최초의 법전이 정도전에 의해 편찬된 『조선경국전』이다. 이를 통해서 건국 주체는 자신이 세운 정치체제에 공공성을 부여하려고 하였다.

① 공공성에는 공동체 전체의 이익뿐만 아니라 이를 대표하여 관리하는 정통성을 지닌 기관이라는 의미도 포함되어 있다.
② 정도전은 고려의 정치에서 자기 중심성이 '사욕'의 정치로 나타났다고 보았다.
③ 고려시대에는 각 행정부처의 관례나 규정이 존재하지 않아 '사욕'의 정치가 나타났다.
④ 정도전에게 '문덕'의 정치란 소유 지향적 정치의 대안이었다.
⑤ 정도전의 정치사상에서 공공성을 갖추기 위한 제도적 장치 마련은 중요한 의미를 지닌다.

회독 ☐☐☐ 난도 ★★☆ 소요시간 ☐☐☐

31 다음 글을 근거로 판단할 때, 〈보기〉에서 옳은 것만을 모두 고르면? 18 5급 공채 나책형 7번

> 조선왕실의 음악 일체를 담당한 장악원(掌樂院)은 왕실 의례에서 핵심적 역할을 수행하였다. 장악원은 승정원, 사간원, 홍문관, 예문관, 성균관, 춘추관과 같은 정3품 관청으로서, 『경국대전』에 의하면 2명의 당상관이 장악원 제조(提調)를 맡았고, 정3품의 정 1명, 종4품의 첨정 1명, 종6품의 주부 1명, 종7품의 직장 1명이 관리로 소속되어 있었다. 이들은 모두 음악 전문인이 아닌 문관 출신의 행정관리로서, 음악교육과 관련된 행정업무를 담당하였다. 이는 음악행정과 음악연주를 담당한 계층이 분리되어 있었다는 것을 의미한다.
>
> 궁중음악 연주를 담당한 장악원 소속 악공(樂工)과 악생(樂生)들은 행사에서 연주할 음악을 익히기 위해 정기적 또는 부정기적으로 연습하였다. 이 가운데 정기적인 연습은 특별한 사정이 없는 경우 매달 2자와 6자가 들어가는 날, 즉 2일과 6일, 12일과 16일, 22일과 26일의 여섯 차례에 걸쳐 이루어졌다. 그러한 이유에서 장악원 악공과 악생들의 습악(習樂)을 이륙좌기(二六坐起), 이륙회(二六會), 이륙이악식(二六肄樂式)과 같은 이름으로 불렀다. 이는 장악원의 정규적 음악이습(音樂肄習) 과정의 하나로 조선시대의 여러 법전에 규정된 바에 따라 시행되었다.
>
> 조선시대에는 악공과 악생의 음악연습을 독려하기 위한 여러 장치가 있었다. 1779년(정조 3년) 당시 장악원 제조로 있던 서명응이 정한 규칙 가운데에는 악공과 악생의 실력을 겨루어서 우수한 사람에게 상을 주는 내용이 있었다. 시험을 봐서 악생 중에 가장 우수한 사람 1인에게는 2냥(兩), 1등을 한 2인에게는 각각 1냥 5전(錢), 2등을 한 3인에게는 각각 1냥, 3등을 한 9인에게 각각 5전을 상금으로 주었다. 또 악공 중에서도 가장 우수한 사람 1인에게 2냥, 1등을 한 3인에게는 각각 1냥 5전, 2등을 한 5인에게는 각각 1냥, 3등을 한 21인에게 각각 5전을 상금으로 주었다. 악공 포상자가 더 많은 이유는 악공의 수가 악생의 수보다 많았기 때문이다. 1779년 당시의 악공은 168명, 악생은 90명이었다.

※ 10전(錢) = 1냥(兩)

┌─ 보기 ─────────────────────────────┐

ㄱ. 장악원에서는 특별한 사정이 없는 한 연간 최소 72회의 습악이 있었을 것이다.

ㄴ. 서명응이 정한 규칙에 따라 장악원에서 실시한 시험에서 상금을 받는 악공의 수는 상금을 받는 악생 수의 2배였다.

ㄷ. 『경국대전』에 따르면 장악원에서 음악행정 업무를 담당하는 관리들은 4명이었다.

ㄹ. 서명응이 정한 규칙에 따라 장악원에서 실시한 1회의 시험에서 악공과 악생들이 받은 총 상금액은 40냥 이상이었을 것이다.

└────────────────────────────────────┘

① ㄱ, ㄴ   ② ㄱ, ㄷ
③ ㄷ, ㄹ   ④ ㄱ, ㄴ, ㄹ
⑤ ㄴ, ㄷ, ㄹ,

32 다음 글을 근거로 판단할 때 옳은 것은?

18 5급 공채 나책형 26번

보름달 중에 가장 크게 보이는 보름달을 슈퍼문이라고 한다. 크게 보이는 이유는 달이 평소보다 지구에 가까이 있기 때문이다. 슈퍼문이 되려면 보름달이 되는 시점과 달이 지구에 가장 가까워지는 시점이 일치하여야 한다. 달의 공전 궤도가 완벽한 원이라면 지구에서 달까지의 거리가 항상 똑같을 것이다. 하지만 실제로는 타원 궤도여서 달이 지구에 가까워지거나 멀어지는 현상이 생긴다. 유독 달만 그런 것은 아니고 태양계의 모든 행성이 태양을 중심으로 타원 궤도로 돈다. 이것이 바로 그 유명한 케플러의 행성 운동 제1법칙이다.

지구와 달의 평균 거리는 약 38만 km인 반면 슈퍼문일 때는 그 거리가 35만 7,000 km 정도로 가까워진다. 달의 반지름은 약 1,737 km이므로, 지구와 달의 거리가 평균 정도일 때 지구에서 보름달을 바라보는 시각도는 0.52도 정도인 반면, 슈퍼문일 때는 시각도가 0.56도로 커진다. 반대로 보름달이 가장 작게 보일 때, 다시 말해 보름달이 지구에서 제일 멀 때는 그 거리가 약 40만 km여서 보름달을 보는 시각도가 0.49도로 작아진다.

밀물과 썰물이 생기는 원인은 지구에 작용하는 달과 태양의 중력 때문인데, 달이 태양보다는 지구에 훨씬 더 가깝기 때문에 더 큰 영향을 미친다. 달이 지구에 가까워지면 평소 달이 지구를 당기는 힘보다 더 강하게 지구를 당긴다. 그리고 달의 중력이 더 강하게 작용하면, 달을 향한 쪽의 해수면은 평상시보다 더 높아진다. 실제 우리나라에서도 슈퍼문일 때 제주도 등 해안가에 바닷물이 평소보다 더 높게 밀려 들어와서 일부 지역이 침수 피해를 겪기도 했다.

한편 달의 중력 때문에 높아진 해수면이 지구와 함께 자전을 하다보면 지구의 자전을 방해하게 된다. 일종의 브레이크가 걸리는 셈이다. 이 때문에 지구의 자전 속도가 느려지게 되고 그 결과 하루의 길이에 미세하게 차이가 생긴다. 실제 연구 결과에 따르면 100만 년에 17초 정도씩 길어지는 효과가 생긴다고 한다.

※ 시각도 : 물체의 양끝에서 눈의 결합점을 향하여 그은 두 선이 이루는 각을 의미한다.

① 지구에서 태양까지의 거리는 1년 동안 항상 일정하다.
② 해수면의 높이는 지구와 달의 거리와 관계가 없다.
③ 달이 지구에서 멀어지면 궤도에서 벗어나지 않기 위해 평소보다 더 강하게 지구를 잡아당긴다.
④ 지구와 달의 거리가 36만 km 정도인 경우, 지구에서 보름달을 바라보는 시각도는 0.49도보다 크다.
⑤ 지구가 자전하는 속도는 점점 빨라지고 있다.

추리분석형 **핵심가이드**

상황판단 영역에서 가장 수험생들을 곤혹스럽게 만드는 유형이 바로 추리분석형이라고 할 수 있다. 주로 1) 게임·퀴즈·퍼즐형 2) 수리·규칙·암호추리형으로 구분할 수 있다.

첫째 1) <게임·퀴즈·퍼즐형>의 유형은 다양한 게임 혹은 퀴즈 유형을 소재로 하여 출제가 되는데 우리가 흔히 경험할 수 있는 주사위 게임, 카드게임, 가위바위보 등이 사용되어 게임 소재 자체의 특이성은 높지 않은 편이다. 그러나, 게임의 룰은 기존에 우리가 알고 있던 상식에서 벗어나 새롭게 규정하는 경우도 있을 수 있으므로 문제 자체에서 주어지는 방식과 규칙을 정확히 이해하는 것이 효율적인 추리의 시작임을 잊어서는 안 된다. 한편, 게임이나 퀴즈 형식의 구조에서는 필연적으로 승부를 결정짓는 상황이 주로 연출되므로 확률의 기본적 성질이나 경우의 수를 빠짐없이 중복되지 않게 잘 헤아릴 수 있도록 충분한 연습이 필요하다. 또한, 본 유형은 최댓값 혹은 최솟값을 구하는 최적화 구조가 결합되어 출제되는 경우가 많고, 소위 응용수리 또는 사고력 수학의 형태로 출제되기도 한다. 상황판단의 전체 난도를 높이는 소위 킬러 문항들이 등장하는 유형으로 시간 관리 차원에서도 전략적으로 준비해야 한다.

둘째 2) <수리·규칙·암호추리형>의 경우 좀 더 세분화해서 유형을 살펴보면, i) 수리추리형의 경우 보통 자연수의 기본적 성질(소수, 약수와 배수, 홀짝성, 자연수의 합, 등차 혹은 등비 규칙 등)을 활용한 정오판정이 주를 이룬다. 계산과정 또한 간단한 사칙연산 수준에 불과한 정도의 수리적 계산 능력이면 충분한 편으로 수학이 약해서 두려워할 필요는 전혀 없다. 다만, 경우의 수와 확률이 판단 과정에서 사용되는 경우가 많으니 이에 대한 관련 이론과 유형을 잘 연습해야 한다.

또한, 선지나 보기의 정오를 판정하는 경우 반례를 적극적으로 활용하는 안목을 키우는 것이 중요하고 이를 통해 시간을 절약하는 전략을 세우는 것이 필요하다.

한편, 문제를 해결하는 데 있어서 실마리를 찾지 못하거나 하는 경우에 문제에 주어진 여러 가지 조건이나 수치 자료 등을 기준으로 출제자의 의도를 파악한다든지 하는 관점의 변화가 주요한 포인트로 작동하는 경우가 많으니 고정 관념에 사로잡히지 말고 다양한 상황을 모색할 수 있는 유연한 사고의 연습이 필요하다.

ii) 규칙 및 암호추리형은 일정한 규칙 속에서 진행 순서나 소요 시간 등을 결정하는 유형으로 날짜 및 요일과 관련해서는 기간의 경과에 따른 처리 문제, 시차에 관한 문제, 암호 해독 등으로 다양하게 출제된다. 특히, 정석적인 풀이와는 별개로 합리적인 직관이나 추측 등을 통하여 판단 과정을 비약적으로 단축시킬 수 있는 여지는 없을지 고민해 보는 학습이 필요하다. 본 유형은 상판에서 요구하는 사고력을 향상시키는데 좋은 훈련 도구가 되므로 점수 득점의 유불리와는 별개로 적극적인 학습과 실전을 염두에 둔 훈련을 병행하는 것이 바람직할 것이다.

PART

02

추리분석편

CHAPTER 01 추리분석- 게임·퍼즐·퀴즈형

CHAPTER 02 추리분석- 수·규칙·암호추리형

추리분석 – 게임 · 퍼즐 · 퀴즈형

2.1 게임 · 퍼즐 · 퀴즈

회독 □□□　난도 ★★☆　소요시간 □□□□

01 다음 글을 근거로 판단할 때, 〈보기〉에서 옳은 것만을 모두 고르면? 20 민경채 가책형 21번

키가 서로 다른 6명의 어린이를 다음 그림과 같이 한 방향을 바라보도록 일렬로 세우려고 한다. 그림은 일렬로 세운 하나의 예이다. 한 어린이(이하 甲이라 한다)의 등 뒤에 甲보다 키가 큰 어린이가 1명이라도 있으면 A방향에서 甲의 뒤통수는 보이지 않고, 1명도 없으면 A방향에서 甲의 뒤통수는 보인다. 반대로 甲의 앞에 甲보다 키가 큰 어린이가 1명이라도 있으면 B방향에서 甲의 얼굴은 보이지 않고, 1명도 없으면 B방향에서 甲의 얼굴은 보인다.

자리번호　1번　2번　3번　4번　5번　6번

〈보기〉

ㄱ. A방향에서 보았을 때 모든 어린이의 뒤통수가 다 보이게 세우는 방법은 1가지뿐이다.
ㄴ. 키가 세 번째로 큰 어린이를 5번 자리에 세운다면, A방향에서 보았을 때 그 어린이의 뒤통수는 보이지 않는다.
ㄷ. B방향에서 2명의 얼굴만 보이도록 어린이들을 세웠을 때, A방향에서 6번 자리에 서 있는 어린이의 뒤통수는 보이지 않는다.
ㄹ. B방향에서 3명의 얼굴이 보인다면, A방향에서 4명의 뒤통수가 보일 수 없다.

① ㄱ, ㄴ
② ㄷ, ㄹ
③ ㄱ, ㄴ, ㄷ
④ ㄱ, ㄷ, ㄹ
⑤ ㄴ, ㄷ, ㄹ

회독 □□□　난도 ★★☆　소요시간 □□□□

02 다음 글과 〈상황〉을 근거로 판단할 때, 〈보기〉에서 옳은 것만을 모두 고르면? 20 민경채 가책형 22번

A팀과 B팀은 다음과 같이 게임을 한다. A팀과 B팀은 각각 3명으로 구성되며, 왼손잡이, 오른손잡이, 양손잡이가 각 1명씩이다. 총 5라운드에 걸쳐 가위바위보를 하며 규칙은 아래와 같다.
• 모든 선수는 1개 라운드 이상 출전하여야 한다.
• 왼손잡이는 '가위'만 내고 오른손잡이는 '보'만 내며, 양손잡이는 '바위'만 낸다.
• 각 라운드마다 가위바위보를 이긴 선수의 팀이 획득하는 점수는 다음과 같다.
　- 이긴 선수가 왼손잡이인 경우: 2점
　- 이긴 선수가 오른손잡이인 경우: 0점
　- 이긴 선수가 양손잡이인 경우: 3점
• 두 팀은 1라운드를 시작하기 전에 각 라운드에 출전할 선수를 결정하여 명단을 제출한다.
• 5라운드를 마쳤을 때 획득한 총 점수가 더 높은 팀이 게임에서 승리한다.

〈상황〉

다음은 3라운드를 마친 현재까지의 결과이다.

구분	1라운드	2라운드	3라운드	4라운드	5라운드
A팀	왼손 잡이	왼손 잡이	양손 잡이		
B팀	오른손 잡이	오른손 잡이	오른손 잡이		

※ 각 라운드에서 가위바위보가 비긴 경우는 없다.

〈보기〉

ㄱ. 3라운드까지 A팀이 획득한 점수와 B팀이 획득한 점수의 합은 4점이다.
ㄴ. A팀이 잔여 라운드에서 모두 오른손잡이를 출전시킨다면 B팀이 게임에서 승리한다.
ㄷ. B팀이 게임에서 승리하는 경우가 있다.

① ㄴ　　　　　　　② ㄷ
③ ㄱ, ㄴ　　　　　④ ㄱ, ㄷ
⑤ ㄱ, ㄴ, ㄷ

회독 ☐☐☐ 난도 ★☆☆ 소요시간 ☐☐☐

03 다음 글을 근거로 판단할 때, 〈그림 2〉의 정육면체 아랫면에 쓰인 36개 숫자의 합은? 18 민경채 가책형 9번

정육면체인 하얀 블록 5개와 검은 블록 1개를 일렬로 붙인 막대를 30개 만든다. 각 막대의 윗면에는 가장 위에 있는 블록부터, 아랫면에는 가장 아래에 있는 블록부터 세어 검은 블록이 몇 번째 블록인지를 나타내는 숫자를 쓴다. 이런 규칙에 따르면 〈그림 1〉의 예에서는 윗면에 2를, 아랫면에 5를 쓰게 된다.

다음으로 검은 블록 없이 하얀 블록 6개를 일렬로 붙인 막대를 6개 만든다. 검은 블록이 없으므로 윗면과 아랫면 모두에 0을 쓴다.

이렇게 만든 36개의 막대를 붙여 〈그림 2〉와 같은 큰 정육면체를 만들었더니, 윗면에 쓰인 36개 숫자의 합이 109였다.

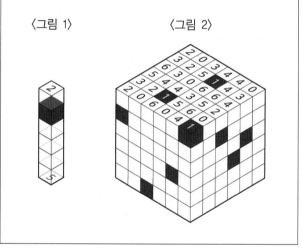

〈그림 1〉   〈그림 2〉

① 97

② 100

③ 101

④ 103

⑤ 104

회독 ☐☐☐ 난도 ★☆☆ 소요시간 ☐☐☐

04 다음 글을 근거로 판단할 때, 〈보기〉에서 옳은 것만을 모두 고르면? 18 민경채 가책형 19번

1부터 5까지 숫자가 하나씩 적힌 5장의 카드와 3개의 구역이 있는 다트판이 있다. 甲과 乙은 다음 방법에 따라 점수를 얻는 게임을 하기로 했다.

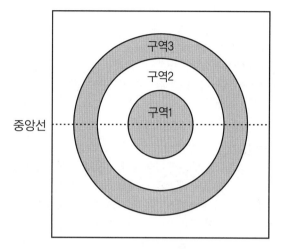

• 우선 5장의 카드 중 1장을 임의로 뽑고, 그 후 다트를 1차 시기와 2차 시기에 각 1번씩 총 2번 던진다.
• 뽑힌 카드에 적혀 있는 숫자가 '카드점수'가 되며 점수를 얻는 방법은 다음과 같다.

〈1차 시기 점수 산정 방법〉
− 다트가 구역1에 꽂힐 경우: 카드점수×3
− 다트가 구역2에 꽂힐 경우: 카드점수×2
− 다트가 구역3에 꽂힐 경우: 카드점수×1
− 다트가 그 외 영역에 꽂힐 경우: 카드점수×0

〈2차 시기 점수 산정 방법〉
− 다트가 다트판의 중앙선 위쪽에 꽂힐 경우: 2점
− 다트가 다트판의 중앙선 아래쪽에 꽂힐 경우: 0점

〈최종점수 산정 방법〉
− 최종점수: 1차 시기 점수 + 2차 시기 점수

※ 다트판의 선에 꽂히는 경우 등 그 외 조건은 고려하지 않는다.

─〈보기〉─
ㄱ. 甲이 짝수가 적힌 카드를 뽑았다면, 최종점수는 홀수가 될 수 없다.
ㄴ. 甲이 숫자 2가 적힌 카드를 뽑았다면, 가능한 최종점수는 8가지이다.
ㄷ. 甲이 숫자 4가 적힌 카드를, 乙이 숫자 2가 적힌 카드를 뽑았다면, 가능한 甲의 최종점수 최댓값과 乙의 최종점수 최솟값의 차이는 14점이다.

① ㄱ

② ㄷ

③ ㄱ, ㄴ

④ ㄱ, ㄷ

⑤ ㄴ, ㄷ

05 다음 글과 〈대화〉를 근거로 판단할 때 대장 두더지는? 18 민경채 가책형 20번

- 甲은 튀어나온 두더지를 뽕망치로 때리는 '두더지 게임'을 했다.
- 두더지는 총 5마리(A ~ E)이며, 이 중 1마리는 대장 두더지이고 나머지 4마리는 부하 두더지이다.
- 대장 두더지를 맞혔을 때는 2점, 부하 두더지를 맞혔을 때는 1점을 획득한다.
- 두더지 게임 결과, 甲은 총 14점을 획득하였다.
- 두더지 게임이 끝난 후 두더지들은 아래와 같은 〈대화〉를 하였다.

┌─〈대화〉─────────────────────────┐

두더지 A: 나는 맞은 두더지 중에 가장 적게 맞았고, 맞은 횟수는 짝수야.

두더지 B: 나는 두더지 C와 똑같은 횟수로 맞았어.

두더지 C: 나와 두더지 A, 두더지 D가 맞은 횟수를 모두 더하면 모든 두더지가 맞은 횟수의 3/4이야.

두더지 D: 우리 중에 한 번도 맞지 않은 두더지가 1마리 있지만 나는 아니야.

두더지 E: 우리가 맞은 횟수를 모두 더하면 12번이야.

└──────────────────────────────┘

① 두더지 A
② 두더지 B
③ 두더지 C
④ 두더지 D
⑤ 두더지 E

06 다음 글과 〈상황〉을 근거로 판단할 때, 〈보기〉에서 옳은 것만을 모두 고르면? 16 민경채 5책형 9번

A국 사람들은 아래와 같이 한 손으로 1부터 10까지의 숫자를 표현한다.

숫자	1	2	3	4	5
펼친 손가락 개수	1개	2개	3개	4개	5개
펼친 손가락 모양					
숫자	6	7	8	9	10
펼친 손가락 개수	2개	3개	2개	1개	2개
펼친 손가락 모양					

┌─〈상황〉─────────────────────────┐

A국에 출장을 간 甲은 A국의 언어를 하지 못하여 물건을 살 때 상인의 손가락을 보고 물건의 가격을 추측한다. A국 사람의 숫자 표현법을 제대로 이해하지 못한 甲은 상인이 금액을 표현하기 위해 펼친 손가락 1개당 1원씩 돈을 지불하려고 한다. (단, 甲은 하나의 물건을 구매하며, 물건의 가격은 최소 1원부터 최대 10원까지라고 가정한다)

└──────────────────────────────┘

┌─〈보기〉─────────────────────────┐

ㄱ. 물건의 가격과 甲이 지불하려는 금액이 일치했다면, 물건의 가격은 5원 이하이다.

ㄴ. 상인이 손가락 3개를 펼쳤다면, 물건의 가격은 최대 7원이다.

ㄷ. 물건의 가격과 甲이 지불하려는 금액이 8원 만큼 차이가 난다면, 물건의 가격은 9원이거나 10원이다.

ㄹ. 甲이 물건의 가격을 초과하는 금액을 지불하려는 경우가 발생할 수 있다.

└──────────────────────────────┘

① ㄱ, ㄴ
② ㄷ, ㄹ
③ ㄱ, ㄴ, ㄷ
④ ㄱ, ㄷ, ㄹ
⑤ ㄴ, ㄷ, ㄹ

회독 □□□ 난도 ★☆☆ 소요시간 ⬚

07 다음 글을 근거로 판단할 때, 사자바둑기사단이 선발할 수 있는 출전선수 조합의 총 가짓수는? 16 민경채 5책형 10번

- 사자바둑기사단과 호랑이바둑기사단이 바둑시합을 한다.
- 시합은 일대일 대결로 총 3라운드로 진행되며, 한 명의 선수는 하나의 라운드에만 출전할 수 있다.
- 호랑이바둑기사단은 1라운드에는 甲을, 2라운드에는 乙을, 3라운드에는 丙을 출전시킨다.
- 사자바둑기사단은 각 라운드별로 이길 수 있는 확률이 0.6 이상이 되도록 7명의 선수(A ~ G) 중 3명을 선발한다.
- A ~ G가 甲, 乙, 丙에 대하여 이길 수 있는 확률은 다음 〈표〉와 같다.

〈표〉

선수	甲	乙	丙
A	0.42	0.67	0.31
B	0.35	0.82	0.49
C	0.81	0.72	0.15
D	0.13	0.19	0.76
E	0.66	0.51	0.59
F	0.54	0.28	0.99
G	0.59	0.11	0.64

① 18가지
② 17가지
③ 16가지
④ 15가지
⑤ 14가지

회독 □□□ 난도 ★★☆ 소요시간 ⬚

08 다음 글을 근거로 판단할 때, 〈보기〉에서 옳은 것만을 모두 고르면? 22 7급 공채 가책형 18번

- 甲과 乙이 아래와 같은 방식으로 농구공 던지기 놀이를 하였다.
  - 甲과 乙은 각 5회씩 도전하고, 합계 점수가 더 높은 사람이 승리한다.
  - 2점 슛과 3점 슛을 자유롭게 선택하여 도전할 수 있으며, 성공하면 해당 점수를 획득한다.
  - 5회의 도전 중 4점 슛 도전이 1번 가능한데, '4점 도전'이라고 외친 후 뒤돌아서서 슛을 하여 성공하면 4점을 획득하고, 실패하면 1점을 잃는다.
- 甲과 乙의 던지기 결과는 다음과 같았다.

(성공: ○, 실패: ×)

구분	1회	2회	3회	4회	5회
甲	○	×	○	○	○
乙	○	○	×	×	○

보기

ㄱ. 甲의 합계 점수는 8점 이상이었다.
ㄴ. 甲이 3점 슛에 2번 도전하였고 乙이 승리하였다면, 乙은 4점 슛에 도전하였을 것이다.
ㄷ. 4점 슛뿐만 아니라 2점 슛, 3점 슛에 대해서도 실패 시 1점을 차감하였다면, 甲이 승리하였을 것이다.

① ㄱ
② ㄴ
③ ㄱ, ㄴ
④ ㄱ, ㄷ
⑤ ㄴ, ㄷ

회독 □□□ 난도 ★★☆ 소요시간 [   ]

09 다음 글을 근거로 판단할 때, A군 양봉농가의 최대 수는? 22 7급 공채 가책형 19번

- A군청은 양봉농가가 안정적으로 꿀을 생산할 수 있도록 양봉농가 간 거리가 12 km 이상인 경우에만 양봉을 허가하고 있다.
- A군은 반지름이 12 km인 원 모양의 평지이며 군 경계를 포함한다.
- A군의 외부에는 양봉농가가 존재하지 않는다.

※ 양봉농가의 면적은 고려하지 않음

① 5개   ② 6개
③ 7개   ④ 8개
⑤ 9개

회독 □□□ 난도 ★☆☆ 소요시간 [   ]

10 다음 글과 〈사무용품 배분방법〉을 근거로 판단할 때, 11월 1일 현재 甲기관의 직원 수는? 20 7급 모의 10번

甲기관은 사무용품 절약을 위해 〈사무용품 배분방법〉으로 한 달 동안 사용할 네 종류(A, B, C, D)의 사무용품을 매월 1일에 배분한다. 이에 따라 11월 1일에 네 종류의 사무용품을 모든 직원에게 배분하였다. 甲기관이 배분한 사무용품의 개수는 총 1,050개였다.

┌─ 사무용품 배분방법 ─┐
- A는 1인당 1개씩 배분한다.
- B는 2인당 1개씩 배분한다.
- C는 4인당 1개씩 배분한다.
- D는 8인당 1개씩 배분한다.

① 320명   ② 400명
③ 480명   ④ 560명
⑤ 640명

회독 □□□ 난도 ★★☆ 소요시간 [   ]

11 다음 글을 근거로 판단할 때, 올바른 우편번호의 첫자리와 끝자리 숫자의 합은? 20 7급 모의 13번

다섯 자리 자연수로 된 우편번호가 있다. 甲과 乙은 실수로 '올바른 우편번호'에 숫자 2를 하나 추가하여 여섯 자리로 표기하였다. 甲은 올바른 우편번호의 끝자리 뒤에 2를 추가하였고, 乙은 올바른 우편번호의 첫자리 앞에 2를 추가하였다. 그 결과 甲이 잘못 표기한 우편번호 여섯 자리 수는 乙이 잘못 표기한 우편번호 여섯 자리 수의 3배가 되었다.

올바른 우편번호와 甲과 乙이 잘못 표기한 우편번호는 아래와 같다.

- 올바른 우편번호 : □□□□□
- 甲이 잘못 표기한 우편번호 : □□□□□2
- 乙이 잘못 표기한 우편번호 : 2□□□□□

① 11   ② 12
③ 13   ④ 14
⑤ 15

회독 □□□ 난도 ★☆☆ 소요시간 [   ]

12 다음 글을 근거로 판단할 때, 甲의 승패 결과는? 20 7급 모의 14번

甲과 乙이 10회 실시한 가위바위보에 대해 다음과 같은 사실이 알려져 있다.
- 甲은 가위 6회, 바위 1회, 보 3회를 냈다.
- 乙은 가위 4회, 바위 3회, 보 3회를 냈다.
- 甲과 乙이 서로 같은 것을 낸 적은 10회 동안 한 번도 없었다.

① 7승 3패   ② 6승 4패
③ 5승 5패   ④ 4승 6패
⑤ 3승 7패

회독 □□□ 난도 ★★☆ 소요시간 [   ]

13 다음 글을 근거로 판단할 때 옳지 않은 것은?

20 7급 모의 16번

1에서부터 5까지 적힌 카드가 각 2장씩 10장이 있다. 5가 적힌 카드 중 하나를 맨 왼쪽에 놓고, 나머지 9장의 카드를 일렬로 배열하려고 한다. 카드는 왼쪽부터 1장씩 놓는데, 각 카드에 적혀 있는 수는 바로 왼쪽 카드에 적혀 있는 수보다 작거나, 같거나, 1만큼 커야 한다.

이 규칙에 따라 카드를 다음과 같이 배열하였다.

5	1	2	3	A	3	B	C	D	E

① A로 가능한 수는 2가지이다.
② B는 4이다.
③ C는 5가 아니다.
④ D가 2라면 A, B, C, E를 모두 알 수 있다.
⑤ E는 1이나 2이다.

회독 □□□ 난도 ★☆☆ 소요시간 [   ]

14 다음 글을 근거로 판단할 때, 하나의 단어를 표현하는 가장 긴 코드의 길이는?
21 5급 공채 가책형 10번

일반적으로 대화에는 약 18,000개의 단어가 사용된다. 항공우주연구소는 화성에 보낸 우주비행사와의 통신을 위해 아래의 〈원칙〉에 따라 단어를 코드로 바꾸어 교신하기로 하였다.

〈원 칙〉
• 하나의 코드는 하나의 단어만을 나타낸다.
• 26개의 영어 알파벳 소문자를 사용하여 왼쪽에서부터 오른쪽으로 일렬로 나열한 코드를 만든다.
• 코드 중 가장 긴 것의 길이를 최소화한다.
• 18,000개의 단어를 표현할 수 있어야 한다.

〈단어 - 코드 변환의 예〉

코드	단어	코드	단어
a	우주비행사	aa	지구
b	우주정거장	ab	외계인
⋮	⋮	⋮	⋮

※ 코드의 길이는 코드에 표시된 글자의 수를 뜻한다.

① 1 　　　　　　② 2
③ 3 　　　　　　④ 4
⑤ 5

회독 □□□ 난도 ★★☆ 소요시간 [   ]

15 다음 글을 근거로 판단할 때 옳지 않은 것은?
21 5급 공채 가책형 11번

• 甲과 乙은 조선시대 왕의 계보를 외우는 놀이를 한다.
• 甲과 乙은 번갈아가며 직전에 나온 왕의 다음 왕부터 순차적으로 외친다.
• 한 번에 최소 1명, 최대 3명의 왕을 외칠 수 있다.
• 甲이 제1대 왕 '태조'부터 외치면서 놀이가 시작되고, 누군가 마지막 왕인 '순종'을 외치면 놀이가 종료된다.
• '조'로 끝나는 왕 2명 이상을 한 번에 외칠 수 없다.
• 반정(反正)에 성공한 왕은 해당 반정으로 폐위(廢位)된 왕과 함께 외칠 수 없다.
  - 중종 반정 : 연산군 폐위
  - 인조 반정 : 광해군 폐위

〈조선시대 왕의 계보〉

1	태조	10	연산군	19	숙종
2	정종	11	중종	20	경종
3	태종	12	인종	21	영조
4	세종	13	명종	22	정조
5	문종	14	선조	23	순조
6	단종	15	광해군	24	헌종
7	세조	16	인조	25	철종
8	예종	17	효종	26	고종
9	성종	18	현종	27	순종

① 甲이 '명종'까지 외쳤다면, 甲은 '인조'를 외칠 수 없다.
② 甲과 乙이 각각 6번씩 외치는 것으로 놀이가 종료될 수 있다.
③ 甲이 '인종, 명종, 선조'를 외쳤다면, '연산군'은 甲이 외친 것이다.
④ 甲이 첫 차례에 3명의 왕을 외친다면, 甲은 자신의 다음 차례에 '세조'를 외칠 수 있다.
⑤ '순종'을 외치는 사람이 지는 게임이라면, 甲이 '영조'를 외쳤을 때 乙은 甲의 선택에 관계없이 승리할 수 있다.

16 다음 글을 근거로 판단할 때, 〈보기〉에서 옳은 것만을 모두 고르면? 21 5급 공채 가책형 28번

- 3개의 과일상자가 있다.
- 하나의 상자에는 사과만 담겨 있고, 다른 하나의 상자에는 배만 담겨 있으며, 나머지 하나의 상자에는 사과와 배가 섞여 담겨 있다.
- 각 상자에는 '사과 상자', '배 상자', '사과와 배 상자'라는 이름표가 붙어 있다.
- 이름표대로 내용물(과일)이 들어 있는 상자는 없다.
- 상자 중 하나에서 한 개의 과일을 꺼내어 확인할 수 있다.

〈보기〉

ㄱ. '사과와 배 상자'에서 과일 하나를 꺼내어 확인한 결과 사과라면, '사과 상자'에는 배만 들어 있다.

ㄴ. '배 상자'에서 과일 하나를 꺼내어 확인한 결과 배라면, '사과 상자'에는 사과와 배가 들어 있다.

ㄷ. '사과 상자'에서 과일 하나를 꺼내어 확인한 결과 배라면, '배 상자'에는 사과만 들어 있다.

① ㄱ
② ㄴ
③ ㄱ, ㄷ
④ ㄴ, ㄷ
⑤ ㄱ, ㄴ, ㄷ

17 다음 글을 근거로 판단할 때, 甲이 귀가했을 때의 정확한 시각은? 21 5급 공채 가책형 29번

甲은 집에 있는 시계 X의 건전지가 방전되어 새 건전지로 갈아 끼웠다. 甲은 정확한 시각을 알 수 없어서 일단 X의 시각을 정오로 맞춘 직후 일정한 빠르기로 걸어 친구 乙의 집으로 갔다. 乙의 집에 당일 도착했을 때 乙의 집 시계 Y는 10시 30분을 가리키고 있었다. 甲은 乙과 1시간 동안 이야기를 나눈 후 집으로 출발했다. 집으로 돌아올 때는 갈 때와 같은 길을 2배의 빠르기로 걸었다. 집에 도착했을 때, X는 14시 정각을 가리키고 있었다. 단, Y는 정확한 시각보다 10분 느리게 설정되어 있다.

※ X와 Y는 시각이 부정확한 것 외에는 정상 작동하고 있다.

① 11시 40분
② 11시 50분
③ 12시 00분
④ 12시 10분
⑤ 12시 20분

18 다음 글을 근거로 판단할 때, 〈보기〉에서 옳은 것만을 모두 고르면? 20 5급 공채 나책형 13번

甲과 乙은 시계와 주사위를 이용한 게임을 하며, 규칙은 다음과 같다.

- 1 ～ 12시까지 적힌 시계 문자판을 말판으로 삼아, 1개의 말을 12시에 놓고 게임을 시작한다.
- 주사위를 던져 짝수가 나오면 말을 시계 방향으로 1시간 이동시키며, 홀수가 나오면 말을 반시계 방향으로 1시간 이동시킨다.
- 甲과 乙이 번갈아 주사위를 각 12번씩 총 24번 던져 말의 최종 위치로 게임의 승자를 결정한다.
- 말의 최종 위치가 1 ～ 5시이면 甲이 승리하고, 7 ～ 11시이면 乙이 승리한다. 6시 또는 12시이면 무승부가 된다.

〈보기〉

ㄱ. 말의 최종 위치가 3시일 확률은 $\frac{1}{12}$이다.

ㄴ. 말의 최종 위치가 4시일 확률과 8시일 확률은 같다.

ㄷ. 乙이 마지막 주사위를 던질 때, 홀수가 나오는 것보다 짝수가 나오는 것이 甲에게 항상 유리하다.

ㄹ. 乙이 22번째 주사위를 던져 말을 이동시킨 결과 말의 위치가 12시라면, 甲이 승리할 확률은 무승부가 될 확률보다 낮다.

① ㄱ, ㄷ
② ㄴ, ㄷ
③ ㄴ, ㄹ
④ ㄷ, ㄹ
⑤ ㄱ, ㄴ, ㄹ

회독 ☐☐☐ 난도 ★★☆ 소요시간 ☐☐☐

19 다음 글을 근거로 판단할 때, 甲과 乙이 콩을 나누기 위한 최소 측정 횟수는? 20 5급 공채 나책형 29번

> 甲이 乙을 도와 총 1,760 g의 콩을 수확한 후, 甲은 400 g을 가지고 나머지는 乙이 모두 가지기로 하였다. 콩을 나눌 때 사용할 수 있는 도구는 2개의 평형접시가 달린 양팔저울 1개, 5 g짜리 돌멩이 1개, 35 g짜리 돌멩이 1개뿐이다. 甲과 乙은 양팔저울 1개와 돌멩이 2개만을 이용하여 콩의 무게를 측정한다. 양팔저울의 평형접시 2개가 평형을 이룰 때 1회의 측정이 이루어진 것으로 본다.

① 2   ② 3
③ 4   ④ 5
⑤ 6

회독 ☐☐☐ 난도 ★★☆ 소요시간 ☐☐☐

20 다음 〈조건〉에 따라 만들 수 있는 꽃다발의 최대 가짓수는? 13 외교 인책형 18번

> ┌─ 조건 ─┐
> • 꽃다발을 만드는 데 5종류의 꽃(장미, 카네이션, 리시안셔스, 수국, 작약)과 2종류의 잎(유칼립투스, 루스쿠스)을 사용한다.
> • 꽃다발은 꽃과 잎을 5종류 이상 조합하여 만든다. 단, 작약을 넣은 경우에는 작약을 포함하여 꽃과 잎을 4종류만 사용한다.
> • 잎은 반드시 1종류 이상 포함시켜야 한다.
> • 수국과 작약은 동시에 포함될 수 없다.

※ 같은 종류의 꽃과 잎이 사용된 꽃다발은 사용된 꽃과 잎의 개수와 관계없이 동일한 꽃다발로 간주한다. 예를 들면 장미 한 송이로 만들어진 꽃다발과 장미 열 송이로 만들어진 꽃다발은 같은 것으로 간주한다.

① 15가지   ② 16가지
③ 17가지   ④ 18가지
⑤ 19가지

회독 ☐☐☐ 난도 ★★★ 소요시간 ☐☐☐

21 다음 글을 근거로 판단할 때, 왕이 한 번에 최대금액을 갖는 가장 빠른 달과 그 금액은? 19 5급 공채 가책형 38번

> • A왕국에서는 왕과 65명의 신하들이 매달 66만 원을 나누어 가지려고 한다. 매달 왕은 66만 원을 누구에게 얼마씩 나누어 줄지 제안할 수 있으며, 매달 그 방법을 새롭게 제안할 수 있다. 나누어 갖게 되는 돈은 만 원 단위이며, 그 총합은 매달 항상 66만 원이다.
> • 매달 65명의 신하들은 왕의 제안에 대해 각자 찬성, 반대, 기권할 수 있다. 신하들은 그 달 자신의 몫에만 관심이 있다. 신하들은 자신의 몫이 전월보다 늘어나는 제안에는 찬성표를 행사하지만, 줄어드는 제안에는 반대표를 행사한다. 자신의 몫이 전월과 동일하면 기권한다.
> • 찬성표가 반대표보다 많으면 왕이 제안한 방법은 그 달에 시행된다. 재투표는 없으며, 왕의 제안이 시행되지 않아 66명 모두가 돈을 갖지 못하는 달은 없다.
> • 첫 번째 달에는 신하 33명이 각각 2만 원을 받았다.
> • 두 번째 달부터 왕은 한 번에 최대금액을 가장 빨리 받기 위하여 합리적으로 행동한다.

	가장 빠른 달	최대금액
①	7번째 달	62만 원
②	7번째 달	63만 원
③	8번째 달	62만 원
④	8번째 달	63만 원
⑤	8번째 달	64만 원

22 다음 글과 〈상황〉을 근거로 판단할 때, 甲의 말이 최종적으로 위치하는 칸은? 20 민경채 가책형 17번

- 참가자는 그림과 같이 A ~ L까지 12개의 칸으로 구성된 게임판에서, A칸에 말을 놓고 시작한다.

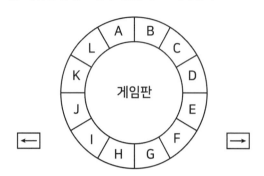

- 참가자는 ← 또는 → 버튼을 누를 수 있다.
- 버튼을 맨 처음 누를 때, ← 버튼을 누르면 말을 반시계방향으로 1칸 이동하고 → 버튼을 누르면 말을 시계방향으로 1칸 이동한다.
- 그 다음부터는 매번 버튼을 누르면, 그 버튼을 누르기 직전에 누른 버튼에 따라 아래와 같이 말을 이동한다.

누른 버튼	직전에 누른 버튼	말의 이동
←	←	반시계방향으로 2칸 이동
←	→	움직이지 않음
→	←	움직이지 않음
→	→	시계방향으로 2칸 이동

- 참가자는 버튼을 총 5회 누른다.

〈상황〉

甲은 다음과 같이 버튼을 눌렀다.

누른 순서	1	2	3	4	5
누른 버튼	←	→	→	←	←

① A칸
② C칸
③ H칸
④ J칸
⑤ L칸

23 다음 글을 근거로 판단할 때, 방에 출입한 사람의 순서는? 19 민경채 나책형 18번

방에는 1부터 6까지의 번호가 각각 적힌 6개의 전구가 다음과 같이 놓여있다.

	왼쪽 ←					→ 오른쪽
전구 번호	1	2	3	4	5	6
상태	켜짐	켜짐	켜짐	꺼짐	꺼짐	꺼짐

총 3명(A ~ C)이 각각 한 번씩 홀로 방에 들어가 자신이 정한 규칙에 의해서만 전구를 켜거나 끄고 나왔다.

- A는 번호가 3의 배수인 전구가 켜진 상태라면 그 전구를 끄고, 꺼진 상태라면 그대로 둔다.
- B는 번호가 2의 배수인 전구가 켜진 상태라면 그 전구를 끄고, 꺼진 상태라면 그 전구를 켠다.
- C는 3번 전구는 그대로 두고, 3번 전구를 기준으로 왼쪽과 오른쪽 중 켜진 전구의 개수가 많은 쪽의 전구를 전부 끈다. 다만 켜진 전구의 개수가 같다면 양쪽에 켜진 전구를 모두 끈다.

마지막 사람이 방에서 나왔을 때, 방의 전구는 모두 꺼져 있었다.

① A - B - C
② A - C - B
③ B - A - C
④ B - C - A
⑤ C - B - A

회독 ☐☐☐ 난도 ★★☆ 소요시간 ☐☐☐

24 다음 글을 근거로 판단할 때, A시에서 B시까지의 거리는? 19 민경채 나책형 21번

甲은 乙이 운전하는 자동차를 타고 A시에서 B시를 거쳐 C시로 가는 중이었다. A, B, C는 일직선 상에 순서대로 있으며, 乙은 자동차를 일정한 속력으로 운전하여 도시 간 최단 경로로 이동했다. A시를 출발한 지 20분 후 甲은 乙에게 지금까지 얼마나 왔는지 물어보았다.

"여기서부터 B시까지 거리의 딱 절반만큼 왔어."라고 乙이 대답하였다.

그로부터 75 km를 더 간 후에 甲은 다시 물어보았다.

"C시까지는 얼마나 남았지?"

乙은 다음과 같이 대답했다.

"여기서부터 B시까지 거리의 딱 절반만큼 남았어."

그로부터 30분 뒤에 甲과 乙은 C시에 도착하였다.

① 35 km   ② 40 km
③ 45 km   ④ 50 km
⑤ 55 km

회독 ☐☐☐ 난도 ★★☆ 소요시간 ☐☐☐

25 다음 〈조건〉을 근거로 판단할 때, 〈보기〉에서 옳은 것만을 모두 고르면? 19 민경채 나책형 5번

─〈조건〉─

• 한글 단어의 '단어점수'는 그 단어를 구성하는 자음으로만 결정된다.

• '단어점수'는 각기 다른 자음의 '자음점수'를 모두 더한 값을 그 단어를 구성하는 자음 종류의 개수로 나눈 값이다.

• '자음점수'는 그 자음이 단어에 사용된 횟수만큼 2를 거듭제곱한 값이다. 단, 사용되지 않은 자음의 '자음점수'는 0이다.

• 예를 들어 글자 수 4개인 '셋방살이'는 ㅅ 3개, ㅇ 2개, ㅂ 1개, ㄹ 1개의 자음으로 구성되므로 '단어점수'는 $(2^3 + 2^2 + 2^1 + 2^1)/4$의 값인 4점이다.

※ 의미가 없는 글자의 나열도 단어로 인정한다.

─〈보기〉─

ㄱ. '각기'는 '논리'보다 단어점수가 더 높다.

ㄴ. 단어의 글자 수가 달라도 단어점수가 같을 수 있다.

ㄷ. 글자 수가 4개인 단어의 단어점수는 250점을 넘을 수 없다.

① ㄴ   ② ㄷ
③ ㄱ, ㄴ   ④ ㄱ, ㄷ
⑤ ㄱ, ㄴ, ㄷ

회독 ☐☐☐ 난도 ★☆☆ 소요시간 ☐☐☐

26 다음 글을 근거로 판단할 때, 〈보기〉에서 옳은 것만을 모두 고르면? 18 5급 공채 나책형 31번

甲, 乙, 丙이 바둑돌을 손가락으로 튕겨서 목표지점에 넣는 게임을 한다. 게임은 총 5라운드까지 진행하며, 라운드마다 바둑돌을 목표지점에 넣을 때까지 손가락으로 튕긴 횟수를 해당 라운드의 점수로 한다. 각 라운드의 점수가 가장 낮은 사람이 해당 라운드의 1위가 되며, 모든 라운드의 점수를 합산하여 그 값이 가장 작은 사람이 게임에서 우승한다.

아래의 표는 각 라운드별로 甲, 乙, 丙의 점수를 기록한 것이다. 4라운드와 5라운드의 결과는 실수로 지워졌는데, 그 중 한 라운드에서는 甲, 乙, 丙 모두 점수가 같았고, 다른 한 라운드에서는 바둑돌을 한 번 튕겨서 목표지점에 넣은 사람이 있었다.

	1라운드	2라운드	3라운드	4라운드	5라운드	점수 합
甲	2	4	3			16
乙	5	4	2			17
丙	5	2	6			18

─〈보기〉─

ㄱ. 4라운드와 5라운드만을 합하여 바둑돌을 튕긴 횟수가 가장 많은 사람은 甲이다.

ㄴ. 바둑돌을 한 번 튕겨서 목표지점에 넣은 사람은 乙이다.

ㄷ. 丙의 점수는 라운드마다 달랐다.

ㄹ. 만약 각 라운드에서 단독으로 1위를 한 횟수가 가장 많은 사람이 우승하는 것으로 규칙을 변경한다면, 丙이 우승한다.

① ㄱ, ㄴ   ② ㄱ, ㄷ
③ ㄴ, ㄹ   ④ ㄱ, ㄷ, ㄹ
⑤ ㄴ, ㄷ, ㄹ

27 다음 글을 근거로 판단할 때, 〈보기〉에서 옳은 것만을 모두 고르면? 18 5급 공채 나책형 33번

- 甲과 乙은 책의 쪽 번호를 이용한 점수 게임을 한다.
- 책을 임의로 펼쳐서 왼쪽 면 쪽 번호의 각 자리 숫자를 모두 더하거나 모두 곱해서 나오는 결과와 오른쪽 면 쪽 번호의 각 자리 숫자를 모두 더하거나 모두 곱해서 나오는 결과 중에 가장 큰 수를 본인의 점수로 한다.
- 점수가 더 높은 사람이 승리하고, 같은 점수가 나올 경우 무승부가 된다.
- 甲과 乙이 가진 책의 시작 면은 1쪽이고, 마지막 면은 378쪽이다. 책을 펼쳤을 때 왼쪽 면이 짝수, 오른쪽 면이 홀수 번호이다.
- 시작 면이나 마지막 면이 나오게 책을 펼치지는 않는다.

※ 쪽 번호가 없는 면은 존재하지 않는다.
※ 두 사람은 항상 서로 다른 면을 펼친다.

┌─ 보기 ─┐

ㄱ. 甲이 98쪽과 99쪽을 펼치고, 乙은 198쪽과 199쪽을 펼치면 乙이 승리한다.
ㄴ. 甲이 120쪽과 121쪽을 펼치고, 乙은 210쪽과 211쪽을 펼치면 무승부이다.
ㄷ. 甲이 369쪽을 펼치면 반드시 승리한다.
ㄹ. 乙이 100쪽을 펼치면 승리할 수 없다.

① ㄱ, ㄴ   ② ㄱ, ㄷ
③ ㄱ, ㄹ   ④ ㄴ, ㄷ
⑤ ㄴ, ㄹ

28 다음 글과 〈라운드별 음식값〉을 근거로 판단할 때, 음식값을 가장 많이 낸 사람과 그가 낸 음식값을 고르면?

18 5급 공채 나책형 37번

- 甲, 乙, 丙이 가위바위보를 하여 음식값 내기를 하고 있다.
- 라운드당 한 번씩 가위바위보를 하여 음식값을 낼 사람을 정하며 총 5라운드를 겨룬다.
- 가위바위보에서 승패가 가려진 경우 패자는 해당 라운드의 음식값을 낸다.
- 비긴 경우에는 세 사람이 모두 음식값을 낸다. 단, 직전 라운드 가위바위보의 승자는 음식값을 내지 않는다.
- 음식값을 낼 사람이 2명 이상인 라운드에서는 음식값을 낼 사람들이 동일한 비율로 음식값을 나누어 낸다.
- 甲은 가위 − 바위 − 보 − 가위 − 바위를 순서대로 낸다.
- 乙은 1라운드에서 바위를 낸 후 2라운드부터는 직전 라운드 가위바위보에서 이긴 경우 가위를, 비긴 경우 바위를, 진 경우 보를 낸다. 단, 乙이 직전 라운드에서 음식값을 낸 경우에는 가위를 낸다.
- 丙은 1라운드에서 바위를 낸 후 2라운드부터는 직전 라운드 가위바위보에서 이긴 경우 보를, 비긴 경우 바위를, 진 경우 가위를 낸다.

※ 주어진 조건 외에는 고려하지 않는다.

〈라운드별 음식값〉

라운드	1	2	3	4	5
음식값(원)	12,000	15,000	18,000	25,000	30,000

	음식값을 가장 많이 낸 사람	음식값
①	甲	57,000원
②	乙	44,000원
③	乙	51,500원
④	丙	44,000원
⑤	丙	51,500원

회독 □□□ 난도 ★★☆ 소요시간 [   ]

29 다음 글을 근거로 판단할 때, 〈보기〉에서 옳은 것만을 모두 고르면? 16 5급 공채 4책형 11번

- 이 게임은 카드를 뽑아 낱말퍼즐 조각끼리 맞바꿔 단어를 만드는 게임이다. 낱말퍼즐은 총 16조각으로 이루어져 있고, 다음과 같이 1조각당 숫자 1개와 문자 1개가 함께 적혀 있다.

1 경	2 표	3 명	4 심
5 목	6 세	7 유	8 서
9 자	10 심	11 보	12 법
13 손	14 민	15 병	16 감

- 카드는 A, B, C 각 1장씩 있고, 뽑힌 각 1장의 카드로 낱말퍼즐 조각 2개를 아래와 같은 방식으로 1회 맞바꿀 수 있다.

카드 A	짝수가 적혀 있는 낱말퍼즐 조각끼리 맞바꿈
카드 B	낱말퍼즐 조각에 적힌 숫자를 3으로 나눈 나머지가 같은 조각끼리 맞바꿈
카드 C	낱말퍼즐 조각에 적힌 숫자를 더해서 소수가 되는 조각끼리 맞바꿈

- 낱말퍼즐에서 같은 가로 줄에 있는 4개의 문자를 왼쪽에서부터 차례로 읽은 것 또는 같은 세로 줄에 있는 4개의 문자를 위쪽에서부터 차례로 읽은 것을 '단어'라고 한다.

〈보기〉

ㄱ. 카드 A, B를 뽑았다면 '목민심서'라는 단어를 만들 수 있다.

ㄴ. 카드 A, C를 뽑았다면 '경세유표'라는 단어를 만들 수 있다.

ㄷ. 카드 B, C를 뽑았다면 '명심보감'이라는 단어를 만들 수 있다.

① ㄴ   ② ㄷ

③ ㄱ, ㄴ   ④ ㄱ, ㄷ

⑤ ㄱ, ㄴ, ㄷ

회독 □□□ 난도 ★★☆ 소요시간 [   ]

30 다음 글을 근거로 판단할 때, 〈보기〉에서 옳은 것만을 모두 고르면? 16 5급 공채 4책형 15번

혜민이와 은이는 OX퀴즈를 풀었다. 문제는 총 8개(100점 만점)이고 분야별 문제 수와 문제당 배점은 다음과 같다.

분야	문제 수	문제당 배점
역사	6	10점
경제	1	20점
예술	1	20점

문제 순서는 무작위로 정해지고, 혜민이와 은이가 각 문제에 대해 'O' 또는 'X'를 다음과 같이 선택했다.

문제	혜민	은
1	O	O
2	X	O
3	O	O
4	O	X
5	X	X
6	O	X
7	X	O
8	O	O
총점	80	70

〈보기〉

ㄱ. 혜민이와 은이 모두 경제 문제를 틀린 경우가 있을 수 있다.

ㄴ. 혜민이만 경제 문제를 틀렸다면, 예술 문제는 혜민이와 은이 모두 맞혔다.

ㄷ. 혜민이가 역사 문제 두 문제를 틀렸다면, 은이는 예술 문제와 경제 문제를 모두 맞혔다.

① ㄴ   ② ㄷ

③ ㄱ, ㄴ   ④ ㄱ, ㄷ

⑤ ㄴ, ㄷ

추리분석 – 수 · 규칙 · 암호추리형

▶ **2.2** 수 · 규칙 · 암호추리

01 다음 글을 근거로 판단할 때, ㉠에 해당하는 수는?

21 민경채 나책형 6번

○○부처의 주무관은 모두 20명이며, 성과등급은 4단계 (S, A, B, C)로 구성된다. 아래는 ○○부처 소속 직원들의 대화 내용이다.

甲주무관 : 乙주무관 축하해! 작년에 비해 올해 성과등급이 비약적으로 올랐던데? 우리 부처에서 성과등급이 세 단계나 변한 주무관은 乙주무관 외에 없잖아.

乙주무관 : 고마워. 올해는 평가방식을 많이 바꿨다며? 작년이랑 똑같은 성과등급을 받은 주무관은 우리 부처에서 한 명밖에 없어.

甲주무관 : 그렇구나. 우리 부처에서 작년에 비해 성과등급이 한 단계 변한 주무관 수는 두 단계 변한 주무관 수의 2배라고 해.

乙주무관 : 그러면 우리 부처에서 성과등급이 한 단계 변한 주무관은 (㉠)명이네.

① 4　　　　　　　　② 6
③ 8　　　　　　　　④ 10
⑤ 12

02 다음 글을 근거로 판단할 때, 숫자코드가 될 수 있는 것은? 20 민경채 가책형 9번

숫자코드를 만드는 규칙은 다음과 같다.

• 그림과 같이 작은 정사각형 4개로 이루어진 큰 정사각형이 있고, 작은 정사각형의 꼭짓점마다 1 ~ 9의 번호가 지정되어 있다.

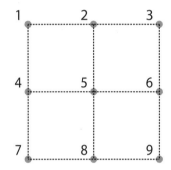

• 펜을 이용해서 9개의 점 중 임의의 하나의 점에서 시작하여(이하 시작점이라 한다) 다른 점으로 직선을 그어 나간다.

• 다른 점에 도달하면 펜을 종이 위에서 떼지 않고 또 다른 점으로 계속해서 직선을 그어 나간다. 단, 한번 그은 직선 위에 또 다른 직선을 겹쳐서 그을 수 없다.

• 시작점을 포함하여 4개 이상의 점에 도달한 후 펜을 종이 위에서 뗄 수 있다. 단, 시작점과 동일한 점에서는 뗄 수 없다.

• 펜을 종이에서 뗀 후, 그어진 직선이 지나는 점의 번호를 순서대로 모두 나열한 것이 숫자코드가 된다. 예를 들어 1번 점에서 시작하여 6번, 5번, 8번 순으로 직선을 그었다면 숫자코드는 1658이다.

① 596　　　　　　　② 15953
③ 53695　　　　　　④ 642987
⑤ 9874126

03 다음 글과 〈상황〉을 근거로 판단할 때 옳은 것은?

19 민경채 나책형 23번

○○시는 A정류장을 출발지로 하는 40인승 시내버스를 운영하고 있다. 승객은 정류장에서만 시내버스에 승·하차할 수 있다. 또한 시내버스는 좌석제로 운영되어 버스에 빈 좌석이 없는 경우 승객은 더 이상 승차할 수 없으며, 탑승객 1인은 1개의 좌석을 차지한다.

한편 ○○시는 애플리케이션을 통해 시내버스의 구간별 혼잡도 정보를 제공한다. 탑승객이 0 ~ 5명일 때는 '매우 쾌적', 6 ~ 15명일 때는 '쾌적', 16 ~ 25명일 때는 '보통', 26 ~ 35명일 때는 '혼잡', 36 ~ 40명일 때는 '매우혼잡'으로 표시된다.

구간별 혼잡도는 시내버스의 한 정류장에서 다음 정류장까지 탑승객의 수를 측정하여 표시한다. 예를 들어 'A - B' 구간의 혼잡도는 A정류장에서 출발한 후 B정류장에 도착하기 전까지 탑승객의 수에 따라 표시된다.

※ 버스기사는 고려하지 않는다.

〈상황〉

A정류장에서 07:00에 출발한 시내버스의 〈승·하차내역〉과 〈구간별 혼잡도 정보〉는 다음과 같다.

〈승·하차내역〉

정류장	승차(명)	하차(명)
A	20	0
B	(㉠)	10
C	5	( )
D	( )	10
E	15	( )
F	0	( )

※ 승·하차는 동시에 이루어진다.

〈구간별 혼잡도 정보〉

구간	표시
A - B	(㉡)
B - C	매우혼잡
C - D	매우혼잡
D - E	(㉢)
E - F	보통

① C정류장에서 하차한 사람은 아무도 없다.
② E정류장에서 하차한 사람은 10명 이하이다.
③ ㉠에 들어갈 수 있는 최솟값과 최댓값의 합은 55이다.
④ ㉡은 혼잡이다.
⑤ ㉢은 혼잡 또는 매우혼잡이다.

회독 ☐☐☐ 난도 ★☆☆ 소요시간 ☐☐☐

04 다음 글을 근거로 판단할 때, 〈보기〉의 각 괄호 안에 들어갈 숫자의 합은? 18 민경채 가책형 17번

A 부처와 B 부처에 소속된 공무원 수는 각각 100명이고, 모두 소속된 부처에 있었다. 그런데 A 부처는 국가 행사를 담당하게 되어 B 부처에 9명의 인력지원을 요청하였다. B 부처는 소속 공무원 100명 중 9명을 무작위로 선정해서 A 부처에 지원 인력으로 보냈다. 얼마 후 B 부처 역시 또 다른 국가 행사를 담당하게 되어 A 부처에 인력지원을 요청하였다. A 부처는 B 부처로부터 지원받았던 인력을 포함한 109명 중 9명을 무작위로 선정해서 B 부처에 지원 인력으로 보냈다.

──〈보기〉──

ㄱ. A 부처와 B 부처 간 인력지원이 한 차례씩 이루어진 후, A 부처에 B 부처 소속 공무원이 3명 남아있다면 B 부처에는 A 부처 소속 공무원이 (   )명 있다.

ㄴ. A 부처와 B 부처 간 인력지원이 한 차례씩 이루어진 후, B 부처에 A 부처 소속 공무원이 2명 남아있다면 A 부처에는 B 부처 소속 공무원이 (   )명 있다.

① 5   ② 8
③ 10   ④ 13
⑤ 15

회독 ☐☐☐ 난도 ★★☆ 소요시간 ☐☐☐

05 다음 글을 근거로 판단할 때, 재생된 곡의 순서로 옳은 것은? 17 민경채 나책형 24번

• 찬우는 A, B, C, D 4개의 곡으로 구성된 앨범을 감상하고 있다. A는 1분 10초, B는 1분 20초, C는 1분 00초, D는 2분 10초간 재생되며, 각각의 곡 첫 30초는 전주 부분이다.

• 재생순서는 처음에 설정하여 이후 변경되지 않으며, 찬우는 자신의 선호에 따라 곡당 1회씩 포함하여 설정하였다.

• 한 곡의 재생이 끝나면 시차 없이 다음 곡이 자동적으로 재생된다.

• 마지막 곡 재생이 끝나고 나면 첫 곡부터 다시 재생된다.

• 모든 곡은 처음부터 끝까지 건너뛰지 않고 재생된다.

• 찬우는 13시 20분 00초부터 첫 곡을 듣기 시작했다.

• 13시 23분 00초에 C가 재생되고 있었다.

• A를 듣고 있던 어느 한 시점부터 3분 00초가 되는 때에는 C가 재생되고 있었다.

• 13시 45분 00초에 어떤 곡의 전주 부분이 재생되고 있었다.

① A − B − C − D   ② B − A − C − D
③ C − A − D − B   ④ D − C − A − B
⑤ D − C − B − A

회독 ☐☐☐ 난도 ★★☆ 소요시간 ☐☐☐

06 다음 글을 근거로 판단할 때, 〈보기〉에서 옳은 것만을 모두 고르면? 16 민경채 5책형 23번

- '○○코드'는 아래 그림과 같이 총 25칸(5×5)으로 이루어져 있으며, 각 칸을 흰색으로 채우거나 검정색으로 채우는 조합에 따라 다른 코드가 만들어진다.

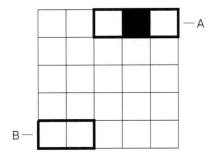

- 상단 오른쪽의 3칸(A)은 항상 '흰색−검정색−흰색'으로 ○○코드의 고유표시를 나타낸다.
- 하단 왼쪽의 2칸(B)은 코드를 제작한 지역을 표시하는 것으로 전 세계를 총 4개의 지역으로 분류하고, 甲지역은 '흰색−흰색'으로 표시한다.

※ 코드를 회전시키는 경우는 고려하지 않는다.

〈보기〉

ㄱ. 甲지역에서 만들 수 있는 코드 개수는 100만 개를 초과한다.

ㄴ. 甲지역에서 만들 수 있는 코드와 다른 지역에서 만들 수 있는 코드는 최대 20칸이 동일하다.

ㄷ. 각 칸을 기존의 흰색과 검정색뿐만 아니라 빨간색과 파란색으로도 채울 수 있다면, 만들 수 있는 코드 개수는 기존보다 100만 배 이상 증가한다.

ㄹ. 만약 상단 오른쪽의 3칸(A)도 다른 칸과 마찬가지로 코드 만드는 것에 사용토록 개방한다면, 만들 수 있는 코드 개수는 기존의 6배로 증가한다.

① ㄱ, ㄴ   ② ㄱ, ㄷ
③ ㄴ, ㄹ   ④ ㄱ, ㄷ, ㄹ
⑤ ㄴ, ㄷ, ㄹ

회독 ☐☐☐ 난도 ★★☆ 소요시간 ☐☐☐

07 다음 〈조건〉을 따를 때, 5에 인접한 숫자를 모두 더한 값은? (단, 숫자가 인접한다는 것은 숫자가 쓰인 칸이 인접함을 의미한다) 16 민경채 5책형 24번

〈조건〉

- 1 ~ 10까지의 자연수를 모두 사용하여, 〈숫자판〉의 각 칸에 하나의 자연수를 쓴다. 단, 6과 7은 〈숫자판〉에 쓰여 있다.
- 1은 소수와만 인접한다.
- 2는 모든 홀수와 인접한다.
- 3에 인접한 숫자를 모두 더하면 16이 된다.
- 5는 가장 많은 짝수와 인접한다.
- 10은 어느 짝수와도 인접하지 않는다.

※ 소수 : 1과 자신만을 약수로 갖는 자연수

〈숫자판〉

① 22   ② 23
③ 24   ④ 25
⑤ 26

회독 ☐☐☐ 난도 ★★☆ 소요시간 ☐☐☐☐

08 다음 글을 근거로 판단할 때 ○○년 8월 1일의 요일은? 15 민경채 인책형 24번

> ○○년 7월의 첫날 甲은 자동차 수리를 맡겼다. 甲은 그 달 마지막 월요일인 네 번째 월요일에 자동차를 찾아가려 했으나, 사정이 생겨 그 달 마지막 금요일인 네 번째 금요일에 찾아갔다.

※ 날짜는 양력 기준

① 월요일   ② 화요일
③ 수요일   ④ 목요일
⑤ 금요일

회독 ☐☐☐ 난도 ★☆☆ 소요시간 ☐☐☐☐

09 다음 글을 근거로 판단할 때 옳은 것은?
22 7급 공채 가책형 7번

> 甲은 정기모임의 간식을 준비하기 위해 과일 가게에 들렀다. 甲이 산 과일의 가격과 수량은 아래 표와 같다. 과일 가게 사장이 준 영수증을 보니, 총 228,000원이어야 할 결제 금액이 총 237,300원이었다.

구분	사과	귤	복숭아	딸기
1상자 가격(원)	30,700	25,500	14,300	23,600
구입 수량(상자)	2	3	3	2

① 한 과일이 2상자 더 계산되었다.
② 두 과일이 각각 1상자 더 계산되었다.
③ 한 과일이 1상자 더 계산되고, 다른 한 과일이 1상자 덜 계산되었다.
④ 한 과일이 1상자 더 계산되고, 다른 두 과일이 각각 1상자 덜 계산되었다.
⑤ 두 과일이 각각 1상자 더 계산되고, 다른 두 과일이 각각 1상자 덜 계산되었다.

회독 ☐☐☐ 난도 ★★☆ 소요시간 ☐☐☐☐

10 다음 글을 근거로 판단할 때, 마지막에 송편을 먹었다면 그 직전에 먹은 떡은? 21 7급 공채 나책형 7번

> 원 쟁반의 둘레를 따라 쑥떡, 인절미, 송편, 무지개떡, 팥떡, 호박떡이 순서대로 한 개씩 시계방향으로 놓여 있다. 이 떡을 먹는 순서는 다음과 같은 규칙에 따른다. 특정한 떡을 시작점(첫 번째)으로 하여 시계방향으로 떡을 세다가 여섯 번째에 해당하는 떡을 먹는다. 떡을 먹고 나면 시계방향으로 이어지는 바로 다음 떡이 새로운 시작점이 된다. 이 과정을 반복하여 떡이 한 개 남게 되면 마지막으로 그 떡을 먹는다.

① 무지개떡   ② 쑥떡
③ 인절미   ④ 팥떡
⑤ 호박떡

회독 ☐☐☐ 난도 ★★☆ 소요시간 ☐☐☐☐

11 다음 글을 근거로 판단할 때, 甲이 구매하려는 두 상품의 무게로 옳은 것은? 21 7급 공채 나책형 8번

> ○○마트에서는 쌀 상품 A ~ D를 판매하고 있다. 상품 무게는 A가 가장 무겁고, B, C, D 순서대로 무게가 가볍다. 무게 측정을 위해 서로 다른 두 상품을 저울에 올린 결과, 각각 35kg, 39kg, 44kg, 45kg, 50kg, 54kg으로 측정되었다. 甲은 가장 무거운 상품과 가장 가벼운 상품을 제외하고 두 상품을 구매하기로 하였다.

※ 상품 무게(kg)의 값은 정수이다.

① 19kg, 25kg   ② 19kg, 26kg
③ 20kg, 24kg   ④ 21kg, 25kg
⑤ 22kg, 26kg

회독 □□□ 난도 ★★★ 소요시간 [   ]

12 다음 글과 〈상황〉을 근거로 판단할 때, 날씨 예보 앱을 설치한 잠재 사용자의 총수는? 21 7급 공채 나책형 22번

내일 비가 오는지를 예측하는 날씨 예보시스템을 개발한 A청은 다음과 같은 날씨 예보 앱의 '사전테스트전략'을 수립하였다.

• 같은 날씨 변화를 경험하는 잠재 사용자의 전화번호를 개인의 동의를 얻어 확보한다.
• 첫째 날에는 잠재 사용자를 같은 수의 두 그룹으로 나누어, 한쪽은 "비가 온다"로 다른 한쪽에는 "비가 오지 않는다"로 메시지를 보낸다.
• 둘째 날에는 직전일에 보낸 메시지와 날씨가 일치한 그룹을 다시 같은 수의 두 그룹으로 나누어, 한쪽은 "비가 온다"로 다른 한쪽에는 "비가 오지 않는다"로 메시지를 보낸다.
• 이후 날에도 같은 작업을 계속 반복한다.
• 보낸 메시지와 날씨가 일치하지 않은 잠재 사용자를 대상으로도 같은 작업을 반복한다. 즉, 직전일에 보낸 메시지와 날씨가 일치하지 않은 잠재 사용자를 같은 수의 두 그룹으로 나누어, 한쪽은 "비가 온다"로 다른 한쪽에는 "비가 오지 않는다"로 메시지를 보낸다.

─〈상황〉─

A청은 사전테스트전략대로 200,000명의 잠재 사용자에게 월요일부터 금요일까지 5일간 메시지를 보냈다. 받은 메시지와 날씨가 3일 연속 일치한 경우, 해당 잠재 사용자는 날씨 예보 앱을 그날 설치한 후 제거하지 않았다.

① 12,500명   ② 25,000명
③ 37,500명   ④ 43,750명
⑤ 50,000명

회독 □□□ 난도 ★★☆ 소요시간 [   ]

13 다음 글과 〈상황〉을 근거로 판단할 때, A가 새로 읽기 시작한 350쪽의 책을 다 읽은 때는? 22 5급 공채 나책형 11번

• A는 특별한 일이 없는 경우 월 ~ 금요일까지 매일 시외버스를 타고 30분씩 각각 출근과 퇴근을 하며 밤 9시 이전에 집에 도착한다.
• A는 대중교통을 이용할 때 책을 읽는다. 단, 시내버스에서는 책을 읽지 않고, 또 밤 9시가 넘으면 어떤 대중교통을 이용해도 책을 읽지 않는다.
• A는 10분에 20쪽의 속도로 책을 읽는다. 다만 책의 1쪽부터 30쪽까지는 10분에 15쪽의 속도로 읽는다.

─〈상황〉─

A는 이번 주 월 ~ 금요일까지 출퇴근을 했는데, 화요일에는 회사 앞에서 회식이 있어 밤 8시 30분에 시외버스를 타고 30분 후에 집 근처 정류장에 내려 퇴근했다. 수요일에는 오전 근무를 마치고 회의를 위해서 지하철로 20분 이동한 후 다시 시내버스를 30분 타고 회의 장소로 갔다. 회의가 끝난 직후 밤 9시 10분에 지하철을 40분 타고 퇴근했다. A는 200쪽까지 읽은 280쪽의 책을 월요일 아침 출근부터 이어서 읽었고, 그 책을 다 읽은 직후 곧바로 350쪽의 새로운 책을 읽기 시작했다.

① 수요일 회의 장소 이동 중
② 수요일 퇴근 중
③ 목요일 출근 중
④ 목요일 퇴근 중
⑤ 금요일 출근 중

회독 □□□ 난도 ★★☆ 소요시간 [   ]

※ 다음 글을 읽고 물음에 답하시오. [문 14 ~ 15]

20 7급 모의 23~24번

독립운동가 김우전 선생은 일제강점기 광복군으로 활약한 인물로, 광복군의 무전통신을 위한 한글 암호를 만든 것으로 유명하다. 1922년 평안북도 정주 태생인 선생은 일본에서 대학에 다니던 중 재일학생 민족운동 비밀결사단체인 '조선민족 고유문화유지계몽단'에 가입했다. 1944년 1월 일본군에 징병돼 중국으로 파병됐지만 같은 해 5월 말 부대를 탈출해 광복군에 들어갔다.

1945년 3월 미 육군 전략정보처는 일본이 머지않아 패망할 것으로 보아 한반도 진공작전을 계획하고 중국에서 광복군과 함께 특수훈련을 하고 있었다. 이 시기에 선생은 한글 암호인 W-K(우전킴) 암호를 만들었다. W-K 암호는 한글의 자음과 모음, 받침을 구분하여 만들어진 암호체계이다. 자음과 모음을 각각 두 자리 숫자로, 받침은 자음을 나타내는 두 자리 숫자의 앞에 '00'을 붙여 네 자리로 표시한다.

W-K 암호체계에서 자음은 '11 ~ 29'에, 모음은 '30 ~ 50'에 순서대로 대응된다. 받침은 자음 중 ㄱ ~ ㅎ을 이용하여 '0011'부터 '0024'에 순서대로 대응된다. 예를 들어 '김'은 W-K 암호로 변환하면 'ㄱ'은 11, 'ㅣ'는 39, 받침 'ㅁ'은 0015이므로 '11390015'가 된다. 같은 방식으로 '1334001114390016'은 '독립'으로, '1340243000121334001114390016153000121742'는 '대한독립만세'로 해독된다. 모든 숫자를 붙여 쓰기 때문에 상당히 길지만 네 자리씩 끊어 읽으면 된다.

하지만 어렵사리 만든 W-K 암호는 결국 쓰이지 못했다. 작전 준비가 한창이던 1945년 8월 일본이 갑자기 항복했기 때문이다. 이 암호에 대한 기록은 비밀에 부쳐져 미국 국가기록원에 소장되었다가 1988년 비밀이 해제되어 세상에 알려졌다.

※ W-K 암호체계에서 자음의 순서는 ㄱ, ㄴ, ㄷ, ㄹ, ㅁ, ㅂ, ㅅ, ㅇ, ㅈ, ㅊ, ㅋ, ㅌ, ㅍ, ㅎ, ㄲ, ㄸ, ㅃ, ㅆ, ㅉ 이고, 모음의 순서는 ㅏ, ㅑ, ㅓ, ㅕ, ㅗ, ㅛ, ㅜ, ㅠ, ㅡ, ㅣ, ㅐ, ㅒ, ㅔ, ㅖ, ㅘ, ㅙ, ㅚ, ㅝ, ㅞ, ㅟ, ㅢ 이다.

14 윗글을 근거로 판단할 때, 〈보기〉에서 옳은 것만을 모두 고르면?

보기

ㄱ. 김우전 선생은 일본군에 징병되었을 때 무전통신을 위해 W-K 암호를 만들었다.
ㄴ. W-K 암호체계에서 한글 단어를 변환한 암호문의 자릿수는 4의 배수이다.
ㄷ. W-K 암호체계에서 '183000152400'은 한글 단어로 해독될 수 없다.
ㄹ. W-K 암호체계에서 한글 '궤'는 '11363239'로 변환된다.

① ㄱ, ㄴ   ② ㄴ, ㄷ
③ ㄷ, ㄹ   ④ ㄱ, ㄴ, ㄹ
⑤ ㄱ, ㄷ, ㄹ

15 윗글과 다음 〈조건〉을 근거로 판단할 때, '3·1운동!'을 옳게 변환한 것은?

조건

숫자와 기호를 표현하기 위하여 W-K 암호체계에 다음의 규칙이 추가되었다.
• 1 ~ 9의 숫자는 차례대로 '51 ~ 59', 0은 '60'으로 변환하고, 끝에 '00'을 붙여 네 자리로 표시한다.
• 온점(.)은 '70', 가운뎃점(·)은 '80', 느낌표(!)는 '66', 물음표(?)는 '77'로 변환하고, 끝에 '00'을 붙여 네 자리로 표시한다.

① 530080005100183600121334001866 00
② 530080005100183600121335001866 00
③ 530070005100183600121334001877 00
④ 537000511836001213340017660 0
⑤ 538000511836001213350017770 0

16 다음 글을 근거로 판단할 때, ○○백화점이 한 해 캐럴 음원이용료로 지불해야 하는 최대 금액은?

19 5급 공채 가책형 17번

○○백화점에서는 매년 크리스마스 트리 점등식(11월 네 번째 목요일) 이후 돌아오는 첫 월요일부터 크리스마스(12월 25일)까지 백화점 내에서 캐럴을 틀어 놓는다(단, 휴점일 제외). 이 기간 동안 캐럴을 틀기 위해서는 하루에 2만 원의 음원이용료를 지불해야 한다. ○○백화점 휴점일은 매월 네 번째 수요일이지만, 크리스마스와 겹칠 경우에는 정상영업을 한다.

① 48만 원 ② 52만 원
③ 58만 원 ④ 60만 원
⑤ 66만 원

17 다음 〈관람 위치 배정방식〉과 〈상황〉을 근거로 판단할 때 옳은 것은? 17 5급 공채 가책형 37번

〈관람 위치 배정방식〉

• 공연장의 좌석은 총 22개이며 좌측 6개석, 중앙 10개석, 우측 6개석으로 구성된다.

무대											

	좌			중앙						우	
앞줄				계단				A	계단		
뒷줄											B

• 입장은 공연일 정오에 마감되며, 해당 시점까지 공연장에 도착한 관람객을 대상으로 관람 위치를 배정한다.
• 좌석배정은 선착순으로 이루어지며, 가장 먼저 온 관람객부터 무대에 가까운 앞줄의 맨 좌측 좌석부터 맨 우측 좌석까지, 그 후 뒷줄의 맨 우측 좌석부터 맨 좌측 좌석까지 순서대로 이루어진다.
• 관람객이 22명을 초과할 경우, 초과인원 중 먼저 도착한 절반은 좌측 계단에, 나머지 절반은 우측 계단에 순서대로 앉힌다.

〈상황〉

• 공연장에 가장 먼저 온 관람객은 오전 2:10에 도착하였다.
• 오전 4:30까지는 20분 간격으로 관람객이 공연장에 도착하였다.
• 오전 4:30부터 오전 6:00까지는 10분 간격으로 관람객이 공연장에 도착하였다.
• 오전 6:00 이후에는 30분 간격으로 관람객이 공연장에 도착하였다.
• 공연장에 가장 마지막으로 온 관람객은 오전 11:30에 도착하였다.
• 관람객은 공연장에 한 명씩 도착하였다.

※ 위 상황은 모두 공연일 하루 동안 발생한 것이다.

① 우측 계단에 앉은 관람객이 중앙 좌석에 앉기 위해서는 지금보다 적어도 3시간, 최대 4시간은 일찍 도착해야 한다.
② 공연일 오전 9:00부터 공연일 오전 10:00까지 도착한 관람객은 모두 좌측 계단에 앉는다.
③ A에 앉은 관람객과 B에 앉은 관람객의 도착시간은 50분 차이가 난다.
④ 공연일 오전 6:00에 도착한 관람객은 앞줄 좌석에 앉는다.
⑤ 총 30명의 관람객이 공연장에 도착하였다.

회독 □□□ 난도 ★★☆ 소요시간 ____

18 다음 〈조건〉과 〈예시〉를 근거로 판단할 때, 〈문자메시지〉가 의미하는 실제접선시각은? 15 5급 공채 인책형 37번

─〈조건〉─

- 비밀요원 가영은 문자메시지를 보내 나리와 접선하려 한다. 가영과 나리는 시침과 분침이 독립적으로 조작되는 모형 아날로그시계를 사용하는 위장코드를 고안했다.
- 고안한 위장코드를 해독하는 방법은 다음과 같다.

  (1) Cn : 시계 정가운데를 중심으로 하여 시계방향으로 시침과 분침을 각각 $\dfrac{360°}{n}$ 만큼 회전

  (2) N : 12시와 6시를 잇는 직선을 축으로 시침과 분침을 각각 좌우 대칭 이동

  (3) W : 3시와 9시를 잇는 직선을 축으로 시침과 분침을 각각 상하 대칭 이동

- 문자메시지는 위장접선시각과 위장코드로 구성된다. 해독할 때는 먼저 모형 아날로그시계의 시침과 분침을 위장접선시각에 정확히 위치시킨다. 그리고 위장코드를 왼쪽부터 해독하여 모형 아날로그시계에 적용한다. 위장코드 모두를 적용한 이후 실제접선시각의 시(時)는 시침이 의미하는 시각의 시(時)를 사용하고, 실제접선시각의 분(分)은 분침이 의미하는 분(分)을 사용한다.
- 가영은 나리에게 위장접선시각과 위장코드가 순서대로 배열된 문자메시지를 보낸다.
- 가영과 나리는 늘 오후에만 접선한다.

※ 모형 아날로그시계는 12시간 표시 방식이다.
※ 그 외 조건은 고려하지 않는다.

─〈예시〉─

문자메시지 '7시 30분 C4'가 의미하는 실제접선시각을 구하기 위해 먼저 모형 아날로그시계의 시침과 분침을 위장접선시각인 7시 30분에 위치시킨다. 그리고 시침을 시계방향으로 90° 회전시켜 10과 11 사이에 위치시키며, 분침을 시계방향으로 90° 회전시켜 45분에 위치시킨다. 위장코드를 적용한 이후 시침이 의미하는 시각의 시(時)는 10시이고 분침이 의미하는 분(分)은 45분이다. 따라서 실제접선시각은 오후 10시 45분이 된다.

─〈문자메시지〉─

9시 16분 N C₆ W

① 오후 1시 34분   ② 오후 1시 36분
③ 오후 2시 34분   ④ 오후 2시 36분
⑤ 오후 3시 34분

회독 □□□ 난도 ★★☆ 소요시간 ____

19 다음 글을 근거로 판단할 때 어떤 출력 값에서 추가적으로 버튼 하나를 더 누른 뒤의 출력 값이 J-K-M-H 이라면 해당 버튼을 누르기 전 가능한 출력 값으로 옳지 않은 것은? 21 압법 가책형 15번

버튼을 하나 누를 때마다 출력 값이 일정한 양상으로 변화하는 장치가 있다. 버튼은 A, B, C, D 네 가지이며, 각 버튼을 눌렀을 때 출력 값이 변화하는 양상은 항상 동일하다.

- A버튼을 누른 경우 M이 왼쪽으로 두 칸 이동한다.
- B버튼을 누른 경우 K가 오른쪽으로 한 칸 이동한 뒤, J가 오른쪽으로 두 칸 이동한다.
- C버튼을 누른 경우 M이 오른쪽으로 두 칸 이동한 뒤에 H가 오른쪽으로 세 칸 이동한다.
- D버튼을 누른 경우 K가 왼쪽으로 한 칸 이동하고, J가 왼쪽으로 세 칸 이동한다.

가장 왼쪽에 있는 값이 왼쪽으로 한 칸 이동하게 되면 가장 오른쪽으로 가고, 가장 오른쪽에 있는 값이 오른쪽으로 한 칸 이동하게 되면 가장 왼쪽으로 간다. 예를 들어, M-K-J-H에서 K가 왼쪽으로 세 칸 이동하면 출력 값은 M-J-K-H가 된다.

① M-J-K-H   ② H-M-J-K
③ M-J-H-K   ④ H-M-K-J
⑤ M-K-H-J

20 다음 〈조건〉과 〈상황〉을 근거로 판단할 때 양팔저울의 왼쪽 접시에 빨간색 상자 2개와 노란색 상자 1개를, 오른쪽 접시에 파란색 상자 1개와 초록색 상자 1개를 올려놓는 경우의 출력 값은? 20 압법 가책형 32번

─〈조건〉─

- 빨간색, 노란색, 초록색, 파란색 상자가 있으며 색이 같은 상자끼리는 무게가 같지만 색이 다른 상자끼리는 무게가 다르다.
- 각 상자의 무게는 2의 배수인 자연수이며 단위는 kg이다.
- 양팔저울에는 왼쪽 접시와 오른쪽 접시가 있으며 접시에 물체를 올려놓는 경우 출력값이 나타난다.
- 왼쪽과 오른쪽 접시에 올려져있는 무게의 차이가 10kg 이하인 경우 출력값이 'A', 10kg 초과 20kg 이하인 경우 출력값이 'B', 20kg 초과 30kg 이하인 경우 출력값이 'C'가 되며 30kg 초과인 경우 출력값이 'D'가 된다. 단, 왼쪽 접시와 오른쪽 접시에 올려져있는 무게가 같으면 출력값은 0이다.
- 양팔저울의 왼쪽 접시에 올려져있는 무게가 오른쪽 접시의 그것보다 무거우면 출력값에 '+'가 붙고 반대의 경우 '−'가 붙는다. 단, 접시의 무게는 무시한다.
- 예를 들어, 왼쪽 접시에 7kg 물체, 오른쪽 접시에 19kg 물체를 올려놓는 경우 출력값이 '−B'가 된다.

─〈상황〉─

왼쪽 접시	오른쪽 접시	출력값
빨간색 상자 1개	파란색 상자 1개	−A
노란색 상자 1개	파란색 상자 1개	+B
없음	초록색 상자 1개	−C
노란색 상자 1개	초록색 상자 1개	−B
없음	빨간색 상자 1개, 노란색 상자 1개	−C

① −A
② +A
③ −B
④ +B
⑤ −C

21 다음 〈상황〉과 〈조건〉을 근거로 판단할 때 작동을 하지 않는 스위치는 무엇인가? (단, 작동을 하지 않는 스위치가 두 개 이상인 경우는 없다.) 18 압법 가책형 34번

─〈상황〉─

4개 등이 세로로 놓여(위로부터 1, 2, 3, 4) 있는 교통신호등이 있다. 교통신호등은 4개의 스위치의 상태에 따라 청색등이 켜지거나, 적색등이 켜지게 된다. 4개의 스위치 중 세 번째, 첫 번째, 두 번째, 네 번째 스위치가 순차적으로 작동하였는데, 위로부터 교통신호등의 색상이 처음 '적색, 적색, 청색, 청색'에서 '적색, 청색, 청색, 적색'으로 바뀌었다.

─〈조건〉─

첫 번째 스위치는 교통신호등 1과 2를 청색이면 적색으로 바꾸고, 적색이면 청색으로 각 색상을 바꾼다.

두 번째 스위치는 교통신호등 2와 4를 청색이면 적색으로 바꾸고, 적색이면 청색으로 각 색상을 바꾼다.

세 번째 스위치는 교통신호등 1과 3을 청색이면 적색으로 바꾸고, 적색이면 청색으로 각 색상을 바꾼다.

네 번째 스위치는 교통신호등 3과 4를 청색이면 적색으로 바꾸고, 적색이면 청색으로 각 색상을 바꾼다.

① 작동을 하지 않는 스위치가 없음
② 첫 번째 스위치
③ 두 번째 스위치
④ 세 번째 스위치
⑤ 네 번째 스위치

회독 ☐☐☐ 난도 ★☆☆ 소요시간 ☐☐☐☐

22 다음 〈설명〉을 근거로 〈수식〉을 계산한 값은?

16 민경채 5책형 8번

┌─ 설명 ─┐

연산자 <u>A</u>, <u>B</u>, <u>C</u>, <u>D</u>는 다음과 같이 정의한다.

<u>A</u> : 좌우에 있는 두 수를 더한다. 단, 더한 값이 10 미만이면 좌우에 있는 두 수를 곱한다. (예 2 <u>A</u> 3 = 6)

<u>B</u> : 좌우에 있는 두 수 가운데 큰 수에서 작은 수를 뺀다. 단, 두 수가 같거나 뺀 값이 10 미만이면 두 수를 곱한다.

<u>C</u> : 좌우에 있는 두 수를 곱한다. 단, 곱한 값이 10 미만이면 좌우에 있는 두 수를 더한다.

<u>D</u> : 좌우에 있는 두 수 가운데 큰 수를 작은 수로 나눈다. 단, 두 수가 같거나 나눈 값이 10 미만이면 두 수를 곱한다.

※ 연산은 '( )', '{ }'의 순으로 한다.

┌─ 수식 ─┐

$$\{(1 \underline{A} 5) \underline{B} (3 \underline{C} 4)\} \underline{D} 6$$

① 10 ② 12

③ 90 ④ 210

⑤ 360

회독 ☐☐☐ 난도 ★★☆ 소요시간 ☐☐☐☐

23 다음 글을 근거로 판단할 때, 사용자 아이디 KDHong의 패스워드로 가장 안전한 것은?

15 민경채 인책형 20번

- 패스워드를 구성하는 문자의 종류는 4가지로, 알파벳 대문자, 알파벳 소문자, 특수문자, 숫자이다.
- 세 가지 종류 이상의 문자로 구성된 경우, 8자 이상의 패스워드는 10점, 7자 이하의 패스워드는 8점을 부여한다.
- 두 가지 종류 이하의 문자로 구성된 경우, 10자 이상의 패스워드는 10점, 9자 이하의 패스워드는 8점을 부여한다.
- 동일한 문자가 연속되어 나타나는 패스워드는 2점을 감점한다.
- 아래 〈키보드〉 가로열 상에서 인접한 키에 있는 문자가 연속되어 나타나는 패스워드는 2점을 감점한다.

   예 ^/6 과 &/7 은 인접한 키로, 6과 7뿐만 아니라 ^와 7도 인접한 키에 있는 문자이다.

- 사용자 아이디 전체가 그대로 포함된 패스워드는 3점을 감점한다.
- 점수가 높을수록 더 안전한 패스워드이다.

※ 특수문자는 !, @, #, $, %, ^, &, *, (,) 뿐이라고 가정한다.

┌─ 키보드 ─┐

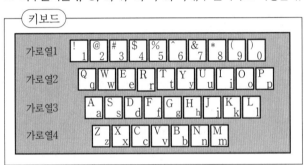

① 10H&20Mzw ② KDHong!

③ asjpeblove ④ SeCuRiTy*

⑤ 1249dhqtgml

24 다음 〈정렬 방법〉을 근거로 판단할 때, 〈정렬 대상〉에서 두 번째로 위치를 교환해야 하는 두 수로 옳은 것은?

15 민경채 인책형 21번

⎯(정렬 방법)⎯

아래는 정렬되지 않은 여러 개의 서로 다른 수를 작은 것에서 큰 것 순으로 정렬하는 방법이다.

(1) 가로로 나열된 수 중 가장 오른쪽의 수를 피벗(pivot)이라 하며, 나열된 수에서 제외시킨다.
  ㉺ 나열된 수가 5, 3, 7, 1, 2, 6, 4라고 할 때, 4가 피벗이고 남은 수는 5, 3, 7, 1, 2, 6이다.

(2) 피벗보다 큰 수 중 가장 왼쪽의 수를 찾는다.
  ㉺ 5, 3, 7, 1, 2, 6에서는 5이다.

(3) 피벗보다 작은 수 중 가장 오른쪽의 수를 찾는다.
  ㉺ 5, 3, 7, 1, 2, 6에서는 2이다.

(4) (2)와 (3)에서 찾은 두 수의 위치를 교환한다.
  ㉺ 5와 2를 교환하여(첫 번째 위치 교환) 2, 3, 7, 1, 5, 6이 된다.

(5) 피벗보다 작은 모든 수가 피벗보다 큰 모든 수보다 왼쪽에 위치할 때까지 (2) ~ (4)의 과정을 반복한다.
  ㉺ 2, 3, 7, 1, 5, 6에서 7은 피벗 4보다 큰 수 중 가장 왼쪽의 수이며, 1은 피벗 4보다 작은 수 중 가장 오른쪽의 수이다. 이 두 수를 교환하면(두 번째 위치 교환) 2, 3, 1, 7, 5, 6이 되어, 피벗 4보다 작은 모든 수는 피벗 4보다 큰 모든 수보다 왼쪽에 있다.
                    ⋮
                (후략)

⎯(정렬 대상)⎯

15, 22, 13, 27, 12, 10, 25, 20

① 15와 10   ② 20과 13
③ 22와 10   ④ 25와 20
⑤ 27과 12

25 다음 글을 근거로 판단할 때, 甲과 乙이 가진 4장의 숫자 카드에 적힌 수의 합으로 가능한 것은?

21 5급 공채 가책형 35번

1부터 9까지 서로 다른 자연수가 하나씩 적힌 9장의 숫자 카드 1세트가 있다. 甲과 乙은 여기에서 각각 2장씩 카드를 뽑았다. 카드를 뽑고 보니 甲이 가진 카드에 적힌 숫자의 합과 乙이 가진 카드에 적힌 숫자의 합이 같았다. 또한 甲이 첫 번째 뽑은 카드에 3을 곱한 값과 두 번째 뽑은 카드에 9를 곱한 값의 일의 자리 수가 서로 같았다. 乙도 같은 방식으로 곱하여 얻은 두 값의 일의 자리 수가 서로 같았다.

① 18   ② 20
③ 22   ④ 24
⑤ 26

※ 다음 글을 읽고 물음에 답하시오. [문 26 ~ 27]

18 5급 공채 나책형 39~40번

○○국의 항공기 식별코드는 '(현재상태부호)(특수임무부호)(기본임무부호)(항공기종류부호) − (설계번호)(개량형부호)'와 같이 최대 6개 부분(앞부분 4개, 뒷부분 2개)으로 구성된다.

항공기종류부호는 특수 항공기에만 붙이는 부호로, G는 글라이더, H는 헬리콥터, Q는 무인항공기, S는 우주선, V는 수직단거리이착륙기에 붙인다. 항공기종류부호가 생략된 항공기는 일반 비행기이다.

모든 항공기 식별코드는 기본임무부호나 특수임무부호 중 적어도 하나를 꼭 포함하고 있다. 기본임무부호는 항공기가 기본적으로 수행하는 임무를 나타내는 부호이다. A는 지상공격기, B는 폭격기, C는 수송기, E는 전자전기, F는 전투기, K는 공중급유기, L은 레이저탑재항공기, O는 관측기, P는 해상초계기, R은 정찰기, T는 훈련기, U는 다목적기에 붙인다.

특수임무부호는 항공기가 개량을 거쳐 기본임무와 다른 임무를 수행할 때 붙이는 부호이다. 부호에 사용되는 알파벳과 그 의미는 기본임무부호와 동일하다. 항공기가 기본임무와 특수임무를 모두 수행할 수 있을 때에는 두 부호를 모두 표시하며, 개량으로 인하여 더 이상 기본임무를 수행하지 못하게 된 경우에는 특수임무부호만을 표시한다.

현재상태부호는 현재 정상적으로 사용되고 있지 않은 항공기에만 붙이는 부호이다. G는 영구보존처리된 항공기, J와 N은 테스트를 위해 사용되고 있는 항공기에 붙이는 부호이다. J는 테스트 종료 후 정상적으로 사용될 항공기에 붙이는 부호이며, N은 개량을 많이 거쳤기 때문에 이후에도 정상적으로 사용될 계획이 없는 항공기에 붙이는 부호이다.

설계번호는 항공기가 특정그룹 내에서 몇 번째로 설계되었는지를 나타낸다. 1 ~ 100번은 일반 비행기, 101 ~ 200번은 글라이더 및 헬리콥터, 201 ~ 250번은 무인항공기, 251 ~ 300번은 우주선 및 수직단거리이착륙기에 붙인다. 예를 들어 107번은 글라이더와 헬리콥터 중 7번째로 설계된 항공기라는 뜻이다.

개량형부호는 한 모델의 항공기가 몇 차례 개량되었는지를 보여주는 부호이다. 개량하지 않은 최초의 모델은 항상 A를 부여받으며, 이후에는 개량될 때마다 알파벳 순서대로 부호가 붙게 된다.

회독 ☐☐☐ 난도 ★★☆ 소요시간 ☐

26 윗글을 근거로 판단할 때, 〈보기〉에서 항공기 식별코드 중 앞부분 코드로 구성 가능한 것을 모두 고르면?

보기
ㄱ. KK　　　　　ㄴ. GBCV
ㄷ. CAH　　　　ㄹ. R

① ㄱ　　　　　　② ㄱ, ㄴ
③ ㄴ, ㄷ　　　　④ ㄷ, ㄹ
⑤ ㄴ, ㄷ, ㄹ

회독 ☐☐☐ 난도 ★☆☆ 소요시간 ☐

27 윗글을 근거로 판단할 때, '현재 정상적으로 사용 중인 개량하지 않은 일반 비행기'의 식별코드 형식으로 옳은 것은?

① (기본임무부호) − (설계번호)
② (기본임무부호) − (개량형부호)
③ (기본임무부호) − (설계번호)(개량형부호)
④ (현재상태부호)(특수임무부호) − (설계번호)(개량형부호)
⑤ (현재상태부호)(특수임무부호)(항공기종류부호) − (설계번호)(개량형부호)

회독 ☐☐☐ 난도 ★★☆ 소요시간 ☐☐☐

28 다음 글을 근거로 판단할 때, 〈보기〉에서 옳은 것만을 모두 고르면? 19 5급 공채 가책형 10번

A부족과 B부족은 한쪽 손의 손모양으로 손가락 셈법(지산법)을 사용하여 셈을 한다.

• A부족의 손가락 셈법에 따르면, 손모양을 보아 손바닥이 보이면 펴져 있는 손가락 개수만큼 더하고, 손등이 보이면 펴져 있는 손가락 개수만큼을 뺀다.

• B부족의 손가락 셈법에 따르면, 손모양을 보아 엄지가 펴져 있으면 엄지를 제외하고 펴져 있는 손가락 개수만큼 더하고, 엄지가 접혀 있으면 펴져 있는 손가락 개수만큼 뺀다.

─ 보기 ─

ㄱ. 손바닥이 보이는 채로, 손가락 다섯 개가 세 번 모두 펴져 있으면, 셈의 합은 A부족이 15이고 B부족은 12일 것이다.

ㄴ. B부족의 셈법에 따르면, 세 번 다 엄지만이 펴져 있는 것의 셈의 합과 세 번 다 주먹이 쥐어져 있는 것의 셈의 합은 동일하다.

ㄷ. 손바닥이 보이는 채로, 첫 번째는 엄지·검지·중지만이 펴져 있고, 두 번째는 엄지가 접혀 있고 검지·중지만 펴져 있고, 세 번째는 다른 손가락은 접혀 있고 엄지만 펴져 있다. 이 경우 셈의 합은 A부족이 6이고 B부족은 3일 것이다.

ㄹ. 세 번 동안 손가락이 몇 개씩 펴져 있는지는 알 수 없으나 세 번 내내 엄지는 꼭 펴져 있었다. 이를 A부족, B부족 각각의 셈법에 따라 셈을 하였을 때, 셈의 합이 똑같이 9가 나올 수 있다.

① ㄱ, ㄴ
② ㄴ, ㄷ
③ ㄷ, ㄹ
④ ㄱ, ㄴ, ㄹ
⑤ ㄱ, ㄷ, ㄹ

조건판단형 핵심가이드

조건판단형의 유형은 상황조건을 통해 주로 (1) <배치결정형>(선정, 조합, 매칭, 순서 결정 등) (2) <의사결정형>(비교, 평가, 최선의 의사결정 등)으로 출제된다. 대체로 20%대의 출제율을 보여 온 만큼 다양한 상황과 구조를 띠고 있는 여러 난도의 문제를 풀어보면서 잘 대비해야 한다.

본 유형을 효율적으로 풀이하기 위해서는 <u>조건 전개 순서와 빠른 수치 비교</u>가 핵심 필수요소이다. 확정 조건(고정시킬 수 있는 조건) 과 제한 조건(변동성 있는 조건: 표면적으로는 불확정적이나 다른 대상 등을 확정시키는 데 기준 역할을 하는 조건)등을 고려하여 문제 에서 요구하는 답을 빠르게 찾는 것이 매우 중요하다. 이와 관련하여 본 유형은 대체로 선지 대상 중에 논외대상(기본 자격 기준을 충족 하지 못하는 대상. 2가지 유형 모두 해당함)을 포함하는 경우가 많으므로 이를 우선 제거하는 것이 체크포인트라 할 수 있다. 즉, 선지소 거법을 보다 적극적으로 활용해야 하는 유형 중 하나이고 필요하다면 도식화 등을 통해 주어진 상황 등을 임팩트 있게 정리하는 것이 효 과적이다.

좀 더 구체적으로 살펴보면, (1) <배치결정형>의 경우 과거에는 주로 단순히 조건 내용에 따라 조건충족 여부를 따져서 위치나 대상 등을 선정하거나 적절한 조합을 찾는 형태였다면 최근에는 수치 계산이나 시간 경과 등의 자료(정보)를 분석하거나 해석한 후 어떤 일정 한 선택이나 결정을 하는 유형으로 점차 복잡해지고 있는 추세라고 할 수 있다.(난도는 해마다 편차 존재함)

한편, 순위나 순서 등을 결정하는 유형은 최종 결과나 혹은 그 판단 과정에서 비롯되는 논리적·수리적 역량을 평가하는 방식으로 판 단의 근거로 사용되는 조건 및 수치 자료에 대한 빠른 적용이 필요하다. 앞서 선정조합형에서와 같은 효율적 판정을 위한 조건의 적용 전 개 순서를 빠르게 모색하는 것이 필요하고 ii) 계산이 수반되는 경우에는 상대적 비교법(기차 비교법) 등을 통해 수치 자료를 슬림화하 여 가능한 한 암산으로 어느 정도 처리할 수 있도록 하는 것이 시간을 줄이는 데 중요한 필수 요소라 할 수 있다.

(2) <의사결정형>의 경우에는 주어진 상황에서 가능한 여러 가지 대안들을 비교·분석하여 가장 합리적이고 적절한 대안을 결정하는 형태로 선택 기준을 정확히 파악하는 것이 무엇보다 중요하다. 보통 수치자료를 통해 판단하는 경우가 많아 빠른 수리계산(상대적 비교 법의 활용: 총합 비교X, 상대적 차이 비교O)이 요구된다.

문제 해결을 통하여 결과를 예측하는 유형의 문제가 주로 출제되지만 문제 해결 과정에서의 합리적인 추측이 판단 효율성을 높이는 데 큰 도움이 되므로 결과 예측치를 추정하는 합리적인 기준이나 방식을 빠르게 적용하는 관점에서 철저히 대비해야 한다.

PART

03

조건판단편

CHAPTER 01 조건판단- 배치결정형
(선정, 조합, 순서)
CHAPTER 02 조건판단- 의사결정형
(비교, 평가, 최선)

조건판단 – 배치결정형(선정, 조합, 순서)

▶ 3.1 배치결정(선정, 조합, 순서)

회독 ☐☐☐ 난도 ★☆☆ 소요시간 ☐☐☐

01 다음 글과 〈상황〉을 근거로 판단할 때, 甲~戊 중 휴가지원 사업에 참여할 수 있는 사람만을 모두 고르면?

22 7급 공채 가책형 8번

〈2023년 휴가지원사업 모집 공고〉

☐ 사업 목적
- 직장 내 자유로운 휴가문화 조성 및 국내 여행 활성화

☐ 참여 대상
- 중소기업·비영리민간단체·사회복지법인·의료법인 근로자. 단, 아래 근로자는 참여 제외
  - 병·의원 소속 의사
  - 회계법인 및 세무법인 소속 회계사·세무사·노무사
  - 법무법인 소속 변호사·변리사
- 대표 및 임원은 참여 대상에서 제외하나, 아래의 경우는 참여 가능
  - 중소기업 및 비영리민간단체의 임원
  - 사회복지법인의 대표 및 임원

┌─ 상황 ─

甲~戊의 재직정보는 아래와 같다.

구분	직장명	직장 유형	비고
간호사 甲	A병원	의료법인	근로자
노무사 乙	B회계법인	중소기업	근로자
사회복지사 丙	C복지센터	사회복지법인	대표
회사원 丁	D물산	대기업	근로자
의사 戊	E재단	비영리민간단체	임원

① 甲, 丙
② 甲, 戊
③ 乙, 丁
④ 甲, 丙, 戊
⑤ 乙, 丙, 丁

회독 ☐☐☐ 난도 ★★☆ 소요시간 ☐☐☐

02 다음 글을 근거로 판단할 때 옳지 않은 것은?

22 7급 공채 가책형 23번

△△팀원 7명(A~G)은 새로 부임한 팀장 甲과 함께 하는 환영식사를 계획하고 있다. 모든 팀원은 아래 조건을 전부 만족시키며 甲과 한 번씩만 식사하려 한다.
- 함께 식사하는 총 인원은 4명 이하여야 한다.
- 단둘이 식사하지 않는다.
- 부팀장은 A, B뿐이며, 이 둘은 함께 식사하지 않는다.
- 같은 학교 출신인 C, D는 함께 식사하지 않는다.
- 입사 동기인 E, F는 함께 식사한다.
- 신입사원 G는 부팀장과 함께 식사한다.

---

① A는 E와 함께 환영식사에 참석할 수 있다.
② B는 C와 함께 환영식사에 참석할 수 있다.
③ C는 G와 함께 환영식사에 참석할 수 있다.
④ D가 E와 함께 환영식사에 참석하는 경우, C는 부팀장과 함께 환영식사에 참석하게 된다.
⑤ G를 포함하여 총 4명이 함께 환영식사에 참석하는 경우, F가 참석하는 환영식사의 인원은 총 3명이다.

03 다음 글과 〈상황〉을 근거로 판단할 때, 수질검사빈도와 수질기준을 둘 다 충족한 검사지점만을 모두 고르면?

21 7급 공채 나책형 15번

□□법 제00조(수질검사빈도와 수질기준) ① 기초자치단체의 장인 시장·군수·구청장은 다음 각 호의 구분에 따라 지방상수도의 수질검사를 실시하여야 한다.
  1. 정수장에서의 검사
    가. 냄새, 맛, 색도, 탁도(濁度), 잔류염소에 관한 검사 : 매일 1회 이상
    나. 일반세균, 대장균, 암모니아성 질소, 질산성 질소, 과망간산칼륨 소비량 및 증발잔류물에 관한 검사 : 매주 1회 이상
    단, 일반세균, 대장균을 제외한 항목 중 지난 1년간 검사를 실시한 결과, 수질기준의 10퍼센트를 초과한 적이 없는 항목에 대하여는 매월 1회 이상
  2. 수도꼭지에서의 검사
    가. 일반세균, 대장균, 잔류염소에 관한 검사 : 매월 1회 이상
    나. 정수장별 수도관 노후지역에 대한 일반세균, 대장균, 암모니아성 질소, 동, 아연, 철, 망간, 잔류염소에 관한 검사 : 매월 1회 이상
  3. 수돗물 급수과정별 시설(배수지 등)에서의 검사
    일반세균, 대장균, 암모니아성 질소, 동, 수소이온 농도, 아연, 철, 잔류염소에 관한 검사 : 매 분기 1회 이상
② 수질기준은 아래와 같다.

항목	기준	항목	기준
대장균	불검출/100 mL	일반세균	100 CFU/mL 이하
잔류염소	4 mg/L 이하	질산성 질소	10 mg/L 이하

〈상황〉

甲시장은 □□법 제00조에 따라 수질검사를 실시하고 있다. 甲시 관할의 검사지점(A ~ E)은 이전 검사에서 매번 수질기준을 충족하였고, 이번 수질검사에서 아래와 같은 결과를 보였다.

검사지점	검사대상	검사결과	검사빈도
정수장 A	잔류염소	2 mg/L	매일 1회
정수장 B	질산성 질소	11 mg/L	매일 1회
정수장 C	일반세균	70 CFU/mL	매월 1회
수도꼭지 D	대장균	불검출/100 mL	매주 1회
배수지 E	잔류염소	2 mg/L	매주 1회

※ 제시된 검사대상 외의 수질검사빈도와 수질기준은 모두 충족한 것으로 본다.

① A, D
② B, D
③ A, D, E
④ A, B, C, E
⑤ A, C, D, E

04 다음 글을 근거로 판단할 때 옳은 것은?

20 민경채 가책형 23번

네 사람(甲 ~ 丁)은 각각 주식, 채권, 선물, 옵션 중 서로 다른 하나의 금융상품에 투자하고 있으며, 투자액과 수익률도 각각 다르다.
• 네 사람 중 투자액이 가장 큰 50대 주부는 주식에 투자하였다.
• 30대 회사원 丙은 네 사람 중 가장 높은 수익률을 올려 아내와 여행을 다녀왔다.
• 甲은 주식과 옵션에는 투자하지 않았다.
• 40대 회사원 乙은 옵션에 투자하지 않았다.
• 60대 사업가는 채권에 투자하지 않았다.

① 채권 투자자는 甲이다.
② 선물 투자자는 사업가이다.
③ 투자액이 가장 큰 사람은 乙이다.
④ 회사원은 옵션에 투자하지 않았다.
⑤ 가장 높은 수익률을 올린 사람은 선물 투자자이다.

05 다음 글을 근거로 판단할 때, B구역 청소를 하는 요일은? 19 민경채 나책형 7번

> 甲레스토랑은 매주 1회 휴업일(수요일)을 제외하고 매일 영업한다. 甲레스토랑의 청소시간은 영업일 저녁 9시부터 10시까지이다. 이 시간에 A구역, B구역, C구역 중 하나를 청소한다. 청소의 효율성을 위하여 청소를 한 구역은 바로 다음 영업일에는 하지 않는다. 각 구역은 매주 다음과 같이 청소한다.
> - A구역 청소는 일주일에 1회 한다.
> - B구역 청소는 일주일에 2회 하되, B구역 청소를 한 후 영업일과 휴업일을 가리지 않고 이틀 간은 B구역 청소를 하지 않는다.
> - C구역 청소는 일주일에 3회 하되, 그 중 1회는 일요일에 한다.

① 월요일과 목요일
② 월요일과 금요일
③ 월요일과 토요일
④ 화요일과 금요일
⑤ 화요일과 토요일

06 다음 글과 〈상황〉을 근거로 판단할 때, A 복지관에 채용될 2명의 후보자는? 18 민경채 가책형 10번

> A 복지관은 청소년업무 담당자 2명을 채용하고자 한다. 청소년업무 담당자들은 심리상담, 위기청소년지원, 진학지도, 지역안전망구축 등 4가지 업무를 수행해야 한다. 채용되는 2명은 서로 다른 업무를 맡아 4가지 업무를 빠짐없이 분담해야 한다.
> 4가지 업무에 관련된 직무역량으로는 의사소통역량, 대인관계역량, 문제해결역량, 정보수집역량, 자원관리역량 등 5가지가 있다. 각 업무를 수행하기 위해서는 반드시 해당 업무에 필요한 직무역량을 모두 갖춰야 한다. 아래는 이를 표로 정리한 것이다.
>
> | 업무 | 필요 직무역량 |
> |---|---|
> | 심리상담 | 의사소통역량, 대인관계역량 |
> | 위기청소년지원 | 의사소통역량, 문제해결역량 |
> | 진학지도 | 문제해결역량, 정보수집역량 |
> | 지역안전망구축 | 대인관계역량, 자원관리역량 |

> ─〈상황〉─
> - A 복지관의 채용후보자는 4명(甲, 乙, 丙, 丁)이며, 각 채용후보자는 5가지 직무역량 중 3가지씩을 갖추고 있다.
> - 자원관리역량은 丙을 제외한 모든 채용후보자가 갖추고 있다.
> - 丁이 진학지도업무를 제외한 모든 업무를 수행하려면, 의사소통역량만 추가로 갖추면 된다.
> - 甲은 심리상담업무를 수행할 수 있고, 乙과 丙은 진학지도업무를 수행할 수 있다.
> - 대인관계역량을 갖춘 채용후보자는 2명이다.

① 甲, 乙
② 甲, 丙
③ 乙, 丙
④ 乙, 丁
⑤ 丙, 丁

07 다음 글을 근거로 판단할 때, 甲연구소 신입직원 7명 (A ~ G)의 부서배치 결과로 옳지 않은 것은?

17 민경채 나책형 23번

甲연구소에서는 신입직원 7명을 선발하였으며, 신입직 원들을 각 부서에 배치하고자 한다. 각 부서에서 요구한 인원은 다음과 같다.

정책팀	재정팀	국제팀
2명	4명	1명

신입직원들은 각자 원하는 부서를 2지망까지 지원하며, 1, 2지망을 고려하여 이들을 부서에 배치한다. 먼저 1지망 지원부서에 배치하는데, 요구인원보다 지원인원이 많은 경우에는 입사성적이 높은 신입직원을 우선적으로 배치한다. 1지망 지원부서에 배치되지 못한 신입직원은 2지망 지원부서에 배치되는데, 이때 역시 1지망에 따른 배치 후 남은 요구인원보다 지원인원이 많은 경우 입사성적이 높은 신입직원을 우선적으로 배치한다. 1, 2지망 지원부서 모두에 배치되지 못한 신입직원은 요구인원을 채우지 못한 부서에 배치된다.

신입직원 7명의 입사성적 및 1, 2지망 지원부서는 아래와 같다. A의 입사성적만 전산에 아직 입력되지 않았는데, 82점 이상이라는 것만 확인되었다. 단, 입사성적의 동점자는 없다.

신입 직원	A	B	C	D	E	F	G
입사 성적	?	81	84	78	96	80	93
1지망	국제	국제	재정	국제	재정	정책	국제
2지망	정책	재정	정책	정책	국제	재정	정책

① A의 입사성적이 90점이라면, A는 정책팀에 배치된다.
② A의 입사성적이 95점이라면, A는 국제팀에 배치된다.
③ B는 재정팀에 배치된다.
④ C는 재정팀에 배치된다.
⑤ D는 정책팀에 배치된다.

08 다음 〈조건〉을 근거로 판단할 때, 초록 모자를 쓰고 있는 사람과 A 입장에서 왼편에 앉은 사람으로 모두 옳은 것은? 15 민경채 인책형 25번

〈조건〉

• A, B, C, D 네 명이 정사각형 테이블의 각 면에 한 명씩 둘러앉아 있다.
• 빨강, 파랑, 노랑, 초록 색깔의 모자 4개가 있다. A, B, C, D는 이 중 서로 다른 색깔의 모자 하나씩을 쓰고 있다.
• A와 B는 여자이고 C와 D는 남자이다.
• A 입장에서 왼편에 앉은 사람은 파란 모자를 쓰고 있다.
• B 입장에서 왼편에 앉은 사람은 초록 모자를 쓰고 있지 않다.
• C 맞은편에 앉은 사람은 빨간 모자를 쓰고 있다.
• D 맞은편에 앉은 사람은 노란 모자를 쓰고 있지 않다.
• 노란 모자를 쓴 사람과 초록 모자를 쓴 사람 중 한 명은 남자이고 한 명은 여자이다.

	초록 모자를 쓰고 있는 사람	A 입장에서 왼편에 앉은 사람
①	A	B
②	A	D
③	B	C
④	B	D
⑤	C	B

09 다음 글을 근거로 판단할 때, 甲과 인사교류를 할 수 있는 사람만을 모두 고르면? 20 7급 모의 15번

- 甲은 인사교류를 통해 ○○기관에서 타 기관으로 전출하고자 한다. 인사교류란 동일 직급간 신청자끼리 1:1로 교류하는 제도로서, 각 신청자가 속한 두 기관의 교류 승인 조건을 모두 충족해야 한다.
- 기관별로 교류를 승인하는 조건은 다음과 같다.
  ○○기관: 신청자간 현직급임용년월은 3년 이상 차이나지 않고, 연령은 7세 이상 차이나지 않는 경우
  □□기관: 신청자간 최초임용년월은 5년 이상 차이나지 않고, 연령은 3세 이상 차이나지 않는 경우
  △△기관: 신청자간 최초임용년월은 2년 이상 차이나지 않고, 연령은 5세 이상 차이나지 않는 경우
- 甲(32세)의 최초임년월과 현직급임용년월은 2015년 9월로 동일하다.
- 甲과 동일 직급인 인사교류 신청자(A ~ E)의 인사 정보는 다음과 같다.

신청자	연령 (세)	현 소속 기관	최초 임용년월	현직급 임용년월
A	30	□□	2016년 5월	2019년 5월
B	37	□□	2009년 12월	2017년 3월
C	32	□□	2015년 12월	2015년 12월
D	31	△△	2014년 1월	2014년 1월
E	35	△△	2017년 10월	2017년 10월

① A, B
② B, E
③ C, D
④ A, B, D
⑤ C, D, E

10 다음 글을 근거로 판단할 때, △△부가 2021년에 국가인증 농가로 선정할 곳만을 모두 고르면? 20 7급 모의 19번

- △△부에서는 2021년 고품질·안전 농식품 생산을 선도하는 국가인증 농가를 3곳 선정하려고 한다. 선정 기준은 다음과 같다.
  - 친환경인증을 받으면 30점, 전통식품인증을 받으면 40점을 부여한다. 단, 두 인증을 모두 받은 경우 전통식품인증 점수만을 인정한다.
  - (나)와 (다) 지역 농가에는 친환경인증 또는 전통식품인증 유무에 의한 점수와 도농교류 활성화 점수 합의 10%를 가산점으로 부여한다.
  - 친환경인증 또는 전통식품인증 유무에 의한 점수, 도농교류 활성화 점수, 가산점을 합산하여 점수가 높은 순으로 선정한다.
  - 도농교류 활성화 점수가 50점 미만인 농가는 선정하지 않는다.
  - 동일 지역의 농가를 2곳 이상 선정할 수 없다.
- 2021년 선정후보 농가(A ~ F) 현황은 다음과 같다.

농가	친환경 인증 유무	전통식품 인증 유무	도농교류 활성화 점수	지역
A	○	○	80	(가)
B	×	○	60	(가)
C	×	○	55	(나)
D	○	○	40	(다)
E	○	×	75	(라)
F	○	○	70	(라)

① A, C, F
② A, D, E
③ A, E, F
④ B, C, E
⑤ B, D, F

11 다음 글을 근거로 판단할 때, 다음 주 수요일과 목요일의 청소당번을 옳게 짝지은 것은? 22 5급 공채 나책형 14번

A ~ D는 다음 주 월요일부터 금요일까지 하루에 한 명씩 청소당번을 정하려고 한다. 청소당번을 정하는 규칙은 다음과 같다.

- A ~ D는 최소 한 번씩 청소당번을 한다.
- 시험 전날에는 청소당번을 하지 않는다.
- 발표 수업이 있는 날에는 청소당번을 하지 않는다.
- 한 사람이 이틀 연속으로는 청소당번을 하지 않는다.

다음은 청소당번을 정한 후 A ~ D가 나눈 대화이다.

A: 나만 두 번이나 청소당번을 하잖아. 월요일부터 청소당번이라니!

B: 미안. 내가 월요일에 발표 수업이 있어서 그날 너밖에 할 사람이 없었어.

C: 나는 다음 주에 시험이 이틀 있는데, 발표 수업이 매번 시험 보는 날과 겹쳐서 청소할 수 있는 요일이 하루밖에 없었어.

D: 그래도 금요일에 청소하고 가야 하는 나보다는 나을걸.

	수요일	목요일
①	A	B
②	A	C
③	B	A
④	C	A
⑤	C	B

12 다음 글과 〈상황〉을 근거로 판단할 때, 청년미래공제에 참여 가능한 기업을 모두 고르면? 22 5급 공채 나책형 16번

〈2022년 청년미래공제 참여기업 모집 공고문〉

- 목적
  - 미취업 청년의 중소기업 유입을 촉진하고, 청년 근로자의 장기 근속과 자산 형성을 지원
- 참여 자격
  - 고용보험 피보험자 수 5인 이상 중소기업
  - 고용보험 피보험자 수 1인 이상 5인 미만의 기업이라도 청년기업은 참여 가능
  - ※ 청년기업: 14세 이상 39세 이하인 청년이 현재 대표이면서 사업을 개시한 날부터 7년이 지나지 않은 기업
- 참여 제한
  - 청년수당 가입유지율이 30% 미만인 기업은 참여 불가. 단, 청년수당 가입 인원이 2인 이하인 경우는 참여 가능

$$※ \ 청년수당 \ 가입유지율(\%) = \frac{청년수당 \ 6개월 \ 이상 \ 가입 \ 유지 \ 인원(ⓒ)}{청년수당 \ 가입 \ 인원(ⓐ)} \times 100$$

〈상황〉

2022년 현재 중소기업(A ~ E)에 관한 정보는 다음과 같다.

기업	고용보험 피보험자 수	대표자 나이	사업 개시 경과연수	(ⓐ)	(ⓒ)
A	45	39	8	25	7
B	30	40	8	25	23
C	4	40	6	2	2
D	2	39	6	2	0
E	2	38	8	2	2

① A, C 　　② A, D
③ B, D 　　④ B, E
⑤ C, E

회독 ☐☐☐ 난도 ★★☆ 소요시간 ☐☐☐

13 다음 글과 〈상황〉을 근거로 판단할 때, 甲소방서에서 폐기대상을 제외하고 가장 먼저 교체대상이 될 장비는?

22 5급 공채 나책형 37번

- 〈소방장비 내용연수 기준〉에 따라 소방장비 구비목록의 소방장비를 교체해야 한다. 사용연수가 내용연수 기준을 초과한 소방장비는 폐기하고, 초과하지 않은 소방장비는 내용연수가 적게 남은 것부터 교체해야 한다.

〈소방장비 내용연수 기준〉

구분		내용연수
소방자동차		10
소방용로봇		7
구조장비	산악용 들것	5
	구조용 안전벨트	3
방호복	특수방호복	5
	폭발물방호복	10

※ 내용연수: 소방장비의 내구성을 고려할 때, 최대 사용연수로 적절한 기준 연수

- 내용연수 기준을 초과한 소방장비의 기한을 연장하여 사용할 필요가 있는 경우에는 다음 기준에 따라 1회에 한해 연장 사용할 수 있으며, 이 경우 내용연수 기준을 초과하지 않은 것으로 본다.
  - 소방자동차: 1년(단, 특수정비를 받은 경우에는 3년까지 가능)
  - 그 밖의 소방장비: 1년
- 위의 내용연수 기준과 연장 사용 기준에도 불구하고 다음 어느 하나에 해당하는 경우에는 내용연수 기준을 초과한 것으로 본다.
  - 소방자동차의 운행거리가 12만 km를 초과한 경우
  - 실사용량이 경제적 사용량을 초과한 경우

〈상황〉

- 甲소방서의 현재 소방장비 구비목록은 다음과 같다.

구분	사용연수	연장사용여부	비고
소방자동차1	12	2년 연장	운행거리 15만 km 특수정비 받음
소방자동차2	9	없음	운행거리 8만 km 특수정비 불가
소방용로봇	4	없음	
구조용 안전벨트	5	1년 연장	경제적 사용량 1,000회 실사용량 500회
폭발물 방호복	9	없음	경제적 사용량 500회 실사용량 600회

① 소방자동차1   ② 소방자동차2
③ 소방용로봇   ④ 구조용 안전벨트
⑤ 폭발물방호복

회독 □□□ 난도 ★★☆ 소요시간

14 다음 글을 근거로 판단할 때, 甲과 乙이 선택할 스포츠 종목은? 22 5급 공채 나책형 38번

- 甲과 乙은 함께 스포츠 데이트를 하려 한다. 이들이 고려하고 있는 종목은 등산, 스키, 암벽등반, 수영, 볼링이다.
- 甲과 乙은 비용, 만족도, 위험도, 활동량을 기준으로 종목별 점수를 부여하고, 종목별로 두 사람의 점수를 더하여 합이 가장 높은 종목을 선택한다. 단, 동점일 때는 乙이 부여한 점수의 합이 가장 높은 종목을 선택한다.
- 甲과 乙이 점수를 부여하는 방식은 다음과 같다.
  - 甲과 乙은 비용이 적게 드는 종목부터, 만족도가 높은 종목부터 순서대로 5점에서 1점까지 1점씩 차이를 두고 부여한다.
  - 甲은 위험도가 높은 종목부터, 활동량이 많은 종목부터 순서대로 5점에서 1점까지 1점씩 차이를 두고 부여하며, 乙은 그 반대로 점수를 부여한다.

구분	등산	스키	암벽등반	수영	볼링
비용(원)	8,000	60,000	32,000	20,000	18,000
만족도	30	80	100	20	70
위험도	40	100	80	50	60
활동량	50	100	70	90	30

① 등산 ② 스키
③ 암벽등반 ④ 수영
⑤ 볼링

회독 □□□ 난도 ★★☆ 소요시간

15 다음 글을 근거로 판단할 때, 甲이 출연할 요일과 프로그램을 옳게 짝지은 것은? 20 5급 공채 나책형 32번

甲은 ○○방송국으로부터 아래와 같이 프로그램 특별 출연을 요청받았다.

매체	프로그램	시간대	출연 가능 요일
TV	모여라 남극유치원	오전	월, 수, 금
	펭귄극장	오후	화, 목, 금
	남극의 법칙	오후	월, 수, 목
라디오	지금은 남극시대	오전	화, 수, 목
	펭귄파워	오전	월, 화, 금
	열시의 펭귄	오후	월, 수, 금
	굿모닝 남극대행진	오전	화, 수, 금

甲은 다음주 5일(월요일 ~ 금요일) 동안 매일 하나의 프로그램에 출연하며, 한 번 출연한 프로그램에는 다시 출연하지 않는다. 또한 동일 매체에 2일 연속 출연하지 않으며, 동일 시간대에도 2일 연속 출연하지 않는다.

요일	프로그램
① 월요일	펭귄파워
② 화요일	굿모닝 남극대행진
③ 수요일	열시의 펭귄
④ 목요일	펭귄극장
⑤ 금요일	모여라 남극유치원

16 다음 글과 〈상황〉을 근거로 판단할 때, 〈보기〉에서 옳은 것만을 모두 고르면? 20 5급 공채 나책형 31번

甲 ~ 戊로 구성된 A팀은 회식을 하고자 한다. 회식메뉴는 다음의 〈메뉴 선호 순위〉와 〈메뉴 결정 기준〉을 고려하여 정한다.

〈메뉴 선호 순위〉

메뉴＼팀원	탕수육	양고기	바닷가재	방어회	삼겹살
甲	3	2	1	4	5
乙	4	3	1	5	2
丙	3	1	5	4	2
丁	2	1	5	3	4
戊	3	5	1	4	2

〈메뉴 결정 기준〉

- 기준1: 1순위가 가장 많은 메뉴로 정한다.
- 기준2: 5순위가 가장 적은 메뉴로 정한다.
- 기준3: 1순위에 5점, 2순위에 4점, 3순위에 3점, 4순위에 2점, 5순위에 1점을 부여하여 각각 합산한 뒤, 점수가 가장 높은 메뉴로 정한다.
- 기준4: 기준3에 따른 합산 점수의 상위 2개 메뉴 중, 1순위가 더 많은 메뉴로 정한다.
- 기준5: 5순위가 가장 많은 메뉴를 제외하고 남은 메뉴 중, 1순위가 가장 많은 메뉴로 정한다.

〈상황〉

- 丁은 바닷가재가 메뉴로 정해지면 회식에 불참한다.
- 丁이 회식에 불참하면 丙도 불참한다.
- 戊는 양고기가 메뉴로 정해지면 회식에 불참한다.

〈보기〉

- ㄱ. 기준1과 기준4 중 어느 것에 따르더라도 같은 메뉴가 정해진다.
- ㄴ. 기준2에 따르면 탕수육으로 메뉴가 정해진다.
- ㄷ. 기준3에 따르면 모든 팀원이 회식에 참석한다.
- ㄹ. 기준5에 따르면 戊는 회식에 참석하지 않는다.

① ㄱ, ㄴ
② ㄴ, ㄷ
③ ㄷ, ㄹ
④ ㄱ, ㄴ, ㄹ
⑤ ㄱ, ㄷ, ㄹ

17 다음 〈감독의 말〉과 〈상황〉을 근거로 판단할 때, 甲 ~ 戊 중 드라마에 캐스팅되는 배우는? 19 5급 공채 가책형 11번

〈감독의 말〉

안녕하세요 여러분. '열혈 군의관, 조선시대로 가다!' 드라마 오디션에 지원해 주셔서 감사합니다. 잠시 후 오디션을 시작할 텐데요 이번 오디션에서 캐스팅하려는 역은 20대 후반의 군의관입니다. 오디션 실시 후 오디션 점수를 기본 점수로 하고, 다음 채점 기준의 해당 점수를 기본 점수에 가감하여 최종 점수를 산출하며, 이 최종 점수가 가장 높은 사람을 캐스팅합니다.

첫째, 28세를 기준으로 나이가 많거나 적은 사람은 1세 차이당 2점씩 감점하겠습니다. 둘째, 이전에 군의관 역할을 연기해 본 경험이 있는 사람은 5점을 감점하겠습니다. 시청자들이 식상해 할 수 있을 것 같아서요. 셋째, 저희 드라마가 퓨전 사극이기 때문에, 사극에 출연해 본 경험이 있는 사람에게는 10점의 가점을 드리겠습니다. 넷째, 최종 점수가 가장 높은 사람이 여럿인 경우, 그 중 기본 점수가 가장 높은 한 사람을 캐스팅하도록 하겠습니다.

〈상황〉

- 오디션 지원자는 총 5명이다.
- 오디션 점수는 甲이 76점, 乙이 78점, 丙이 80점, 丁이 82점, 戊가 85점이다.
- 각 배우의 오디션 점수에 각자의 나이를 더한 값은 모두 같다.
- 오디션 점수가 세 번째로 높은 사람만 군의관 역할을 연기해 본 경험이 있다.
- 나이가 가장 많은 배우만 사극에 출연한 경험이 있다.
- 나이가 가장 적은 배우는 23세이다.

① 甲
② 乙
③ 丙
④ 丁
⑤ 戊

18 다음 글과 〈상황〉을 근거로 판단할 때, 출장을 함께 갈 수 있는 직원들의 조합으로 가능한 것은?

19 5급 공채 가책형 31번

A은행 B지점에서는 3월 11일 회계감사 관련 서류 제출을 위해 본점으로 출장을 가야 한다. 08시 정각 출발이 확정되어 있으며, 출발 후 B지점에 복귀하기까지 총 8시간이 소요된다. 단, 비가 오는 경우 1시간이 추가로 소요된다.

• 출장인원 중 한 명이 직접 운전하여야 하며, '운전면허 1종 보통' 소지자만 운전할 수 있다.

• 출장시간에 사내 업무가 겹치는 경우에는 출장을 갈 수 없다.

• 출장인원 중 부상자가 포함되어 있는 경우, 서류 박스 운반 지연으로 인해 30분이 추가로 소요된다.

• 차장은 책임자로서 출장인원에 적어도 한 명 포함되어야 한다.

• 주어진 조건 외에는 고려하지 않는다.

〈상황〉

• 3월 11일은 하루 종일 비가 온다.

• 3월 11일 당직 근무는 17시 10분에 시작한다.

직원	직급	운전면허	건강 상태	출장 당일 사내 업무
甲	차장	1종 보통	부상	없음
乙	차장	2종 보통	건강	17시 15분 계약업체 면담
丙	과장	없음	건강	17시 35분 고객 상담
丁	과장	1종 보통	건강	당직 근무
戊	대리	2종 보통	건강	없음

① 甲, 乙, 丙
② 甲, 丙, 丁
③ 乙, 丙, 戊
④ 乙, 丁, 戊
⑤ 丙, 丁, 戊

19 다음 글을 근거로 판단할 때, 〈보기〉에서 옳은 것만을 모두 고르면? 19 5급 공채 가책형 34번

• 4종류(A, B, C, D)의 세균을 대상으로 세균 간 '관계'에 대한 실험을 2일 간 진행한다.

• 1일차 실험에서는 4종류의 세균 중 2종류의 세균을 짝지어 하나의 수조에 넣고, 나머지 2종류의 세균을 짝지어 다른 하나의 수조에 넣어 관찰한다.

• 2일차 실험에서는 1일차 실험의 수조에서 각 종류의 세균을 분리하여 채취한 후 짝을 바꾸어 1일차와 같은 방식으로 진행한다.

• 4종류의 세균 간에는 함께 보관 시에 아래와 같이 공생, 독립, 기피, 천적의 4가지 관계가 존재한다.

　- A와 B: 독립관계
　- A와 C: 기피관계
　- A와 D: 천적관계(A강세, D약세)
　- B와 C: 기피관계
　- B와 D: 공생관계
　- C와 D: 천적관계(C강세, D약세)

• 2종류의 세균을 짝을 지어 하나의 수조에 보관했을 때 생존지수는 1일마다 각각의 관계에 따라 아래와 같이 일정하게 변화한다.

　- 공생관계: 각각 3만큼 증가
　- 독립관계: 불변
　- 기피관계: 각각 2만큼 감소
　- 천적관계: 강세측은 불변, 약세측은 4만큼 감소

• 각 세균의 1일차 실험시작 직전 초기 생존지수와 2일차 실험이 종료된 후의 생존지수는 아래와 같다.

구분	A	B	C	D
초기 생존지수	10	20	30	40
2일차 실험종료 후 생존지수	8	21	26	39

〈보기〉

ㄱ. 실험기간 동안 천적관계에 있는 세균끼리 짝을 지어 하나의 수조에서 실험한 적은 없다.

ㄴ. 실험기간 동안 독립관계에 있는 세균끼리 짝을 지어 하나의 수조에서 실험한 적은 없다.

ㄷ. 1일차와 2일차 모두 적어도 1개의 수조에는 기피관계에 있는 세균끼리 짝을 지어 실험했다.

ㄹ. 한 종류의 세균에 대해서는 1일차와 2일차 모두 동일한 '관계'에 있는 세균끼리 짝을 지어 실험했다.

① ㄱ, ㄴ
② ㄴ, ㄷ
③ ㄱ, ㄴ, ㄷ
④ ㄱ, ㄷ, ㄹ
⑤ ㄴ, ㄷ, ㄹ

20 다음 글을 근거로 판단할 때, 甲이 구매하게 될 차량은? 18 5급 공채 나책형 29번

甲은 아내 그리고 자녀 둘과 함께 총 4명이 장거리 이동이 가능하도록 배터리 완전충전시 주행거리가 200 km 이상인 전기자동차 1대를 구매하려고 한다. 구매와 동시에 집 주차장에 배터리 충전기를 설치하려고 하는데, 배터리 충전시간(완속 기준)이 6시간을 초과하지 않으면 완속 충전기를, 6시간을 초과하면 급속 충전기를 설치하려고 한다.

한편 정부는 전기자동차 활성화를 위하여 전기자동차 구매 보조금을 구매와 동시에 지원하고 있는데, 승용차는 2,000만 원, 승합차는 1,000만 원을 지원하고 있다. 승용차 중 경차는 1,000만 원을 추가로 지원한다. 배터리 충전기에 대해서는 완속 충전기에 한하여 구매 및 설치 비용을 구매와 동시에 전액 지원하며, 2,000만 원이 소요되는 급속 충전기의 구매 및 설치 비용은 지원하지 않는다.

이러한 상황을 감안하여 甲은 차량 A ～ E 중에서 실구매 비용(충전기 구매 및 설치 비용 포함)이 가장 저렴한 차량을 선택하려고 한다. 단, 실구매 비용이 동일할 경우에는 아래의 '점수 계산 방식'에 따라 점수가 가장 높은 차량을 구매하려고 한다.

차량	A	B	C	D	E
최고속도 (km/h)	130	100	120	140	120
완전충전시 주행거리 (km)	250	200	250	300	300
충전시간 (완속 기준)	7시간	5시간	8시간	4시간	5시간
승차 정원	6명	8명	2명	4명	5명
차종	승용	승합	승용 (경차)	승용	승용
가격(만 원)	5,000	6,000	4,000	8,000	8,000

• 점수 계산 방식
 – 최고속도가 120 km/h 미만일 경우에는 120 km/h를 기준으로 10 km/h가 줄어들 때마다 2점씩 감점
 – 승차 정원이 4명을 초과할 경우에는 초과인원 1명당 1점씩 가점

① A   ② B
③ C   ④ D
⑤ E

21 다음 글을 근거로 판단할 때, A서비스를 이용할 수 있는 경우는? 20 민경채 가책형 6번

A서비스는 공항에서 출국하는 승객이 공항 외의 지정된 곳에서 수하물을 보내고 목적지에 도착한 후 찾아가는 신개념 수하물 위탁서비스이다.

A서비스를 이용하고자 하는 승객은 ○○호텔에 마련된 체크인 카운터에서 본인 확인과 보안 절차를 거친 후 탑승권을 발급받고 수하물을 위탁하면 된다. ○○호텔 투숙객이 아니더라도 이 서비스를 이용할 수 있다.

○○호텔에 마련된 체크인 카운터는 매일 08:00 ～ 16:00에 운영된다. 인천공항에서 13:00 ～ 24:00에 출발하는 국제선 이용 승객을 대상으로 A서비스가 제공된다. 단, 미주 노선(괌/사이판 포함)은 제외된다.

	숙박 호텔	항공기 출발 시각	출발지	목적지
①	○○호텔	15:30	김포공항	제주
②	◇◇호텔	14:00	김포공항	베이징
③	○○호텔	15:30	인천공항	사이판
④	◇◇호텔	21:00	인천공항	홍콩
⑤	○○호텔	10:00	인천공항	베이징

회독 ▢▢▢ 난도 ★★☆ 소요시간 ▭

22 다음 〈지정 기준〉과 〈신청 현황〉을 근거로 판단할 때, 신청 병원(甲∼戊) 중 산재보험 의료기관으로 지정되는 것은? 20 민경채 가책형 10번

┌─〈지정 기준〉─┐

- 신청병원 중 인력 점수, 경력 점수, 행정처분 점수, 지역별 분포 점수의 총합이 가장 높은 병원을 산재보험 의료기관으로 지정한다.
- 전문의 수가 2명 이하이거나, 가장 가까이 있는 기존 산재보험 의료기관까지의 거리가 1 km 미만인 병원은 지정 대상에서 제외한다.
- 각각의 점수는 아래의 항목별 배점 기준에 따라 부여한다.

항목	배점 기준
인력 점수	전문의 수 7명 이상은 10점
	전문의 수 4명 이상 6명 이하는 8점
	전문의 수 3명 이하는 3점
경력 점수	전문의 평균 임상경력 1년당 2점(단, 평균 임상경력이 10년 이상이면 20점)
행정처분 점수	2명 이하의 의사가 행정처분을 받은 적이 있는 경우 10점
	3명 이상의 의사가 행정처분을 받은 적이 있는 경우 2점
지역별 분포 점수	가장 가까이 있는 기존 산재보험 의료기관이 8 km 이상 떨어져 있을 경우, 인력 점수와 경력 점수 합의 20 %에 해당하는 점수
	가장 가까이 있는 기존 산재보험 의료기관이 3 km 이상 8 km 미만 떨어져 있을 경우, 인력 점수와 경력 점수 합의 10 %에 해당하는 점수
	가장 가까이 있는 기존 산재보험 의료기관이 3 km 미만 떨어져 있을 경우, 인력 점수와 경력 점수 합의 20 %에 해당하는 점수 감점

〈신청 현황〉

신청 병원	전문의 수	전문의 평균 임상경력	행정처분을 받은 적이 있는 의사 수	가장 가까이 있는 기존 산재보험 의료기관까지의 거리
甲	6명	7년	4명	10 km
乙	2명	17년	1명	8 km
丙	8명	5년	0명	1 km
丁	4명	11년	3명	2 km
戊	3명	12년	2명	500 m

① 甲   ② 乙
③ 丙   ④ 丁
⑤ 戊

회독 ▢▢▢ 난도 ★☆☆ 소요시간 ▭

23 다음 글을 근거로 판단할 때, 국제행사의 개최도시로 선정될 곳은? 19 민경채 나책형 6번

┌─────────────────────────────┐
　　甲사무관은 대한민국에서 열리는 국제행사의 개최도시를 선정하기 위해 다음과 같은 〈후보도시 평가표〉를 만들었다. 〈후보도시 평가표〉에 따른 점수와 〈국제해양기구의 의견〉을 모두 반영하여, 합산점수가 가장 높은 도시를 개최도시로 선정하고자 한다.

〈후보도시 평가표〉

구분	서울	인천	대전	부산	제주
1) 회의 시설 1,500명 이상 수용가 능한 대회의장 보유 등	A	A	C	B	C
2) 숙박 시설 도보거리에 특급 호텔 보유 등	A	B	A	A	C
3) 교통 공항접근성 등	B	A	C	B	B
4) 개최 역량 대규모 국제행사 개최 경험 등	A	C	C	A	B

※ A : 10점, B : 7점, C : 3점

┌─〈국제해양기구의 의견〉─┐

- 외국인 참석자의 편의를 위해 '교통'에서 A를 받은 도시의 경우 추가로 5점을 부여해 줄 것
- 바다를 끼고 있는 도시의 경우 추가로 5점을 부여해 줄 것
- 예상 참석자가 2,000명 이상이므로 '회의 시설'에서 C를 받은 도시는 제외할 것
└─────────────────────────────┘

① 서울   ② 인천
③ 대전   ④ 부산
⑤ 제주

회독 ☐☐☐ 난도 ★★☆ 소요시간 ☐☐☐

24 다음 글을 근거로 판단할 때, 甲～戊 중 가장 많은 지원금을 받는 신청자는? 18 민경채 가책형 18번

A국은 신재생에너지 보급 사업 활성화를 위하여 신재생에너지 설비에 대한 지원 내용을 공고하였다. <지원 기준>과 <지원 신청 현황>은 아래와 같다.

〈지원 기준〉

구분		용량(성능)	지원금 단가
태양광	단독주택	2 kW 이하	kW당 80만 원
		2 kW 초과 3 kW 이하	kW당 60만 원
	공동주택	30 kW 이하	kW당 80만 원
태양열	평판형 · 진공관형	10 m² 이하	m²당 50만 원
		10 m² 초과 20 m² 이하	m²당 30만 원
지열	수직밀폐형	10 kW 이하	kW당 60만 원
		10 kW 초과	kW당 50만 원
연료전지	인산형 등	1 kW 이하	kW당 2,100만 원

- 지원금은 '용량(성능) × 지원금 단가'로 산정
- 국가 및 지방자치단체 소유 건물은 지원 대상에서 제외
- 전월 전력사용량이 450 kWh 이상인 건물은 태양열 설비 지원 대상에서 제외
- 용량(성능)이 <지원 기준>의 범위를 벗어나는 신청은 지원 대상에서 제외

〈지원 신청 현황〉

신청자	설비 종류	용량 (성능)	건물 소유자	전월 전력사용량	비고
甲	태양광	8 kW	개인	350 kWh	공동 주택
乙	태양열	15 m²	개인	550 kWh	진공 관형
丙	태양열	5 m²	국가	400 kWh	평판형
丁	지열	15 kW	개인	200 kWh	수직 밀폐형
戊	연료 전지	3 kW	개인	500 kWh	인산형

① 甲 ② 乙
③ 丙 ④ 丁
⑤ 戊

회독 ☐☐☐ 난도 ★☆☆ 소요시간 ☐☐☐

25 다음 글과 〈A여행사 해외여행 상품〉을 근거로 판단할 때, 세훈이 선택할 여행지는? 17 민경채 나책형 10번

인희 : 다음 달 셋째 주에 연휴던데, 그때 여행갈 계획 있어?

세훈 : 응, 이번에는 꼭 가야지. 월요일, 수요일, 금요일이 공휴일이잖아. 그래서 우리 회사에서는 화요일과 목요일에만 연가를 쓰면 앞뒤 주말 포함해서 최대 9일 연휴가 되더라고. 그런데 난 연가가 하루밖에 남지 않아서 그렇게 길게는 안 돼. 그래도 이번엔 꼭 해외여행을 갈 거야.

인희 : 어디로 갈 생각이야?

세훈 : 나는 어디로 가든 상관없는데 여행지에 도착할 때까지 비행기를 오래 타면 너무 힘들더라고. 그래서 편도 총비행시간이 8시간 이내면서 직항 노선이 있는 곳으로 가려고.

인희 : 여행기간은 어느 정도로 할 거야?

세훈 : 남은 연가를 잘 활용해서 주어진 기간 내에서 최대한 길게 다녀오려고 해. A여행사 해외여행 상품 중에 하나를 정해서 다녀올 거야.

〈A여행사 해외여행 상품〉

여행지	여행기간 (한국시각 기준)	총비행시간 (편도)	비행기 환승 여부
두바이	4박 5일	8시간	직항
모스크바	6박 8일	8시간	직항
방콕	4박 5일	7시간	1회 환승
홍콩	3박 4일	5시간	직항
뉴욕	4박 5일	14시간	직항

① 두바이 ② 모스크바
③ 방콕 ④ 홍콩
⑤ 뉴욕

26 다음 글을 근거로 판단할 때, 2017학년도 A대학교 ○○학과 입학 전형 합격자는? 17 민경채 나책형 19번

- A대학교 ○○학과 입학 전형
  - 2017학년도 대학수학능력시험의 국어, 수학, 영어 3개 과목을 반영하여 지원자 중 1명을 선발한다.
  - 3개 과목 평균등급이 2등급(3개 과목 등급의 합이 6) 이내인 자를 선발한다. 이 조건을 만족하는 지원자가 여러 명일 경우, 3개 과목 원점수의 합산 점수가 가장 높은 자를 선발한다.
- 2017학년도 대학수학능력시험 과목별 등급－원점수 커트라인

(단위 : 점)

등급 과목	1	2	3	4	5	6	7	8
국어	96	93	88	79	67	51	40	26
수학	89	80	71	54	42	33	22	14
영어	94	89	85	77	69	54	41	28

※ 예를 들어, 국어 1등급은 100 ~ 96점, 국어 2등급은 95 ~ 93점

- 2017학년도 A대학교 ○○학과 지원자 원점수 성적

(단위 : 점)

지원자	국어	수학	영어
甲	90	96	88
乙	89	89	89
丙	93	84	89
丁	79	93	92
戊	98	60	100

① 甲　　　　② 乙
③ 丙　　　　④ 丁
⑤ 戊

27 다음 글과 〈필요 물품 목록〉을 근거로 판단할 때, ○○부 아동방과후교육 사업에서 허용되는 사업비 지출품목만을 모두 고르면? 17 민경채 나책형 20번

○○부는 아동방과후교육 사업을 운영하고 있다. 원칙적으로 사업비는 사용목적이 '사업 운영'인 경우에만 지출할 수 있다. 다만 다음 중 어느 하나에 해당하면 예외적으로 허용된다. 첫째, 품목당 단가가 10만 원 이하로 사용목적이 '서비스 제공'인 경우에 지출할 수 있다. 둘째, 사용연한이 1년 이내인 경우에 지출할 수 있다.

〈필요 물품 목록〉

품목	단가(원)	사용목적	사용연한
인형탈	120,000	사업 운영	2년
프로그램 대여	300,000	보고서 작성	6개월
의자	110,000	서비스 제공	5년
컴퓨터	950,000	서비스 제공	3년
클리어파일	500	상담일지 보관	2년
블라인드	99,000	서비스 제공	5년

① 프로그램 대여, 의자
② 컴퓨터, 클리어파일
③ 클리어파일, 블라인드
④ 인형탈, 프로그램 대여, 블라인드
⑤ 인형탈, 의자, 컴퓨터

28 다음 글을 근거로 판단할 때, 甲이 구매해야 할 재료와 그 양으로 옳은 것은? 19 5급 공채 가책형 8번

甲은 아내, 아들과 함께 짬뽕을 만들어 먹기로 했다. 짬뽕요리에 필요한 재료를 사기 위해 근처 전통시장에 들른 甲은 아래 〈조건〉을 만족하도록 재료를 모두 구매한다. 다만 짬뽕요리에 필요한 각 재료의 절반 이상이 냉장고에 있으면 그 재료는 구매하지 않는다.

〈조건〉
• 甲과 아내는 각각 성인 1인분, 아들은 성인 0.5인분을 먹는다.
• 매운 음식을 잘 먹지 못하는 아내를 고려하여 '고추'라는 단어가 들어간 재료는 모두 절반만 넣는다.
• 아들은 성인 1인분의 새우를 먹는다.

┌─ 냉장고에 있는 재료 ─┐
면 200 g, 오징어 240 g, 돼지고기 100 g, 양파 100 g, 청양고추 15 g, 고추기름 100 ml, 대파 10 cm, 간장 80 ml, 마늘 5 g

┌─ 짬뽕요리 재료(성인 1인분 기준) ─┐
면 200 g, 해삼 40 g, 소라 30 g, 오징어 60 g, 돼지고기 90 g, 새우 40 g, 양파 60 g, 양송이버섯 50 g, 죽순 40 g, 고추기름 20 ml, 건고추 8 g, 청양고추 10 g, 대파 10 cm, 마늘 10 g, 청주 15 ml

① 면 200 g
② 양파 50 g
③ 새우 100 g
④ 건고추 7 g
⑤ 돼지고기 125 g

29 다음 글과 〈표〉를 근거로 판단할 때, A사무관이 선택할 4월의 광고수단은? 19 5급 공채 가책형 29번

• 주어진 예산은 월 3천만 원이며, A사무관은 월별 광고효과가 가장 큰 광고수단 하나만을 선택한다.
• 광고비용이 예산을 초과하면 해당 광고수단은 선택하지 않는다.
• 광고효과는 아래와 같이 계산한다.

$$광고효과 = \frac{총 광고 횟수 \times 회당 광고노출자 수}{광고비용}$$

• 광고수단은 한 달 단위로 선택된다.

〈표〉

광고수단	광고 횟수	회당 광고노출자 수	월 광고비용 (천 원)
TV	월 3회	100만 명	30,000
버스	일 1회	10만 명	20,000
KTX	일 70회	1만 명	35,000
지하철	일 60회	2천 명	25,000
포털사이트	일 50회	5천 명	30,000

① TV
② 버스
③ KTX
④ 지하철
⑤ 포털사이트

회독 □□□　난도 ★★☆　소요시간 □□□

30 다음 글을 근거로 판단할 때, 2017년 3월 인사 파견에서 선발될 직원만을 모두 고르면? 17 5급 공채 가책형 36번

- △△도청에서는 소속 공무원들의 역량 강화를 위해 정례적으로 인사 파견을 실시하고 있다.
- 인사 파견은 지원자 중 3명을 선발하여 1년간 이루어지고 파견 기간은 변경되지 않는다.
- 선발 조건은 다음과 같다.
  - 과장을 선발하는 경우 동일 부서에 근무하는 직원을 1명 이상 함께 선발한다.
  - 동일 부서에 근무하는 2명 이상의 팀장을 선발할 수 없다.
  - 과학기술과 직원을 1명 이상 선발한다.
  - 근무 평정이 70점 이상인 직원만을 선발한다.
  - 어학 능력이 '하'인 직원을 선발한다면 어학 능력이 '상'인 직원도 선발한다.
  - 직전 인사 파견 기간이 종료된 이후 2년 이상 경과하지 않은 직원을 선발할 수 없다.
- 2017년 3월 인사 파견의 지원자 현황은 다음과 같다.

직원	직위	근무 부서	근무 평정	어학 능력	직전 인사 파견 시작 시점
A	과장	과학기술과	65	중	2013년 1월
B	과장	자치행정과	75	하	2014년 1월
C	팀장	과학기술과	90	중	2014년 7월
D	팀장	문화정책과	70	상	2013년 7월
E	팀장	문화정책과	75	중	2014년 1월
F	-	과학기술과	75	중	2014년 1월
G	-	자치행정과	80	하	2013년 7월

① A, D, F
② B, D, G
③ B, E, F
④ C, D, G
⑤ D, F, G

조건판단 – 의사결정형(비교, 평가, 최선)

3.2 의사결정(비교, 평가, 최선)

회독 ☐☐☐ 난도 ★☆☆ 소요시간 ☐☐☐

01 다음 글을 근거로 판단할 때, 〈보기〉에서 옳은 것만을 모두 고르면? 22 7급 공채 가책형 6번

甲의 자동차에 장착된 내비게이션 시스템은 목적지까지 운행하는 도중 대안경로를 제안하는 경우가 있다. 이때 이 시스템은 기존경로와 비교하여 남은 거리와 시간이 어떻게 달라지는지 알려준다. 즉 목적지까지의 잔여거리(A)가 몇 km 증가 · 감소하는지, 잔여시간(B)이 몇 분 증가 · 감소하는지 알려준다. 甲은 기존경로와 대안경로 중 출발지부터 목적지까지의 평균속력이 더 높을 것으로 예상되는 경로를 항상 선택한다.

─ 보기 ─
ㄱ. A가 증가하고 B가 감소하면 甲은 항상 대안경로를 선택한다.
ㄴ. A와 B가 모두 증가하면 甲은 항상 대안경로를 선택한다.
ㄷ. A와 B가 모두 감소할 때 甲이 대안경로를 선택하는 경우가 있다.
ㄹ. A가 감소하고 B가 증가할 때 甲이 대안경로를 선택하는 경우가 있다.

① ㄱ, ㄴ
② ㄱ, ㄷ
③ ㄴ, ㄷ
④ ㄴ, ㄹ
⑤ ㄷ, ㄹ

회독 ☐☐☐ 난도 ★☆☆ 소요시간 ☐☐☐

02 다음 글을 근거로 판단할 때, 〈보기〉에서 옳은 것만을 모두 고르면? 22 7급 공채 가책형 13번

이번 주 甲의 요일별 기본업무량은 다음과 같다.

요일	월	화	수	목	금
기본업무량	60	50	60	50	60

甲은 기본업무량을 초과하여 업무를 처리한 날에 '칭찬'을, 기본업무량 미만으로 업무를 처리한 날에 '꾸중'을 듣는다. 정확히 기본업무량만큼 업무를 처리한 날에는 칭찬도 꾸중도 듣지 않는다.
이번 주 甲은 방식1 ~ 방식3 중 하나를 선택하여 업무를 처리한다.
방식1 : 월요일에 100의 업무량을 처리하고, 그다음 날부터는 매일 전날 대비 20 적은 업무량을 처리한다.
방식2 : 월요일에 0의 업무량을 처리하고, 그다음 날부터는 매일 전날 대비 30 많은 업무량을 처리한다.
방식3 : 매일 60의 업무량을 처리한다.

─ 보기 ─
ㄱ. 방식1을 선택할 경우 화요일에 꾸중을 듣는다.
ㄴ. 어느 방식을 선택하더라도 수요일에는 칭찬도 꾸중도 듣지 않는다.
ㄷ. 어느 방식을 선택하더라도 칭찬을 듣는 날수는 동일하다.
ㄹ. 칭찬을 듣는 날수에서 꾸중을 듣는 날수를 뺀 값을 최대로 하려면 방식2를 선택하여야 한다.

① ㄱ, ㄷ
② ㄱ, ㄹ
③ ㄴ, ㄷ
④ ㄴ, ㄹ
⑤ ㄴ, ㄷ, ㄹ

회독 ☐☐☐ 난도 ★☆☆ 소요시간

03 다음 글과 〈상황〉을 근거로 판단할 때, 〈보기〉에서 옳은 것만을 모두 고르면? 21 7급 공채 나책형 14번

□□부서는 매년 △△사업에 대해 사업자 자격 요건 재허가 심사를 실시한다.

• 기본심사 점수에서 감점 점수를 뺀 최종심사 점수가 70점 이상이면 '재허가', 60점 이상 70점 미만이면 '허가 정지', 60점 미만이면 '허가 취소'로 판정한다.

  – 기본심사 점수: 100점 만점으로, ㉮ ~ ㉱의 4가지 항목(각 25점 만점) 점수의 합으로 한다. 단, 점수는 자연수이다.

  – 감점 점수: 과태료 부과의 경우 1회당 2점, 제재 조치의 경우 경고 1회당 3점, 주의 1회당 1.5점, 권고 1회당 0.5점으로 한다.

〈상황〉

2020년 사업자 A ~ C의 기본심사 점수 및 감점 사항은 아래와 같다.

사업자	기본심사 항목별 점수			
	㉮	㉯	㉰	㉱
A	20	23	17	?
B	18	21	18	?
C	23	18	21	16

사업자	과태료 부과횟수	제재 조치 횟수		
		경고	주의	권고
A	3	–	–	6
B	5	–	3	2
C	4	1	2	–

〈보기〉

ㄱ. A의 ㉱ 항목 점수가 15점이라면 A는 재허가를 받을 수 있다.

ㄴ. B의 허가가 취소되지 않으려면 B의 ㉱ 항목 점수가 19점 이상이어야 한다.

ㄷ. C가 2020년에 과태료를 부과받은 적이 없다면 판정 결과가 달라진다.

ㄹ. 기본심사 점수와 최종심사 점수 간의 차이가 가장 큰 사업자는 C이다.

① ㄱ
② ㄴ
③ ㄱ, ㄴ
④ ㄴ, ㄷ
⑤ ㄷ, ㄹ

회독 ☐☐☐ 난도 ★☆☆ 소요시간

04 다음 글을 근거로 판단할 때, 〈보기〉에서 옳은 것만을 모두 고르면? 21 민경채 나책형 9번

A부처는 CO_2 배출량 감소를 위해 전기와 도시가스 사용을 줄이는 가구를 대상으로 CO_2 배출 감소량에 비례하여 현금처럼 사용할 수 있는 포인트를 지급하는 제도를 시행하고 있다. 전기는 5 kWh, 도시가스는 1 m^3를 사용할 때 각각 2kg의 CO_2가 배출되며, 전기 1 kWh당 사용 요금은 20원, 도시가스 1m^3당 사용 요금은 60원이다.

〈보기〉

ㄱ. 매월 전기 요금과 도시가스 요금을 각각 1만 2천 원씩 부담하는 가구는 전기 사용으로 인한 월 CO_2 배출량이 도시가스 사용으로 인한 월 CO_2 배출량보다 적다.

ㄴ. 매월 전기 요금을 5만 원, 도시가스 요금을 3만 원 부담하는 가구는 전기와 도시가스 사용에 따른 월 CO_2 배출량이 동일하다.

ㄷ. 전기 1 kWh를 절약한 가구는 도시가스 1m^3를 절약한 가구보다 많은 포인트를 지급받는다.

① ㄱ
② ㄷ
③ ㄱ, ㄴ
④ ㄴ, ㄷ
⑤ ㄱ, ㄴ, ㄷ

회독 ☐☐☐ 난도 ★★☆ 소요시간 ☐☐☐

05 다음 글을 근거로 판단할 때, 〈보기〉에서 옳은 것만을 모두 고르면? 20 7급 모의 12번

- 甲국은 매년 X를 100톤 수입한다. 甲국이 X를 수입할 수 있는 국가는 A국, B국, C국 3개국이며, 甲국은 이 중 한 국가로부터 X를 전량 수입한다.
- X의 거래조건은 다음과 같다.

국가	1톤당 단가	관세율	1톤당 물류비
A국	12달러	0 %	3달러
B국	10달러	50 %	5달러
C국	20달러	20 %	1달러

- 1톤당 수입비용은 다음과 같다.
  1톤당 수입비용 = 1톤당 단가 + (1톤당 단가 × 관세율) + 1톤당 물류비
- 특정 국가와 FTA를 체결하면 그 국가에서 수입하는 X에 대한 관세율이 0%가 된다.
- 甲국은 지금까지 FTA를 체결한 A국으로부터만 X를 수입했다. 그러나 최근 A국으로부터 X의 수입이 일시 중단되었다.

〈보기〉

ㄱ. 甲국이 B국과도 FTA를 체결한다면, 기존에 A국에서 수입하던 것과 동일한 비용으로 X를 수입할 수 있다.

ㄴ. C국이 A국과 동일한 1톤당 단가를 제시하였다면, 甲국은 기존에 A국에서 수입하던 것보다 저렴한 비용으로 C국으로부터 X를 수입할 수 있다.

ㄷ. A국으로부터 X의 수입이 다시 가능해졌으나 1톤당 6달러의 보험료가 A국으로부터의 수입비용에 추가된다면, 甲국은 A국보다 B국에서 X를 수입하는 것이 수입비용 측면에서 더 유리하다.

① ㄱ
② ㄴ
③ ㄷ
④ ㄱ, ㄴ
⑤ ㄱ, ㄷ

회독 ☐☐☐ 난도 ★☆☆ 소요시간 ☐☐☐

06 다음 글과 〈상황〉을 근거로 판단할 때, 〈보기〉에서 옳은 것만을 모두 고르면? 21 민경채 나책형 10번

- 지방자치단체는 공립 박물관·미술관을 설립하려는 경우 □□부로부터 설립타당성에 관한 사전평가(이하 '사전평가')를 받아야 한다.
- 사전평가는 연 2회(상반기, 하반기) 진행한다.
  - 신청기한: 1월 31일(상반기), 7월 31일(하반기)
  - 평가기간: 2월 1일 ~ 4월 30일(상반기)
    8월 1일 ~ 10월 31일(하반기)
- 사전평가 결과는 '적정' 또는 '부적정'으로 판정한다.
- 지방자치단체가 동일한 공립 박물관·미술관 설립에 대해 3회 연속으로 사전평가를 신청하여 모두 '부적정'으로 판정받았다면, 그 박물관·미술관 설립에 대해서는 향후 1년간 사전평가 신청이 불가능하다.
- 사전평가 결과 '적정'으로 판정되는 경우, 지방자치단체는 부지매입비를 제외한 건립비의 최대 40 %를 국비로 지원받을 수 있다.

〈상황〉

아래의 〈표〉는 지방자치단체 A ~ C가 설립하려는 공립 박물관·미술관과 건립비를 나타낸 것이다.

〈표〉

지방자치단체	설립 예정 공립 박물관·미술관	건립비(원)	
		부지 매입비	건물 건축비
A	甲미술관	30억	70억
B	乙박물관	40억	40억
C	丙박물관	10억	80억

〈보기〉

ㄱ. 甲미술관을 국비 지원 없이 설립하기로 했다면, A는 사전평가를 거치지 않고도 甲미술관을 설립할 수 있다.

ㄴ. 乙박물관이 사전평가에서 '적정'으로 판정될 경우, B는 최대 32억 원까지 국비를 지원받을 수 있다.

ㄷ. 丙박물관이 2019년 하반기, 2020년 상반기, 2020년 하반기 사전평가에서 모두 '부적정'으로 판정된 경우, C는 丙박물관에 대한 2021년 상반기 사전평가를 신청할 수 없다.

① ㄱ
② ㄷ
③ ㄱ, ㄴ
④ ㄴ, ㄷ
⑤ ㄱ, ㄴ, ㄷ

회독 ☐☐☐ 난도 ★★☆ 소요시간 ☐☐☐

07 다음 글을 근거로 판단할 때, 〈보기〉에서 옳은 것만을 모두 고르면? 20 7급 모의 20번

- 甲주무관은 A법률 개정안으로 (가), (나), (다) 총 세 가지를 준비하고 있다.
- 이해관계자, 관계부처, 입법부의 수용가능성 및 국정과제 관련도의 4개 평가항목에 따라 평가점수를 부여하고 평가점수 총합이 가장 높은 개정안을 채택한다. 단, 다음의 사항을 고려한다.
  - 평가점수 총합이 동일한 경우, 국정과제 관련도 점수가 가장 높은 개정안을 채택한다.
  - 개정안의 개별 평가항목 점수 중 어느 하나라도 2점 미만인 경우, 해당 개정안은 채택하지 않는다.
- 수용가능성 평가점수를 높일 수 있는 추가 절차는 아래와 같다. 단, 각 절차는 개정안마다 최대 2회 진행할 수 있다.
  - 이해관계자 수용가능성: 관계자간담회 1회당 1점 추가
  - 관계부처 수용가능성: 부처간회의 1회당 2점 추가
  - 입법부 수용가능성: 국회설명회 1회당 0.5점 추가
- 수용가능성 평가항목별 점수를 높일 수 있는 추가 절차를 진행하지 않은 상태에서 개정안별 평가점수는 아래와 같다.

〈A법률 개정안 평가점수〉

개정안	수용가능성			국정과제 관련도	총합
	이해관계자	관계부처	입법부		
(가)	5	3	1	4	13
(나)	3	4	3	3	13
(다)	4	3	3	2	12

보기

ㄱ. 추가 절차를 진행하지 않는 경우, (나)가 채택된다.
ㄴ. 3개 개정안 모두를 대상으로 입법부 수용가능성을 높이는 절차를 최대한 진행하는 경우, (가)가 채택된다.
ㄷ. (나)에 대한 부처간회의를 1회 진행하고 (다)에 대한 관계자간담회를 2회 진행하는 경우, (다)가 채택된다.

① ㄱ
② ㄷ
③ ㄱ, ㄴ
④ ㄴ, ㄷ
⑤ ㄱ, ㄴ, ㄷ

회독 ☐☐☐ 난도 ★★☆ 소요시간 ☐☐☐

08 다음 〈재난관리 평가지침〉과 〈상황〉을 근거로 판단할 때 옳은 것은? 19 민경채 나책형 10번

재난관리 평가지침

☐ 순위산정 기준
- 최종순위 결정
  - 정량평가 점수(80점)와 정성평가 점수(20점)의 합으로 계산된 최종점수가 높은 순서대로 순위 결정
- 동점기관 처리
  - 최종점수가 동점일 경우에는 정성평가 점수가 높은 순서대로 순위 결정

☐ 정성평가 기준
- 지자체 및 민간분야와의 재난안전분야 협력(10점 만점)

평가	상	중	하
선정비율	20 %	60 %	20 %
배점	10점	6점	3점

- 재난관리에 대한 종합평가(10점 만점)

평가	상	중	하
선정비율	20 %	60 %	20 %
배점	10점	5점	1점

상황

일부 훼손된 평가표는 아래와 같다. (단, 평가대상기관은 5개이다)

평가 \ 기관	정량평가 (80점 만점)	정성평가 (20점 만점)
A	71	20
B	80	11
C	69	11
D	74	
E	66	

① A기관이 2위일 수도 있다.
② B기관이 3위일 수도 있다.
③ C기관이 4위일 가능성은 없다.
④ D기관이 3위일 가능성은 없다.
⑤ E기관은 어떠한 경우에도 5위일 것이다.

09 다음 글을 근거로 판단할 때, 〈보기〉에서 옳은 것만을 모두 고르면? 19 민경채 나책형 24번

사슴은 맹수에게 계속 괴롭힘을 당하자 자신을 맹수로 바꾸어 달라고 산신령에게 빌었다. 사슴을 불쌍하게 여긴 산신령은 사슴에게 남은 수명 중 n년(n은 자연수)을 포기하면 여생을 아래 5가지의 맹수 중 하나로 살 수 있게 해 주겠다고 했다.

사슴으로 살 경우의 1년당 효용은 40이며, 다른 맹수로 살 경우의 1년당 효용과 그 맹수로 살기 위해 사슴이 포기해야 하는 수명은 아래의 〈표〉와 같다. 예를 들어 사슴의 남은 수명이 12년일 경우 사슴으로 계속 산다면 12×40 $= 480$의 총 효용을 얻지만, 독수리로 사는 것을 선택한다면 $(12 - 5) \times 50 = 350$의 총 효용을 얻는다.

사슴은 여생의 총 효용이 줄어드는 선택은 하지 않으며, 포기해야 하는 수명이 사슴의 남은 수명 이상인 맹수는 선택할 수 없다. 1년당 효용이 큰 맹수일수록, 사슴은 그 맹수가 되기 위해 더 많은 수명을 포기해야 한다. 사슴은 자신의 남은 수명과 〈표〉의 '?'로 표시된 수를 알고 있다.

〈표〉

맹수	1년당 효용	포기해야 하는 수명(년)
사자	250	14
호랑이	200	?
곰	170	11
악어	70	?
독수리	50	5

┌─ 보기 ─┐
ㄱ. 사슴의 남은 수명이 13년이라면, 사슴은 곰을 선택할 것이다.
ㄴ. 사슴의 남은 수명이 20년이라면, 사슴은 독수리를 선택하지는 않을 것이다.
ㄷ. 호랑이로 살기 위해 포기해야 하는 수명이 13년이라면, 사슴의 남은 수명에 따라 사자를 선택했을 때와 호랑이를 선택했을 때 여생의 총 효용이 같은 경우가 있다.

① ㄴ   ② ㄷ
③ ㄱ, ㄴ   ④ ㄴ, ㄷ
⑤ ㄱ, ㄴ, ㄷ

10 다음 글과 〈평가 결과〉를 근거로 판단할 때, 〈보기〉에서 옳은 것만을 모두 고르면? 16 민경채 5책형 19번

X국에서는 현재 정부 재정지원을 받고 있는 복지시설(A ~ D)을 대상으로 다섯 가지 항목(환경개선, 복지관리, 복지지원, 복지성과, 중장기 발전계획)에 대한 종합적인 평가를 진행하였다.

평가점수의 총점은 각 평가항목에 대해 해당 시설이 받은 점수와 해당 평가항목별 가중치를 곱한 것을 합산하여 구하고, 총점 90점 이상은 1등급, 80점 이상 90점 미만은 2등급, 70점 이상 80점 미만은 3등급, 70점 미만은 4등급으로 한다.

평가 결과, 1등급 시설은 특별한 조치를 취하지 않으며, 2등급 시설은 관리 정원의 5%를, 3등급 이하 시설은 관리 정원의 10%를 감축해야 하고, 4등급을 받으면 정부의 재정지원도 받을 수 없다.

〈평가 결과〉

평가항목 (가중치)	A시설	B시설	C시설	D시설
환경개선 (0.2)	90	90	80	90
복지관리 (0.2)	95	70	65	70
복지지원 (0.2)	95	70	55	80
복지성과 (0.2)	95	70	60	60
중장기 발전계획 (0.2)	90	95	50	65

┌─ 보기 ─┐
ㄱ. A시설은 관리 정원을 감축하지 않아도 된다.
ㄴ. B시설은 관리 정원을 감축해야 하나 정부의 재정지원은 받을 수 있다.
ㄷ. 만약 평가항목에서 환경개선의 가중치를 0.3으로, 복지성과의 가중치를 0.1로 바꾼다면 C시설은 정부의 재정지원을 받을 수 있다.
ㄹ. D시설은 관리 정원을 감축해야 하고 정부의 재정지원도 받을 수 없다.

① ㄱ, ㄴ   ② ㄴ, ㄹ
③ ㄷ, ㄹ   ④ ㄱ, ㄴ, ㄷ
⑤ ㄱ, ㄷ, ㄹ

회독 ☐☐☐ 난도 ★☆☆ 소요시간 ☐☐☐☐☐

11 다음 글을 근거로 판단할 때, 〈보기〉에서 옳은 것만을 모두 고르면? 17 민경채 나책형 14번

A국과 B국은 대기오염 정도를 측정하여 통합지수를 산정하고 이를 바탕으로 경보를 한다.

A국은 5가지 대기오염 물질 농도를 각각 측정하여 대기환경지수를 산정하고, 그 평균값을 통합지수로 한다. 통합지수의 범위에 따라 호흡 시 건강에 미치는 영향이 달라지며, 이를 기준으로 그 등급을 아래와 같이 6단계로 나눈다.

〈A국 대기오염 등급 및 경보기준〉

등급	좋음	보통	민감군에게 해로움	해로움	매우 해로움	심각함
통합지수	0 ~ 50	51 ~ 100	101 ~ 150	151 ~ 200	201 ~ 300	301 ~ 500
경보색깔	초록	노랑	주황	빨강	보라	적갈
행동지침	외부활동 가능		외부활동 자제			

※ 민감군 : 노약자, 호흡기 환자 등 대기오염에 취약한 사람

B국은 A국의 5가지 대기오염 물질을 포함한 총 6가지 대기오염 물질의 농도를 각각 측정하여 대기환경지수를 산정하고, 이 가운데 가장 높은 대기환경지수를 통합지수로 사용한다. 다만 오염물질별 대기환경지수 중 101 이상인 것이 2개 이상일 경우에는 가장 높은 대기환경지수에 20을 더하여 통합지수를 산정한다. 통합지수는 그 등급을 아래와 같이 4단계로 나눈다.

〈B국 대기오염 등급 및 경보기준〉

등급	좋음	보통	나쁨	매우 나쁨
통합지수	0 ~ 50	51 ~ 100	101 ~ 250	251 ~ 500
경보색깔	파랑	초록	노랑	빨강
행동지침	외부활동 가능		외부활동 자제	

보기

ㄱ. A국과 B국의 통합지수가 동일하더라도, 각 대기오염 물질의 농도는 다를 수 있다.

ㄴ. B국의 통합지수가 180이라면, 6가지 대기오염 물질의 대기환경지수 중 가장 높은 것은 180 미만일 수 없다.

ㄷ. A국이 대기오염 등급을 '해로움'으로 경보한 경우, 그 정보만으로는 특정 대기오염 물질 농도에 대한 정확한 수치를 알 수 없을 것이다.

ㄹ. B국 국민이 A국에 방문하여 경보색깔이 노랑인 것을 확인하고 B국의 경보기준을 따른다면, 외부활동을 자제할 것이다.

① ㄱ, ㄴ   ② ㄱ, ㄷ
③ ㄴ, ㄹ   ④ ㄱ, ㄷ, ㄹ
⑤ ㄴ, ㄷ, ㄹ

12 다음 글을 근거로 판단할 때, 〈보기〉에서 옳은 것만을 모두 고르면? 22 5급 공채 나책형 17번

국민은 A, B 두 집단으로 구분되며, 현행 정책과 개편안에 따라 각 집단에 속한 개인이 얻는 혜택은 다음과 같다.

집단	현행 정책	개편안
A	100	90
B	50	80

정부는 다음 (가), (나), (다) 중 하나를 판단기준으로 하여 정책을 채택하려고 한다.
(가) 국민 전체 혜택의 합이 더 큰 정책을 채택한다.
(나) 개인이 얻는 혜택이 적은 집단에 더 유리한 정책을 채택한다.
(다) A, B 두 집단 간 개인 혜택의 차이가 더 작은 정책을 채택한다.

〔보기〕
ㄱ. (가)를 판단기준으로 할 경우, A인구가 B인구의 4배라면 현행 정책이 유지된다.
ㄴ. (가)를 판단기준으로 할 경우, B인구가 전체 인구의 30%라면 개편안이 채택된다.
ㄷ. (나)를 판단기준으로 할 경우, A와 B의 인구와 관계없이 개편안이 채택된다.
ㄹ. (다)를 판단기준으로 할 경우, A인구가 B인구의 5배라면 현행 정책이 유지된다.

① ㄱ, ㄴ　　　　② ㄱ, ㄹ
③ ㄴ, ㄷ　　　　④ ㄷ, ㄹ
⑤ ㄱ, ㄴ, ㄷ

13 다음 글을 근거로 판단할 때 옳지 않은 것은?
21 5급 공채 가책형 9번

도시 O, A, B, C는 순서대로 동일 직선상에 배치되어 있으며 도시 간 거리는 각각 30km로 동일하다. ($\overline{OA}$: 30km, $\overline{AB}$: 30km, $\overline{BC}$: 30km)
A, B, C가 비용을 분담하여 O에서부터 A와 B를 거쳐 C까지 연결하는 직선도로를 건설하려고 한다. A, B, C 주민은 O로의 이동을 위해서만 도로를 이용한다. 도로 1km당 건설비용은 동일하다. 비용 분담안으로 다음 세 가지 안이 논의되고 있다.
• I안 : 각 도시가 균등하게 비용을 부담
• II안 : 각 도시가 이용 구간의 길이에 비례하여 비용을 부담
• III안 : 도로를 $\overline{OA}$, $\overline{AB}$, $\overline{BC}$로 나누어 해당 구간을 이용하는 도시가 해당 구간 건설비용을 균등하게 부담

① A에게는 III안이 가장 부담 비용이 낮다.
② B의 부담 비용은 I안과 II안에서 같다.
③ II안에서 A와 B의 부담 비용의 합은 C의 부담 비용과 같다.
④ I안에 비해 부담 비용이 낮아지는 도시의 수는 II안보다 III안에서 더 많다.
⑤ C의 부담 비용은 III안이 I안의 2배 이상이다.

회독 ☐☐☐ 난도 ★★★ 소요시간 ☐☐☐

14 다음 글을 근거로 판단할 때, 〈보기〉에서 〈A사업의 상황별 대안의 기대이익〉에 대한 설명으로 옳은 것만을 모두 고르면? 20 5급 공채 나책형 17번

기준 I, 기준 II, 기준 III을 이용하여 불확실한 상황에서 대안을 비교·평가할 수 있다.

기준 I은 최상의 상황이 발생할 것이라는 가정에서 최선의 대안을 선택하는 것이다. 〈표 1〉에서 각 대안의 최대 기대이익을 비교하여, 그 중 가장 큰 값을 갖는 '대안1'을 선택하는 것이다.

기준 II는 최악의 상황이 발생할 것이라는 가정에서 최선의 대안을 선택하는 것이다. 〈표 1〉에서 각 대안의 최소 기대이익을 비교하여, 그 중 가장 큰 값을 갖는 '대안3'을 선택하는 것이다.

〈표 1〉 ○○사업의 상황별 대안의 기대이익

구분	상황1	상황2	상황3	최대 기대이익	최소 기대이익
대안1	30	10	−10	30	−10
대안2	20	14	5	20	5
대안3	15	15	15	15	15

기준 III은 최대 '후회'가 가장 작은 대안을 선택하는 것이다. 후회는 일정한 상황에서 특정 대안을 선택함으로써 최선의 대안을 선택하였더라면 얻을 수 있는 기대이익을 얻지 못해 발생하는 손실을 의미한다. 〈표 1〉의 상황별 최대 기대이익에서 각 대안의 기대이익을 차감하여 〈표 2〉와 같이 후회를 구할 수 있다. 이후 각 대안의 최대 후회를 비교하여, 그 중 가장 작은 값을 갖는 '대안2'를 선택하는 것이다.

〈표 2〉 ○○사업의 후회

구분	상황1	상황2	상황3	최대 후회
대안1	0	5	25	25
대안2	10	1	10	10
대안3	15	0	0	15

A사업의 상황별 대안의 기대이익

구분	상황S1	상황S2	상황S3
대안A1	50	16	−9
대안A2	30	19	5
대안A3	20	15	10

보기

ㄱ. 기준 I로 대안을 선택한다면, 대안A2를 선택하게 된다.

ㄴ. 기준 II로 대안을 선택한다면, 대안A3을 선택하게 된다.

ㄷ. 상황S2에서 대안A2의 후회는 11이다.

ㄹ. 기준 III으로 대안을 선택한다면, 대안A1을 선택하게 된다.

① ㄱ, ㄴ ② ㄱ, ㄷ
③ ㄴ, ㄹ ④ ㄷ, ㄹ
⑤ ㄴ, ㄷ, ㄹ

회독 ☐☐☐ 난도 ★★☆ 소요시간 ☐☐☐

15 다음 글을 근거로 판단할 때 옳은 것은?

19 5급 공채 가책형 32번

○○기업은 5명(甲 ~ 戊)을 대상으로 면접시험을 실시하였다. 면접시험의 평가기준은 가치관, 열정, 표현력, 잠재력, 논증력 5가지 항목이며 각 항목 점수는 3점 만점이다. 이에 따라 5명은 항목별로 다음과 같은 점수를 받았다.

〈면접시험 결과〉

(단위 : 점)

구분	甲	乙	丙	丁	戊
가치관	3	2	3	2	2
열정	2	3	2	2	2
표현력	2	3	2	2	3
잠재력	3	2	2	3	3
논증력	2	2	3	3	2

종합점수는 각 항목별 점수에 항목가중치를 곱하여 합산하며, 종합점수가 높은 순으로 등수를 결정했다. 결과는 다음과 같다.

〈등수〉

1등	乙
2등	戊
3등	甲
4등	丁
5등	丙

① 잠재력은 열정보다 항목가중치가 높다.
② 논증력은 열정보다 항목가중치가 높다.
③ 잠재력은 가치관보다 항목가중치가 높다.
④ 가치관은 표현력보다 항목가중치가 높다.
⑤ 논증력은 잠재력보다 항목가중치가 높다.

회독 ☐☐☐ 난도 ★★☆ 소요시간 ☐☐☐

16 다음 글을 근거로 판단할 때 옳지 않은 것은?

18 5급 공채 나책형 28번

• 甲부서에서는 2018년도 예산을 편성하기 위해 2017년에 시행되었던 정책(A ~ F)에 대한 평가를 실시하여, 아래와 같은 결과를 얻었다.

〈정책 평가 결과〉

(단위 : 점)

정책	계획의 충실성	계획 대비 실적	성과지표 달성도
A	96	95	76
B	93	83	81
C	94	96	82
D	98	82	75
E	95	92	79
F	95	90	85

• 정책 평가 영역과 각 영역별 기준 점수는 다음과 같다.
– 계획의 충실성 : 기준 점수 90점
– 계획 대비 실적 : 기준 점수 85점
– 성과지표 달성도 : 기준 점수 80점
• 평가 점수가 해당 영역의 기준 점수 이상인 경우 '통과'로 판단하고 기준 점수 미만인 경우 '미통과'로 판단한다.
• 모든 영역이 통과로 판단된 정책에는 전년과 동일한 금액을 편성하며, 2개 영역이 통과로 판단된 정책에는 전년 대비 10 % 감액, 1개 영역만 통과로 판단된 정책에는 15 % 감액하여 편성한다. 다만 '계획 대비 실적' 영역이 미통과인 경우 위 기준과 상관없이 15 % 감액하여 편성한다.
• 2017년도 甲부서의 A ~ F 정책 예산은 각각 20억 원으로 총 120억 원이었다.

① 전년과 동일한 금액의 예산을 편성해야 하는 정책은 총 2개이다.
② 甲부서의 2018년도 A ~ F 정책 예산은 전년 대비 9억 원이 줄어들 것이다.
③ '성과지표 달성도' 영역에서 '통과'로 판단된 경우에도 예산을 감액해야 하는 정책이 있다.
④ 예산을 전년 대비 15 % 감액하여 편성하는 정책들은 모두 '계획 대비 실적' 영역이 '미통과'로 판단되었을 것이다.
⑤ 2개 영역이 '미통과'로 판단된 정책에 대해서만 전년 대비 2018년도 예산을 감액하는 것으로 기준을 변경하는 경우에는 총 1개의 정책만 감액해야 한다.

17 다음 글과 〈선정 방식〉을 근거로 판단할 때, 〈보기〉에서 옳은 것만을 모두 고르면? 18 5급 공채 나책형 14번

> △△기업은 3개 신문사(甲 ~ 丙)를 대상으로 광고비를 지급하기 위해 3가지 선정 방식을 논의 중이다. 3개 신문사의 정보는 다음과 같다.

신문사	발행부수(부)	유료부수(부)	발행기간(년)
甲	30,000	9,000	5
乙	30,000	11,500	10
丙	20,000	12,000	12

※ 발행부수 = 유료부수 + 무료부수

─〈조건〉─

• 방식 1 : 항목별 점수를 합산하여 고득점 순으로 500만 원, 300만 원, 200만 원을 광고비로 지급하되, 80점 미만인 신문사에는 지급하지 않는다.

평가항목	항목별 점수			
발행부수 (부)	20,000 이상	15,000 ~ 19,999	10,000 ~ 14,999	10,000 미만
	50점	40점	30점	20점
유료부수 (부)	15,000 이상	10,000 ~ 14,999	5,000 ~ 9,999	5,000 미만
	30점	25점	20점	15점
발행기간 (년)	15 이상	12 ~ 14	9 ~ 11	6 ~ 8
	20점	15점	10점	5점

※ 항목별 점수에 해당하지 않을 경우 해당 항목을 0점으로 처리한다.

• 방식 2 : A등급에 400만 원, B등급에 200만 원, C등급에 100만 원을 광고비로 지급하되, 등급별 조건을 모두 충족하는 경우에만 해당 등급을 부여한다.

등급	발행부수(부)	유료부수(부)	발행기간(년)
A	20,000 이상	10,000 이상	10 이상
B	10,000 이상	5,000 이상	5 이상
C	5,000 이상	2,000 이상	2 이상

※ 하나의 신문사가 복수의 등급에 해당할 경우, 그 신문사에게 가장 유리한 등급을 부여한다.

• 방식 3 : 1,000만 원을 발행부수 비율에 따라 각 신문사에 광고비로 지급한다.

─〈보기〉─

ㄱ. 乙은 방식 3이 가장 유리하다.

ㄴ. 丙은 방식 1이 가장 유리하다.

ㄷ. 방식 1로 선정할 경우, 甲은 200만 원의 광고비를 지급받는다.

ㄹ. 방식 2로 선정할 경우, 丙은 甲보다 두 배의 광고비를 지급받는다.

① ㄱ, ㄴ ② ㄱ, ㄷ
③ ㄴ, ㄷ ④ ㄴ, ㄹ
⑤ ㄷ, ㄹ

18 다음 글과 〈설립위치 선정 기준〉을 근거로 판단할 때, A사가 서비스센터를 설립하는 방식과 위치로 옳은 것은?

17 5급 공채 가책형 30번

- 휴대폰 제조사 A는 B국에 고객서비스를 제공하기 위해 1개의 서비스센터 설립을 추진하려고 한다.
- 설립방식에는 (가)방식과 (나)방식이 있다.
- A사는 {(고객만족도 효과의 현재가치) − (비용의 현재가치)}의 값이 큰 방식을 선택한다.
- 비용에는 규제비용과 로열티비용이 있다.

구분		(가)방식	(나)방식
고객만족도 효과의 현재가치		5억 원	4.5억 원
비용의 현재가치	규제비용	3억 원 (설립 당해년도만 발생)	없음
	로열티비용	없음	− 3년간 로열티비용을 지불함 − 로열티비용의 현재가치 환산액: 설립 당해년도는 2억 원, 그 다음 해부터는 직전년도 로열티비용의 1/2씩 감액한 금액

※ 고객만족도 효과의 현재가치는 설립 당해 연도를 기준으로 산정된 결과이다.

┌ 설립위치 선정 기준 ┐
- 설립위치로 B국의 甲, 乙, 丙 3곳을 검토 중이며, 각 위치의 특성은 다음과 같다.

위치	유동인구(만 명)	20 ~ 30대 비율(%)	교통혼잡성
甲	80	75	3
乙	100	50	1
丙	75	60	2

- A사는 {(유동인구)×(20 ~ 30대 비율)/(교통혼잡성)} 값이 큰 곳을 선정한다. 다만 A사는 제품의 특성을 고려하여 20 ~ 30대 비율이 50 % 이하인 지역은 선정대상에서 제외한다.

	설립방식	설립위치
①	(가)	甲
②	(가)	丙
③	(나)	甲
④	(나)	乙
⑤	(나)	丙

19 다음 글을 근거로 판단할 때, A시가 '창의 테마파크'에서 운영할 프로그램은? 16 5급 공채 4책형 38번

A시는 학생들의 창의력을 증진시키기 위해 '창의 테마파크'를 운영하고자 한다. 이를 위해 다음과 같은 프로그램을 후보로 정했다.

분야	프로그램명	전문가 점수	학생 점수
미술	내 손으로 만드는 동물	26	32
인문	세상을 바꾼 생각들	31	18
무용	스스로 창작	37	25
인문	역사랑 놀자	36	28
음악	연주하는 교실	34	34
연극	연출노트	32	30
미술	창의 예술학교	40	25
진로	항공체험 캠프	30	35

- 전문가와 학생은 후보로 선정된 프로그램을 각각 40점 만점제로 우선 평가하였다.
- 전문가 점수와 학생 점수의 반영 비율을 3:2로 적용하여 합산한 후, 하나밖에 없는 분야에 속한 프로그램에는 취득점수의 30%를 가산점으로 부여한다.
- A시는 가장 높은 점수를 받은 프로그램을 최종 선정하여 운영한다.

① 연주하는 교실
② 항공체험 캠프
③ 스스로 창작
④ 연출노트
⑤ 창의 예술학교

20 다음 〈조건〉을 근거로 판단할 때, 〈보기〉에서 옳은 것만을 모두 고르면? 15 5급 공채 인책형 10번

〈조건〉

- A사와 B사는 신제품을 공동개발하여 판매한 총 순이익을 아래와 같은 기준에 의해 분배하기로 약정하였다.
  (가) A사와 B사는 총 순이익에서 각 회사 제조원가의 10%에 해당하는 금액을 우선 각자 분배받는다.
  (나) 총 순이익에서 위 (가)의 금액을 제외한 나머지 금액에 대한 분배기준은 연구개발비, 판매관리비, 광고홍보비 중 어느 하나로 결정하며, 각 회사가 지출한 비용에 비례하여 분배액을 정하기로 한다.
- 신제품 개발과 판매에 따른 비용과 총 순이익은 다음과 같다.

(단위: 억 원)

구분	A사	B사
제조원가	200	600
연구개발비	100	300
판매관리비	200	200
광고홍보비	300	150
총 순이익	200	

〈보기〉

ㄱ. 분배받는 순이익을 극대화하기 위한 분배기준으로, A사는 광고홍보비를, B사는 연구개발비를 선호할 것이다.
ㄴ. 연구개발비가 분배기준이 된다면, 총 순이익에서 B사가 분배받는 금액은 A사의 3배이다.
ㄷ. 판매관리비가 분배기준이 된다면, 총 순이익에서 A사와 B사가 분배받는 금액은 동일하다.
ㄹ. 광고홍보비가 분배기준이 된다면, 총 순이익에서 A사가 분배받는 금액은 B사보다 많다.

① ㄱ, ㄴ
② ㄱ, ㄷ
③ ㄱ, ㄹ
④ ㄴ, ㄹ
⑤ ㄷ, ㄹ

21 다음 글을 근거로 판단할 때, 〈보기〉에서 옳은 것만을 모두 고르면? 19 민경채 나책형 8번

甲은 결혼 준비를 위해 스튜디오 업체(A, B), 드레스 업체(C, D), 메이크업 업체(E, F)의 견적서를 각각 받았는데, 최근 생긴 B업체만 정가에서 10% 할인한 가격을 제시하였다. 아래 〈표〉는 각 업체가 제시한 가격의 총액을 계산한 결과이다. (단, A ~ F 각 업체의 가격은 모두 상이하다)

〈표〉

스튜디오	드레스	메이크업	총액
A	C	E	76만 원
이용 안함	C	F	58만 원
A	D	E	100만 원
이용 안함	D	F	82만 원
B	D	F	127만 원

┌ 보기 ┐

ㄱ. A업체 가격이 26만 원이라면, E업체 가격이 F업체 가격보다 8만 원 비싸다.

ㄴ. B업체의 할인 전 가격은 50만 원이다.

ㄷ. C업체 가격이 30만 원이라면, E업체 가격은 28만 원이다.

ㄹ. D업체 가격이 C업체 가격보다 26만 원 비싸다.

① ㄱ   ② ㄴ
③ ㄷ   ④ ㄴ, ㄷ
⑤ ㄷ, ㄹ

22 다음 글을 근거로 판단할 때, 〈보기〉에서 옳은 것만을 모두 고르면? 14 민경채 A책형 5번

☐ 사업개요

1. 사업목적
   • 취약계층 아동에게 맞춤형 통합서비스를 제공하여 아동의 건강한 성장과 발달을 도모하고, 공평한 출발 기회를 보장함으로써 건강하고 행복한 사회구성원으로 성장할 수 있도록 지원함

2. 사업대상
   • 0세 ~ 만 12세 취약계층 아동
   ※ 0세는 출생 이전의 태아와 임산부를 포함
   ※ 초등학교 재학생이라면 만 13세 이상도 포함

☐ 운영계획

1. 지역별 인력구성
   • 전담공무원 : 3명
   • 아동통합서비스 전문요원 : 4명 이상
   ※ 아동통합서비스 전문요원은 대상 아동 수에 따라 최대 7명까지 배치 가능

2. 사업예산
   • 시·군·구별 최대 3억 원(국비 100%) 한도에서 사업 환경을 반영하여 차등지원
   ※ 단, 사업예산의 최대 금액은 기존사업지역 3억 원, 신규사업지역 1억 5천만 원으로 제한

┌ 보기 ┐

ㄱ. 임신 6개월째인 취약계층 임산부는 사업대상에 해당되지 않는다.

ㄴ. 내년 초등학교 졸업을 앞둔 만 14세 취약계층 학생은 사업대상에 해당한다.

ㄷ. 대상 아동 수가 많은 지역이더라도 해당 사업의 전담공무원과 아동통합서비스 전문요원을 합한 인원은 10명을 넘을 수 없다.

ㄹ. 해당 사업을 신규로 추진하고자 하는 △△시는 사업예산을 최대 3억 원까지 국비로 지원받을 수 있다.

① ㄱ, ㄴ   ② ㄱ, ㄹ
③ ㄴ, ㄷ   ④ ㄴ, ㄹ
⑤ ㄷ, ㄹ

회독 ☐☐☐ 난도 ★☆☆ 소요시간 [　　]

23 다음 〈사업설명서〉를 근거로 판단할 때, 〈보기〉에서 옳은 것만을 모두 고르면? 14 민경채 A책형 15번

〈사업설명서〉

총지원금		2013년	14,000백만 원	2014년	13,000백만 원
지원 인원		2013년	3,000명	2014년	2,000명
사업 개요	시작 년도	1998년			
	추진 경위	IMF 대량실업사태 극복을 위해 출발			
	사업 목적	실업자에 대한 일자리 제공으로 생활안정 및 사회 안전망 제공			
	모집 시기	연간 2회(5월, 12월)			
근로 조건	근무 조건	월 소정 근로시간	112시간 이하	주당 근로일수	5일
	4대 사회 보험 보장 여부	국민연금	건강보험	고용보험	산재보험
		○	○	○	○
참여자	주된 참여자	청년 (35세 미만)	중장년 (50 ~ 64세)	노인 (65세 이상)	여성 / 장애인
			○		
	기타	우대 요건	저소득층, 장기실업자, 여성가장 등 취업취약계층 우대	취업 취약 계층 목표 비율	70%

─〈보기〉─

ㄱ. 2014년에는 2013년보다 총지원금은 줄었지만 지원 인원 1인당 평균 지원금은 더 많아졌다.

ㄴ. 저소득층, 장기실업자, 여성가장이 아니라면 이 사업에 참여할 수 없다.

ㄷ. 이 사업 참여자들은 4대 사회보험을 보장받지 못한다.

ㄹ. 이 사업은 청년층이 주된 참여자이다.

① ㄱ
② ㄱ, ㄴ
③ ㄴ, ㄷ
④ ㄷ, ㄹ
⑤ ㄱ, ㄷ, ㄹ

회독 ☐☐☐ 난도 ★★☆ 소요시간 [　　]

24 다음 글을 근거로 판단할 때, 〈사례〉의 甲과 乙 사업이 각각 받아야 하는 평가의 수는? 14 민경채 A책형 16번

• A 평가

평가의 대상은 총사업비가 500억 원 이상인 사업 중 중앙정부의 재정지원(국비) 규모가 300억 원 이상인 신규사업으로 건설공사가 포함된 사업, 정보화·국가연구개발 사업, 사회복지·보건·교육·노동·문화·관광·환경보호·농림·해양수산·산업·중소기업 분야의 사업이다.

단, 법령에 따라 설치하거나 추진하여야 하는 사업, 공공청사 신·증축사업, 도로·상수도 등 기존 시설의 단순개량 및 유지보수사업, 재해예방 및 복구지원 등으로 시급한 추진이 필요한 사업은 평가 대상에서 제외된다.

※ 법령: 국회에서 제정한 법률과 행정부에서 제정한 명령(대통령령·총리령·부령)을 의미한다.

• B 평가

신규사업의 시행이 환경에 미치는 영향을 미리 조사·예측·평가하는 것이다. 평가 대상은 도시개발사업, 도로건설사업, 철도건설사업(도시철도 포함), 공항건설사업이다.

• C 평가

대량의 교통수요를 유발할 우려가 있는 신규사업을 시행할 경우, 미리 주변지역의 교통체계에 미치는 제반 영향을 분석·평가하여 이에 따른 대책을 강구하는 평가이다. 평가의 대상은 다음과 같다.

종 류	기 준
도시개발사업	부지면적 10만 m² 이상
철도건설사업	정거장 1개소 이상, 총길이 5 km 이상

─〈사례〉─

甲 사업: ○○광역시가 시행주체가 되어 추진하는 부지면적 12만 5천 m²에 보금자리주택을 건설하는 신규 도시개발사업으로, 총사업비 520억 원 중 100억 원을 국비로, 420억 원을 시비로 조달함

乙 사업: 최근 국회에서 제정한 '△△광역시 철도건설특별법률'에 따라 △△광역시에 정거장 7개소, 총길이 18 km의 철도를 건설하는 신규사업으로, 총사업비 4,300억 원을 전액 국비로 지원받음

	甲 사업	乙 사업
①	2	2
②	2	3
③	3	1
④	3	2
⑤	3	3

25 다음 〈상황〉을 근거로 판단할 때, 〈대안〉의 월 소요 예산 규모를 비교한 것으로 옳은 것은? 18 5급 공채 나책형 32번

─〈상황〉─
- 甲사무관은 빈곤과 저출산 문제를 해결하기 위한 대안을 분석 중이다.
- 전체 1,500가구는 자녀 수에 따라 네 가지 유형으로 구분할 수 있는데, 그 구성은 무자녀 가구 300가구, 한 자녀 가구 600가구, 두 자녀 가구 500가구, 세 자녀 이상 가구 100가구이다.
- 전체 가구의 월 평균 소득은 200만 원이다.
- 각 가구 유형의 30%는 맞벌이 가구이다.
- 각 가구 유형의 20%는 빈곤 가구이다.

─〈대안〉─
A안 : 모든 빈곤 가구에게 전체 가구 월 평균 소득의 25%에 해당하는 금액을 가구당 매월 지급한다.
B안 : 한 자녀 가구에는 10만 원, 두 자녀 가구에는 20만 원, 세 자녀 이상 가구에는 30만 원을 가구당 매월 지급한다.
C안 : 자녀가 있는 모든 맞벌이 가구에 자녀 1명당 30만 원을 매월 지급한다. 다만 세 자녀 이상의 맞벌이 가구에는 일률적으로 가구당 100만 원을 매월 지급한다.

① A<B<C ② A<C<B
③ B<A<C ④ B<C<A
⑤ C<A<B

26 다음 글을 근거로 판단할 때, 〈보기〉에서 옳은 것만을 모두 고르면? 20 5급 공채 나책형 7번

甲국은 출산장려를 위한 경제적 지원 정책으로 다음과 같은 세 가지 안(A ~ C)을 고려 중이다.

- A안 : 18세 이하의 자녀가 있는 가정에 수당을 매월 지급하되, 자녀가 둘 이상인 경우에 한한다. 18세 이하의 자녀에 대해서 첫째와 둘째는 각각 15만 원, 셋째는 30만 원, 넷째부터는 45만 원씩의 수당을 해당 가정에 지급한다.
- B안 : 18세 이하의 자녀가 있는 가정에 수당을 매월 지급한다. 다만 자녀가 18세를 초과하더라도 재학 중인 경우에는 24세까지 수당을 지급한다. 첫째와 둘째는 각각 20만 원, 셋째는 22만 원, 넷째부터는 25만 원씩의 수당을 해당 가정에 지급한다.
- C안 : 자녀가 중학교를 졸업할 때(상한 연령 16세)까지만 해당 가정에 수당을 매월 지급한다. 우선 3세 미만의 자녀가 있는 가정에는 3세 미만의 자녀 1명 당 10만 원을 지급한다. 3세부터 초등학교를 졸업할 때까지는 첫째와 둘째는 각각 8만 원, 셋째부터는 10만 원씩 해당 가정에 지급한다. 중학생 자녀의 경우, 일률적으로 1명 당 8만 원씩 해당 가정에 지급한다.

─〈보기〉─
ㄱ. 18세 이하 자녀 3명만 있는 가정의 경우, 지급받는 월 수당액은 A안보다 B안을 적용할 때 더 많다.
ㄴ. A안을 적용할 때 자녀가 18세 이하 1명만 있는 가정은 월 15만 원을 수당으로 지급받는다.
ㄷ. C안의 수당을 50% 증액하더라도 중학생 자녀 2명(14세, 15세)만 있는 가정은 A안보다 C안을 적용할 때 더 적은 월 수당을 지급받는다.
ㄹ. C안을 적용할 때 한 자녀에 대해 지급되는 월 수당액은 그 자녀가 성장하면서 지속적으로 증가하는 특징이 있다.

① ㄱ, ㄷ ② ㄱ, ㄹ
③ ㄴ, ㄹ ④ ㄱ, ㄴ, ㄷ
⑤ ㄴ, ㄷ, ㄹ

회독 ☐☐☐ 난도 ★★☆ 소요시간 ☐☐☐

27 다음 글과 〈자료〉를 근거로 판단할 때, 甲이 여행을 다녀온 시기로 가능한 것은? 16 5급 공채 4책형 31번

- 甲은 선박으로 '포항 → 울릉도 → 독도 → 울릉도 → 포항' 순으로 여행을 다녀왔다.
- '포항 → 울릉도' 선박은 매일 오전 10시, '울릉도 → 포항' 선박은 매일 오후 3시에 출발하며, 편도 운항에 3시간이 소요된다.
- 울릉도에서 출발해 독도를 돌아보는 선박은 매주 화요일과 목요일 오전 8시에 출발하여 당일 오전 11시에 돌아온다.
- 최대 파고가 3 m 이상인 날은 모든 노선의 선박이 운항되지 않는다.
- 甲은 매주 금요일에 술을 마시는데, 술을 마신 다음날은 멀미가 심해 선박을 탈 수 없다.
- 이번 여행 중 甲은 울릉도에서 호박엿 만들기 체험을 했는데, 호박엿 만들기 체험은 매주 월·금요일 오후 6시에만 할 수 있다.

〈자료〉

⟨파⟩ : 최대 파고(단위 : m)

일	월	화	수	목	금	토
16 ⟨파⟩ 1.0	17 ⟨파⟩ 1.4	18 ⟨파⟩ 3.2	19 ⟨파⟩ 2.7	20 ⟨파⟩ 2.8	21 ⟨파⟩ 3.7	22 ⟨파⟩ 2.0
23 ⟨파⟩ 0.7	24 ⟨파⟩ 3.3	25 ⟨파⟩ 2.8	26 ⟨파⟩ 2.7	27 ⟨파⟩ 0.5	28 ⟨파⟩ 3.7	29 ⟨파⟩ 3.3

① 16일(일) ~ 19일(수)
② 19일(수) ~ 22일(토)
③ 20일(목) ~ 23일(일)
④ 23일(일) ~ 26일(수)
⑤ 25일(화) ~ 28일(금)

회독 ☐☐☐ 난도 ★★☆ 소요시간 ☐☐☐

28 다음 〈조건〉과 〈전투능력을 가진 생존자 현황〉을 근거로 판단할 때, 생존자들이 탈출할 수 있는 경우는? (단, 다른 조건은 고려하지 않는다) 16 5급 공채 4책형 17번

〈조건〉

- 좀비 바이러스에 의해 甲국에 거주하던 많은 사람들이 좀비가 되었다. 건물에 갇힌 생존자들은 동, 서, 남, 북 4개의 통로를 이용해 5명씩 팀을 이루어 탈출을 시도한다. 탈출은 통로를 통해서만 가능하며, 한 쪽 통로를 선택하면 되돌아올 수 없다.
- 동쪽 통로에 11마리, 서쪽 통로에 7마리, 남쪽 통로에 11마리, 북쪽 통로에 9마리의 좀비들이 있다. 선택한 통로의 좀비를 모두 제거해야만 탈출할 수 있다.
- 남쪽 통로의 경우, 통로 끝이 막혀 탈출할 수 없지만 팀에 폭파전문가가 있다면 다이너마이트를 사용하여 막힌 통로를 뚫고 탈출할 수 있다.
- '전투'란 생존자가 좀비를 제거하는 것을 의미하며 선택한 통로에서 일시에 이루어진다.
- '전투능력'은 정상인 건강상태에서 해당 생존자가 전투에서 제거하는 좀비의 수를 의미하며, 질병이나 부상상태인 사람은 그 능력이 50 % 줄어든다.
- 전투력 강화제는 건강상태가 정상인 생존자들 중 1명에게만 사용할 수 있으며, 전투능력을 50 % 향상시킨다. 사용 가능한 대상은 의사 혹은 의사의 팀 내 구성원이다.
- 생존자의 직업은 다양하며, 아이(들)와 노인(들)은 전투능력과 보유품목이 없고 건강상태는 정상이다.

〈전투능력을 가진 생존자 현황〉

직업	인원	전투능력	건강상태	보유품목
경찰	1명	6	질병	—
사냥꾼	1명	4	정상	—
의사	1명	2	정상	전투력 강화제 1개
무사	1명	8	정상	—
폭파전문가	1명	4	부상	다이너마이트

탈출 통로 / 팀 구성 인원
① 동쪽 통로 — 폭파전문가 – 무사 – 노인(3)
② 서쪽 통로 — 사냥꾼 – 경찰 – 아이(2) – 노인
③ 남쪽 통로 — 사냥꾼 – 폭파전문가 – 아이 – 노인(2)
④ 남쪽 통로 — 폭파전문가 – 사냥꾼 – 의사 – 아이(2)
⑤ 북쪽 통로 — 경찰 – 의사 – 아이(2) – 노인

目 자료판정형 핵심가이드

자료판정형의 문제는 주로 i) 수치 자료들을 단순 합산하여 총합 등을 비교·판정하거나 어떤 특정값을 산출하는 일정한 기준식을 제시한 후 결과값을 도출하여 확인·판정하는 <단순수치계산형>과 ii) 수치자료 및 상황조건을 통해 최적의 솔루션(소위 최댓값 또는 최솟값 주된 형태)을 요구하는 형태인 <최적수치계산형>으로 구분할 수 있다.

본 유형에서 제시되는 기준식은 일정한 산식의 형태가 일반적이지만 때로는 문장 안에서 일련의 계산 방식을 포함하여 제시하기도 하는 등 여러 방식으로 자료판정의 기준이 주어지기도 한다. 또한 단위환산 등을 포함해 수치의 변환 작업도 종종 등장하고, 일정한 항목에 가중치를 부여하거나 대상에서 제외되는 예외 조건이 추가되는 등 일정한 제한을 두는 경우에는 주의해야 하는데 이 경우에도 가능한 한 차이가 부각되는 경우라면 직접 계산을 다하여 총합을 산출하는 것보다는 가중치를 감안한 원점수 차이를 상대비교한 후 우열을 가리는 것이 보다 효과적인 비교 방법이 될 수 있으므로 많은 훈련과 연습으로 자기만의 판정법을 구축해 놓는 것이 필요하다.

한편, 표나 그래프의 경우에는 행과 열에 적용된 기준값, 범례, 각주 등에 주목하고 단위의 환산 등에 주의하면서 빠르게 정보를 추출하여 판정해야 하는데 이 경우 어쩔 수없이 원래대로 계산하여 결과를 도출해야만 하는 지극히 예외적인 경우를 제외하고는 판정 기준과 자료의 구조 등을 고려하여 시간을 최소로 쓰면서 답을 도출할 수 있는 관점이나 방법은 없는지 주의 깊게 살펴봐야 한다.

예를 들면 비교 대상 간 상대비교를 통해 우열을 가린다든지 혹은 수치자료의 유효숫자만 비교하든지 아니면 어림값을 이용하든지 등을 들 수 있다. 이 방식들은 고정적인 것이 아니라 문제에 따라 유동적으로 유연하게 활용할 수 있는 것이므로 충분한 연습을 통해 본인에게 유용한 부분이 있다면 반드시 체화하는 것이 중요하다.

또한, ii)유형은 단순수치계산형보다는 조금 더 복잡한 구조를 갖는 형태로 주로 최적화(최댓값 혹은 최솟값 등)와 관련되어 출제되는 편인데 문제에서 요구하는 조건에 따라 다소 많은 경우를 따져야 할 때 합리적인 직관을 통해서 판정범위를 어떻게 줄일 수 있는지가 관건이라고 할 수 있다. 조금 추상적인 성질의 것으로 다양한 문제를 통해서 경험하고 안목을 키우는 것이 필요하다.

비교 대상 및 소재의 활용 방식에 따라 일정 기준을 충족하는지 여부를 판정하는 유형의 경우에는 TYPE 2-2(수 추리형)와 TYPE 3-2(의사결정형)의 구조를 띠는 경우가 많으므로 앞선 유형을 통해 문제해결을 위한 연관성을 높이는 것도 좋을 것이다.

PART

04

자료판정편

CHAPTER 01 자료판정- 단순수치계산
            (개별, 합산, 순위)
CHAPTER 02 자료판정- 최적수치계산
            (경우, 제한, 최적)

자료판정 – 단순수치계산(개별, 합산, 순위)

4.1 단순수치계산(개별, 합산, 순위)

회독 □□□ 난도 ★☆☆ 소요시간 [   ]

01 다음 글을 근거로 판단할 때, 7월 1일부터 6일까지 지역 농산물 유통센터에서 판매된 甲의 수박 총 판매액은?

21 민경채 나책형 8번

- A시는 농산물의 판매를 촉진하기 위하여 지역 농산물 유통센터를 운영하고 있다. 해당 유통센터는 농산물을 수확 당일 모두 판매하는 것을 목표로 운영하며, 당일 판매하지 못한 농산물은 판매가에서 20 %를 할인하여 다음 날 판매한다.
- 농부 甲은 7월 1일부터 5일까지 매일 수확한 수박 100개 씩을 수확 당일 A시 지역 농산물 유통센터에 공급하였다.
- 甲으로부터 공급받은 수박의 당일 판매가는 개당 1만 원 이며, 매일 판매된 수박 개수는 아래와 같았다. 단, 수확 당일 판매되지 않은 수박은 다음 날 모두 판매되었다.

날짜(일)	1	2	3	4	5	6
판매된 수박(개)	80	100	110	100	100	10

① 482만 원
② 484만 원
③ 486만 원
④ 488만 원
⑤ 490만 원

회독 □□□ 난도 ★★☆ 소요시간 [   ]

02 다음 〈A기관 특허대리인 보수 지급 기준〉과 〈상황〉 을 근거로 판단할 때, 甲과 乙이 지급받는 보수의 차이는?

21 7급 공채 나책형 13번

〈A기관 특허대리인 보수 지급 기준〉

- A기관은 특허출원을 특허대리인(이하 '대리인')에게 의 뢰하고, 이에 따라 특허출원 건을 수임한 대리인에게 보 수를 지급한다.
- 보수는 착수금과 사례금의 합이다.
- 착수금은 대리인이 작성한 출원서의 내용에 따라 〈착 수금 산정 기준〉의 세부항목을 합산하여 산정한다. 단, 세부항목을 합산한 금액이 140만 원을 초과할 경우 착 수금은 140만 원으로 한다.

〈착수금 산정 기준〉

세부항목	금액(원)
기본료	1,200,000
독립항 1개 초과분(1개당)	100,000
종속항(1개당)	35,000
명세서 20면 초과분(1면당)	9,000
도면(1도당)	15,000

※ 독립항 1개 또는 명세서 20면 이하는 해당 항목에 대한 착수금을 산정하지 않는다.

- 사례금은 출원한 특허가 '등록결정'된 경우 착수금과 동 일한 금액으로 지급하고, '거절결정'된 경우 0원으로 한다.

〈상황〉

- 특허대리인 甲과 乙은 A기관이 의뢰한 특허출원을 각각 1건씩 수임하였다.
- 甲은 독립항 1개, 종속항 2개, 명세서 14면, 도면 3도로 출원서를 작성하여 특허를 출원하였고, '등 록결정'되었다.
- 乙은 독립항 5개, 종속항 16개, 명세서 50면, 도면 12도로 출원서를 작성하여 특허를 출원하였고, '거 절결정'되었다.

① 2만 원
② 8만 5천 원
③ 123만 원
④ 129만 5천 원
⑤ 259만 원

회독 ☐☐☐ 난도 ★☆☆ 소요시간 _____

03 다음 글을 근거로 판단할 때, 2019년의 무역의존도가 높은 순서대로 세 국가(A ~ C)를 나열한 것은?

20 민경채 가책형 7번

> A, B, C 세 국가는 서로 간에만 무역을 하고 있다. 2019년 세 국가의 수출액은 다음과 같다.
>
> - A의 B와 C에 대한 수출액은 각각 200억 달러와 100억 달러였다.
> - B의 A와 C에 대한 수출액은 각각 150억 달러와 100억 달러였다.
> - C의 A와 B에 대한 수출액은 각각 150억 달러와 50억 달러였다.
>
> A, B, C의 2019년 국내총생산은 각각 1,000억 달러, 3,000억 달러, 2,000억 달러였고, 각 국가의 무역의존도는 다음과 같이 계산한다.
>
> $$무역의존도 = \frac{총\ 수출액 + 총\ 수입액}{국내총생산}$$

① A, B, C ② A, C, B
③ B, A, C ④ B, C, A
⑤ C, A, B

회독 ☐☐☐ 난도 ★☆☆ 소요시간 _____

04 다음 〈상황〉과 〈기준〉을 근거로 판단할 때, A기관이 원천징수 후 甲에게 지급하는 금액은? 20 민경채 가책형 18번

〈상황〉

> ○○국 A기관은 甲을 '지역경제 활성화 위원회'의 외부위원으로 위촉하였다. 甲은 2020년 2월 24일 오후 2시부터 5시까지 위원회에 참석해서 지역경제 활성화와 관련한 내용을 슬라이드 20면으로 발표하였다. A기관은 아래 〈기준〉에 따라 甲에게 해당 위원회 참석수당과 원고료를 지급한다.

〈기준〉

> - 참석수당 지급기준액
>
> | 구분 | 단가 |
> |------|------|
> | 참석수당 | • 기본료(2시간) : 100,000원
• 2시간 초과 후 1시간마다 50,000원 |
>
> - 원고료 지급기준액
>
> | 구분 | 단가 |
> |------|------|
> | 원고료 | 10,000원 / A4 1면 |
>
> ※ 슬라이드 2면을 A4 1면으로 한다.
>
> - 위원회 참석수당 및 원고료는 기타소득이다.
> - 위원회 참석수당 및 원고료는 지급기준액에서 다음과 같은 기타소득세와 주민세를 원천징수하고 지급한다.
>   - 기타소득세 : (지급기준액 − 필요경비) × 소득세율 (20 %)
>   - 주민세 : 기타소득세 × 주민세율(10 %)
>   ※ 필요경비는 지급기준액의 60 %로 한다.

① 220,000원 ② 228,000원
③ 256,000원 ④ 263,000원
⑤ 270,000원

회독 ☐☐☐ 난도 ★☆☆ 소요시간 ☐

05 다음 글과 〈상황〉을 근거로 판단할 때, 甲이 납부해야 할 수수료를 옳게 짝지은 것은? 19 민경채 나책형 3번

특허에 관한 절차를 밟는 사람은 다음 각 호의 수수료를 내야 한다.
1. 특허출원료
   가. 특허출원을 국어로 작성된 전자문서로 제출하는 경우: 매건 46,000원. 다만 전자문서를 특허청에서 제공하지 아니한 소프트웨어로 작성하여 제출한 경우에는 매건 56,000원으로 한다.
   나. 특허출원을 국어로 작성된 서면으로 제출하는 경우: 매건 66,000원에 서면이 20면을 초과하는 경우 초과하는 1면마다 1,000원을 가산한 금액
   다. 특허출원을 외국어로 작성된 전자문서로 제출하는 경우: 매건 73,000원
   라. 특허출원을 외국어로 작성된 서면으로 제출하는 경우: 매건 93,000원에 서면이 20면을 초과하는 경우 초과하는 1면마다 1,000원을 가산한 금액
2. 특허심사청구료: 매건 143,000원에 청구범위의 1항마다 44,000원을 가산한 금액

〈상황〉
甲은 청구범위가 3개 항으로 구성된 총 27면의 서면을 작성하여 1건의 특허출원을 하면서, 이에 대한 특허심사도 함께 청구한다.

	국어로 작성한 경우	외국어로 작성한 경우
①	66,000원	275,000원
②	73,000원	343,000원
③	348,000원	343,000원
④	348,000원	375,000원
⑤	349,000원	375,000원

회독 ☐☐☐ 난도 ★★☆ 소요시간 ☐

06 다음 글을 근거로 판단할 때, 〈상황〉의 ㉠과 ㉡을 옳게 짝지은 것은? 19 민경채 나책형 16번

채용에서 가장 중요한 점은 조직에 적합한 인재의 선발, 즉 필요한 수준의 기본적 직무적성·태도 등 전반적 잠재력을 가진 지원자를 선발하는 것이다. 그러나 채용 과정에서 적합한 사람을 채용하지 않거나, 적합하지 않은 사람을 채용하는 경우도 있다. 적합한 지원자 중 탈락시킨 지원자의 비율을 오탈락률이라 하고, 적합하지 않은 지원자 중 채용한 지원자의 비율을 오채용률이라 한다.

〈상황〉
甲회사의 신입사원 채용 공고에 1,200명이 지원하여, 이 중에 360명이 채용되었다. 신입사원 채용 후 조사해보니 1,200명의 지원자 중 회사에 적합한 지원자는 800명이었고, 적합하지 않은 지원자는 400명이었다. 채용된 360명의 신입사원 중 회사에 적합하지 않은 인원은 40명으로 확인되었다. 이에 따르면 오탈락률은 (㉠)%이고, 오채용률은 (㉡)%이다.

	㉠	㉡
①	40	5
②	40	10
③	55	10
④	60	5
⑤	60	10

07 다음 글을 근거로 판단할 때, 〈보기〉에서 옳은 것만을 모두 고르면? 18 민경채 가책형 24번

엘로 평점 시스템(Elo Rating System)은 체스 등 일대일 방식의 종목에서 선수들의 실력을 표현하는 방법으로 물리학자 아르파드 엘로(Arpad Elo)가 고안했다.

임의의 두 선수 X, Y의 엘로 점수를 각각 EX, EY라 하고 X가 Y에게 승리할 확률을 PXY, Y가 X에게 승리할 확률을 PYX라고 하면, 각 선수가 승리할 확률은 다음 식과 같이 계산된다. 무승부는 고려하지 않으므로 두 선수가 승리할 확률의 합은 항상 1이 된다.

$$P_{XY} = \frac{1}{1 + 10^{-(E_X - E_Y)/400}}$$

$$P_{YX} = \frac{1}{1 + 10^{-(E_Y - E_X)/400}}$$

두 선수의 엘로 점수가 같다면, 각 선수가 승리할 확률은 0.5로 같다. 만약 한 선수가 다른 선수보다 엘로 점수가 200점 높다면, 그 선수가 승리할 확률은 약 0.76이 된다. 경기 결과에 따라 각 선수의 엘로 점수는 변화한다. 경기에서 승리한 선수는 그 경기에서 패배할 확률에 K를 곱한 만큼 점수를 얻고, 경기에서 패배한 선수는 그 경기에서 승리할 확률에 K를 곱한 만큼 점수를 잃는다(K는 상수로, 보통 32를 사용한다). 승리할 확률이 높은 경기보다 승리할 확률이 낮은 경기에서 승리했을 경우 더 많은 점수를 얻는다.

〈보기〉

ㄱ. 경기에서 승리한 선수가 얻는 엘로 점수와 그 경기에서 패배한 선수가 잃는 엘로 점수는 다를 수 있다.

ㄴ. K = 32라면, 한 경기에서 아무리 강한 상대에게 승리해도 얻을 수 있는 엘로 점수는 32점 이하이다.

ㄷ. A가 B에게 패배할 확률이 0.1이라면, A와 B의 엘로 점수 차이는 400점 이상이다.

ㄹ. A가 B에게 승리할 확률이 0.8, B가 C에게 승리할 확률이 0.8이라면, A가 C에게 승리할 확률은 0.9 이상이다.

① ㄱ, ㄴ
② ㄴ, ㄹ
③ ㄱ, ㄴ, ㄷ
④ ㄱ, ㄷ, ㄹ
⑤ ㄴ, ㄷ, ㄹ

08 다음 〈조건〉과 〈상황〉을 근거로 판단할 때, 甲이 향후 1년간 자동차를 유지하는 데 소요될 총비용은? 17 민경채 나책형 18번

〈조건〉

1. 자동차 유지비는 연 감가상각비, 연 자동차 보험료, 연 주유비용으로 구성되며 그 외의 비용은 고려하지 않는다.

2. 연 감가상각비 계산 공식
   연 감가상각비 = (자동차 구매비용 − 운행가능기간 종료 시 잔존가치) ÷ 운행가능기간(년)

3. 연 자동차 보험료

(단위 : 만 원)

구 분		차 종		
		소형차	중형차	대형차
보험 가입 시 운전경력	1년 미만	120	150	200
	1년 이상 2년 미만	110	135	180
	2년 이상 3년 미만	100	120	160
	3년 이상	90	105	140

※ 차량 구매 시 보험 가입은 필수이며 1년 단위로 가입

※ 보험 가입 시 해당 차량에 블랙박스가 설치되어 있으면 보험료 10 % 할인

4. 주유비용
   1리터당 10 km를 운행할 수 있으며, 리터당 비용은 연중 내내 1,500원이다.

〈상황〉

• 甲은 1,000만 원에 중형차 1대를 구입하여 바로 운행을 시작하였다.

• 차는 10년 동안 운행가능하며, 운행가능기간 종료 시 잔존가치는 100만 원이다.

• 자동차 보험 가입 시, 甲의 운전 경력은 2년 6개월이며 차에는 블랙박스가 설치되어 있다.

• 甲은 매달 500 km씩 차를 운행한다.

① 192만 원
② 288만 원
③ 298만 원
④ 300만 원
⑤ 330만 원

09 다음 글을 근거로 판단할 때, 〈보기〉에서 甲이 지원금을 받는 경우만을 모두 고르면? 22 7급 공채 가책형 15번

> - 정부는 자영업자를 지원하기 위하여 2020년 대비 2021년의 이익이 감소한 경우 이익 감소액의 10%를 자영업자에게 지원금으로 지급하기로 하였다.
> - 이익은 매출액에서 변동원가와 고정원가를 뺀 금액으로, 자영업자 甲의 2020년 이익은 아래와 같이 계산된다.

구분	금액	비고
매출액	8억 원	판매량(400,000단위) × 판매가격(2,000원)
변동원가	6.4억 원	판매량(400,000단위) × 단위당 변동원가(1,600원)
고정원가	1억 원	판매량과 관계없이 일정함
이익	0.6억 원	8억 원 − 6.4억 원 − 1억 원

〈보기〉

> ㄱ. 2021년의 판매량, 판매가격, 단위당 변동원가, 고정원가는 모두 2020년과 같았다.
> ㄴ. 2020년에 비해 2021년에 판매가격을 5% 인하하였고, 판매량, 단위당 변동원가, 고정원가는 2020년과 같았다.
> ㄷ. 2020년에 비해 2021년에 판매량은 10% 증가하고 고정원가는 5% 감소하였으나, 판매가격과 단위당 변동원가는 2020년과 같았다.
> ㄹ. 2020년에 비해 2021년에 판매가격을 5% 인상했음에도 불구하고 판매량이 25% 증가하였고, 단위당 변동원가와 고정원가는 2020년과 같았다.

① ㄴ
② ㄹ
③ ㄱ, ㄴ
④ ㄴ, ㄷ
⑤ ㄷ, ㄹ

10 다음 글과 〈상황〉을 근거로 판단할 때 옳지 않은 것은? 22 7급 공채 가책형 16번

> □□시는 부서 성과 및 개인 성과에 따라 등급을 매겨 직원들에게 성과급을 지급하고 있다.
> - 부서 등급과 개인 등급은 각각 S, A, B, C로 나뉘고, 등급별 성과급 산정비율은 다음과 같다.

성과 등급	S	A	B	C
성과급 산정비율(%)	40	20	10	0

> - 작년까지 부서 등급과 개인 등급에 따른 성과급 산정비율의 산술평균을 연봉에 곱해 직원의 성과급을 산정해 왔다.
>
>   성과급 = 연봉 × {(부서 산정비율 + 개인 산정비율)/2}
> - 올해부터 부서 등급과 개인 등급에 따른 성과급 산정비율 중 더 큰 값을 연봉에 곱해 성과급을 산정하도록 개편하였다.
>
>   성과급 = 연봉 × max{부서 산정비율, 개인 산정비율}

※ max{a, b} = a와 b 중 더 큰 값

〈상황〉

작년과 올해 □□시 소속 직원 甲 ~ 丙의 연봉과 성과 등급은 다음과 같다.

구분	작년			올해		
	연봉 (만 원)	성과 등급 부서	개인	연봉 (만 원)	성과 등급 부서	개인
甲	3,500	S	A	4,000	A	S
乙	4,000	B	S	4,000	S	A
丙	3,000	B	A	3,500	C	B

① 甲의 작년 성과급은 1,050만 원이다.
② 甲과 乙의 올해 성과급은 동일하다.
③ 甲 ~ 丙 모두 작년 대비 올해 성과급이 증가한다.
④ 올해 연봉과 성과급의 합이 가장 작은 사람은 丙이다.
⑤ 작년 대비 올해 성과급 상승률이 가장 큰 사람은 乙이다.

회독 ☐☐☐ 난도 ★★☆ 소요시간 ☐☐☐

11 다음 글을 근거로 판단할 때, ㉠과 ㉡에 들어갈 수를 옳게 짝지은 것은? 20 7급 모의 8번

올림픽은 원칙적으로 4년에 한 번씩 개최되는 세계 최대 규모의 스포츠 대회이다. 제1회 하계 올림픽은 1896년 그리스 아테네에서, 제1회 동계 올림픽은 1924년 프랑스 샤모니에서 개최되었다. 그런데 두 대회의 차수(次數)를 계산하는 방식은 서로 다르다.

올림픽 사이의 기간인 4년을 올림피아드(Olympiad)라 부르는데, 하계 올림픽의 차수는 올림피아드를 기준으로 계산한다. 이전 대회부터 하나의 올림피아드만큼 시간이 흐르면 올림픽 대회 차수가 하나씩 올라가게 된다. 대회가 개최되지 못해도 올림피아드가 사라지는 것은 아니기 때문에 대회 차수에는 영향을 미치지 않는다. 실제로 하계 올림픽은 제1·2차 세계대전으로 세 차례(1916년, 1940년, 1944년) 개최되지 못하였는데, 1912년 제5회 스톡홀름 올림픽 다음으로 1920년에 벨기에 안트베르펜에서 개최된 올림픽은 제7회 대회였다. 마찬가지로 1936년 제11회 베를린 올림픽 다음으로 개최된 1948년 런던 올림픽은 제(㉠)회 대회였다. 반면에 동계 올림픽의 차수는 실제로 열린 대회만으로 정해진다. 동계 올림픽은 제2차 세계대전으로 두 차례(1940년, 1944년) 열리지 못하였는데, 1936년 제4회 동계 올림픽 다음 대회인 1948년 동계 올림픽은 제5회 대회였다. 이후 2020년 전까지 올림픽이 개최되지 않은 적은 없다.

1992년까지 동계·하계 올림픽은 같은 해 치러졌으나 그 이후로는 IOC 결정에 따라 분리되어 2년 격차로 개최되었다. 1994년 노르웨이 릴레함메르에서 열린 동계 올림픽 대회는 이 결정에 따라 처음으로 하계 올림픽에 2년 앞서 치러진 대회였다. 이를 기점으로 동계 올림픽은 지금까지 4년 주기로 빠짐없이 개최되고 있다.

대한민국은 1948년 런던 하계 올림픽에 처음 출전하여, 1976년 제21회 몬트리올 하계 올림픽과 1992년 제(㉡)회 알베르빌 동계 올림픽에서 각각 최초로 금메달을 획득하였다.

	㉠	㉡
①	12	16
②	12	21
③	14	16
④	14	19
⑤	14	21

회독 ☐☐☐ 난도 ★☆☆ 소요시간 ☐☐☐

12 다음 글과 〈상황〉을 근거로 판단할 때, A ~ C 자동차 구매 시 지불 금액을 비교한 것으로 옳은 것은?

20 7급 모의 18번

• 甲국은 전기차 및 하이브리드 자동차 보급을 장려하기 위해 다음과 같이 보조금과 세제 혜택을 제공한다.
  – 정부는 차종을 고려하여 자동차 1대 당 보조금을 정액 지급한다. 중형 전기차에 대해서는 1,500만 원, 소형 전기차에 대해서는 1,000만 원, 하이브리드차에 대해서는 500만 원을 지급한다.
  – 정부는 차종을 고려하여 아래 〈기준〉에 따라 세제 혜택을 제공한다. 자동차 구입 시 발생하는 세금은 개별소비세, 교육세, 취득세뿐이며, 개별소비세는 자동차 가격의 10%, 교육세는 2%, 취득세는 5%의 금액이 책정된다.

〈기 준〉

구분	개별소비세	교육세	취득세
중형 전기차	비감면		전액감면
소형 전기차	전액감면	전액감면	전액감면
하이브리드차	전액감면		비감면

• 자동차 구매 시 지불 금액은 다음과 같다.
지불 금액 = 자동차 가격 − 보조금 + 세금

〈상황〉

(단위: 만 원)

자동차	차종	자동차 가격
A	중형 전기차	4,000
B	소형 전기차	3,500
C	하이브리드차	3,500

① A < B < C
② B < A < C
③ B < C < A
④ C < A < B
⑤ C < B < A

회독 ☐☐☐ 난도 ★★★ 소요시간 ☐☐☐

13 다음 글과 〈상황〉을 근거로 판단할 때, ☐☐시가 A 동물보호센터에 10월 지급할 경비의 총액은? 22 5급 공채 나책형 10번

☐☐시는 관할구역 내 동물보호센터에 다음과 같은 기준으로 경비를 지급하고 있다.

• 사료비

구분	무게	1일 사료 급여량	사료가격
개	10 kg 미만	300 g/마리	5,000원/kg
	10 kg 이상	600 g/마리	5,000원/kg
고양이	–	400 g/마리	5,000원/kg

• 인건비
 – 포획활동비(1일 1인당) : 안전관리사 노임액(115,000원)
 – 관리비(1일 1마리당) : 안전관리사 노임액(115,000원)의 100분의 20
• 주인이 유실동물을 찾아간 경우 동물보호센터가 주인에게 보호비를 징수한다. 보호비는 보호일수와 관계없이 1마리당 100,000원이다. 단, 3일 미만 보호 시 징수하지 않으며, 7일 이상 보호 시 50 %를 가산한다.
• ☐☐시는 사료비와 인건비를 합한 금액에서 보호비를 공제한 금액을 다음 달에 경비로 지급한다.

상황

• ☐☐시 소재 A동물보호센터가 9월 한 달간 관리한 동물의 일평균 마릿수는 다음과 같다.

개	10 kg 미만	10
	10 kg 이상	5
고양이	–	5

• A동물보호센터는 9월 한 달간 1인을 8일 동안 포획활동에 투입하였다.
• A동물보호센터에서 9월 한 달간 주인에게 반환된 유실동물의 마릿수는 다음과 같다.

보호 일수	1일	2일	3일	4일	5일	6일	7일 이상
마릿수	2	3	1	1	2	0	2

① 1,462만 원
② 1,512만 원
③ 1,522만 원
④ 1,532만 원
⑤ 1,572만 원

회독 ☐☐☐ 난도 ★★☆ 소요시간 ☐☐☐

14 다음 글을 근거로 판단할 때, 〈상황〉의 ㉠과 ㉡을 옳게 짝지은 것은? 22 5급 공채 나책형 28번

수액을 주입할 때 사용하는 단위 gtt는 방울이라는 뜻의 라틴어 gutta에서 유래한 것으로, 수액 용기에서 떨어지는 수액의 방울 수를 나타낸다. 일반적으로 20 gtt/ml가 '기준규격'이며, 이는 용기에서 20방울이 떨어졌을 때 수액 1 ml가 주입되는 것을 말한다.

상황

• 기준규격에 따라 수액 360 ml를 2시간 동안 모두 주입하려면, 1초당 (㉠) gtt씩 주입하여야 한다.
• 기준규격에 따라 3초당 1 gtt로 수액을 주입하면, 24시간 동안 최대 (㉡) ml를 주입할 수 있다.

	㉠	㉡
①	0.5	720
②	1	720
③	1	1,440
④	2	1,440
⑤	2	2,880

회독 ☐☐☐ 난도 ★★☆ 소요시간 ☐☐☐

15 다음 글과 〈상황〉을 근거로 판단할 때, 甲이 보고할 내용으로 옳은 것은? 21 5급 공채 가책형 18번

대규모 외환거래는 런던, 뉴욕, 도쿄, 프랑크푸르트, 싱가포르 같은 금융중심지에서 이루어진다. 최근 들어 세계 외환거래 규모는 급증하고 있다. 하루 평균 세계 외환거래액은 1989년에 6천억 달러 수준이었는데, 2019년에는 6조 6천억 달러로 크게 늘어났다.

은행 간 외환거래는 대부분 미국 달러를 통해 이루어진다. 달러는 이처럼 외환거래에서 중심적인 역할을 하기 때문에 기축통화라고 불린다. 기축통화는 서로 다른 통화를 사용하는 거래 참여자가 국제거래를 위해 널리 사용하는 통화이다. 1999년 도입된 유럽 유로는 달러와 동등하게 기축통화로 발전할 것으로 예상되었으나, 2020년 세계 외환거래액의 32%를 차지하는 데 그쳤다. 이는 4년 전보다는 2%p 높아진 것이지만 10년 전보다는 오히려 8%p 낮아진 수치이다.

─〈상황〉─

2010년과 2016년의 하루 평균 세계 외환거래액은 각각 3조 9천억 달러와 5조 2천억 달러였다. ○○은행 국제자본이동분석팀장 甲은 2016년 유로로 이루어진 하루 평균 세계 외환거래액을 2010년과 비교(달러 기준)하여 보고하려 한다.

① 10억 달러 감소   ② 10억 달러 증가
③ 100억 달러 감소   ④ 100억 달러 증가
⑤ 변화 없음

회독 ☐☐☐ 난도 ★☆☆ 소요시간 ☐☐☐

16 다음 글을 근거로 판단할 때, 창렬이가 결제할 최소 금액은? 20 5급 공채 나책형 8번

• 창렬이는 이번 달에 인터넷 면세점에서 가방, 영양제, 목베개를 각 1개씩 구매한다. 각 물품의 정가와 이번 달 개별 물품의 할인율은 다음과 같다.

구분	정가(달러)	이번 달 할인율(%)
가방	150	10
영양제	100	30
목베개	50	10

• 이번 달 개별 물품의 할인율은 자동 적용된다.
• 이번 달 구매하는 모든 물품의 결제 금액에 대해 20%를 일괄적으로 할인받는 '이달의 할인 쿠폰'을 사용할 수 있다.
• 이번 달은 쇼핑 행사가 열려, 결제해야 할 금액이 200달러를 초과할 때 '20,000원 추가 할인 쿠폰'을 사용할 수 있다.
• 할인은 '개별 물품 할인 → 이달의 할인 쿠폰 → 20,000원 추가 할인 쿠폰' 순서로 적용된다.
• 환율은 1달러 당 1,000원이다.

① 180,000원   ② 189,000원
③ 196,000원   ④ 200,000원
⑤ 210,000원

회독 ☐☐☐ 난도 ★★☆ 소요시간 ☐

17 다음 글을 근거로 판단할 때, 오늘날을 기준으로 1석(石)은 몇 승(升)인가? 20 5급 공채 나책형 9번

옛날 도량에는 두(斗), 구(區), 부(釜), 종(鍾) 등이 있었다. 1두(斗)는 4승(升)인데, 4두(斗)가 1구(區)이고, 4구(區)가 1부(釜)이며, 10부(釜)가 1종(鍾)이었다.

오늘날 도량은 옛날과 다소 달라졌다. 지금의 1승(升)이 옛날 1승(升)에 비해 네 배가 되어 옛날의 1두(斗)와 같아졌다. 오늘날 4구(區)는 1부(釜)로 옛날과 같지만, 4승(升)이 1구(區)가 되며, 1부(釜)는 1두(豆) 6승(升), 1종(鍾)은 16두(豆)가 된다. 오늘날 1석(石)은 1종(鍾)에 비해 1두(豆)가 적다.

① 110승 ② 120승 ③ 130승
④ 140승 ⑤ 150승

회독 ☐☐☐ 난도 ★★☆ 소요시간 ☐

18 다음 글을 근거로 판단할 때, 甲이 지불할 관광비용은? 19 5급 공채 가책형 28번

• 甲은 경복궁에서 시작하여 서울시립미술관, 서울타워 전망대, 국립중앙박물관까지 관광하려 한다. '경복궁 → 서울시립미술관'은 도보로, '서울시립미술관 → 서울타워 전망대' 및 '서울타워 전망대 → 국립중앙박물관'은 각각 지하철로 이동해야 한다.
• 입장료 및 지하철 요금

경복궁	서울시립미술관	서울타워전망대	국립중앙박물관	지하철
1,000원	5,000원	10,000원	1,000원	1,000원

※ 지하철 요금은 거리에 관계없이 탑승할 때마다 일정하게 지불하며, 도보 이동 시에는 별도 비용 없음

• 관광비용은 입장료, 지하철 요금, 상품가격의 합산액이다.
• 甲은 관광비용을 최소화하고자 하며, 甲이 선택할 수 있는 상품은 다음 세 가지 중 하나이다.

상품	가격	혜택				
		경복궁	서울시립미술관	서울타워전망대	국립중앙박물관	지하철
스마트교통카드	1,000원	–	–	50 %할인	–	당일무료
시티투어A	3,000원	30 %할인	30 %할인	30 %할인	30 %할인	당일무료
시티투어B	5,000원	무료	–	무료	무료	–

① 11,000원 ② 12,000원 ③ 13,000원
④ 14,900원 ⑤ 19,000원

회독 ☐☐☐ 난도 ★★☆ 소요시간 ☐

19 다음 글을 근거로 판단할 때, 선수 A와 B의 '합계점수'를 더하면? 18 5급 공채 나책형 11번

스키점프는 스키를 타고 급경사면을 내려오다가 도약대에서 점프하여 날아가 착지하는 스포츠로, 착지의 기준점을 뜻하는 K점에 따라 경기 종목이 구분된다. 도약대로부터 K점까지의 거리가 75 m 이상 99 m 이하이면 '노멀힐', 100 m 이상이면 '라지힐' 경기이다. 예를 들어 '노멀힐 K-98'의 경우 도약대로부터 K점까지의 거리가 98 m인 노멀힐 경기를 뜻한다.

출전선수의 점수는 '거리점수'와 '자세점수'를 합산하여 결정되며, 이를 '합계점수'라 한다. 거리점수는 도약대로부터 K점을 초과한 비행거리 1 m당 노멀힐의 경우 2점이, 라지힐의 경우 1.8점이 기본점수 60점에 가산된다. 반면 K점에 미달하는 비행거리 1 m당 가산점과 같은 점수가 기본점수에서 차감된다. 자세점수는 날아가는 동안의 자세, 균형 등을 고려하여 5명의 심판이 각각 20점 만점을 기준으로 채점하며, 심판들이 매긴 점수 중 가장 높은 것과 가장 낮은 것을 각각 하나씩 제외한 나머지를 합산한 점수이다.

다음은 선수 A와 B의 경기 결과이다.

〈경기 결과〉

출전종목	선수	비행거리(m)	자세점수(점)				
			심판1	심판2	심판3	심판4	심판5
노멀힐K-98	A	100	17	16	17	19	17
라지힐K-125	B	123	19	17	20	19.5	17.5

① 226.6 ② 227
③ 227.4 ④ 364
⑤ 364.4

20 다음 글과 〈상황〉을 근거로 판단할 때, 甲정당과 그 소속 후보자들이 최대로 실시할 수 있는 선거방송 시간의 총합은? 17 5급 공채 가책형 29번

- △△국 의회는 지역구의원과 비례대표의원으로 구성된다.
- 의회의원 선거에서 정당과 후보자는 선거방송을 실시할 수 있다. 선거방송은 방송광고와 방송연설로 이루어진다.
- 선거운동을 위한 방송광고는 비례대표의원 후보자를 추천한 정당이 방송매체별로 각 15회 이내에서 실시할 수 있으며, 1회 1분을 초과할 수 없다.
- 후보자는 방송연설을 할 수 있다. 비례대표의원 선거에서는 정당별로 비례대표의원 후보자 중에서 선임된 대표 2인이 각각 1회 10분 이내에서 방송매체별로 각 1회 실시할 수 있다. 지역구의원 선거에서는 각 후보자가 1회 10분 이내, 방송매체별로 각 2회 이내에서 실시할 수 있다.

〈상황〉

- △△국 방송매체로는 텔레비전 방송사 1개, 라디오 방송사 1개가 있다.
- △△국 甲정당은 의회의원 선거에서 지역구의원 후보 100명을 출마시키고 비례대표의원 후보 10명을 추천하였다.

① 2,070분 ② 4,050분
③ 4,070분 ④ 4,340분
⑤ 5,225분

21 다음 〈통역경비 산정기준〉과 〈상황〉을 근거로 판단할 때, A사가 甲시에서 개최한 설명회에 쓴 총 통역경비는? 19 5급 공채 가책형 9번

〈통역경비 산정기준〉

통역경비는 통역료와 출장비(교통비, 이동보상비)의 합으로 산정한다.

- 통역료(통역사 1인당)

구분	기본요금 (3시간까지)	추가요금 (3시간 초과시)
영어, 아랍어, 독일어	500,000원	100,000원/시간
베트남어, 인도네시아어	600,000원	150,000원/시간

- 출장비(통역사 1인당)
  - 교통비는 왕복으로 실비 지급
  - 이동보상비는 이동 시간당 10,000원 지급

〈상황〉

A사는 2019년 3월 9일 甲시에서 설명회를 개최하였다. 통역은 영어와 인도네시아어로 진행되었고, 영어 통역사 2명과 인도네시아어 통역사 2명이 통역하였다. 설명회에서 통역사 1인당 영어 통역은 4시간, 인도네시아어 통역은 2시간 진행되었다. 甲시까지는 편도로 2시간이 소요되며, 개인당 교통비는 왕복으로 100,000원이 들었다.

① 244만 원 ② 276만 원
③ 288만 원 ④ 296만 원
⑤ 326만 원

회독 ☐☐☐ 난도 ★★☆ 소요시간 ☐

22 다음 〈휴양림 요금규정〉과 〈조건〉에 근거할 때, 〈상황〉에서 甲, 乙, 丙 일행이 각각 지불한 총요금 중 가장 큰 금액과 가장 작은 금액의 차이는? 17 5급 공채 가책형 11번

〔 휴양림 요금규정 〕

• 휴양림 입장료(1인당 1일 기준)

구분	요금(원)	입장료 면제
어른	1,000	• 동절기(12월 ~ 3월) • 다자녀 가정
청소년 (만 13세 이상 ~ 19세 미만)	600	
어린이 (만 13세 미만)	300	

※ '다자녀 가정'은 만 19세 미만의 자녀가 3인 이상 있는 가족을 말한다.

• 야영시설 및 숙박시설(시설당 1일 기준)

구분		요금(원)		비고
		성수기 (7 ~ 8월)	비수기 (7 ~ 8월 외)	
야영시설 (10인 이내)	황토데크 (개)	10,000		휴양림 입장료 별도
	캐빈(동)	30,000		
숙박시설	3인용 (실)	45,000	24,000	휴양림 입장료 면제
	5인용 (실)	85,000	46,000	

※ 일행 중 '장애인'이 있거나 '다자녀 가정'인 경우 비수기에 한해 야영시설 및 숙박시설 요금의 50 %를 할인한다.

〔 조건 〕

• 총요금 = (휴양림 입장료) + (야영시설 또는 숙박시설 요금)
• 휴양림 입장료는 머문 일수만큼, 야영시설 및 숙박시설 요금은 숙박 일수만큼 계산함. (예 2박 3일의 경우 머문 일수는 3일, 숙박 일수는 2일)

〔 상황 〕

• 甲(만 45세)은 아내(만 45세), 자녀 3명(각각 만 17세, 15세, 10세)과 함께 휴양림에 7월 중 3박 4일간 머물렀다. 甲 일행은 5인용 숙박시설 1실을 이용하였다.
• 乙(만 25세)은 어머니(만 55세, 장애인), 아버지(만 58세)를 모시고 휴양림에서 12월 중 6박 7일간 머물렀다. 乙 일행은 캐빈 1동을 이용하였다.
• 丙(만 21세)은 동갑인 친구 3명과 함께 휴양림에서 10월 중 9박 10일 동안 머물렀다. 丙 일행은 황토데크 1개를 이용하였다.

① 40,000원 ② 114,000원
③ 125,000원 ④ 144,000원
⑤ 165,000원

회독 □□□ 난도 ★☆☆ 소요시간 □□□□

23 다음 글을 근거로 판단할 때, 〈사례〉의 甲국과 乙국의 한 선거구에서 당선에 필요한 최소 득표율은?

14 민경채 A책형 19번

- 민주주의 국가는 대표를 선출하기 위한 다양한 형태의 선거제도를 운용하고 있다. 이 중 '제한 투표제'는 한 선거구에서 여러 명의 대표를 선출하는 제도이다. 이 제도에서 유권자는 해당 선거구의 의석수보다 적은 수의 표를 갖게 된다. 예를 들어 한 선거구에서 4명의 대표를 선출한다면, 유권자에게 4표보다 적은 2표 혹은 3표를 부여하여 투표하도록 하는 제도이다.
- 학자 A는 이 같은 선거제도에서 당선에 필요한 최소 득표율을 다음 공식으로 구할 수 있다고 주장한다.

$$\text{최소 득표율}(\%) = \frac{\text{유권자 1인당 투표수}}{\text{유권자 1인당 투표수} + \text{선거구당 의석수}} \times 100$$

〈사례〉
- 甲국 : 한 선거구에서 3명의 의원을 선출하며, 유권자는 2표를 행사한다.
- 乙국 : 한 선거구에서 5명의 의원을 선출하며, 유권자는 3표를 행사한다.

甲국	乙국
① 20 %	32.5 %
② 20 %	37.5 %
③ 40 %	27.5 %
④ 40 %	32.5 %
⑤ 40 %	37.5 %

회독 □□□ 난도 ★☆☆ 소요시간 □□□□

24 다음 〈맛집 정보〉와 〈평가 기준〉을 근거로 판단할 때, 총점이 가장 높은 음식점은?

16 5급 공채 4책형 18번

〈맛집 정보〉

평가 항목 / 음식점	음식 종류	이동 거리	가격 (1인 기준)	맛평점 (★ 5개 만점)	방 예약 가능 여부
자금성	중식	150 m	7,500원	★★☆	○
샹젤리제	양식	170 m	8,000원	★★★	○
경복궁	한식	80 m	10,000원	★★★★	×
도쿄타워	일식	350 m	9,000원	★★★★☆	×
광화문	한식	300 m	12,000원	★★★★★	×

※ ☆은 ★의 반 개이다.

〈평가 기준〉
- 평가 항목 중 이동거리, 가격, 맛평점에 대하여 각 항목별로 5, 4, 3, 2, 1점을 각각의 음식점에 하나씩 부여한다.
  - 이동거리가 짧은 음식점일수록 높은 점수를 준다.
  - 가격이 낮은 음식점일수록 높은 점수를 준다.
  - 맛평점이 높은 음식점일수록 높은 점수를 준다.
- 평가 항목 중 음식종류에 대하여 일식 5점, 한식 4점, 양식 3점, 중식 2점을 부여한다.
- 방 예약이 가능한 경우 가점 1점을 부여한다.
- 총점은 음식종류, 이동거리, 가격, 맛평점의 4가지 평가 항목에서 부여 받은 점수와 가점을 합산하여 산출한다.

① 자금성　　　　　② 샹젤리제
③ 경복궁　　　　　④ 도쿄타워
⑤ 광화문

회독 ☐☐☐ 난도 ★☆☆ 소요시간 ☐☐☐

25 다음 〈측량학 수업 필기〉를 근거로 판단할 때, 〈예제〉의 괄호 안에 들어갈 수는? 18 민경채 가책형 7번

┌─ 측량학 수업 필기 ─┐

축 척 : 실제 수평 거리를 지도상에 얼마나 축소해서 나타냈는지를 보여주는 비율. 1/50,000, 1/25,000, 1/10,000, 1/5,000 등을 일반적으로 사용함

　　🔘 1/50,000은 실제 수평 거리 50,000 cm를 지도상에 1 cm로 나타냄

등고선 : 지도에서 표고가 같은 지점들을 연결한 선
　　표준 해면으로부터 지표의 어느 지점까지의 수직 거리
　　축척 1/50,000 지도에서는 표고 20m마다, 1/25,000 지도에서는 표고 10 m마다, 1/10,000 지도에서는 표고 5 m마다 등고선을 그림

　　🔘 축척 1/50,000 지도에서 등고선이 그려진 모습

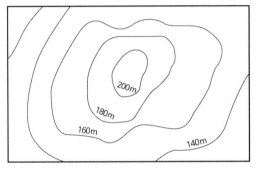

경사도 : 어떤 두 지점 X와 Y를 잇는 사면의 경사도는 다음의 식으로 계산

$$경사도 = \frac{두\ 지점\ 사이의\ 표고\ 차이}{두\ 지점\ 사이의\ 실제\ 수평\ 거리}$$

┌─ 예제 ─┐

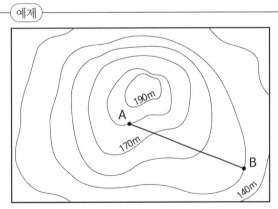

위의 지도는 축척 1/25,000로 제작되었다. 지도상의 지점 A와 B를 잇는 선분을 자로 재어 보니 길이가 4 cm였다. 이때 두 지점 A와 B를 잇는 사면의 경사도는 (　　)이다.

① 0.015　　　　② 0.025
③ 0.03　　　　④ 0.055
⑤ 0.7

회독 ☐☐☐ 난도 ★☆☆ 소요시간 ☐☐☐

26 甲은 ○○주차장에 4시간 45분 간 주차했던 차량의 주차 요금을 정산하려고 한다. 이 주차장에서는 총 주차 시간 중 최초 1시간의 주차 요금을 면제하고, 다음의 〈주차 요금 기준〉에 따라 요금을 부과한다. 甲이 지불해야 할 금액은? 12 민경채 인책형 20번

〈주차 요금 기준〉

구분	총 주차 시간	
	1시간 초과 ~3시간인 경우	3시간 초과인 경우
요금	• 30분마다 500원	• 1시간 초과 ~ 3시간 : 30분마다 500원 • 3시간 초과 : 30분마다 2,000원

※ 주차 요금은 30분 단위로 부과되고, 잔여시간이 30분 미만일 경우 30분으로 간주한다.

① 5,000원
② 9,000원
③ 10,000원
④ 11,000원
⑤ 20,000원

자료판정 – 최적수치계산(경우, 제한, 최적)

4.2 최적수치계산(경우, 제한, 최적)

회독 ☐☐☐ 난도 ★★☆ 소요시간 ☐☐☐

01 다음 글을 근거로 판단할 때, 甲이 통합력에 투입해야 하는 노력의 최솟값은? 21 7급 공채 나책형 6번

- 업무역량은 기획력, 창의력, 추진력, 통합력의 4가지 부문으로 나뉜다.
- 부문별 업무역량 값을 수식으로 나타내면 다음과 같다.

부문별 업무역량 값

= (해당 업무역량 재능×4) + (해당 업무역량 노력×3)

※ 재능과 노력의 값은 음이 아닌 정수이다.

- 甲의 부문별 업무역량의 재능은 다음과 같다.

기획력	창의력	추진력	통합력
90	100	110	60

- 甲은 통합력의 업무역량 값을 다른 어떤 부문의 값보다 크게 만들고자 한다. 단, 甲이 투입 가능한 노력은 총 100이며 甲은 가능한 노력을 남김없이 투입한다.

① 67 ② 68

③ 69 ④ 70

⑤ 71

회독 ☐☐☐ 난도 ★★☆ 소요시간 ☐☐☐

02 다음 글의 ⊙과 ⓒ에 해당하는 수를 옳게 짝지은 것은?

21 7급 공채 나책형 5번

甲담당관: 우리 부서 전 직원 57명으로 구성되는 혁신조직을 출범시켰으면 합니다.

乙주무관: 조직은 어떻게 구성할까요?

甲담당관: 5 ~ 7명으로 구성된 10개의 소조직을 만들되, 5명, 6명, 7명 소조직이 각각 하나 이상 있었으면 합니다. 단, 각 직원은 하나의 소조직에만 소속되어야 합니다.

乙주무관: 그렇게 할 경우 5명으로 구성되는 소조직은 최소 (⊙)개, 최대 (ⓒ)개가 가능합니다.

	⊙	ⓒ
①	1	5
②	3	5
③	3	6
④	4	6
⑤	4	7

회독 ☐☐☐   난도 ★☆☆   소요시간 ☐☐☐

03 다음 글을 근거로 판단할 때, 우수부서 수와 기념품 구입 개수를 옳게 짝지은 것은? 20 5급 공채 나책형 27번

A기관은 탁월한 업무 성과로 포상금 5,000만 원을 지급받았다. <포상금 사용기준>은 다음과 같다.

〈포상금 사용기준〉

• 포상금의 40% 이상은 반드시 각 부서에 현금으로 배분한다.
  - 전체 15개 부서를 우수부서와 보통부서 두 그룹으로 나누어 우수부서에 150만 원, 보통부서에 100만 원을 현금으로 배분한다.
  - 우수부서는 최소한으로 선정한다.
• 포상금 중 2,900만 원은 직원 복지 시설을 확충하는 데 사용한다.
• 직원 복지 시설을 확충하고 부서별로 현금을 배분한 후 남은 금액을 모두 사용하여 개당 1만 원의 기념품을 구입한다.

	우수부서 수	기념품 구입 개수
①	9개	100개
②	9개	150개
③	10개	100개
④	10개	150개
⑤	11개	50개

회독 ☐☐☐   난도 ★★☆   소요시간 ☐☐☐

04 다음 〈조건〉과 〈관광지 운영시간 및 이동시간〉을 근거로 판단할 때, 〈보기〉에서 옳은 것만을 모두 고르면?

17 민경채 나책형 25번

조건

• 하루에 4개 관광지를 모두 한 번씩 관광한다.
• 궁궐에서는 가이드투어만 가능하다. 가이드투어는 10시와 14시에 시작하며, 시작 시각까지 도착하지 못하면 가이드투어를 할 수 없다.
• 각 관광에 소요되는 시간은 2시간이며, 관광지 운영시간 외에는 관광할 수 없다.

〈관광지 운영시간 및 이동시간〉

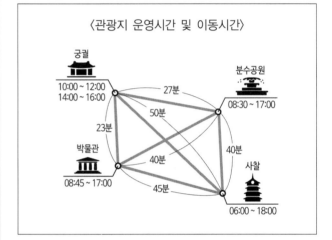

보기

ㄱ. 사찰에서부터 관광을 시작해야 한다.
ㄴ. 마지막 관광을 종료하는 시각은 16시 30분 이후이다.
ㄷ. 박물관과 분수공원의 관광 순서가 바뀌어도 무방하다.

① ㄴ
② ㄷ
③ ㄱ, ㄴ
④ ㄱ, ㄷ
⑤ ㄱ, ㄴ, ㄷ

05 다음 글과 〈상황〉을 근거로 판단할 때, 甲, 乙, 丙의 자동차 번호 끝자리 숫자의 합으로 가능한 최댓값은?

19 민경채 나책형 17번

- A사는 자동차 요일제를 시행하고 있으며, 각 요일별로 운행할 수 없는 자동차 번호 끝자리 숫자는 아래와 같다.

요일	월	화	수	목	금
숫자	1, 2	3, 4	5, 6	7, 8	9, 0

- 미세먼지 비상저감조치가 시행될 경우 A사는 자동차 요일제가 아닌 차량 홀짝제를 시행한다. 차량 홀짝제를 시행하는 날에는 시행일이 홀수이면 자동차 번호 끝자리 숫자가 홀수인 차량만 운행할 수 있고, 시행일이 짝수이면 자동차 번호 끝자리 숫자가 홀수가 아닌 차량만 운행할 수 있다.

─〈상황〉─

A사의 직원인 甲, 乙, 丙은 12일(월)부터 16일(금)까지 5일 모두 출근했고, 12일, 13일, 14일에는 미세먼지 비상저감 조치가 시행되었다. 자동차 요일제와 차량 홀짝제로 인해 자동차를 운행할 수 없는 경우를 제외하면, 3명 모두 자신이 소유한 자동차로 출근을 했다. 다음은 甲, 乙, 丙이 16일에 출근한 후 나눈 대화이다.

- 甲: 나는 12일에 내 자동차로 출근을 했어. 따져보니 이번 주에 총 4일이나 내 자동차로 출근했어.
- 乙: 저는 이번 주에 이틀만 제 자동차로 출근했어요.
- 丙: 나는 이번 주엔 13일, 15일, 16일만 내 자동차로 출근할 수 있었어.

※ 甲, 乙, 丙은 자동차를 각각 1대씩 소유하고 있다.

① 14   ② 16
③ 18   ④ 20
⑤ 22

06 다음 글을 근거로 판단할 때 옳지 않은 것은?

16 민경채 5책형 22번

甲은 〈가격표〉를 참고하여 〈조건〉에 따라 동네 치킨 가게(A ~ D)에서 치킨을 배달시켰다.

─〈조건〉─

조건 1. 프라이드치킨, 양념치킨, 간장치킨을 한 마리씩 주문한다.
조건 2. 동일한 가게에 세 마리를 주문하지 않는다.
조건 3. 주문금액(치킨 가격 + 배달료)의 총 합계가 최소가 되도록 한다.

〈가격표〉

(단위 : 원)

동네 치킨 가게	치킨 가격 (마리당 가격)			배달료	배달가능 최소금액
	프라이드 치킨	양념 치킨	간장 치킨		
A	7,000	8,000	9,000	0	10,000
B	7,000	7,000	10,000	2,000	5,000
C	5,000	8,000	8,000	1,000	7,000
D	8,000	8,000	8,000	1,000	5,000

※ 배달료는 가게당 한 번만 지불한다.

① A가게에는 주문하지 않았다.
② 총 주문금액은 23,000원이다.
③ 주문이 가능한 경우의 조합은 총 네 가지이다.
④ B가게가 휴업했더라도 총 주문금액은 달라지지 않는다.
⑤ '조건 2'를 고려하지 않는다면 총 주문금액은 22,000원이다.

회독 ☐☐☐ 난도 ★★☆ 소요시간 ☐☐☐

07 다음 글을 근거로 판단할 때, 〈표〉의 화장 단계 중 7개만을 선택하였을 경우 甲의 최대 매력 지수는?

14 민경채 A책형 23번

- 아침마다 화장을 하고 출근하는 甲의 목표는 매력 지수의 합을 최대한 높이는 것이다.
- 화장 단계별 매력 지수와 소요 시간은 아래의 〈표〉와 같다.
- 20분 만에 화장을 하면 지각하지 않고 정시에 출근할 수 있다.
- 회사에 1분 지각할 때마다 매력 지수가 4점씩 깎인다.
- 화장은 반드시 '로션 바르기 → 수분크림 바르기 → 썬크림 바르기 → 피부화장 하기' 순으로 해야 하며, 이 4개 단계는 생략할 수 없다.
- 피부화장을 한 후에 눈썹 그리기, 눈화장 하기, 립스틱 바르기, 속눈썹 붙이기를 할 수 있으며, 이 중에서는 어떤 것을 선택해도 상관없다.
- 동일 화장 단계는 반복하지 않으며, 2개 이상의 화장 단계는 동시에 할 수 없다.

〈표〉

화장 단계	매력 지수(점)	소요 시간(분)
로션 바르기	2	1
수분크림 바르기	2	1
썬크림 바르기	6	1.5
피부화장 하기	20	7
눈썹 그리기	12	3
눈화장 하기	25	10
립스틱 바르기	10	0.5
속눈썹 붙이기	60	15

① 53점   ② 61점
③ 76점   ④ 129점
⑤ 137점

회독 ☐☐☐ 난도 ★★☆ 소요시간 ☐☐☐

08 다음 글을 근거로 판단할 때, 5세트가 시작한 시점에 경기장에 남아 있는 관람객 수의 최댓값은?

22 5급 공채 나책형 31번

- 총 5세트의 배구경기에서 각 세트를 이길 때마다 세트 점수 1점을 획득하여 누적 세트 점수 3점을 먼저 획득하는 팀이 승리한다.
- 경기 시작 전, 경기장에는 홈팀을 응원하는 관람객 5,000명과 원정팀을 응원하는 관람객 3,000명이 있었다.
- 각 세트가 끝날 때마다 누적 세트 점수가 낮은 팀을 응원하는 관람객이 경기장을 나가는데, 홈팀은 1,000명, 원정팀은 500명이 나간다.
- 경기장을 나간 관람객은 다시 들어오지 못하며, 경기 중간에 들어온 관람객은 없다.
- 경기는 원정팀이 승리했으나 홈팀이 두 세트를 이기며 분전했다.

① 6,000명   ② 6,500명
③ 7,000명   ④ 7,500명
⑤ 8,000명

회독 ☐☐☐ 난도 ★★☆ 소요시간 ☐☐☐

09 다음 글을 근거로 판단할 때, 사무소 B의 전화번호를 구성하는 6개 숫자를 모두 합한 값의 최댓값은?

22 5급 공채 나책형 34번

사무소 A와 사무소 B 각각의 전화번호는 1부터 9까지의 숫자 중 6개로 구성되어 있다.

- A와 B전화번호에서 공통된 숫자의 종류는 5를 포함하여 세 가지이다.
- A전화번호는 세 가지의 홀수만으로 구성되어 있다.
- A전화번호의 첫 번째와 마지막 숫자는 서로 다르며, 합이 10이다.
- B전화번호를 구성하는 숫자 중 가장 큰 숫자는 세 번 나타난다.
- B전화번호를 구성하는 숫자 중 두 번째로 작은 숫자는 짝수다.

① 33   ② 35
③ 37   ④ 39
⑤ 42

회독 ☐☐☐ 난도 ★★☆ 소요시간 ☐☐☐

10 다음 글을 근거로 판단할 때, 1차 투표와 2차 투표에서 모두 B안에 투표한 주민 수의 최솟값은?

20 5급 공채 나책형 10번

○○마을은 새로운 사업을 추진하기 위해 주민 100명을 대상으로 투표를 실시하였다. 주민들에게 사업안 A, B, C 중 하나를 선택하도록 하였다. 사전 자료를 바탕으로 1차 투표를 한 후, 주민들끼리 토론을 거쳐 2차 투표로 최종안을 결정하였다. 1차와 2차 투표 모두 투표율은 100%였고, 무효표는 없었다. 투표 결과는 다음과 같다.

구분	1차 투표	2차 투표
A안	30명	( )명
B안	50명	( )명
C안	20명	35명

1차 투표와 2차 투표에서 모두 A안에 투표한 주민은 20명이었고, 2차 투표에서만 A안에 투표한 주민은 5명이었다.

① 10
② 15
③ 20
④ 25
⑤ 30

회독 ☐☐☐ 난도 ★★☆ 소요시간 ☐☐☐

11 다음 글을 근거로 판단할 때, 태은이의 만족도 점수의 합은? 20 5급 공채 나책형 18번

태은이는 모처럼의 휴일을 즐길 계획을 세우고 있다. 예산 10만 원을 모두 사용하여 외식, 전시회 관람, 쇼핑을 한 번씩 한다. 태은이는 만족도 점수의 합이 최대가 되도록 항목별로 최대 6만 원까지 1만 원 단위로 지출한다. 다음은 항목별 지출에 따른 태은이의 만족도 점수이다.

구분	1만 원	2만 원	3만 원	4만 원	5만 원	6만 원
외식	3점	5점	7점	13점	15점	16점
전시회 관람	1점	3점	6점	9점	12점	13점
쇼핑	1점	2점	6점	8점	10점	13점

① 23점
② 24점
③ 25점
④ 26점
⑤ 27점

12 다음 글을 근거로 판단할 때, ○○공장에서 4월 1일과 4월 2일에 작업한 최소 시간의 합은?

20 5급 공채 나책형 30번

○○공장은 작업반 A와 B로 구성되어 있고 제품 X와 제품 Y를 생산한다. 다음 표는 각 작업반이 1시간에 생산할 수 있는 각 제품의 수량을 나타낸다. 각 작업반은 X와 Y를 동시에 생산할 수 없고 작업 속도는 일정하다.

〈작업반별 시간당 생산량〉

(단위 : 개)

구분	X	Y
작업반 A	2	3
작업반 B	1	3

○○공장은 4월 1일 오전 9시에 X 24개와 Y 18개를 주문받았으며, 4월 2일에도 같은 시간에 동일한 주문을 받았다. 당일 주문받은 물량은 당일에 모두 생산하였다.

4월 1일에는 작업 여건상 두 작업반이 같은 시간대에 동일한 종류의 제품만을 생산해야 했지만, 4월 2일에는 그러한 제약이 없었다. 두 작업반은 매일 동시에 작업을 시작하며, 작업 시간은 작업 시작 시점부터 주문받은 물량 생산 완료 시점까지의 시간을 의미한다.

① 19시간 ② 20시간
③ 21시간 ④ 22시간
⑤ 23시간

13 다음 글을 근거로 판단할 때 산책로에 설치한 가로등 개수의 최솟값으로 옳은 것은?

22 입법 가책형 37번

A시는 치안 강화를 위해 B공원에 있는 가로폭이 500m, 세로폭이 6m인 직사각형의 형태의 산책로에 가로등을 설치하고자 한다.

가로등의 높이는 8m이고, 밑면의 반지름이 5m인 원뿔 형태로 거리를 비춘다. 즉, 가로등 한 개의 불빛이 비추는 면적은 반지름이 5m인 원의 형태이다.

A시는 산책로 전체에 가로등 불빛이 닿지 않는 곳이 없도록 가로등을 설치하고자 한다.

가로등은 산책로의 세로폭의 가운데에 위치하며 첫 번째 가로등은 산책로가 시작하는 곳에 위치한다. 즉, 첫 번째 가로등 불빛이 비추는 원 모양의 불빛은 그 중심이 산책로가 시작하는 선의 가운데에 위치한다. 또한, 가로등은 모두 동일한 폭으로 설치한다.(단, 가로등 자체의 넓이나 부피는 고려하지 않는다)

① 61 ② 62
③ 63 ④ 64
⑤ 65

14 다음 〈상황〉을 근거로 판단할 때 갑 법안을 지지하는 국회의원 수의 최댓값은?

21 입법 가책형 6번

─ 상황 ─

갑 법안을 지지하는 국회의원의 수는 을 법안을 지지하는 국회의원의 수의 3배이다. 갑 법안을 지지하는 국회의원의 수는 병 법안을 지지하는 국회의원의 수의 8배이다. 그리고 총 국회의원의 수는 290명 미만이다. 단, 두 개 이상의 법안을 지지하는 국회의원은 없다.

① 168 ② 180
③ 192 ④ 198
⑤ 204

회독 ☐☐☐ 난도 ★★☆ 소요시간 ☐

15 다음 글을 근거로 판단할 때 키가 180cm 이하이고, 장신구를 하지 않았으며, TV출연 경력이 없고, 염색을 했으며, 춤을 배워본 경험이 있는 도전자 수의 최솟값은?

21 입법 가책형 25번

> 댄스어게인 도전자는 총 987명이다. 도전자들의 특징은 아래와 같다.
> • 키가 180cm 초과인 도전자는 198명 이하이다.
> • 귀걸이를 한 도전자는 87명 이하이다.
> • TV출연 경력이 있는 도전자는 83명 이하이다.
> • 염색을 한 도전자는 811명 이상이다.
> • 장신구를 한 도전자는 295명 미만이다.
> • 춤을 배워본 경험이 있는 도전자는 901명 이상이다.

※ 장신구에는 귀걸이, 반지, 팔찌 등이 포함된다.

① 72 ② 73
③ 86 ④ 149
⑤ 150

회독 ☐☐☐ 난도 ★☆☆ 소요시간 ☐

16 다음 〈상황〉을 근거로 판단할 때 갑이 하루에 최대로 이용할 수 있는 시설의 개수로 옳은 것은?

19 입법 가책형 39번

〈상황〉

만 17세가 된 갑은 미세먼지를 피해 ○○실내스포츠센터에 방문했다. ○○실내스포츠센터 방문 시 센터에 있을 수 있는 시간은 하루 최대 1시간이다. ○○실내스포츠센터에는 다음과 같은 시설이 설치되어 있으며, 각 시설에 대한 정보는 다음과 같다. 시설을 이용하기 위해서는 시설을 대기한 다음에 이용해야 하며, 하루에 같은 시설을 중복하여 이용할 수 없다. 또한 시설 이용 중에 포기할 수 없으며, 시설 간 이동시간은 없다.

시설명	시설이용 시간	시설대기 시간	이용조건
클라이밍	10분	10분	키 130cm 이상
짚라이너	3분	20분	키 150cm 이상
트램펄린	5분	2분	만 5세 이상
VR농구	15분	15분	만 15세 이상
양궁	7분	8분	만 18세 이상

※ 단, 갑의 키는 161cm이다.

① 1개 ② 2개
③ 3개 ④ 4개
⑤ 5개

17 다음 글을 근거로 판단할 때, 甲이 얻을 수 있는 최대 이윤과 이때 채굴한 원석의 개수로 옳게 짝지은 것은? (단, 원석은 정수 단위로 채굴한다) 19 5급 공채 가책형 18번

보석 가공업자인 甲은 원석을 채굴하여 목걸이용 보석과 반지용 보석으로 1차 가공한다. 원석 1개를 1차 가공하면 목걸이용 보석 60개와 반지용 보석 40개가 생산된다.

이렇게 생산된 보석들은 1차 가공 직후 판매할 수 있지만, 2차 가공을 거쳐서 판매할 수도 있다. 목걸이용 보석 1개는 2차 가공을 통해 목걸이 1개로, 반지용 보석 1개는 2차 가공을 통해 반지 1개로 생산된다. 甲은 보석 용도별로 2차 가공 여부를 판단하는데, 2차 가공하여 판매할 때의 이윤이 2차 가공을 하지 않고 판매할 때의 이윤보다 큰 경우에만 2차 가공하여 판매한다.

〈생산단계별 비용 및 판매가격〉

• 원석 채굴 : 최초에 원석 1개를 채굴할 때에는 300만 원의 비용이 들고, 두 번째 채굴 이후부터는 원석 1개당 채굴 비용이 100만 원씩 증가한다. 즉, 두 번째 원석의 채굴 비용은 400만 원이 되어 원석 2개의 총 채굴 비용은 700만 원이다.

• 1차 가공 : 원석의 1차 가공 비용은 개당 250만 원이며, 목걸이용 보석은 개당 7만 원에, 반지용 보석은 개당 5만 원에 판매된다.

• 2차 가공 : 목걸이용 보석의 2차 가공 비용은 개당 40만 원이며, 목걸이는 개당 50만 원에 판매된다. 반지용 보석의 2차 가공 비용은 개당 20만 원이며, 반지는 개당 15만 원에 판매된다.

	최대 이윤	원석의 개수
①	400만 원	2개
②	400만 원	3개
③	450만 원	3개
④	450만 원	4개
⑤	500만 원	4개

18 다음 글을 근거로 판단할 때, 甲금속회사가 생산한 제품 A, B를 모두 판매하여 얻을 수 있는 최대 금액은? 17 5급 공채 가책형 32번

• 甲금속회사는 특수구리합금 제품 A와 B를 생산 및 판매한다.

• 특수구리합금 제품 A, B는 10kg 단위로만 생산된다.

• 제품 A의 1kg당 가격은 300원이고, 제품 B의 1kg당 가격은 200원이다.

• 甲금속회사는 보유하고 있던 구리 710kg, 철 15kg, 주석 33kg, 아연 155kg, 망간 30kg 중 일부를 활용하여 아래 표의 질량 배합 비율에 따라 제품 A를 300kg 생산한 상태이다. (단, 개별 금속의 추가구입은 불가능하다)

• 합금 제품별 질량 배합 비율은 아래와 같으며 배합 비율을 만족하는 경우에만 제품이 될 수 있다.

(단위 : %)

구분	구리	철	주석	아연	망간
A	60	5	0	25	10
B	80	0	5	15	0

※ 배합된 개별 금속 질량의 합은 생산된 합금 제품의 질량과 같다.

① 195,000원 ② 196,000원
③ 197,000원 ④ 198,000원
⑤ 199,000원

회독 □□□ 난도 ★★☆ 소요시간

19 다음 글을 근거로 판단할 때, 〈보기〉에서 옳은 것만을 모두 고르면? 16 5급 공채 4책형 29번

'올해의 체육인상' 후보에 총 5명(甲 ~ 戊)이 올랐다. 수상자는 120명의 기자단 투표에 의해 결정되며 투표규칙은 다음과 같다.

- 투표권자는 한 명당 한 장의 투표용지를 받고, 그 투표용지에 1순위와 2순위 각 한 명의 후보자를 적어야 한다.
- 투표권자는 1순위와 2순위로 동일한 후보자를 적을 수 없다.
- 투표용지에 1순위로 적힌 후보자에게는 5점이, 2순위로 적힌 후보자에게는 3점이 부여된다.
- '올해의 체육인상'은 개표 완료 후, 총 점수가 가장 높은 후보자가 수상하게 된다.
- 기권표와 무효표는 없다.

현재 투표까지의 중간집계 점수는 아래와 같다.

〈중간집계〉

후보자	점수
甲	360점
乙	15점
丙	170점
丁	70점
戊	25점

보기

ㄱ. 현재 투표한 인원은 총 투표인원의 64%를 넘는다.

ㄴ. 중간집계 결과로 볼 때, '올해의 체육인상'을 받을 수 있는 사람은 甲뿐이다.

ㄷ. 중간집계 결과로 볼 때, 8명이 丁을 1순위로 적었다면 최대 60명이 甲을 1순위로 적었을 것이다.

① ㄱ
② ㄱ, ㄴ
③ ㄱ, ㄷ
④ ㄴ, ㄷ
⑤ ㄱ, ㄴ, ㄷ

회독 □□□ 난도 ★☆☆ 소요시간

20 다음 글과 〈상황〉을 근거로 판단할 때, 〈보기〉에서 옳은 것만을 모두 고르면? 19 민경채 나책형 9번

K국에서는 모든 법인에 대하여 다음과 같이 구분하여 주민세를 부과하고 있다.

구분	세액(원)
• 자본금액 100억 원을 초과하는 법인으로서 종업원 수가 100명을 초과하는 법인	500,000
• 자본금액 50억 원 초과 100억 원 이하 법인으로서 종업원 수가 100명을 초과하는 법인	350,000
• 자본금액 50억 원을 초과하는 법인으로서 종업원 수가 100명 이하인 법인 • 자본금액 30억 원 초과 50억 원 이하 법인으로서 종업원 수가 100명을 초과하는 법인	200,000
• 자본금액 30억 원 초과 50억 원 이하 법인으로서 종업원 수가 100명 이하인 법인 • 자본금액 10억 원 초과 30억 원 이하 법인으로서 종업원 수가 100명을 초과하는 법인	100,000
• 그 밖의 법인	50,000

〈상 황〉

법인	자본금액(억 원)	종업원 수(명)
甲	200	?
乙	20	?
丙	?	200

보기

ㄱ. 甲이 납부해야 할 주민세 최소 금액은 20만 원이다.

ㄴ. 乙의 종업원이 50명인 경우 10만 원의 주민세를 납부해야 한다.

ㄷ. 丙이 납부해야 할 주민세 최소 금액은 10만 원이다.

ㄹ. 甲, 乙, 丙이 납부해야 할 주민세 금액의 합계는 최대 110만 원이다.

① ㄱ, ㄴ
② ㄱ, ㄷ
③ ㄱ, ㄹ
④ ㄴ, ㄷ
⑤ ㄴ, ㄹ

회독 ☐☐☐ 난도 ★☆☆ 소요시간 ☐☐

21 다음 〈상황〉을 근거로 판단할 때, 준석이가 가장 많은 식물을 재배할 수 있는 온도와 상품가치의 총합이 가장 큰 온도는? (단, 주어진 조건 외에 다른 조건은 고려하지 않는다) 17 민경채 나책형 8번

상황

• 준석이는 같은 온실에서 5가지 식물(A ~ E)을 하나씩 동시에 재배하고자 한다.
• A ~ E의 재배가능 온도와 각각의 상품가치는 다음과 같다.

식물 종류	재배가능 온도(°C)	상품가치(원)
A	0 이상 20 이하	10,000
B	5 이상 15 이하	25,000
C	25 이상 55 이하	50,000
D	15 이상 30 이하	15,000
E	15 이상 25 이하	35,000

• 준석이는 온도만 조절할 수 있으며, 식물의 상품가치를 결정하는 유일한 것은 온도이다.
• 온실의 온도는 0°C를 기준으로 5°C 간격으로 조절할 수 있고, 한 번 설정하면 변경할 수 없다.

	가장 많은 식물을 재배할 수 있는 온도	상품가치의 총합이 가장 큰 온도
①	15°C	15°C
②	15°C	20°C
③	15°C	25°C
④	20°C	20°C
⑤	20°C	25°C

회독 ☐☐☐ 난도 ★☆☆ 소요시간 ☐☐

22 다음 글에 근거할 때, 甲이 내년 1월 1일부터 12월 31일까지 아래 작물(A ~ D)만을 재배하여 최대로 얻을 수 있는 소득은? 12 민경채 인책형 9번

甲은 각 작물별 재배 기간과 재배 가능 시기를 고려하여 작물 재배 계획을 세우고자 한다. 아래 〈표〉의 네 가지 작물 중 어느 작물이든 재배할 수 있으나, 동시에 두 가지 작물을 재배할 수는 없다. 또한 하나의 작물을 같은 해에 두 번 재배할 수도 없다.

〈표〉 작물 재배 조건

작물	1회 재배 기간	재배 가능 시기	1회 재배로 얻을 수 있는 소득
A	4개월	3월 1일 ~ 11월 30일	800만 원
B	5개월	2월 1일 ~ 11월 30일	1,000만 원
C	3개월	3월 1일 ~ 11월 30일	500만 원
D	3개월	2월 1일 ~ 12월 31일	350만 원

---

① 1,500만 원
② 1,650만 원
③ 1,800만 원
④ 1,850만 원
⑤ 2,150만 원

23 다음은 9개 구역으로 이루어진 〈A지역〉과 그 지역을 구성하는 〈구역 유형별 유권자 수〉이다. A지역을 〈조건〉에 따라 유권자 수가 동일한 3개의 선거구로 나누려고 할 때 가능한 경우의 수는? 12 민경채 인책형 10번

〈A지역〉

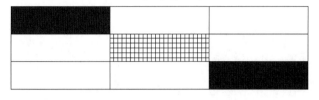

〈구역 유형별 유권자 수〉

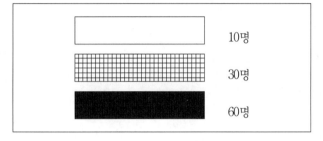

(빈칸)	10명
(격자무늬)	30명
(검정)	60명

─ 조건 ─

　같은 선거구에 속하는 구역들은 사각형의 한 변이 적어도 그 선거구에 속하는 다른 한 구역의 사각형의 한 변과 맞닿아 있어야 한다.

① 1가지　　　　② 2가지
③ 3가지　　　　④ 4가지
⑤ 5가지

24 다음 글을 근거로 판단할 때, 甲이 지불한 연체료의 최솟값은? 19 5급 공채 가책형 37번

　A시립도서관은 다음의 원칙에 따라 휴관일 없이 도서 대출 서비스를 운영하고 있다.

• 시민 1인당 총 10권까지 대출 가능하며, 대출 기간은 대출일을 포함하여 14일이다.
• 대출 기간은 권당 1회에 한하여 7일 연장할 수 있으며, 이때 총 대출 기간은 21일이 된다. 연장 신청은 기존 대출 기간 내에 해야 한다.
• 만화와 시로 분류되는 도서의 경우에는 대출 기간은 7일이며 연장 신청도 불가능하다.
• 대출한 도서를 대출 기간 내에 반납하지 못한 경우에는 기간 종료일의 다음날부터 해당 도서 반납을 연체한 것으로 본다.
• 연체료는 각 서적별로 '연체 일수 × 100원'만큼 부과되며, 최종 반납일도 연체 일수에 포함된다. 또한 대출일 기준으로 출간일이 6개월 이내인 신간의 연체료는 2배로 부과된다.

　A시에 거주하는 甲은 아래와 같이 총 5권의 책을 대출하여 2018년 10월 30일에 모두 반납하였다. 甲은 이 중 2권의 대출 기간을 연장하였으며, 반납한 날에 연체료를 전부 지불하였다.

〈甲의 도서 대출 목록〉

도서명	분류	출간일	대출일
원○○	만화	2018. 1. 10.	2018. 10. 10.
입 속의 검은 △	시	2018. 9. 10.	2018. 10. 20.
□의 노래	소설	2017. 10. 30.	2018. 10. 5.
☆☆ 문화유산 답사기	수필	2018. 4. 15.	2018. 10. 10.
햄◇	희곡	2018. 6. 10.	2018. 10. 5.

① 3,000원　　　　② 3,700원
③ 4,400원　　　　④ 5,500원
⑤ 7,200원

PSAT 김영진 상황판단
유형 분석 [기본편]

정답 및
해설

이해추론 – 법령제시형

▶ 1.1 법령제시

01 ··· p.14

정답 ⑤

Point up

제1항과 제2항의 각 호의 해당여부와 단서에 주의해서 정오를 판정한다.

① (×) 제2항 단서에 따라 예고편영화는 전체관람가(제1호) 또는 청소년 관람불가(제4호)로 분류한다.
② (×) 제5항에 따라 청소년 관람불가 영화의 경우에는 청소년을 입장시켜서는 안 되므로 부모와 함께라도 관람할 수 없다.
③ (×) 제1항 제2호에서 영화진흥위원회가 추천하는 영화제에서 상영하는 영화의 경우에는 동항 단서에 따라 상영등급을 분류받지 않아도 상영할 수 있다.
④ (×) 제2항 단서에 따라 청소년 관람불가 예고편영화는 청소년 관람불가 영화의 상영전후에만 상영할 수 있다.
⑤ (○) 제1항 제1호에서 대가를 받지 아니하고 청소년이 포함되지 아니한 특정인에 한하여 상영하는 단편영화의 경우에는 동항 단서에 따라 상영등급을 분류받지 않아도 상영할 수 있으므로 옳은 내용이다.

02 ··· p.14

정답 ⑤

Point up

하자의 종류에 따른 담보책임의 존속기간과 기산점 등을 구분하여 정오를 판정한다. 특히, 무과실 책임(제1항)과 강행규정(제5항)의 내용에 주의한다.

① (×) 창호공사는 제2항 제3호에 따라 3년 동안 담보책임을 지며 제3항 제1호에 따라 전유부분에 해당하는 것으로 그 기간의 기산점은 구분소유자인 甲이 인도받은 2020.7.1.이 되므로 아파트 건설사인 丙은 창호공사의 하자에 대해 2023.7.1.까지 담보책임을 진다.
② (×) 제1항에 따라 제2항 제2호에 해당하는 철골공사에 대해서는 과실이 없더라도 담보책임을 진다.
③ (×) 방수공사는 제2항 제2호에 따라 5년 동안 담보책임을 지며 전유부분의 기산점은 제3항 제1호에 따라 구분소유자인 甲이 인도받은 2020.7.1.이 되므로 분양자인 乙은 2025. 7. 1.까지 담보책임을 진다.

④ (×) 제4항에 따라 제2항 제2호에 해당하는 대지조성공사의 하자로 인해 주차장 건물이 멸실된 경우에는 담보책임의 존속기간이 멸실된 날로부터 1년이 되므로 건설사 丙은 2024. 10. 1.까지 담보책임을 진다.
⑤ (○) 설사 분양자와 매수인이 담보책임을 5년의 기간으로 정했다 하더라도 이는 매수인에게 불리한 특약으로서 제5항에 따라 효력이 없으므로 제2항 제1호에서 정한 지반공사의 하자에 따른 담보책임인 10년이 그대로 적용된다.

03 ··· p.15

정답 ①

Point up

'가족돌봄휴직'과 '가족돌봄휴가'를 구분하여 ⅰ) 허용기준의 원칙과 예외 ⅱ) 사용기간 등 차이를 기준으로 정오를 판정한다.

① (○) 제1항 단서에 따라 근로자 본인 외에 조부모의 직계비속(부모)이 있는 경우에는 가족돌봄휴직을 허용하지 않을 수 있다.
② (×) 제3항에 따라 사업주가 가족돌봄휴직을 허용하지 않는 경우에는 해당 근로자에게 그 사유를 서면으로 통보하여야 한다.
③ (×) 제2항 단서에 따라 근로자가 청구한 시기에 가족돌봄휴가를 주는 것이 정상적인 사업운영에 중대한 지장을 초래하는 경우에는 근로자와 협의하여 그 시기를 변경할 수 있다.
④ (×) 제4항 제2호 단서에 따라 가족돌봄휴가 기간은 가족돌봄휴직 기간에 포함되므로 근로자가 가족돌봄휴가를 8일 사용한 경우에는 사업주는 이와 별도로 그에게 가족돌봄휴직을 연간 82일까지 허용해야 한다.
⑤ (×) 제4항 제3호에 따라 가족돌봄휴가 기간이 연간 5일 연장된 경우에 동항 제2호에 규정된 가족돌봄휴가 기간을 연간 최장 10일로 합산한다 하더라도 사업주는 근로자에게 연간 최대 15일의 가족돌봄휴가를 허용하면 된다.

04 ··· p.16

정답 ①

Point up

행정재산의 사용·수익과 관련하여 조문별로 ⅰ) 허가 및 갱신 기간(제2조) ⅱ) 사용료 징수 및 면제(제3조) ⅲ) 허가 취소 및 보상(제4조)의 내용을 파악하여 <보기>의 정오를 판정한다.

제시문의 각 조항을 위에서부터 순서대로 제1조에서 제4조로 설명하기로 한다.

ㄱ. (○) 제4조 제2항에 해당하여 사용허가를 취소할 수 있다.

ㄴ. (○) 제3조 제2항 제2호에 해당하여 사용료를 면제할 수 있다.

ㄷ. (×) 제4조 제1항 제2호에 해당하는 사유로 허가가 취소되는 경우에는 손실 보상 의무가 발생하지 않는다.

Power up

제4조 제3항에 따른 손실 보상의 의무는 동조 제2항으로 한정하고 있는 점에 주의해야 한다.

ㄹ. (×) 제2조 제3항에 따라 허가의 갱신 신청은 허가기간이 끝나기 1개월 전에 신청하여야 하므로 기한이 만료되는 전날인 2019년 2월 28일까지 신청할 수 있는 것은 아니다.

05 ··· p.17

정답 ②

Point up

우선, ⅰ) '자연장'과 '개장'의 각각의 뜻을 이해하고 ⅱ) 신고와 허가의 대상 및 행위 등을 정확히 구별하여 <상황>에 따른 정오를 판정한다.

제시문의 각 조항을 위에서부터 순서대로 제1조에서 제4조로 설명하기로 한다.

① (×) 제2조 제1항에 따르면 사망한 때부터 24시간이 지난 후에야 매장을 할 수 있으므로 甲이 사망한 당일에는 매장을 할 수 없다.

② (○) 제3조 제2항에 따른 옳은 내용이다.

③ (×) 제4조 제1항에 따라 甲의 자녀는 가족묘지를 설치·관리할 수 있으나, 동조 제2항에 따르면 해당 묘지 소재지를 관할하는 시장 등의 허가를 받아야 한다.

④ (×) 제3조 제1항에서 자연장을 제외한 매장의 경우에만 매장지를 관할하는 시장 등에게 매장 후 30일 이내에 신고하여야 한다고 규정하고 있으므로 옳지 않다.

⑤ (×) ⅰ) 甲의 경우는 제3조 제1항의 '매장'에 해당하여 매장지(D시)를 관할하는 D시의 장에게 신고하여야 하고, ⅱ) 乙의 경우에는 제1조 제2호의 '개장'에 해당하며 제3조 제3항 제1호에 따라 유골의 현존지(B시)와 개장지(D시)의 장에게 각각 신고하여야 한다.

06 ··· p.17

정답 ⑤

Point up

공공하수도 설치와 관련하여 '인가', '고시', '협의' 등의 행위를 시행하는 주체와 행위의 성질(의무: ~하여야 한다. 재량: ~할 수 있다.)에 대하여 명확하게 확인하고, 관리청의 결정이 애매한 경우에 그것을 결정하는 기준(제□□조 제2항)과 같은 내용은 보기 지문으로 거의 활용되기 때문에 해당 내용을 포함한 선택지를 먼저 찾아 판단해 보는 것도 방법이 될 수 있다.

제시문의 각 조항을 위에서부터 순서대로 제1조와 제2조로 설명하기로 한다.

① (×) 제2조 제2항을 보면, '공공하수도가 둘 이상의 지방자치단체의 장의 관할구역에 걸치는 경우, 관리청이 되는 자는 제1조 제3항에 따른 인가를 받은 시장·군수·구청장으로 한다.'라고 언급되어 있으므로 보기의 경우 공공하수도의 관리청은 B자치구가 아닌 A자치구의 구청장이 된다.

② (×) 제1조 제5항을 보면, 시·도지사가 국가의 보조를 받아 공공하수도를 설치하려면 환경부장관의 인가가 아니라 환경부장관과 미리 협의하여야 한다.

③ (×) 제1조 제4항을 보면, 시장 군수·구청장은 공공하수도 설치에 관하여 인가받은 사항을 폐지하는 경우에는 시·도지사의 인가를 받아야 한다.

④ (×) 제1조 제2항 두 번째 문장에 따르면 시·도지사가 공공하수도 설치 시 고시한 사항을 변경 또는 폐지하고자 하는 경우에도 설치 고시의 방법을 통해 가능하다.

⑤ (○) 제1조 제3항의 내용으로 옳은 설명이다.

07 ··· p.18

정답 ⑤

Point up

무죄재판의 게재청구와 관련하여 각종 행위를 시행하는 주체와 그 대상 그리고 행위의 성질(의무: ~하여야 한다. 재량: ~할 수 있다.)에 대하여 명확하게 확인하여 판단해야 한다. 선택지의 경우 ①번, ②번, ③번은 제○○조에서, ④번과 ⑤번은 제□□조에서 판단 근거를 확인할 수 있으므로 출처에 대한 빠른 분석이 필요하다.

제시문의 각 조항을 위에서부터 순서대로 제1조에서 제4조로 설명하기로 한다.

① (×) 제1조 제1항에 따라 피고인은 관할법원이 아니라 기소한 검사의 소속 지방검찰청에 무죄재판서 게재 청구를 할 수 있다.

② (×) 제1조 제3항에 따라 무죄재판서 게재 청구가 취소된 경우에는 다시 그 청구를 할 수 없다. 따라서 피고인 乙이 무죄재판서 게재 청구를 취소한 후 사망하였어도 乙의 상

속인 또한 다시 청구를 할 수는 없다.

③ (×) 제1조 제2항 두 번째 문장에 따라 같은 순위의 상속인이 여러 명일 때는 상속인 모두가 그 청구에 동의해야 한다. 따라서 丙의 상속인은 같은 순위의 다른 상속인의 동의 없이는 무죄재판서 게재 청구를 할 수 없다.

④ (×) 제2조 제4항에 따라 청구를 받은 날부터 1개월 이내에 무죄재판서를 게재하여야 하고, 무죄재판서의 게재기간은 1년으로 한다. 즉, 무죄재판서는 법무부 인터넷 홈페이지에 3년이 아닌 1년간 게재된다.

⑤ (○) 제2조 제2항 제2호에서 무죄재판서 공개로 인하여 사건관계인의 명예를 현저히 해칠 우려가 있는 경우를 일부 삭제 게재 사유로 명시하고 있으므로 해당 사안의 경우에는 무죄재판서의 일부를 삭제하여 게재할 수 있다.

08 .... p.18

정답 ③

Point up

각 조항의 표제를 통해 <보기>의 상황에 맞는 조문을 빠르게 찾아서 상황을 판단한다. 이 경우 '유치권의 불가분성'이라는 성질과 관련하여 '전부' 혹은 '일부'로 표현되는 부분을 정확히 확인하는 것이 필요하고, 유치권자의 선관의무가 미치는 범위(사용/처분행위에 한함)에도 주목한다.

제시문의 각 조항을 위에서부터 순서대로 제1조부터 제5조로 설명하기로 한다.

ㄱ. (×) 제2조(유치권의 불가분성)에 따라 乙은 채권 전부의 변제를 받을 때까지 유치물 전부에 대하여 유치권을 행사할 수 있으므로 甲이 수선비의 일부를 지급했다 하더라도 乙은 수선한 옷을 돌려주지 않아도 된다.

ㄴ. (○) 제4조(경매)에 따라 乙은 수선비의 변제를 받기 위해 수선한 옷을 경매할 수 있다.

ㄷ. (○) 제5조(점유상실과 유치권소멸)에 따라 甲이 수선을 맡긴 옷을 乙이 도둑맞아 점유를 상실하였다면 乙의 유치권은 소멸한다.

ㄹ. (×) 제3조(유치권자의 선관의무) 제1항에 따라 乙은 선량한 관리자의 주의로 수선한 甲의 옷을 점유해야 하며, 동조 제2항에 따라 채무자 甲의 승낙 없이 수선한 옷을 다른 사람에게 사용, 대여 또는 담보제공을 하지 못한다.

09 .... p.19

정답 ⑤

Point up

법 조항의 내용 중에 금지 행위 유형들을 정확하게 파악하고, 경우에 따라 예외적으로 허용되는 단서 규정에 대해 주의하면서 판단하도록 한다. 각 법조항의 표제를 참고하여 <보기>의

각 상황에 해당하는 조항이 무엇인지 유추(ㄱ → 청렴의 의무, ㄴ → 집단행위의 금지, ㄷ, ㄹ → 정치운동의 금지)하여 찾아보는 것도 빠른 풀이를 위한 좋은 방법이 될 수 있다.

제시문의 각 조항을 위에서부터 순서대로 제1조부터 제3조로 설명하기로 한다.

ㄱ. (○) 제1조 제2항에서 '공무원은 직무상의 관계가 있든 없든 그 소속 상관에게 증여하거나 소속 공무원으로부터 증여를 받아서는 아니 된다.'라고 하였으므로 공무원 甲이 소속 상관에게 직무상 관계없이 고가의 도자기를 증여한 행위는 규정에 위반된다.

ㄴ. (×) 제3조 제1항 단서 및 제2항을 보면 사실상 노무에 종사하는 공무원은 집단행위 등 금지의 예외로 두고, 해당 공무원이 노동조합에 가입되어 있으며 소속 장관의 허가를 받으면 조합 업무에 전임할 수 있으므로 본 사안의 경우에는 규정 위반의 행위가 아니다.

ㄷ. (○) 제2조 제2항 제2호에서는 '기부금을 모집 또는 모집하게 하거나, 공공자금을 이용 또는 이용하게 하는 것'을 공무원에게 금지하고 있으므로 공무원 丙이 동료 공무원 丁에게 선거에서 A정당을 지지하기 위한 기부금을 모집하도록 요구한 행위는 규정에 위반된다.

ㄹ. (○) 제2조 제2항 제1호에 '(선거에서) 투표를 하거나 하지 아니하도록 권유 운동을 하는 것'을 금지하고 있으므로, 공무원 戊가 국회의원 선거기간에 B후보를 낙선시키기 위해 해당 지역구 지인들을 대상으로 다른 후보에게 투표하도록 권유 운동을 한 행위는 규정에 위반된다.

10 .... p.19

정답 ①

Point up

<상황>으로 주어진 공모 내용이 어떤 조항에 해당하여 적용할 수 있는지를 정확히 연결 지어 파악하고, 원칙에 대한 예외를 규정하고 있는 조항(제○○조(우수현상광고) 제2항, 제3항, 제5항)에 주의하면서 <보기>의 내용을 판단한다.

ㄱ. (○) 제○○조 제2항에서 '우수의 판정은 광고에서 정한 자가 한다. 광고에서 판정자를 정하지 아니한 때에는 광고자가 판정한다.'라고 하였으므로 우수논문의 판정은 A청이 한다.

ㄴ. (○) 제○○조 제3항을 보면 '우수한 자가 없다는 판정은 할 수 없다. 그러나 광고에서 다른 의사표시가 있거나 광고의 성질상 판정의 표준이 정하여져 있는 때에는 그러하지 아니하다.'라고 하여 원칙적으로는 우수한 자가 없다는 판정을 할 수는 없지만, 광고에서 다른 의사표시가 있는 경우에는 가능하다. 따라서, <우수논문공모>의 마지막 특이사항 두 번째 내용(기준을 충족한 논문이 없다고 판정된 경

우, 우수 논문을 선정하지 않을 수 있다)을 근거로 우수논문이 없다는 판정이 이루어질 수 있다.

ㄷ. (×) 제○○조 제4항에서 '응모자는 제2항 및 제3항의 판정 (우수 판정 또는 우수자가 없다는 판정)에 대하여 이의를 제기하지 못한다.'고 하였으므로 甲, 乙, 丙등은 우수의 판정에 대해 이의를 제기할 수가 없다.

ㄹ. (×) 제○○조 제5항에서 '수인의 행위가 동등으로 판정된 때에는 각각 균등한 비율로 보수를 받을 권리가 있다. 그러나 보수가 그 성질상 분할할 수 없거나 광고에 1인만이 보수를 받을 것으로 정한 때에는 추첨에 의하여 결정한다.'라고 되어 있고, <우수논문공모>의 세 번째 항목에서 수상자 1명에게 상금을 전액 지급하기로 표시되어 있으므로, 심사결과 甲과 乙의 논문이 동등한 최고점수로 판정되었다면, 甲과 乙은 500만 원씩 상금을 나누어 받는 것이 아니라 추첨을 통해 1인에게만 상금이 주어지게 된다.

11 .... p.20
정답 ①

Point up

입법예고의 의무(~하여야 한다)와 재량(~할 수 있다)여부에 대하여 정확하게 확인하고, 예고의무의 예외사유에 대해서도 주의하여 판단해야 한다. 특히, 입법예고의 주체는 법제처장이 등장하는 제1조 제2항의 경우를 제외하고는 모두 행정청이라는 점도 확인한다.

제시문의 각 조항을 위에서부터 순서대로 제1조와 제2조로 설명하기로 한다.

① (○) 제1조 제1항 제1호에 '신속한 국민의 권리 보호 또는 예측 곤란한 특별한 사정의 발생 등으로 입법이 긴급을 요하는 경우'라고 입법예고의 예외가 명시되어 있으므로, 행정청은 신속한 국민의 권리 보호를 위해 입법이 긴급을 요하는 경우 입법예고를 하지 않을 수 있다.

② (×) 제2조 제3항에서 '행정청은 예고된 입법안의 전문에 대한 열람 또는 복사를 요청받았을 때에는 ~ 복사에 드는 비용을 복사를 요청한 자에게 부담시킬 수 있다.'라고 하였으므로 행정청은 예고된 입법안 전문에 대한 복사 요청을 받은 경우 복사에 드는 비용을 부담해야만 하는 것은 아니다.

③ (×) 제1조 제1항 제2호에 보면, '상위 법령 등의 단순한 집행을 위한 경우'를 입법예고의 예외로 두고 있어, 행정청은 법령의 단순한 집행을 위해 그 하위 법령을 개정하는 경우에는 입법예고를 하지 않을 수 있다.

④ (×) 제1조 제2항에서 '법제처장은 입법예고를 하지 아니한 법령안의 심사요청을 받은 경우에 입법예고를 하는 것이 적당하다고 판단할 때에는 해당 행정청에 입법예고를 권고하거나 직접 예고할 수 있다.'라고 되어 있다.

⑤ (×) 제1조 제1항에서 '법령 등을 제정·개정 또는 폐지(이하 "입법"이라 한다)하려는 경우에는 해당 입법안을 마련한 행정청은 이를 예고하여야 한다.'라고 하였으므로 행정청은 법령을 폐지하는 경우 입법예고를 해야 하는 것이 원칙이다.

12 .... p.20
정답 ⑤

Point up

각 조항의 표제를 참고하여 선택지의 내용에 해당하는 조항을 빠르게 찾아 정오를 판단한다. 이 때, <상황>에서 주어진 ⅰ) 제△△대 국회의원 총 선거일(4월 20일)과 ⅱ) 임기가 시작되는 날(5월 30일)을 법 조항의 해석 기준으로 적용해야 하는 부분에서 주의한다.

제시문의 각 조항을 위에서부터 순서대로 제1조부터 제3조로 설명하기로 한다.

① (×) 제2조 제2항에서 '국회의원 총선거 후 최초의 임시회는 의원의 임기개시 후 7일째에 집회한다.'라고 하였고, 4월 20일은 국회의원 임기 시작이 아닌 총선거 일자이므로 제△△대 국회 첫 번째 임시회는 4월 27일이 아닌 국회의원 임기가 시작하는 5월 30일의 7일 이후인 6월 6일이다.

② (×) 제3조 제2항 제2호에 따르면 '정기회의 회기는 100일을 초과할 수 없다'라고 명시되어 있는데 올해 국회의 정기회를 9월 1일에 시작하여 12월 31일에 폐회하면 총 122일이 되어 100일을 초과하게 되므로 옳지 않다.

③ (×) 제3조 제2항 제1호에서 '매 짝수월(8월, 10월 및 12월을 제외한다) 1일(그 날이 공휴일인 때에는 그 다음날)에 임시회를 집회한다. 다만, 국회의원 총선거가 있는 월의 경우에는 그러하지 아니한다.'라고 하였으므로 8월, 10월, 12월을 제외한 2월, 4월, 6월에 임시회를 집회할 수 있다. 한편, 동조 동항 제2호를 보면, 임시회의 회기는 매 회 30일을 초과할 수 없다고 하였으므로 임시회의는 연간 최대 88일 (또는 89일)이 된다. 또한, 국회 정기회는 최대 100일을 집회할 수 있으므로 내년도 국회의 회기는 정기회와 임시회의 회기를 합하여 최대 188일(또는 189일)까지 가능하다.

④ (×) 제2조 제1항에서 '임시회의 집회요구가 있을 때에는 의장은 집회기일 3일 전에 공고한다.'고 하였으므로 내년 4월 30일 집회요구가 있을 때에는 공고 없이 5월 1일에 임시회가 집회되는 것은 아니다.

⑤ (○) 제3조 제1항에서 '의장은 국회의 연중 상시운영을 위하여 각 교섭단체대표의원과의 협의를 거쳐 매년 12월 31일까지 다음 연도의 국회운영기본일정을 정하여야 한다.'고 명시되어 있다.

13 ·· p.21

정답 ②

Point up

제시문에 주어진 법 조항의 내용을 근거로 하여 <표>에 있는 시설물을 중심으로 시설이 허용되는지 여부를 살펴보도록 한다. 이 때, 법 조항의 표제를 참고하여 빠르게 해당 조문을 매칭시키는 것이 필요하고, 특히, 제△△조 제2항 예외규정에 해당하는지 여부가 핵심포인트이므로 이를 적용하는 것에 주의한다.

㉠ (△) 초·중·고등학교 절대정화구역에서의 당구장 시설 허용 여부
제△△조 제1항 제7호에 해당하여 정화구역에서는 시설이 금지되는 것이 원칙이나, 제△△조 제2항에서 대통령이 정하는 구역에서는 학교환경위생정화위원회의 심의를 거쳐 허용될 수 있는 시설로 예외를 두고 있으며, 대통령령 제□□조(제한이 완화되는 구역)를 보면 타시설과 달리 '법 제△△조 제1항 제7호에 따른 당구장 시설을 하는 경우에는 정화구역 전체'를 허용될 수 있는 구역으로 넓게 인정하고 있어 상대정화구역뿐만 아니라 절대정화구역에서도 가능하다.
따라서, 초·중·고등학교 절대정화구역에서의 당구장은 학교환경위생정화위원회의 심의를 거쳐 허용될 수 있는 시설이다.

㉡ (△) 초·중·고등학교 상대정화구역에서의 만화가게 시설 허용 여부
제△△조 제1항 제5호에 해당하여 정화구역에서는 시설이 금지되는 것이 원칙이나, 제△△조 제2항에서 대통령이 정하는 구역에서는 학교환경위생정화위원회의 심의를 거쳐 허용될 수 있는 시설로 예외를 두고 있으며, 대통령령 제□□조(제한이 완화되는 구역)에서 '대통령령으로 정하는 구역'이란 '법 제○○조에 따른 상대정화구역을 말한다.'고 하였다.
따라서, 초·중·고등학교 상대정화구역에서의 만화가게는 학교환경위생정화위원회의 심의를 거쳐 허용될 수 있는 시설이다.

㉢ (○) 유치원·대학교 절대정화구역에서의 당구장 시설 허용 여부
제△△조 제1항 제7호에서 '유치원 및 대학교의 정화구역은 제외'한다고 하였으므로 허용되는 시설이다.

㉣ (△) 유치원·대학교 상대정화구역에서의 호텔 시설 허용 여부
만화가게와 마찬가지로 제△△조 제1항 제8호에 해당하여 정화구역에서는 시설이 금지되는 것이 원칙이나, 제△△조 제2항에서 대통령령이 정하는 구역에서는 학교환경위생정화위원회의 심의를 거쳐 허용될 수 있는 시설로 예외를 두고 있으며, 대통령령 제□□조(제한이 완화되는 구역)에서 '대통령령으로 정하는 구역'이란 '법 제○○조에 따른 상대정화구역을 말한다.'고 하였다.
따라서, 초·중·고등학교 상대정화구역에서의 호텔은 학교환경위생정화위원회의 심의를 거쳐 허용될 수 있는 시설이다.

14 ·· p.22

정답 ①

Point up

피해구제의 신청 및 절차와 관련하여 행위의 내용과 그 주체, 조치사항 등을 원칙과 예외로 구분하여 정오를 판정한다.

제시문의 각 조문을 위에서부터 순서대로 <제1조>에서 <제4조>로 설명하기로 한다.

① (○) 제1조 제3항 제1호에 따라 사업자가 소비자로부터 피해구제의 신청을 받은 날부터 30일이 경과하여도 합의에 이르지 못한 경우에는 사업자인 乙은 한국소비자원에 그 처리를 의뢰할 수 있다.

② (×) 제1조 제3항 제2호에 따라 사업자인 乙은 한국소비자원에 피해구제의 처리를 의뢰할 수 있을 뿐이다.

Power up 제3조와 관련하여 제1조에 따른 피해구제의 신청을 받은 날부터 30일 이내에 한국소비자원장이 피해구제신청의 당사자에 대해 피해보상에 관한 합의를 권고한 경우 그 내용에 대해 합의가 이루어지지 않은 경우에 한국소비자원장이 지체 없이 소비자분쟁조정위원회에 분쟁조정을 신청해야 하는 것이다.

③ (×) 제4조에서 한국소비자원의 피해구제 처리절차 중에 법원에 소를 제기한 당사자는 그 사실을 한국소비자원에 통보하여야 한다고 규정하고 있으므로 피해구제 처리절차 중에도 소제기가 가능함을 확인할 수 있다.

④ (×) 제3조에 따라 한국소비자원장은 피해구제의 신청을 받은 날부터 30일 이내에 피해보상에 관한 합의가 이루어지지 아니하는 때에는 지체 없이 분쟁조정을 신청해야 하는 것이므로 최소한 피해구제의 신청일로부터 30일이 경과한 시점에 분쟁조정의 신청이 이루어질 것이다.

⑤ (×) 제2조 제1항 제2호에 따라 관계 기관에서 위법사실을 이미 인지·조사하고 있는 경우에는 관계 기관에 이를 통보하고 적절한 조치를 의뢰하지 않아도 된다.

15 ··· p.23

정답 ④

Point up

증명서의 종류에 따라 ⅰ) 교부를 청구할 있는 자와 ⅱ) 열람을 청구할 수 있는 자에 대한 원칙과 예외를 명확히 구분하여 정오를 판정한다.

① (×) 제1항에 따라 직계혈족은 기본증명서의 교부를 직접 청구할 수 있다.
② (×) 제3항에 따라 본인의 입양관계증명서의 교부를 청구한 경우에는 수수료를 납부하여야 하나 증명서의 송부를 신청하는 경우에 한해 우송료를 따로 납부하여야 하는 것이므로 옳지 않다.
③ (×) 제1항 제1호에 따라 본인 등이 아닌 경우에도 지방자치단체가 직무상 필요에 따라 문서로 교부를 신청할 수 있는 것이므로 옳지 않다.
④ (○) 제4항에 따라 자녀는 부모의 혼인관계증명서(제1항에서 가족관계등록부의 기록사항에 대해서 발급할 수 있는 증명서에 해당)의 기록사항에 대해 전자적 방법에 의한 열람을 청구할 수 있다.
⑤ (×) 제4항 단서에 따라 친양자입양관계증명서의 기록사항에 대해서는 친양자가 성년이 된 이후에만 열람을 청구할 수 있으므로 옳지 않다.

16 ··· p.23

정답 ②

Point up

○○박물관에 재직하고 있는 임원의 종류에 따라 ⅰ) 임기 ⅱ) 직무수행 권한 ⅲ) 이사회 정족수 등에 대한 내용을 구분하여 선지의 정오를 판정한다.

제시문의 각 조문을 위에서부터 순서대로 <제1조>에서 <제4조>로 설명하기로 한다.
① (×) 제1조 제1항에서 관장은 박물관의 임원임을 확인할 수 있고 제2조 제1항에서 관장의 임기는 3년으로 규정하고 있다. 한편 동조 제2항에 따라 임원의 사임 등으로 인해 선임되는 임원의 임기는 새로 시작한다고 규정하고 있으므로 새로 임명된 관장의 임기는 전임 관장 A의 남은 임기가 아닌 3년이 된다.
② (○) ○○박물관에 재직 중인 이사는 관장 A를 포함하여 총 6명(A~F)인데 제3조 제3항에 따라 이사회는 재적이사(6명) 과반수(4명)의 찬성으로 의결하도록 규정하고 있으므로 5명이 출석하여 2명이 반대하고 3명이 찬성한 경우에는 해당 안건은 부결된다.
③ (×) 제2조 제5항에 따라 관장이 부득이한 사유로 직무를 수행할 수 없을 때에는 상임이사가 그 직무를 대행하게 되

므로 감사인 G가 아닌 상임이사 B가 소속 직원을 지휘·감독한다.
④ (×) 제4조 제2항에 따라 직무상 알게 된 비밀을 누설한 경우에 2년 이하의 징역 또는 2천만 원 이하의 벌금에 처하도록 규정하고 있으므로 1년의 징역과 500만 원의 벌금이 동시에 처해지는 것은 아니다.
⑤ (×) 제1조 제3항을 통해 감사의 임면은 정관으로 정하는 바에 따라 관장이 임명할 수는 있지만 동조 제2항에서 감사는 비상임으로 한다고 규정되어 있으므로 관장인 A는 H를 상임감사로 임명할 수는 없다.

17 ··· p.24

정답 ⑤

Point up

'아이돌보미'와 관련된 각 조문의 키워드를 통해 선지의 정오를 판정한다. 각 행위의 주체를 중심으로 하여 요건과 효과에 주의한다.

제시문의 각 조문을 위에서부터 순서대로 <제1조>부터 <제3조>로 설명하기로 한다.
① (×) 제2조 제2항에 따라 아이돌보미가 아닌 사람은 아이돌보미 또는 이와 유사한 명칭을 사용할 수 없다.
② (×) 제1조 제1항에 따라 시·도지사가 아이돌보미 양성을 위하여 적합한 시설을 교육기관으로 지정·운영하여야 하는 것은 맞지만 제3조 제1항에서 보수교육을 실시하는 주체는 시·도지사가 아닌 여성가족부장관이므로 옳지 않다.
③ (×) 제3조 제5항에 따라 아이돌보미가 되려는 사람은 시·도지사가 아닌 여성가족부장관이 실시하는 적성·인성검사를 받아야 한다.
④ (×) 제1조 제2항 단서에 따라 부정한 방법으로 교육기관으로 지정을 받은 경우(제1호)에는 시·도지사는 그 지정을 취소하여야 하고, 동조 제3항에 따라 1년 이하의 징역 또는 1천만 원 이하의 벌금에 처한다.
⑤ (○) 제1조 제2항 본문에 따라 교육과정을 1년 이상 운영하지 아니하는 경우(제2호)에는 시·도지사는 사업의 정지를 명하거나 그 지정을 취소할 수 있다.

18 ··· p.24

정답 ②

Point up

제시문에 주어진 <상황>에서 A지역의 발굴에 착수하고자 하는 경우 관련된 절차(통보의 대상 및 시기 등)를 각 조항에 근거하여 정오를 판정한다.

상황

문화재청장 甲은 <u>고도(古都)에 해당하는 A지역</u>에 대한
→ 제1항 제1호에 해당
<u>학술조사를 위해</u> <u>2021년 3월 15일부터</u> A지역의 발굴에
→ 발굴 착수일
착수하고자 한다. 乙은 자기 소유의 A지역을 丙에게 임대
하여 현재 <u>임차인 丙이 이를 점유·사용</u>하고 있다.
→ 제2항 '소유자 등'에 해당

① (×) 甲은 A지역을 발굴하는 경우 제2항에 따라 발굴의 목
적 등에 관한 내용을 발굴 착수일인 2021년 3월 15일의 2주
일 전인 2021년 3월 1일까지 해당 지역의 소유자 등에게 미
리 알려주어야 한다.

② (○) 제3항에 따라 통보를 받은 소유자 등은 그 발굴에 대
하여 문화재청장인 甲에게 의견을 제출할 수 있다.

③ (×) 제7항에 따라 <u>문화재청장인 甲</u>은 발굴 현장에 발굴의
목적, 조사기관, 소요 기간 등의 내용을 알리는 안내판을 설
치하여야 한다.

④ (×) 제3항에 따라 소유자인 乙은 (손실 발생 여부와 관계
없이) <u>발굴을 거부하거나 방해 또는 기피할 수는 없다</u>. 다
만, 제5항에서 국가는 발굴로 손실을 받은 자에게 그 손실
을 보상하여야 할 뿐이다.

⑤ (×) 제6항에 따라 丁은 손실보상에 관해 甲과 <u>협의하여야</u>
하며, 보상금에 대한 합의가 성립하지 않은 때에는 관할 토
지수용위원회에 재결을 신청할 수 있다.

19 ··· p.25

정답 ④

Point up

농산물 수매와 관련한 처분 및 위탁 등을 중심으로 행위 주체
및 내용의 원칙과 예외에 주의하면서 정오를 판정한다.

제시문의 각 조문을 위에서부터 순서대로 <제1조>와 <제2조>
로 설명하기로 한다.

① (×) 제1조 제1항에 따라 농림축산식품부장관은 저장성이
없는 농산물의 가격안정을 위하여 수매할 수 있고 동조 제2
항에서 제1항에 따라 수매한 농산물은 수출 등의 필요한 처
분을 할 수 있다고 규정한다. 또한, 동조 제3항에서 농림축
산식품부장관은 수매 및 처분에 관한 업무를 한국농수산식
품유통공사에 위탁할 수 있<u>으므로 한국농수산식품유통공
사는 가격안정을 위해 수매한 저장성이 없는 농산물을 외
국에 수출할 수 있다.</u>

② (×) 제1조 제3항에서 농림축산식품부장관은 수매 및 처분
에 관한 업무를 농림협중앙회에 위탁할 수 있고 동조 제1항
단서에 따라 농림협중앙회는 채소류의 가격안정을 위해서

특히 필요하다고 인정할 때에는 <u>도매시장에서 해당 농산물
을 수매할 수 있다.</u>

③ (×) 제2조 제3항에서 농림축산식품부장관은 관련 사업을
농림협중앙회에 위탁할 수 있으나 동조 제1항에서 농산물
의 수급조절과 출하조절은 쌀과 <u>보리를 제외한 농산물</u>에
대해서만 가능하므로 농림협중앙회는 보리의 수급조절을
위해서는 출하를 조절할 수 없다.

④ (○) 제2조 제2항에 따라 농림축산식품부장관은 비축용 농
산물을 <u>생산자 또는 생산자단체로부터 수매</u>할 수 있으므로
옳은 내용이다.

⑤ (×) 제2조 제4항에 따라 농림축산식품부장관은 비축용 농
산물을 수입하는 경우 국제가격의 급격한 변동에 대비하여
야 할 필요가 있다고 인정할 때에는 <u>선물거래를 할 수 있다.</u>

20 ··· p.25

정답 ④

Point up

공무원의 적극행정으로 인한 변호사 선임비용의 지원(제○○
조: 지원금액 및 선임기간 등)과 취소(제□□조: 지원 취소 및
반환 혹은 면제 등)를 요건 중심으로 구분하여 정오를 판정하
도록 한다. 특히, 의무와 재량(~할 수 있다 vs ~해야 한다)사
항 및 예외 조건(~을 제외하고 등)에 주의한다.

제시문의 각 조문을 위에서부터 순서대로 <제1조>와 <제2조>
로 설명하기로 한다.

① (×) 제1조 제1항에 따라 징계 의결 요구의 경우에는 <u>200만
원 이하의 범위 내에서 변호인 선임비용을 지원할 수 있다.</u>

② (×) 제1조 제3항에 따라 이미 변호인을 선임한 경우에는
새로 변호인을 선임할 필요가 없다.

③ (×) 제2조 제1항 제2호에 따라 유죄의 확정판결을 받은 경
우에 지원 결정을 취소할 수 있다.

④ (○) 제2조 제3항에 따라 지원결정의 취소 후 반환의무와
관련해서는 (전부 부담시키는 것이 타당하지 않다고 판단
하는 경우에는) 반환의무의 일부 또는 전부를 면제하는 결
정을 할 수 있다.

⑤ (×) 제2조 제4항에서 지원받은 후 퇴직한 경우에도 제3항
(지원결정 취소 시 원칙: 전부 반환, 예외: 일부 또는 전부
면제)을 적용하도록 되어 있으므로 일부 또는 전부의 면제
결정을 받지 못하면 <u>원칙적으로</u> 동조 제2항에 따라 <u>전부를
반환해야 한다.</u>

21 ·· p.26

정답 ③

Point up

제시문에 주어진 <상황>에서 i) 월령 2개월 이상 여부, ii) 월령 3개월 이상+맹견 iii) 맹견의 각 조건에 해당되는 조치 내용을 정확히 파악하여 선택지의 정오를 판정한다.

제시문의 각 조문을 위에서부터 순서대로 <제1조>에서 <제3조>로 설명하기로 한다.

─ 상황 ─

　甲과 乙은 맹견을 각자 자신의 주택에서 기르고 있다.
甲은 월령 1개월인 맹견 A의 소유자이고,
→ 소유자 없이 기르는 곳 벗어X(1개) (제2조 제1항 제1호)
乙은 월령 3개월인 맹견 B의 소유자이다.
→ 등록+부착+이동장치 필수(3개) (제1조 및 제2조 제1항 제2호)

① (×) 제2조 제1항 제2호에 따라 맹견 A는 월령 1개월로 월령 3개월 미만이므로 목줄과 입마개 착용이 의무 사항은 아니다.
② (×) 제2조 제3항에 따라 월령에 상관없이 맹견의 경우에는 안전한 사육 및 관리에 관하여 정기적으로 교육을 받아야 한다.
③ (○) 제1조 제2항에 따라 개를 기르는 곳에서 벗어나는 경우에는 인식표를 부착해야 하는데 그 대상은 동조 제1항에 따라 월령 2개월 이상인 개로 규정하고 있다. 따라서, 맹견 A는 월령 1개월이므로 대상에 해당하지 않아 인식표를 부착하지 않아도 된다.
④ (×) 제2조 제2항에 따르면 맹견이 사람에게 신체적 피해를 주는 경우에 소유자의 동의 없이 맹견에 대하여 격리조치 등을 할 수 있으므로 乙의 동의를 얻어야 하는 것은 아니다.
⑤ (×) 제3조 제2항에 따라 乙이 B에게 목줄을 하지 않아 사람의 신체를 상해에 이르게 한 경우에는 2년 이하의 징역 또는 2천만 원 이하의 벌금에 처한다.

22 ·· p.26

정답 ②

Point up

제시문에 주어진 각 조항의 키워드(배치 신청 및 요청, 직무 수행범위, 기준 근거 등)를 중심으로 간략히 의미를 파악한 후 선택지의 내용에 해당하는 조항을 빠르게 찾아 정오를 판정한다.

제시문의 각 조문을 위에서부터 순서대로 <제1조>에서 <제4조>로 설명하기로 한다.

① (×) 제3조 제1항에 따라 청원경찰의 임용승인의 권한은 관할 지방경찰청장에게 있고, 제2조 제1항에 따라 청원경찰의 직무는 청원주와 관할 경찰서장 모두에게 감독을 받는다.
② (○) 제1조 제2항에서 기관의 장 등이 청원경찰 배치를 신청할 수 있고, 동조 제4항에 따라 지방경찰청장이 기관의 장 등에게 청원경찰을 배치할 것을 요청할 수 있으므로 옳은 내용이다.
③ (×) 제3조 제2항에 따라 청원경찰의 결격사유는 「국가공무원법」에서 정하고, 동조 제3항에 따라 임용자격 및 임용방법은 대통령령으로 정한다.
④ (×) 제2조 제2항에 따라 청원경찰은 수사활동 등 사법경찰관리의 직무를 수행해서는 안된다.
⑤ (×) 제4조에 따라 청원주가 청원경찰의 무기를 대여받으려는 경우에는 관할 경찰서장을 거쳐 지방경찰청장에게 무기대여를 신청하여야 한다.

23 ·· p.27

정답 ③

Point up

제시문에 주어진 각 조문의 키워드를 중심(제1조: 광역교통위원회의 구성 및 임명 등, 제2조: 실무위원회의 심의사항 및 위원 선정기준 등)으로 선택지의 정오를 판정하도록 한다.

① (×) 제2조 제3항 제3호에 따라 광역교통위원회의 위원장은 성별을 고려해 50명 이내의 사람으로 실무위원회의 위원을 위촉한다.
② (×) 제2조 제2항을 보면 광역교통위원회의 상임위원이 실무위원회의 위원장이 되므로 옳지 않다.
③ (○) 제2조 제3항에서 제1호 내지 제3호에 걸쳐 실무위원회의 위원이 될 수 있는 경우를 규정하고 있는데 광역교통위원회 위원장이 위촉하는 경우는 제3호에만 해당한다. 따라서 나머지 제1호와 제2호에 따라 소속 기관의 장이 직접 지명하거나 광역교통위원회와 협의해 지명하는 경우에도 실무위원회의 위원이 될 수 있으므로 옳은 내용이다.
④ (×) 제1조 제1항 제3호에 따라 (공무원이 아니라 하더라도) 광역교통 관련 전문지식과 경험이 풍부한 사람도 광역교통위원회의 위원이 될 수 있다.
⑤ (×) 제1조 제2항에 따라 광역교통위원회의 위원은 국토교통부장관이 임명한다.

24 .... p.27

정답 ⑤

Point up

제시문에 주어진 각 조문의 키워드를 중심(제1조: 우수수입업소의 등록과 취소, 제2조: 수입식품 검사와 생략)으로 선택지의 정오를 판정하도록 한다.

① (×) 제1조 제2항을 보면 동조 제1항에 따라 (식품의약품안전처장이 정하는 기준으로) 해외제조업소에 대하여 위생관리 상태를 점검한 자는 우수수입업소 등록을 신청할 수 있다고 규정하고 있다.

② (×) 제1조 제4항에 따라 우수수입업소 등록의 유효기간은 등록된 날부터 3년이므로 업소 乙이 2020년 2월 20일에 우수수입업소로 등록되었다면, 그 등록은 2023년 2월 19일까지 유효하다.

③ (×) 제1조 제5항 단서에 따라 우수수입업체가 거짓이나 그 밖의 부정한 방법으로 등록된 경우(제1호)에는 등록을 취소하여야 한다.

④ (×) 제1조 제5항 제2호에 따라 수입식품 수입·판매업의 시설기준을 위배하여 영업정지 2개월 이상의 행정처분을 받아 등록이 취소된 경우에는 동조 제6항에 따라 그 취소가 있은 날부터 3년 동안 우수수입업소 등록을 신청할 수 없다고 규정하고 있으므로 영업정지 1개월의 행정처분을 받은 우수수입업소 丁의 경우는 제1조 제5항에 해당하지 않아 동조 제6항의 등록 신청의 제한 기간에 영향을 받지 않는다.

⑤ (○) 제2조 제2항 제1호에 따라 우수수입업소로 등록된 자가 수입하는 수입식품은 동조 제1항의 규정에도 불구하고 수입식품의 검사를 전부 생략할 수 있다.

25 .... p.28

정답 ⑤

Point up

제시문에 주어진 각 조문의 키워드를 중심(제1조: 용어 정의, 제2조: 배아 생성 금지, 제3조: 배아의 보존기간, 제4조: 배아의 연구 목적의 이용)으로 선택지의 정오를 판정하도록 한다.

① (×) 제2조 제3항에서 누구든지 반대급부를 조건으로 배아를 알선하여서는 안 된다고 규정하고 있다.

② (×) 제3조 제2항에 따라 (난자 또는 정자의) 기증자가 항암치료를 받는 경우에 한하여 배아의 보존기간을 5년 이상으로 정할 수 있다.

Power up 배아의 보존기간은 원칙적으로 5년으로 하되(제3조 제1항 본문), 난자 또는 정자의 기증자가 5년 미만으로 정하는 경우에는 그 기간을 보존기간으로 한다.(제3조 제1항 단서)

③ (×) 제2조 제1항에서 누구든지 임신 외의 목적으로 배아를 생성하여서는 안 된다고 규정하고 있다.

④ (×) 제4조 본문 내용과 동조 제2호의 규정에 따라 배아의 보존기간이 지난 잔여배아는 발생학적으로 원시선이 나타나기 전까지만 체외에서 난치병의 치료를 위한 연구 목적으로 이용할 수 있다.

⑤ (○) 제3조 제1항 단서에 따라 난자 또는 정자의 기증자가 배아의 보존기간을 5년 미만으로 정한 경우에는 배아 생성 후 5년이 지나지 않은 잔여배아라 하더라도 보존기간이 지난 경우가 있을 수 있으므로 제4조 제1호에 비추어 볼 때 옳은 내용이다.

26 .... p.29

정답 ①

Point up

제시문에 주어진 각 조문의 키워드를 중심(제1조: (원칙) 저작권자의 허락을 요하는 이용, 제2조: (예외) 시각장애인을 위한 저작물의 자유 이용, 제3조: (예외) 청각장애인을 위한 저작물의 자유 이용)으로 선택지의 정오를 판정하도록 한다.

특히, 저작권자의 허락없이 허용되는 행위를 판단하는 경우에는 ⅰ) 허용대상 저작물과 ⅱ) 행위의 목적 ⅲ) 행위의 유형에 해당하는지 여부를 정확하게 파악하는 것이 중요하다.

ㄱ. (○) 제3조 제1항에 따라 누구든지 공표된 저작물을 저작권자의 허락없이 청각장애인을 위하여 한국수어로 변환할 수 있으며 이러한 한국수어를 복제·배포 전송(공중송신에 해당)할 수 있다.

ㄴ. (×) 제3조 제2항에 따라 한국어수어통역센터는 영리를 목적으로 하지 아니하고 청각장애인의 이용에 제공하기 위하여 공표된 저작물에 포함된 음성을 자막 등 청각장애인이 인지할 수 있는 방식으로 변환할 수 있고, 변환한 자막 등을 청각장애인이 이용할 수 있도록 배포할 수 있다. 따라서, 영리를 목적으로 하는 경우에는 저작권자의 허락없이 이용할 수 있는 행위로 볼 수 없다.

ㄷ. (×) 제2조 제2항에 따라 점자도서관이 영리를 목적으로 하지 아니하고 시각장애인의 이용에 제공하기 위하여 저작권자의 허락없이 이용할 수 있는 행위는 공표된 어문저작물을 녹음하여 복제하거나 디지털음성정보 기록방식으로 복제·배포 또는 전송하는 경우로 규정되어 있다. 따라서 공표된 피아니스트 연주 음악(음악저작물)을 녹음하여 복제·전송하는 행위는 이에 해당하지 않는다.

148 Part 01 이해추론편

27 ··· p.29

정답 ④

Point up

ⅰ) 급식 대상(제1조)과 ⅱ) 영양교사의 배치기준(제2조)의 내용을 파악하여 <보기>의 정오를 판정한다.

ㄱ. (○) A유치원은 제1조 제2항에 규정한 '50명 미만의 사립 유치원'이 아니므로 동조 제1항에 따라 급식을 실시해야 하는 대상에 해당하고, 제2조 제1항 제1호에 따라 영양교사 1명을 두어야 한다.

ㄴ. (○) B유치원과 C유치원은 같은 관할 교육지원청(乙)의 관할구역에 있고 원아수가 각각 200명 미만이므로 제2조 제1항 제2호에 따라 공동으로 영양교사를 둘 수 있다.

ㄷ. (○) 제2조 제2항의 규정에 따라 급식을 위한 시설과 설비를 갖춘 D유치원의 원아수는 74명으로 100명 미만에 해당하고 영양관리, 식생활 지도 등의 업무를 지원하기 위하여 丙교육지원청의 전담직원을 둘 수 있고 이 경우에 D유치원에는 영양교사를 둔 것으로 본다.

ㄹ. (×) E유치원은 공립 유치원으로 제1조 제2항에서 규정한 급식 대상에서 제외되는 유치원('50명 미만의 사립 유치원')에 해당하지 않으므로 동조 제3항에 따른 공시 대상에도 해당하지 않는다.

28 ··· p.30

정답 ③

Point up

주식백지신탁 심사위원회의 구성 및 자격, 임기 등에 대한 각 조항의 키워드를 중심으로 선지의 정오를 판정한다.

① (×) 제3항에 따라 심사위원회의 위원장은 대통령이 임명하거나 위촉한다.

② (×) 제3항에 따라 위원장 및 위원은 대통령이 임명하거나 위촉하는 것이고 위원 중 3명에 대해서 국회는 단지 추천만 할 수 있을 뿐이다.

③ (○) 제5항 본문에 따라 원칙적으로 위원의 임기는 2년으로 하되, 1차례 연임할 수 있으므로 총 임기는 4년을 초과할 수 없다. 하지만 단서 조항에 따라 1차례 연임한 위원의 경우 그 후임자가 임명되지 않거나 위촉되지 않은 경우에는 임명·위촉될 때까지 해당 직무를 수행하게 되므로 4년을 초과하여 직무를 수행하는 경우가 발생할 수 있다.

④ (×) 제6항에 따라 주식의 직무관련성은 주식 관련 정보에 관한 직접적·간접적인 접근 가능성 등을 기준으로 판단하여야 한다.

⑤ (×) 위원의 자격은 제4항에서 동조 각호의 어느 하나에 해당하기만 하면 갖추게 되는 것으로 제3호의 요건과 제1호의 요건을 동시에 충족해야 하는 것은 아니다. 따라서 금융

관련 분야에 5년 이상 근무한 사람은 제4항 제3호에 따라 자격을 갖추게 되어 동조 제1호에 따른 대학에서 부교수 이상의 직에 5년 이상 근무하였을 자격을 추가로 충족해야 하는 것은 아니므로 옳지 않다.

29 ··· p.30

정답 ③

Point up

제시문에 주어진 각 조항에서 주어 부분을 중심으로 규정 내용을 유추하여(표제어로 활용) 각각의 선택지에 해당하는 조항을 빠르게 연결 지어 판단하도록 한다.

이 때, 제시문 하단에 '※' 표시된 단서 부분은 반드시 체크하고 주의해야 한다.

① (×) 제3항에 따라 연구실적평가위원회는 위원장을 포함하여 총 5명으로 구성하고, ⅰ) 위원장과 2명의 위원은 소속기관 내부 연구관 중에서, 나머지 ⅱ) 위원 2명은 대학교수나 외부 연구기관·단체의 연구관 중에서 임용권자가 임명하거나 위촉하고, 이 경우 위원 중에는 대학교수인 위원이 1명 이상 포함되어야 하므로, 대학교수는 ⅱ) 그룹에서 최대 2명까지 위촉할 수 있다.

Power up ※의 내용에 따라 대학교수는 ⅰ) 그룹에 포함될 수 없음

② (×) 제3항에 따라 연구실적평가위원회 위원장은 소속기관 내부 연구관 중에서 임명하거나 위촉하므로 대학교수가 맡을 수는 없다.

③ (○) 제5항에 따라 재적위원 과반수의 찬성으로 의결하므로 의결정족수는 3명 이상의 찬성이다. 따라서, 연구실적평가위원회에 4명의 위원이 출석한 경우와 5명의 위원이 출석한 경우의 의결정족수는 3명 이상으로 동일하다.

④ (×) 연구실적평가위원회 위원의 재위촉과 관련한 내용은 언급되어 있지 않고 다만, 제3항에 따라 연구실적평가위원회는 구성할 때마다 임용권자가 임명하거나 위촉하는 것으로 규정되어 있으므로 기 위촉된 경력자를 재위촉하는 경우에 별도의 위촉절차를 거치지 않아도 되는 것은 아니다.

⑤ (×) 제1항에 따라 석사학위 이상을 소지하지 않은 연구사는 연구직으로 근무한 경력이 2년 이상이 되면 매년 연구실적의 결과를 논문으로 제출하여야 한다. 다만, 단서에서 연구실적 심사평가를 3번 이상 통과한 연구사는 논문 제출을 면제받을 수 있는데, 임용된 이후 5년이 지나면 일률적으로 면제받는 것은 아니므로 옳지 않다.

30 .... p.31

정답 ④

Point up

신청 유형에 따른 적용 규정과 사무를 관장하는 주체 등을 명확히 구분하는 것에 주의해서 판정한다. (본인서명사실확인서의 발급 – 발급기관(제2조 관련) vs 전자본인서명확인서 발급시스템 이용 승인 – 승인권자(제3조 관련))

① (×) 전자본인서명확인서 발급시스템을 이용하기 위해서는 제3조 제1항에 따라 미리 시장·군수· 또는 자치구의 구청장의 승인을 받아야 하고, 동조 제2항에 따라 민원인이 직접 방문하여 이용 승인을 신청해야 하므로 대구광역시 수성구 A동 주민 甲(30세)은 자치구 구청장인 수성구 구청장을 방문하여 이용 승인을 신청하여야 한다.

② (×) 재외국민 乙(26세)이 「재외동포의 출입국과 법적 지위에 관한 법률」에 따라 국내거소신고를 한 경우는 제2조 제1항 제3호에 해당하고, 동조 제1항 본문의 내용에 따라 해당 발급기관을 직접 방문하여 본인서명사실확인서 발급을 신청하여야 한다.

③ (×) 미성년자 丙(17세)이 전자본인서명확인서 발급시스템 이용 승인을 신청하기 위해서는 본인서명사실확인서를 발급받았던 것과 상관없이 제3조 제3항에 따라 법정대리인과 함께 승인권자를 직접 방문하여 법정대리인의 동의를 받아 신청하여야 한다.

④ (○) 제4조 제1호에 따라 토지매매와 같은 부동산 거래에서 인감증명서를 제출하고 관련 서면에 인감을 날인하여야 하는 경우, 본인서명사실확인서를 제출하고 관련 서면에 서명하는 것으로 대신할 수 있다.

⑤ (×) 서울특별시 종로구 B동 주민 丁(25세)이 본인서명사실확인서를 발급받기 위해서는 제2조 제1항에 따라 발급기관(단, 서울특별시장의 경우는 제외 → 제1조의 사무 관장과 관련하여 특별시 및 광역시 시장은 제외함)을 직접 방문하여 발급을 신청하여야 한다. 또한, 본인서명사실확인서를 발급받기 위해서 전자본인서명확인서 발급시스템 이용 승인을 신청해야 하는 것은 아니다.

31 .... p.32

정답 ④

Point up

제시문의 첫 번째 조문으로부터 법령의 공포절차와 관련한 내용임을 예측하고, 각 조문별로 각 법령에 따른 ⅰ) 날인 주체와 ⅱ) 공포 방식 및 효력 등에 대하여 집중하여 정오를 판정하도록 한다.

① (×) 제2조 제1항을 보면 법률 공포문에는 대통령인이 찍혀 있고, 동조 제2항에서는 대통령이 공포하지 아니할 때에 (비로소) 국회의장이 서명한 후 국회의장인을 찍게 된다.

② (×) 제3조에서 조약 공포문의 전문에는 대통령인이 찍혀 있음을 알 수 있다.(국무총리는 서명만)

③ (×) 제시문 어디에도 '대법원장인'은 언급되어 있지 않다. 참고로 지역문화발전기본법은 법령에 해당하고 따라서, 제2조에 따라 원칙적으로 대통령인이나 혹은 예외적으로 국회의장인이 찍혀 있을 것으로 추론할 수 있다.

④ (○) 제2조 제1항, 제3조, 제4조에 따라 대통령인을 찍는 법령(법률, 조약, 대통령령)에는 국무총리가 반드시 서명하도록 되어 있다.

⑤ (×) 제6조 제2항에 따라 관보의 내용 및 적용 시기 등은 종이관보를 우선으로 한다.

32 .... p.32

정답 ②

Point up

증인신문 방식과 관련하여 재판장과 합의부원의 역할과 권한을 구분하여 파악하고, 주어진 <상황>에 등장하는 인물이 각각 어떤 신분에 해당하는지를 명확히 확인(丙은 甲의 증인, A가 재판장 등)하여 정오를 판정하도록 한다.

① (×) 제1조 제1항 및 제2항에 따라 증인신문은 당사자가 먼저 하고, 그 신문 후에 재판장이 신문할 수 있도록 되어 있지만, 동조 제3항에서 재판장은 (제1항 및 제2항의 규정에 불구하고) 언제든지 신문할 수 있도록 하여 재판장인 A는 乙보다 먼저 신문할 수도 있다.

② (○) 제1조 제5항에 따라 당사자의 신문이 쟁점과 관계가 없는 때, 재판장은 당사자의 신문을 제한할 수 있다.

③ (×) 제1조 제4항에 따라 재판장은 당사자의 의견을 들어 신문의 순서를 바꿀 수 있으므로 합의부원의 B와 C의 의견이 아닌 당사자 甲과 乙의 의견을 들어야 한다.

④ (×) 제3조에 따라 재판장이 필요하다고 인정한 때에는 증인 서로의 대질을 명할 수 있으므로 합의부원인 B가 대질을 명할 수는 없다.

⑤ (×) 제4조에 따라 증인인 丙이 서류에 의해 진술하려는 경우에는 재판장인 A의 허가를 요한다.

CHAPTER 02

이해추론 – 비문학독해 및 추론

▶ 1.2 비문학독해 및 추론

01 ··· p.33

정답 ①

Point up

제시문의 각 문단의 핵심키워드를 파악(제1문단: 이해충돌과 공직부패의 공통점과 차이점, 제2문단: 이해충돌과 공직부패의 비교, 제3문단: 이해충돌의 개념 확대)하고 선택지의 정오를 판정한다.

① (×) 제1문단에서 '공직부패가 권력을 남용하는 것이라면, 이해충돌은 공적의무와 사적 이익이 대립하는 객관적 상황 자체를 의미한다.'고 하고 있으므로 공직부패가 권력 남용과 관계없는 것도 아니고, 전반적인 서술 내용이 공직부패가 아닌 이해충돌에 관한 내용으로 옳지 않다.

② (○) 제3문단 마지막 문장에서 이해충돌의 개념이 확대되어, 외관상 발생 가능성이 있는 것만으로도 이해충돌에 대해 규제하는 것이 정당화되고 있음을 확인할 수 있다.

③ (○) 제1문단 두 번째 문장에서 공적 의무와 사적 이익이 충돌한다는 점에서 이해충돌은 공적부패와 공통점이 있음을 확인할 수 있다.

④ (○) 제2문단 세 번째 문장에서 공직자의 이해충돌은 일상적으로 발생하기 때문에 직무수행 과정에서 빈번하게 나타날 수 있음을 확인할 수 있다.

⑤ (○) 제3문단 첫 번째 문장에서 최근에는 이해충돌에 대한 규제의 초점이 정부의 의사결정 과정과 결과에 대한 신뢰성 확보로 변화되어 가고 있음을 확인할 수 있다.

02 ··· p.33

정답 ④

Point up

제시문에 주어진 각 문단의 핵심 키워드(제1문단: 내연기관의 연소와 노킹(knocking) 현상, 제2문단: 옥탄가(octane number)를 파악한 후 <보기>의 정오를 판정한다.

ㄱ. (○) 제2문단을 보면 甲국에서는 보통, 중급, 고급으로 분류되는 세 가지 등급의 휘발유를 판매하고 있는데 각 등급별 최소 옥탄가는 87, 89, 93임을 확인할 수 있다. 또한, 甲국의 고산지대에 위치한 A시에서는 다른 지역과 달리 최소 옥탄가의 기준이 등급별로 2씩 낮다고 하였으므로 A시에서 고급 휘발유로 판매되는 휘발유의 옥탄가는 91 이상

임을 알 수 있다.

ㄴ. (○) 제1문단에서 간혹 실린더 내의 과도한 열이나 압력, 혹은 질 낮은 연료의 사용 등으로 인해 노킹 현상이 발생하기도 한다는 사실을 확인할 수 있다.

ㄷ. (○) 제1문단에서 노킹 현상을 공기·휘발유 혼합물의 조기 연소 현상 즉, 공기·휘발유 혼합물이 점화되기도 전에 연소되는 현상으로 설명하고 있으므로 노킹 현상이 일어나지 않는 상황에서는 정상적으로 공기·휘발유 혼합물이 점화가 된 후에 연소되는 것으로 추론할 수 있다.

ㄹ. (×) 제1문단에서 내연기관 내에서의 연소는 탄화수소가 공기 중의 산소와 반응하여 이산화탄소와 물을 생성하는 것으로 설명하고 있으므로 옳지 않다.

03 ··· p.34

정답 ②

Point up

시력 검사법과 관련하여 각 문단의 핵심 키워드를 중심(제1문단: 각도 단위 환산, 제2문단: 시력과 구분 가능한 최소 각도의 상관관계)으로 파악하고 <보기>의 정오를 판정한다.

ㄱ. (○) 제2문단에서 <1′일 때를 1.0의 시력>으로 보고 있고, 시력은 구분 가능한 최소 각도와 반비례한다고 하였으므로 구분할 수 있는 최소 각도가 1′의 10배로 10′인 사람의 시력은 1.0/10=0.1이 된다.

ㄴ. (○) 제1문단을 통해 <1′의 1/60이 1″>임을 확인할 수 있고, 제2문단에서 천문학자 A가 구분할 수 있는 최소 각도가 5″(5″=1′×5/60)이므로 그의 시력은 1.0×12=12가 된다.

ㄷ. (×) 제2문단에서 시력은 구분 가능한 최소 각도와 반비례한다고 하였으므로 구분 가능한 최소 각도가 작을수록 시력은 더 좋다. 따라서 구분 가능한 최소 각도가 더 작은 乙의 시력이 더 좋다.

04 ··· p.34

정답 ③

Point up

공중(公衆)유형과 각 유형에 따른 공중의 특성(지식수준과 관여도의 수준 정도)을 정확하게 파악하고, 그 특성에 변화를 줄 수 있는 요인들이 작용할 때, 해당 공중은 어떤 공중으로 변화하게 되는지 또 그 변화는 다시 어떻게 이어지는지에 대한 연결관계를 명확하게 따지는 것이 중요하다. '활동공중(지식수준↑, 관여도↑)'으로의 변화가 바로 쟁점관리가 지향하는 목표가 된다.

제시문 각 문단의 핵심내용을 정리하면 다음과 같다.

(1) 제1문단: 정책의 쟁점 관리의 의의 및 진행시점

(2) 제2문단: 쟁점에 대한 지식수준과 관여도에 따른 공중(公衆)의 유형 구분

(3) 제3문단: 공중(公衆)유형간의 변화 요인과 그에 따른 전략 방안

① (×) 제1문단 두 번째 문장의 '정책의 쟁점 관리는 정책 쟁점이 미디어 의제로 <u>전환된 후부터</u> 진행된다.'를 보면 정책의 쟁점 관리는 정책 쟁점이 미디어 의제로 전환되기 전이 아닌 후에 이루어진다.

② (×) 제2문단 두 번째 문장에서 '어떤 쟁점에 대한 지식수준과 관여도가 모두 낮은 공중은 '<u>비활동 공중</u>'이다.'라고 하고, 2문단 다섯번째 문장에서는 '쟁점에 대한 지식수준이 높지만 관여도가 비교적 높지 않은 공중은 '<u>인지공중</u>'이라 한다.'라고 언급되어 있으므로 해당 공중에 대한 요건이 맞지 않는다.

③ (○) 제2문단 세번째 문장의(비활동 공중 내용 언급 후) '쟁점에 대한 지식수준이 낮더라도 쟁점에 노출되어 쟁점에 대한 관여도가 높아지게 되면 이들은 '환기 공중'으로 변화한다.'라는 부분을 통해 보기의 내용이 옳게 추론되어 있다.

④ (×) 공중은 지식수준과 관여도의 변화에 따라 유형이 변하고(비활동 공중→(관여도 상승)인지공중→(지식수준 향상)활동공중), 그에 따라 정책을 우호적으로 판단할 수 있도록 하는 다양한 전략을 마련하는 등 정책의 쟁점관리는 필요한 것이므로 제시문의 전반적인 내용에 부합하지 않는다.

⑤ (×) 제3문단 첫 번째 문장에서 인지공중은 활동 공중으로 이끄는 것은 어렵다고 언급되어 있고, 두 번째, 세번째 문장을 보면 쟁점에 대한 미디어 노출을 증가시키고, 다른 사항과 쟁점에 대해 토론하게 하는 전략은 <u>환기 공중을 활동 공중</u>으로 변화하는 데 대한 적절한 전략이므로 보기의 인지공중에 해당하는 내용이 아니다.

05 ·· p.35

정답 ④

Point up

각 문단의 핵심 키워드인 '총선거', '재선거', '보궐선거'를 기준으로 각각의 보기의 내용을 검토한다. 제1문단은 풀이에 대한 정보를 담고 있지 않기 때문에 빠르게 스킵하고, <보기>의 ㄷ은 재선거, ㄹ은 보궐선거와 관련된 것이므로 해당 문단을 빠르게 찾아 판단하는 것이 포인트다.

제시문의 각 문단의 핵심내용을 정리하면 다음과 같다.

(1) 제1문단: 국회의원 선거의 목적에 따른 분류

(2) 제2문단: 총선거의 선출 방식과 선출 시기

(3) 제3문단: 재선거의 의의와 사례

(4) 제4문단: 보궐선거의 의의와 선거제도에 따른 실시 여부

ㄱ. (○) 제2문단 두 번째, 세 번째 문장에서 '일본은 임기 6년의 참의원을 매 3년마다 1/2씩 선출한다. 프랑스 역시 임기 6년의 상원의원을 매 3년마다 1/2씩 선출한다.'고 되어 있으므로 일본 참의원과 프랑스 상원의원의 임기는 6년으로 같다.

ㄴ. (×) 제2문단 첫 번째 문장에서 '의회의 안정성과 연속성을 고려하여 전체 의석 중 일부만 교체하기도 한다.' 전제한 후 두 번째 문장에서 '미국은 임기 6년의 상원의원을 매 2년마다 1/3씩' 선출한다고 되어 있으므로 미국이 2년마다 전체 상원의원을 새로 선출하는 것은 아니다.

ㄷ. (○) 제3문단의 두 번째 문장에서 '예를 들어 우리나라에서는 선거 무효 판결, 당선 무효, 당선인의 임기 개시 전 사망 등의 사유가 있는 경우에 재선거를 실시한다.'고 되어 있다.

ㄹ. (○) 제4문단 두 번째 문장에서 다수대표제를 사용하는 대부분의 국가에서는 보궐선거를 실시한다고 하였고, 첫 번째 문장에서 의원이 임기 중 사망하는 경우는 보궐선거를 실시하는 사유에 해당하므로 다수대표제를 사용하는 대부분의 국가에서는 의원이 임기 중 사망하였을 때 보궐선거를 실시한다.

06 ·· p.35

정답 ①

Point up

리히터 규모와 관련된 보기(ㄴ,ㄹ)와 진도에 관한 보기(ㄱ,ㄷ)를 세트로 파악하고 해당 문단을 찾아 빠르게 판단한다. 또한, 리히터 규모에 영향을 주는 ⅰ) 최대 진폭과 ⅱ) 지진에너지와의 상관관계를 파악하고, 진도는 리히터 규모와는 달리 진도 단계에 따른 상대적인 값만을 의미한다는 내용을 정확하게 확인하는 것이 필요하다.

제시문 각 문단의 핵심내용을 정리하면 다음과 같다.

(1) 제1문단: 리히터 규모에 대한 개념 및 표시방법, 지진파 또는 지진에너지의 상관관계

(2) 제2문단: 진도의 개념 및 의미, 우리나라에서의 사용 사례

ㄱ. (○) 제2문단 첫 번째 문장에서 '진도는 지진이 일어났을 때 어떤 한 지점에서 사람이 느끼는 정도와 건물의 피해 정도 등을 <u>상대적으로 등급화한 수치로 동일한 지진에 대해서도 각 지역에 따라 진도가 달라질 수 있다.</u>'라고 하였으므로 동일한 지진이라도 나라별로 진도는 다르게 표시될 수 있다.

ㄴ. (○) 제1문단 세 번째 문장에서 '리히터 규모는 지진파의 최대 진폭이 10배가 될 때마다 1씩 증가하는데,~'라고 되어 있으므로 리히터 규모가 M2.0에서 M4.0으로 2만큼 증가한 경우, 최대 진폭은 $10^2 = 100$배가 된다.

ㄷ. (×) 제2문단 마지막 문장에서 '(진도를 나타내는) 표시되는 로마 숫자가 클수록 지진을 느끼는 정도나 피해의 정도가 크다'라고 되어 있고, 피해정도의 차이가 정확히 몇 배가 되는지는 알 수는 없지만, 어떤 한 지점에서 사람이 느끼는 정도와 건물의 피해 정도가 진도Ⅳ인 지진보다 진도Ⅱ인 지진이 클 수는 없다.

ㄹ. (×) 제1문단 세 번째 문장에서 '리히터 규모가 1씩 증가할 때, 지진에너지는 약 32배가 된다.'를 통해 M6.0인 지진은 M3.0의 지진에 비해 리히터 규모가 3만큼 증가하였으므로 지진에너지는 $32^3 = 32{,}768$배가 된다.

07 ·· p.36

정답 ④

Point up

예보시간 길이에 따른 일기예보(단기, 중기, 장기)와 기상현상의 정도에 따른 기상특보(주의보, 경보)를 구분하여 각각의 예보주기와 발표기준 등에 주의해서 판정한다.

ㄱ. (○) 제2문단 세 번째 문장에 따라 일일예보는 오늘과 내일, 모레의 날씨를 예보하고, 동 문단 다섯 번째 문장에 따라 주간예보는 일일예보를 포함하여 일일예보가 예보한 기간의 다음날부터 5일간의 날씨를 추가로 예보한다. 따라서 월요일에 발표되는 주간예보에는 그날의 일일예보가 예보한 기간(월요일부터 수요일까지)의 다음날인 목요일부터 다음 주 월요일까지 5일간 날씨를 추가로 예보하게 되므로 그 다음 주 월요일의 날씨가 포함된다.

ㄴ. (○) 제2문단 두 번째 문장에 따라 3시간 예보는 매일 0시 발표를 시작하여 3시간 간격으로 1일 8회 발표하고, 동 문단 세 번째 문장에 따라 일일예보는 매일 5시, 11시, 17시, 23시에 발표한다. 따라서 일일예보의 발표 시각은 3의 배수로 3시간 예보의 발표 시각과 겹치지 않는다.

ㄷ. (×) 제2문단 세 번째 문장에 따라 일일예보는 1일 단위(0시~24시)로 예보하므로 오늘 23시에 발표된 일일예보와 오늘 5시에 발표된 일일예보는 모두 그날의 날씨를 예보하는 것이므로 예보기준의 시간차가 발생하지 않는다.

ㄹ. (○) 제3문단 마지막 두 문장을 보면 대도시의 대설경보 예보 기준은 24시간 신적설량이 20cm 이상인데, 울릉도의 대설주의보 예보기준과 동일하므로 옳은 내용이다.

08 ·· p.36

정답 ①

Point up

'순위규모분포'와 '종주분포' 각각에 대해 도시 순위와 인구규모 사이에 존재하는 일정한 법칙을 구분하고 파악한 후 선지의 정오를 판정한다.

（상황）
- 순위규모분포를 보이는 A국에서 인구규모 세 번째 도시의 인구는 200만 명이다.
  → A국에서 인구규모 첫 번째 도시(수위도시)의 인구는 600만 명이고, 두 번째 도시의 인구는 300만 명이다.
- 종주분포를 보이는 B국에서 인구규모 두 번째 도시의 인구는 200만 명이고 종주도시지수는 3.3이다.
  → B국에서 인구규모 첫 번째 도시(종주도시)의 인구는 660만 명이다.

① (○) A국 수위도시의 인구는 600만 명이고 2순위 도시의 인구는 300만 명이므로 도시 간 인구의 차이는 300만 명이다.
② (×) 종주분포를 보이는 B국의 경우에는 인구규모가 높은 순서로 1위와 2위인 도시의 규모만을 확인할 수 있을 뿐 3위의 도시의 인구는 알 수 없다.
③ (×) B국의 종주도시 인구는 660만 명이고 A국의 수위도시의 인구는 600만 명이므로 B국의 종주도시 인구는 A국의 수위도시에 비해 60만 명이 더 많다.
④ (×) A국의 인구규모 1순위와 2순위 도시의 인구를 합하면 900만 명이고 B국의 인구규모 1순위와 2순위 도시의 인구를 합하면 860만 명이므로 A국이 B국보다 40만 명이 더 많다.
⑤ (×) A국의 인구규모 2순위 도시의 인구는 300만 명이고, B국의 인구규모 2순위 도시의 인구는 200만 명이므로 같지 않다.

09 ·· p.37

정답 ③

Point up

바이오디젤(BD)의 장점과 단점을 비교하여 <보기>의 정오를 판정한다.

ㄱ. (×) 제2문단 첫 번째 문장에서 바이오디젤이 일반디젤보다 생산원가가 훨씬 높다는 사실을 확인할 수 있고, 제2문단 마지막 문장을 통해 BD20이 바이오디젤 20%와 일반디젤 80%의 혼합연료를 뜻하는 것을 알 수 있으므로 같은 양이라면 바이오디젤이 20% 혼합된 BD20의 생산원가가 일반디젤보다 높을 것으로 추론할 수 있다.

ㄴ. (○) 제1문단 다섯 번째 문장을 통해 석유에서 얻는 연료와 달리 식물성 기름에는 황이 거의 들어 있지 않다는 사실을 확인할 수 있으므로 석유에서 얻은 연료에는 식물성 기름과 달리 황 성분이 포함되어 있을 것으로 추론할 수 있다.

ㄷ. (×) 제2문단 네 번째 문장을 보면 바이오디젤이 일반디젤보다 응고점이 높다는 것을 알 수 있으므로 바이오디젤이 액체일 때에는 일반디젤은 고체일 수가 없다.

Power up 응고점은 액체가 고체로 변하는 응고현상이 일어나는 온도를 뜻하는 것으로 바이오디젤이 일반디젤보다 응고점이 높다는 점을 도식화하면 다음과 같다. 이때 보기 ㄷ의 내용은 ★부분에서의 일반디젤의 상태를 묻고 있으므로 절대로 고체가 될 수 없음을 직관적으로 파악할 수 있다.

☑ 바이오디젤과 일반디젤의 기화점(액체에서 기체로 변하는 기화현상이 일어나는 온도)이 제시문에 언급되어 있지 않으므로 ★부분에서 일반디젤이 반드시 액체라고 단정할 수도 없다. 왜냐하면 기화점도 일반디젤이 바이오디젤보다 낮다면 일반디젤의 상태는 액체이거나 기체일 수도 있기 때문이다.

	바이오디젤		일반디젤
응고점	액체		★
	고체		
		응고점	액체
			고체

ㄹ. (○) 제2문단 세 번째 문장을 보면 바이오디젤은 (일반디젤에 비해) 질소산화물을 더 많이 배출하고, 제1문단 다섯 번째 문장에서는 바이오디젤을 연소했을 때 이산화항이 거의 배출되지 않는다고 하였으므로 옳은 내용이다.

10 ·· p.37

정답 ⑤

Point up

카페인의 각성효과와 관련하여 상대성, 작동원리, 분해효율의 요인 등을 파악하여 정오를 판정한다.

① (×) 제1문단 마지막 문장에서 甲국 정부가 권고하는 하루 카페인 섭취량을 섭취 대상자에 따라 다르게 정하고 있음을 확인할 수 있지만 앞선 문장에서는 카페인의 각성효과가 사람에 따라 달라 커피를 한 잔만 마셔도 각성효과가 큰 사람이 있고, 몇 잔을 연거푸 마셔도 거의 영향을 받지 않는 사람도 있다고 하였으므로 甲국 정부가 권고하는 하루 카페인 섭취량 이하를 섭취하면 각성효과가 나타나지 않는다고 단정할 수 없다.

② (×) 제2문단 두 번째 문장에서 아데노신은 뇌의 각성상태를 완화시켜 주는 신경전달물질임을 확인할 수 있으므로 각성효과를 돕는 물질이 아님을 알 수 있다.

③ (×) 제3문단 여덟 번째 문장에서 C형인 사람은 카페인 분해가 느려서 카페인이 일으키는 각성효과를 길게 받는다고 하였으므로 A형인 빠른 대사자보다 C형인 느린 대사자가 각성효과가 더 오래 유지된다.

④ (×) 제1문단 마지막 문장에서 甲국 정부가 권고하는 하루 카페인 섭취량이 성인의 경우에는 몸무게와 성별에 무관하게 400mg 이하이므로 몸무게가 60kg인 성인 남성의 하루 카페인 섭취량은 최대 400mg이다.

⑤ (○) 제3문단 두 번째 문장에서 카페인의 각성효과는 카페인의 분해효율과 관련이 있음을 알 수 있고, 동 문단 다섯 번째 문장에서 카페인의 분해효율에 가장 큰 영향을 주는 것은 유전적 요인임을 확인할 수 있으므로 옳은 내용이다.

11 ·· p.38

정답 ①

Point up

맥동변광성의 '주기－광도 관계'를 파악하고 별의 밝기를 나타내는 2가지 등급(겉보기등급과 절대등급)을 구분하여 <보기>의 정오를 판정한다.

ㄱ. (○) 변광 주기가 10일인 I형 세페이드 변광성은 변광 주기가 50일인 I형 세페이드 변광성보다 어둡다.
→ 제2문단에서 세페이드 변광성은 맥동변광성임을 확인할 수 있고 제1문단에서 맥동변광성은 변광 주기가 길수록 실제 밝기가 더 밝다고 하였으므로 옳은 내용이다.

ㄴ. (×) 변광 주기가 동일한 두 개의 II형 세페이드 변광성의 겉보기등급 간에 수치 차이가 1이라면, 지구로부터 두 별까지의 거리의 비는 2.5이다.
→ 제3문단을 통해 겉보기등급의 수치가 1 줄어들 때마다 2.5배 밝아진다는 사실과 겉보기등급의 별의 밝기가 거리의 제곱에 반비례한다는 점에 비추어 볼 때, 지구로부터 두 별까지의 거리의 비는 2.5보다는 작을 것으로 추론할 수 있으므로 옳지 않다.

Power up 맥동변광성에 속하는 두 개의 II형 세페이드 변광성의 변광 주기가 동일하다면 그 두 별의 밝기는 지구로부터의 거리에만 영향을 받게 된다. 지구로부터 가까운 별(A) 사이의 거리를 x라 하고 더 먼 별(B) 사이의 거리를 y라 할 때

A의 밝기 : B의 밝기 $= 2.5 : 1 = \dfrac{1}{x^2} : \dfrac{1}{y^2}$ 이 되어

$x : y = 1 : \sqrt{2.5}$ 이므로 거리의 비는 2.5보다 작다.

ㄷ. (○) 실제 밝기를 기준으로 비교할 때, 변광 주기가 20일인 I형 세페이드 변광성은 같은 주기의 II형 세페이드 변광성보다 2.5배 이상 밝다.
→ 제4문단에서 I형 세페이드 변광성이 동일한 변광 주기를 갖는 II형 세페이드 변광성보다 1.5등급만큼 더 밝은 것을 알 수 있으므로 옳은 내용이다.

Power up 제3문단에서 실제 밝기인 절대등급을 기준으로 할 때(사실 겉보기등급이나 절대등급이나 동일하게 적용되므로 상관없음) 등급 수치가 1이 줄어들 때마다 2.5배 밝아진다고 하였으므로 1.5등급 차이가 나는 경우에는 그보다 더 많은 밝기의 차이가 있다고 볼 수 있다.

ㄹ. (×) 지구로부터 1파섹 떨어진 별의 밝기는 절대등급과 겉보기등급이 동일하다.
→ 제3문단에서 절대등급은 모든 별이 지구로부터 10파섹의 일정한 거리에 있다고 가정하고 지구에서 관찰된 밝기를 산출한 것을 의미하므로 지구로부터 1파섹 떨어진 별의 밝기는 10파섹 떨어진 별의 밝기의 100배(10^2의 반비례)가 되고 등급 수치로는 약 5등급($2.5^5 \coloneqq 100$) 차이가 난다.

---

12 .... p.38

정답 ⑤

Point up

'기초 감염재생산지수(R_0)'의 의미와 속성, 치사율과의 관계 등을 정확히 파악하여 정오를 판정한다.

① (×) 예방조치가 없다면, 발병 시 가장 많은 사람이 사망하는 질병은 A일 것이다.
→ 제1문단 마지막 문장을 보면 어떤 질병에 걸린 환자 중 그 질병으로 사망하는 환자의 비율을 나타내는 치사율은 R_0의 크기와 반드시 비례하지는 않으므로 질병 중에 A의 R_0수치가 가장 크더라도 치사율도 가장 높다고 단정할 수는 없다.

② (×) 예방조치가 없다면, A ~ F질병 모두가 전 국민을 감염시킬 것이다.
→ 제2문단 첫 번째 문장에서 예방조치가 없을 때, R_0가 1보다 큰 질병은 전체 개체군으로 확산될 것임을 확인할 수 있으므로 R_0의 수치가 0.5에 불과한 'F질병'은 이에 해당하지 않는다.

③ (×) 예방조치가 없다면, C질병이 전 국민을 감염시킬 때까지 걸리는 시간은 평균적으로 D질병의 절반일 것이다.
→ 제1문단 세 번째 문장을 통해 R_0의 수치는 질병의 전파 속도를 의미하지는 않음을 알 수 있으므로 예방조치가 없다면, C질병의 R_0수치가 6으로 D질병의 R_0수치인 3에 비해 2배 크다고 하더라도 전파 속도가 2배가 되는 것은 아니다.

④ (×) R_0와 달리 치사율은 전염병의 확산 초기 단계에서도 정확하게 알 수 있다.
→ 제3문단 마지막 문장에서 R_0와 마찬가지로 치사율도 확산 초기 단계에서는 정확하게 알 수 없다는 것을 확인할 수 있다.

⑤ (○) 예방조치가 없다면, 감염자 1명당 감염시킬 수 있는 사람 수의 평균은 B질병이 D질병의 5배일 것이다.
→ 제1문단 두 번째 문장을 통해 R_0수치의 의미가 예방조치가 없을 때 해당 질병에 감염된 사람 한 명이 비감염자 몇 명을 감염시킬 수 있는지를 나타내는 것임을 알 수 있으므로 예방조치가 없다면 감염자 1명 당 감염시킬 수 있는 사람 수의 평균은 B질병($R_0 = 15$)이 D질병($R_0 = 3$)의 5배일 것이다.

---

13 .... p.39

정답 ④

Point up

제시문에 주어진 각 문단의 핵심 키워드를 파악하고 선택지 내용과 관련된 부분을 찾아 정오를 판정하도록 한다. 특히, 연도 및 금액과 관련하여 수치를 포함하는 선택지의 경우 수리 분석에 혼동을 야기하는 경우가 종종 있으니 막바로 해당 수치 자료를 찾아 먼저 판단해 보는 것도 좋을 것이다.

① (○) 개발도상국에 대한 투자는 경제적 수익뿐만 아니라 회사 경영에 영향력을 행사하기 위해서도 이루어질 수 있다.
→ 제1문단 마지막 문장에서 개발도상국에 대한 포트폴리오 투자는 경제적 수익을 추구하기 위한 투자이고, 외국인 직접투자는 회사 경영에 일상적으로 영향력을 행사하기 위한 투자라고 하였으므로 옳은 내용이다.

② (○) 해외 원조는 개발도상국에 대한 경제적 효과가 없다고 주장하는 경제학자들이 있다.
→ 제2문단 두 번째 문장에서 해외 원조에 대해 최근 경제학자들 사이에서는 개발도상국에 대한 경제적 효과가 없다는 주장이 점차 힘을 받고 있다고 하였으므로 옳은 내용이다.

③ (○) 개발도상국에 유입되는 외국자본에는 해외 원조, 은행 융자, 채권, 포트폴리오 투자, 외국인 직접투자가 있다.
→ 제1문단을 보면 개발도상국에 흘러드는 외국자본의 종류에는 원조(해외원조), 부채(은행 융자, 채권), 투자(포트폴리오 투자, 외국인 직접투자)가 있음을 확인할 수 있다.

④ (×) 개발도상국에 대한 2005년의 은행 융자 총액은 1998년의 수준을 회복하지 못하였다.
→ 제3문단 세 번째 문장을 보면 1998년 개발도상국에 대하여 이루어진 은행 융자 총액은 500억 달러이고, 동 문단 네 번째 문장 끝부분에서 2005년에는 670억 달러임을 각각 확인할 수 있다. 따라서 2005년의 은행 융자 총액은 1998년의 총액을 상회하는 규모로 이루어져 수준을 회복하였다.

⑤ (○) 1998 ~ 2002년과 2003 ~ 2005년의 연평균을 비교할 때, 개발도상국에 대한 포트폴리오 투자가 채권보다 증감액이 크다.

→ 동 기간 대비 채권의 증감액은 제4문단 마지막 문장에서 연평균 230억 달러에서 440억 달러로 증가하여 110억 달러의 증액을 확인할 수 있고, 포트폴리오 투자의 증감액은 제5문단 마지막 문장에서 연평균 90억 달러에서 410억 달러로 증가하여 320억 달러의 증액을 확인할 수 있다. 따라서 동 기간 대비 <u>포트폴리오 투자(320억 달러)가 채권(110억 달러)보다 증감액이 더 크다.</u>

14 .... p.39

정답 ④

Point up

제시문의 각 문단의 핵심내용을 파악하고 <보기>의 각 경우에 해당하는 문단을 빠르게 연결 지어 판단하도록 한다. 즉, ㄱ. X가설의 이론 − 제1문단, ㄴ. Y가설의 이론 − 제2문단, ㄷ. Y가설의 적용사례 − 제3문단으로 살펴보는 것이 중요하다.

제시문 각 문단의 핵심내용을 정리하면 다음과 같다.
⑴ 제1문단: X가설은 가장 가까운 점포 선택(단, 보다 나은 구매기회를 제공함으로써 이동에 따른 추가 노력을 보상한다면 먼 곳의 점포를 선택하는 경우를 설명하기 어려운 한계가 있음)
⑵ 제2문단: Y가설은 상거래 흡인력은 각 도시의 인구에 비례 & 각 도시로부터의 거리 제곱의 반비례
⑶ 제3문단: Y가설의 적용사례
ㄱ. (×) 제1문단에서 원칙적으로 X가설에 따르면 소비자가 유사한 제품을 판매하는 점포들 중에서 한 점포를 선택할 때 가장 가까운 점포를 선택하는 것이고, 더 싼 가격의 상품을 구매하기 위해 더 먼 거리에 있는 점포를 가게 되는 현상을 설명하지 못하는 한계를 가지고 있기에 옳지 않다.
ㄴ. (○) 제2문단에서 Y가설에 따르면 인구 및 다른 조건이 동일할 경우, 각 도시의 상거래 흡인력이 각 도시의 인구에 비례하고, 각 도시로부터의 거리 제곱에 반비례하므로 거리가 가까운 도시일수록 인구 흡인력이 높아지게 되어 이상적인 점포 입지가 된다.
ㄷ. (○) 제3문단의 상황을 토대로 Y가설에 따를 때, C시로부터 A시와 B시가 각각 떨어져 있는 거리가 동일하므로 비율 산정에 영향이 없고, A시와 B시의 인구비율은 50만 명:400만 명으로 1:8 의 비율로 유인인구가 비례하므로 C시의 인구 9만 명 중에 8만 명은 B시로 1만 명은 A시로 흡인된다.

Speed up

자주 강조하는 부분이지만, <선택지 소거법>을 잘 활용하는 것이 매우 중요하다. 본 문제에서도 <보기>의 ㄱ이 틀린 것으로 확인되었다면, 'ㄱ'을 포함한 선택지 ①번, ③번, ⑤번을 제외한 후 남은 선택지는 ②번과 ④번인데, 두 선택지 모두 'ㄴ'을 공통적으로 포함하고 있으므로 ㄴ의 판단은 유보하고 <보기> ㄷ만을 판단하여 정답을 가려내는 것이 효과적이다.

15 .... p.40

정답 ①

Point up

제시문의 각 문단의 핵심 내용을 키워드 중심으로 빠르게 파악하고 <보기>와 관련된 문단을 찾아 비교 판정한다.

ㄱ. (○) <u>지주의 사전 승낙이 없어도 도지권을 매입한 소작농이 있었을 수 있다.</u>
→ 제3문단 첫 번째 문장에서 '지주의 승낙이 없어도 임의로 도지권을 타인에게 매매 등을 할 수 있었다.'라고 하였으므로 옳은 내용이다.
ㄴ. (○) <u>지주가 간평인을 보내어 도조를 결정하였다면, 해당 도지는 선도지가 아니었을 것이다.</u>
→ 제2문단 첫 번째 문장에서 도조를 정하는 방법에는 ⅰ) 수확량을 고려하지 않고 미리 일정액을 정하는 방식과 ⅱ) 매년 농작물을 수확하기 직전에 지주가 간평인(看坪人)을 보내어 수확량을 조사하고 결정하는 방식이 있다고 하였고, 마지막 문장에서 논밭을 경작하기 전에 도조를 미리 지급하고 경작하는 경우의 도지를 선도지(先賭地)라고 하였으므로 선도지는 ⅰ)의 방식에 의한 경우에 해당한다. 따라서 옳은 내용이다.
ㄷ. (×) <u>도지권을 가진 소작농들은 일제의 토지조사사업으로 소작을 할 수 없게 되었다.</u>
→ 제5문단 두 번째 문장에서 '일제의 토지조사사업으로 부분적 소유권으로서의 소작농의 도지권은 부인되었고 대신 소작기간 20년 이상 50년 이하의 소작권이 인정되었다.'라는 내용을 통해 일제의 토지조사사업으로 소작을 할 수 없게 된 것은 아님을 알 수 있다.
ㄹ. (×) <u>도지권을 가진 소작농이 도지권을 매매하려면, 그 소작농은 지주의 동의를 얻어야 했다.</u>
→ 제3문단 첫 번째 문장에서 '지주의 승낙이 없어도 임의로 도지권을 타인에게 매매 등을 할 수 있었다.'라고 하였으므로 옳지 않은 내용이다.
따라서, <보기>에서 옳은 것만을 모두 고르면 ㄱ과 ㄴ이다.

Speed up

<보기>의 내용에서 ㄱ과 ㄹ이 동일 유사한 내용을 담고 있음을 확인하여 동시에 판단하는 것이 필요하고, <선택지 소거법>에 따라 ㄱ이 옳고(선택지 ③번과 ④번 소거) ㄹ이 틀린 것(선택지 ②번 소거)으로 정오를 판정했다면 ㄴ의 내용은 판단할 필요 없이 ㄷ의 정오로 정답이 가려지게 되므로 조금이라도 시간을 절약하는 방식으로 풀이하는 것이 효과적이다.

16 .... p.40

정답 ③

Point up

주어진 <상황>에서 빈 칸을 채우기 위해서는 ⅰ) 문제 단서에 표시된 쌀 1말에 대한 화폐 가치에 유의해야 하고, 제시문의 자료에서는 ⅱ) 제3문단에 정보가 집중되어 있으므로 필요한 정보를 잘 선별해내는 안목도 중요하다.
(★ 쌀 1말의 가치는 5냥)

상황

甲 소유의 논 A는 ⅰ) 1년에 한 번 수확하고 수확량은 ⅰ) 매년 쌀 20말이다.
→ ⅰ) 1년 수확량: 20말 × 5냥=100냥

소작농 乙은 A 전부를 대상으로 ⅱ) 매년 수확량의 1/4을 甲에게 ⅱ) 도조로 납부하는 도지계약을 甲과 체결한 상태이다. ⅲ) A의 전체 가격은 甲, 乙의 도지계약 당시부터
→ 제시문 제3문단 두 번째 문장에서
'도지권의 매매가격은 지주의 소유권 가격의 1/2이고
도지의 전체가격=소작농의 도지권 가격(=도지권 매매가격)+지주의 소유권 가격'
즉, 도지 전체가격=지주의 소유권 가격 × 3/2
올해 말까지 (변동 없이) ⅲ) 900냥이다.
→ 지주의 소유권 가격
: 900냥 × 2/3=600냥

재작년 乙은 수확 후 甲에게 정해진 도조 액수인 (㉠ 25)냥을 납부하였다.
→ ⅱ) 100냥 × 1/4=25냥

작년 초부터 큰 병을 얻은 乙은 더 이상 농사를 지을 수 없게 되자,
乙은 매년 (㉡ 50)냥을 받아 도조 납부 후 25냥을 남길 생각으로 丙에게 A를 빌려주었다.
→ 도조가 25냥이므로 25냥을 남기기 위해서는 50냥을 받아야 함

그러나 乙은 약값에 허덕여 작년과 올해분의 도조를 甲에게 납부하지 못했다.
→ 총 50냥의 도조 연체함

결국 甲은 乙의 동의를 얻어 丁에게 A에 대한 도지권을 올해 말 (㉢ 300)냥에 매매한 후,
→ ⅲ) 소유권 가격이 600냥이므로 1/2인 300냥

Power up 도지권의 매매가격을 A의 전체 가격 900냥의 1/2로 계산하여 450냥으로 실수하지 않도록 주의해야 한다. 그렇지 않다면 선택지 5번의 오답을 피해갈 수 없기 때문이다.

乙에게 (㉣ 250)냥을 반환하기로 하였다.
→ 지주인 甲은 연체된 도조 50냥을 제외하고 소작농인 乙에게 반환해야 함

따라서, ㉠ ~ ㉣에 들어갈 수의 합은 25+50+300+250=625이다.

17 .... p.41

정답 ③

Point up

제시문에 주어진 각 문단의 핵심 내용을 키워드 중심으로 간략히 파악하고 선택지의 내용을 확인하여 해당하는 정보를 찾아 정오를 판정하도록 한다. 특히, 연도 등의 수치가 주어진 경우에는 선택지에서 언급되어 있는 것만 추려서 살펴보는 것이 중요하고, 시간적 선후관계에 따른 정오판정에도 주의한다.

① (×) 바퀴를 처음 만들고 사용한 사람은 기원전 3500년경 메소포타미아인이다.
→ 제1문단에서 바퀴를 처음 만들고 사용한 것은 통나무를 잘라 만든 원판 모양의 나무바퀴로 기원전 5000년경부터 사용된 것으로 추정

② (×) 19세기 초반부터 이미 자동차에 공기압 타이어가 사용되었다.
→ 제4문단에서 1885년에 최초로 가솔린 자동차를 발명했고, 그로부터 10년 후(1895년) 자동차용 공기압 타이어가 개발되었다고 하였으므로 자동차에 공기압 타이어가 사용되기 시작한 것은 19세기 후반

③ (○) 제4문단에서 바퀴의 성능은 전쟁용 수레인 전차가 발달하면서 크게 개선되었고, 그 뒤 산업혁명기에 발명된 고무타이어가 바퀴에 사용되면서 바퀴의 성능은 한층 개선되었다고 하였으므로 옳은 내용이다.

④ (×) 바퀴가 없었던 지역에 바퀴가 전해진 이후 그 지역에서 썰매는 사용되지 않았다.
→ 제2문단을 보면 바퀴를 전해준 다음에도 원주민들은 썰매를 많이 이용했다

⑤ (×) 바퀴가 수레를 움직이는 것 외에 다른 용도로 사용되기 시작한 것은 산업혁명기 이후였다.
→ 제3문단에서 바퀴가 수레에만 사용된 것은 아니고, 도자기를 만드는 데 사용하는 돌림판인 물레는 우리나라에서 이미 4000년 전부터 사용했다.

18 ··· p.41

정답 ②

Point up

주어진 <상황>에서 ⅰ) 5명 모두가 알고 있는 사실(3월생 2명, 6월생 1명, 9월생 2명)과 ⅱ) 5명 모두는 논리적으로 판단하고, 솔직하게 대답한다는 2가지 정보를 근거로 <대화>내용을 통해 6월생이 누구인지 추론한다.

┌─대화─┐

민경 : 지나야, 네 생일이 5명 중에서 제일 빠르니?

지나 : 그럴 수도 있지만 확실히는 모르겠어.

→ 제일 빠를 가능성이 있다는 의미이므로 **지나는 3월생**이라고 추론할 수 있다.

정선 : 혜명아, 네가 지나보다 생일이 빠르니?

혜명 : 그럴 수도 있지만 확실히는 모르겠어.

→ 지나의 답변을 통해 지나가 3월생임을 혜명이도 판단했을 것이고 본인이 지나보다 생일이 빠를 수도 있다고 하였으므로 **혜명이도 3월생**임을 알 수 있다.

지나 : 민경아, 넌 정선이가 몇 월생인지 알겠니?

민경 : 아니, 모르겠어.

→ 3월생 2명(지나, 혜명)을 확인한 상황에서 만약 민경이가 6월생이라면 정선이는 반드시 9월생이라는 사실을 알 수 있을 텐데 모르겠다고 답변하였으므로 **민경이는 9월생**이라고 추론할 수 있다.

혜명 : 효인아, 넌 민경이보다 생일이 빠르니?

효인 : 그럴 수도 있지만 확실히는 모르겠어.

→ **효인이는** 민경이와 같은 **9월생**이므로 가능성만을 답변할 수밖에 없다.

따라서 6월생은 ② 정선이다.

19 ··· p.42

정답 ③

Point up

손을 든 참가자의 수의 합(106명)이 전체 참가자수(100명)보다 많은 상황에서 초과분 6명이 발생한 이유(양손잡이 중 일부가 질문 1, 2, 3에 모두 손을 듦)를 확인한 후 이를 추론한다면 쉽게 인원수를 파악할 수 있다.

제시문의 핵심내용을 정리하면 다음과 같다.
⑴ 제시문의 세 번째 상황에서 제대로 알아듣지 못한 양손잡이 참가자는 질문 1, 2, 3에 모두 손을 들었으므로 '손을 잘못 든 인원수×2'만큼 전체 참가자수 100명에서 초과할 것이다.
⑵ 제시문의 마지막 상황에서 질문 1, 2, 3에 손을 든 참가수를 모두 더하면 16+80+10=106명이므로 양손잡이 참가자 중 손을 잘못 든 인원은 3명이다. 따라서, 각 질문에 해당하는

실제 인원수를 계산하면 ⅰ) 왼손잡이 참가자는 13명, ⅱ) 오른손잡이 참가자는 77명, ⅲ) 양손잡이 참가자는 10명이다.

ㄱ. (○) 양손잡이는 총 10명이다.

ㄴ. (○) 왼손잡이 수는 총 13명이므로 양손잡이 수의 10명보다 많다.

ㄷ. (×) 오른손잡이 수는 77명으로 왼손잡이 수의 13명의 6배인 78명보다 적다.

20 ··· p.42

정답 ①

Point up

양의 이름을 짓는 규칙 중에서 성별 조건은 반드시 전제되어야 하는데 각 성별에 해당하는 계절에 태어난 양의 경우에는 한글 자만으로도 이름 짓는 것이 가능하다는 점을 파악하는 것이 중요하다.

ㄱ. (○) 겨울에 태어난 양은 '눈'을 반드시 포함해야 하고, 그 양이 암컷이라면 '불'도 반드시 포함해야 한다. 따라서 그 양에게 붙일 수 있는 두 글자 이름은 '눈불'과 '불눈'으로 두 가지이다.

ㄴ. (×) A마을의 양 '물불'이 여름에 태어났어도 암컷인 경우에는 '불' 글자만 반드시 포함하면 되므로 수컷이라고 단정할 수 없고 봄에 태어난 경우에도 수컷인 경우에는 '물' 글자만 반드시 포함하면 되므로 마찬가지로 암컷이라고 단정할 수 없다.

Power up 봄과 여름에 태어난 양은 한 글자만으로 이름을 지을 수 있지만, 가을과 겨울에 태어난 양의 경우에는 반드시 성별을 나타내는 글자를 포함해야 하므로 한 글자로 이름을 지을 수 없다.

ㄷ. (×) ㄴ에서 살펴본 바와 같이 봄에 태어난 수컷의 양은 '물', 여름에 태어난 암컷의 양은 '불'로 각각 한 글자만으로도 이름을 지을 수 있으므로 옳지 않다.

21 .... p.43

정답 ④

Point up

대화를 근거로 눈이 내린 지역과 내리지 않은 지역의 관계를 우선 파악하여 <보기>의 정오를 판정한다.

┌─ 보기 ─────────────────────────────────────

甲: 안녕? 나는 지난 주말 중 하루에 당일치기로 서울 여
　　행을 다녀왔는데, 서울에는 눈이 예쁘게 내려서 너무
　　　　　　　　　　→ ○
　　좋았어. 너희는 지난 주말에 어디 있었니?

乙: 나는 서울과 강릉을 하루에 모두 다녀왔는데,
　　　　　　　　　　→ ○ │
　　두 곳 다 눈이 예쁘게 내리더라.

丙: 나는 부산과 강릉에 하루씩 있었는데 하늘에서 눈을
　　　　　　　　　　→ X │ X
　　∴ 乙은 丙이 부산에 있었던 요일과 같은 요일에
　　　　다녀온 것이다.
　　보지도 못했어.

丁: 나도 광주에 하루 있었는데, 해만 쨍쨍하고 눈은
　　　　　　　　　　→ X
　　안왔어. 그날 뉴스를 보니까 부산에도 광주처럼 눈은커
　　녕 해가 쨍쨍하다고 했더라고.

甲: 응? 내가 서울에 있던 날 뉴스를 봤는데, 광주에도
　　눈이 내리고 있다고 했어.
　　∴ 甲이 서울에 있었던 요일은 丁이 광주에 있었던
　　　　요일과 다르다.

└───

※ 눈이 내림: O, 눈이 내리지 않음: X, '│'은 요일 구분선

ㄱ. (○) 광주에는 지난 주말 중 하루만 눈이 내렸다.
　　→ 甲과 丁이 있었던 요일이 다르므로 광주에는 지난 주말
　　　　중 하루만 눈이 내렸다.

ㄴ. (×) 지난 주말 중 하루만 서울에 눈이 내렸다면 부산에도
　　지난 주말 중 하루만 눈이 내렸다.
　　→ 지난 주말 하루만 서울에 눈이 내렸다면 甲과 乙이 서울
　　　　에 있었던 요일과 丙이 부산에 있었던 요일이 같게 되
　　　　고, 丙이 강릉에 있었던 요일에 丁이 광주에 있었던 요
　　　　일과 같으므로 부산은 지난 주말 중 이틀 동안 모두 눈
　　　　이 내리지 않았다.

ㄷ. (○) 지난 주말 중 하루만 부산에 눈이 내렸다면 甲과 乙이
　　서울에 있었던 날은 다른 날이다.
　　→ 지난 주말 중 하루만 부산에 눈이 내렸다면 丙이 강릉에
　　　　있었던 요일에 부산에는 눈이 내렸던 것으로 볼 수 있
　　　　다. 또한 乙은 丙이 부산에 있었던 요일에 서울과 강릉
　　　　을 다녀온 것이고 甲은 丁이 광주에 있었던 요일과 다
　　　　른 요일에 있었던 것이므로 甲과 乙이 서울에 있었던
　　　　날은 다른 날이다.

ㄹ. (○) 지난 주말 중 하루만 서울에 눈이 내렸다면 丙이 부산
　　에 있었던 날과 丁이 광주에 있었던 날은 다른 날이다.
　　→ 지난 주말 중 하루만 서울에 눈이 내렸다면 丁이 광주에
　　　　있었던 날과 丙이 강릉에 있었던 날이 같으므로 丙이
　　　　부산에 있었던 날과 丁이 광주에 있었던 날은 다른 날
　　　　이다. (ㄴ.참조)

22 .... p.43

정답 ③

Point up

진우의 두 진술의 진위를 먼저 결정한 후에 유석과 소연의 진술내용 간 일치(혹은 포함)하거나 모순되는 진술을 찾아 <보기>의 정오를 판정한다.

우선 진우의 두 진술이 참이라면 소연의 ⓒ진술이 참이므로 피해자와 같은 층에 사는 세 사람 모두는 피해자를 만난 적이 있는데 유석의 ⓑ진술이 거짓이므로 유석은 피해자를 만난 적이 없게 된다. 따라서 두 진술이 모순이 되므로 진우의 두 진술은 거짓이어야 한다.

그러므로 유석의 두 진술 중 적어도 하나는 참이어야 하고, 소연의 두 진술 중 적어도 하나는 거짓이어야 한다.

ㄱ. (○) 유석의 ⓑ진술이 거짓이면 ⓐ진술은 반드시 참이어야
　　하므로 범행 현장에서 발견된 칼은 진우의 것이다.

ㄴ. (×) 소연의 ⓒ진술이 참이라면 유석의 ⓑ진술도 일관된
　　진술이므로 참이 된다. 따라서 유석의 ⓐ진술에 대해서는
　　진위를 확정할 수 없으므로 범행 현장에서 발견된 칼이 진
　　우의 것이라 단정할 수 없다.

ㄷ. (○) 유석의 ⓐ진술이 거짓이고, 소연의 ⓓ진술이 참이라면
　　유석의 ⓑ진술은 참이고, 소연의 ⓒ진술은 거짓이 된다. 따
　　라서 유석은 피해자를 만난 적이 있으니 나머지 두 사람 중
　　에 적어도 한 사람은 피해자를 만난 적이 없어야 한다. 왜
　　냐하면 소연과 진우도 모두 피해자를 만난 적이 있다면 소
　　연의 ⓒ진술이 거짓이라는 것과 모순이 되기 때문이다.

23 .... p.44

정답 ③

Point up

제시문의 각 문단의 핵심 키워드(제1문단: 공직자의 사생활 공개 요구 추세, 제2문단: 동등한 사생활 보호의 원칙, 제3문단: 축소된 사생활 보호의 원칙)를 중심으로 선택지의 정오를 판정하도록 한다.

① (○) 제3문단 두 번째 문장에서 공직자는 일반시민이 아니기 때문에 동등한 사생활 보호의 원칙을 적용할 수 없다는 내용을 확인할 수 있고, 이를 통해 축소된 사생활 보호의 원칙은 공직자와 일반시민의 사생활 보장의 정도가 달라야 함을 의미하는 것으로 추론할 수 있다.

② (○) 제1문단에서 통치자는 가족과 사유재산을 갖지 말아야 한다고 주장한 플라톤의 생각은 공직자의 사생활이 일반시민의 사생활만큼 보호될 필요가 없다는 이유와 비슷한 맥락으로 축소된 사생활 보호의 원칙에 더 가깝다고 볼 수 있다.

③ (×) 제3문단 마지막 문장을 통해 공직자가 시민을 대표하는 훌륭한 인간상이어야 하는 이유는 축소된 사생활 보호의 원칙을 지지하는 이유에 해당한다.

④ (○) 제2문단에서 동등한 사생활 보호의 원칙을 지지하는 사람들은 공직자의 사생활 보호로 공적으로 활용가능한 인재가 증가한다는 점을 강조하면서 사생활이 보장되지 않으면 공직 희망자가 적어져 인재 활용이 제한되고 다양성도 줄어들게 되기 때문에 이를 지지한다는 이유로 언급되어 있다.

⑤ (○) 제3문단 첫 번째 문장에서 공직자는 일반시민보다 우월한 권력을 가지고 있다는 것과 시민을 대표한다는 것 때문에 축소된 사생활 보호의 원칙이 적용되어야 한다는 주장이 있다는 내용을 확인할 수 있다.

24 .... p.44

정답 ①

① (×) 제1문단을 통해 협반은 수라상을 차리는 상의 종류임을 확인할 수 있고, 제3문단의 상차림에서 둘째 날에는 죽수라, 조수라, 석수라로 총 3회의 수라상이 차려진 것을 확인할 수 있으므로 협반도 총 3회 사용되었을 것이다.

② (○) 제3문단의 상차림에서 둘째 날의 장소가 모두 '화성참'인데, 미음을 주식으로 하는 미음상은 차려지지 않았음을 확인할 수 있다.

③ (○) 제3문단의 상차림에서 조수라와 석수라 사이에 주수라는 차려지지 않았음을 확인할 수 있다.

④ (○) 제2문단에서 반과상은 찬과 후식류를 자기에 담아 차린 상임을 알 수 있고, 제3문단의 상차림에서 첫째날에는 조다반과, 주다반과, 야다반과를 둘째날에는 주다반과와 야다반과를 차렸음을 확인할 수 있다.

⑤ (○) 제2문단에서 국수를 주식으로 한 상은 반과상임을 알 수 있고, 제3문단의 상차림에서 반과상은 총 5회 차려졌음을 확인할 수 있다.

25 .... p.45

정답 ⑤

Point up

다산 정약용이 주장한 아전의 핵심적인 직책(향승, 좌수, 좌우별감)과 그 세부 직책간의 서열관계(좌수>좌우별감)를 확인하고, 좌수의 선발 절차와 평가 기준, 대우의 내용 등도 정확하게 판단해야 한다. 또한, 아전 임명 시 대 원칙으로 볼 수 있는 부분(자리는 채우되 정사는 맡기지 않는다)과 무관의 가장 중요한 자질(도덕성)에 대한 내용도 확인할 필요가 있다.
제시문 각 문단의 핵심내용을 정리하면 다음과 같다.

(1) 제1문단: 다산 정약용이 주장한 아전의 핵심적인 직책과 직무

(2) 제2문단: 다산 정약용이 주장한 아전의 핵심적인 직책의 선발방법과 핵심자격기준

(3) 제3문단: 다산 정약용의 아전 임명 처사에 대한 핵심적인 조언

① (×) 1문단 세 번째 문장에서 좌우별감은 좌수의 아랫자리로 언급되어 있으므로 좌수가 좌우별감의 상관이 된다.

② (×) 2문단 네 번째 문장의 뒷부분을 보면 좌수 선발 시 향승이 3명을 추천하는 것이 아니라 감사나 어사로 하여금 식년(式年)에 각각 9명씩을 추천한다.

③ (×) 3문단 첫 번째 문장을 보면 '다산은 아전을 임명할 때, 진실로 쓸 만한 사람을 얻지 못하면 그저 자리를 채우기는 하되 정사는 맡기지 말라고 했다.'라고 하였으므로 아예 자리를 채우지 말라는 것은 아니다.

④ (×) 2문단 네 번째 문장의 앞부분에서 '좌수후보자들에게 모두 종사랑(從仕郎)의 품계를 주고'라고 되어 있으므로 우수한 공적이 있는 사람에게만 종사랑의 품계를 주어야 한다고 주장한 것은 아니다.

⑤ (○) 3문단 마지막 문장에서 '그에 따르면 무관의 반열에 서는 자는 모두 굳세고 씩씩해 적을 막아낼 만한 기색이 있는 사람으로 뽑되, 도덕성을 첫째의 자질로 삼고 재주와 슬기를 다음으로 해야 한다고 강조하였다'라고 하였으므로 다산은 무관의 자질로 재주와 슬기보다는 도덕성을 우선한다고 보았다.

26 .... p.45

정답 ⑤

Point up

각 문단 내용을 키워드 중심(제1문단 – 구성, 제2문단 – 활동, 제3문단 – 폐지)으로 빠르게 파악한 후 선택지의 내용이 포함된 문단과 대비하여 정오를 판단한다.
특히, 본 문제와 같이 단순 사실을 확인하는 유형의 문제에서 일정한 수가 내용에 포함되어 있는 경우(④번)에는 대체로 제시문에 같은 수가 기록되어 있는 경우가 많은데 단순히 그 수가 눈에 들어와 제시문에 등장하고 있다는 이유만으로 정오를

판단한다면 함정에 빠지기 쉬우므로 주의해야 한다.

제시문의 각 문단의 핵심내용을 정리하면 다음과 같다.

⑴ 제1문단: 군국기무처의 구성

⑵ 제2문단: 군국기무처의 활동내용

⑶ 제3문단: 군국기무처의 폐지

① (×) 제3문단 네 번째 문장에서 '고종도 그의 전제왕권을 제약한 군국기무처의 존재를 탐탁지 않게 여기던 터였으므로 이 기구를 12월 17일 칙령으로 폐지하였다.'를 보면 군국기무처는 흥선대원군이 폐지한 것이 아니라 고종이 폐지한 것이다.

② (×) 제1문단 세 번째 문장에서 '이 기구(군국기무처)의 이름은 1882년부터 1883년까지 존속하였던 기무처의 이름을 따서 흥선대원군이 명명하였다'를 보면 고종이 아닌 흥선대원군이 명명한 것이다.

③ (×) 제3문단 첫 번째 문장을 보면 '군국기무처의 기능은 청일전쟁에서 일본이 최초의 결정적인 승리를 거둔 1894년 9월 중순 이후 서서히 약화되기 시작하였다.'에서 일본의 청일전쟁 승리 이후에 군국기무처의 기능은 약화되기 시작하였고, 두 번째 문장에서도 '~일본이 청일전쟁의 승리가 확실해지자 적극적인 개입정책을 쓰기 시작하였던 것이다.'라고 하여 기능 약화의 이유를 확인할 수 있다.

④ (×) 제2문단 첫 번째 문장에서 '군국기무처가 실제로 활동한 기간은 약 3개월이었다. 이 기간 중 군국기무처는 40회의 회의를 통해 약 210건의 의안을 심의하여 통과시켰는데~'를 보면 약 3개월간 약 210건으로 대략 월 평균으로 70건 정도로 개혁의안을 통과시켰다.

⑤ (○) 제2문단 세 번째 문장에서 '여기에는 1880년대 이래 개화운동에서 강조한 개혁안과 더불어 동학운동에서 요구한 개혁안이 포함되기도 하였다'를 통해 군국기무처가 통과시킨 의안에는 동학운동에서 요구한 개혁안이 담겨 있다고 볼 수 있다.

27 ·············· p.46

정답 ④

Point up

선택지에 언급된 연도에 따라 제시문에 해당되는 부분을 빠르게 찾아 내용을 확인하고, 지방자치단체에 따른 선출방식의 차이(대통령임명, 지방의회선출, 주민직선)를 구분하여 연도별 실시 사례와 함께 판단하도록 한다.

제시문 각 문단의 핵심내용을 정리하면 다음과 같다.

⑴ 제1문단: 지방자치제도의 도입 근거 마련과 지방자치법의 제정 및 주요 내용

⑵ 제2문단: 지방선거의 연기와 그 후 시기별·지역별 지방선거 실시 사례

⑶ 제3문단: 지방자치법의 개정 및 재개정과 그에 따른 지방선거 실시 사례

① (×) 제1문단 세 번째 문장부터 언급되어 있는 '1949년 제정된 지방자치법의 주요내용'에 따르면 '셋째, 지방자치 단체장 중 서울특별시장과 도지사는 대통령이 임명하고, 시·읍·면장은 지방의회가 선출한다.'라고 하였으므로 주민들이 지방자치 단체장을 직접 선출하는 것은 아니다.

② (×) ①번 보기의 근거를 통해 대통령이 서울특별시장과 도지사를 임명하고, 시·읍·면장은 지방의회가 선출한다.

③ (×) 제2문단 세 번째 문장에서 '이에 따라 전쟁 중인 1952년 4월 25일에 치안 불안 지역과 미수복 지역을 제외한 지역에서 시·읍·면의회 의원 선거를 실시하였고, 5월 10일에 서울특별시, 경기도, 강원도 등을 제외한 7개 도에서 도의회 의원선거를 설시하였다.'라고 하였으므로 1952년도에 모든 지역에서 지방선거가 실시된 것은 아니다.

④ (○) 제3문단 첫 번째 문장에서 '1956년에는 지방자치법을 개정하여 시·읍·면장을 주민직선을 통해 선출하도록 하였다. 이에 따라 같은 해 8월 8일 제2차 시·읍·면의회 의원선거와 동시에 최초로 주민직선에 의한 시·읍·면장 선거가 실시되었다.'라고 하였으므로 옳은 내용이다.

⑤ (×) 제3문단 다섯 번째 문장에서 '이에 따라 같은 해(1960년) 12월 12일에 서울특별시의회 및 도의회 의원선거, 19일에 시·읍·면의회 의원선거, 26일에 시·읍·면장 선거, 29일에 서울특별시장 및 도지사 선거가 실시되었다.'라고 하였으므로 전국적으로 네 차례의 지방 선거가 실시되었다.

28 ·············· p.46

정답 ④

ㄱ. (×) 실수를 인정하며 그것을 통해 학습하려는 직장문화에서는 업무실수 기록건수가 많았으므로 옳지 않다.

ㄴ. (○) 직무만족도가 높을수록 업무실수 기록건수가 많았으므로 옳은 내용이다.

ㄷ. (×) 관리자의 업무지시 능력이 우수할수록 업무실수 기록건수가 많았으므로 옳지 않다.

ㄹ. (○) 징계에 대한 우려가 강한 작업장에서는 근로자가 자신의 실수를 보고하면 상급자로부터 질타나 징계를 받을 것이라는 우려 때문에 가급적 실수를 감추게 되어 업무실수 기록건수는 적었으므로 옳은 내용이다.

29 ·············· p.47

정답 ②

① (○) ditu – <di/t/u> 물에 녹는 지구의 응결물의 여섯 번째 종
→ 8)번째 속인 '돌'의 (5)번째의 차이

② (×) gwpyi – <gw/p/yi> 잎의 네 번째 차이의 네 번째 종
→ 'yi'는 여덟 번째 종

③ (○) dige – <di/g/e> 덜 투명한 가치 있는 돌의 세 번째 종
　→ 8)번째 속인 '돌'의 (3)번째의 차이
④ (○) deda – <de/d/a> 원소의 두 번째 차이의 두 번째 종
⑤ (○) donw – <do/n/w> 금속의 아홉 번째 차이의 첫 번째 종

30 .... p.47

정답 ③

① (○) 공공성에는 공동체 전체의 이익뿐만 아니라 이를 대표하여 관리하는 정통성을 지닌 기관이라는 의미는 제1문단에서 공공성 개념이 포괄하는 3가지 의미 중에 첫째와 둘째에 해당하는 내용이다.
② (○) 제2문단에서 정도전은 고려의 정치적 관점에서 자기 중심성이 '사욕'의 정치로 나타났다고 보았다.
③ (×) 제3문단에서 고려의 경우는 각 행정 부처들이 독자적인 관례나 규정에 따라서 통치를 하였다는 점에서 관례나 규정이 존재하였음을 알 수 있다.

Power up 선택지 ②번을 참고해 보면, '사욕'의 정치가 나타난 원인이 관례나 규정의 존재유무가 아님을 알 수 있다. 내용과 연결이 모두 잘못되었다.

④ (○) 제2문단에서 정도전은 고려의 정치를 소유 지향적 정치로 보았고, 이에 대한 대안으로 제시된 정치를 '문덕'의 정치라 불렀다.
⑤ (○) 제2문단을 보면 정도전의 정치사상에서 공공성을 갖추기 위한 제도적 장치 마련을 끊임없이 고민하였다는 사실로 보아 이는 중요한 의미를 지닌다고 볼 수 있다.

Power up 제3문단에서 정도전에 의해 편찬된 『조선경국전』이 그 노력의 결실로 보아 의미를 찾을 수도 있다.

31 .... p.48

정답 ①

Point up

<보기>ㄹ과 같이 상금액을 계산하는 경우에는 단서로 주어진 화폐 가치(5전=0.5냥)에 유의해서 계산하도록 한다.

보기

ㄱ. (○) 장악원에서는 특별한 사정이 없는 한 연간 최소 72회의 습악이 있었을 것이다.
　→ 제2문단에서 매달 6회 연습 실시, 1년 동안은 6회 × 12달=72회
ㄴ. (○) 서명응이 정한 규칙에 따라 장악원에서 실시한 　→ 제3문단
시험에서 상금을 받는 악공의 수는
　→ 1+3+5+21=30
상금을 받는 악생 수의 2배였다.
　→ 1+2+3+9=15 → 30(악공 수)=15(악생 수)×2
ㄷ. (×) 『경국대전』에 따르면 장악원에서 음악행정 업무 　→ 제1문단
를 담당하는 관리들은 4명이었다.
　→ 당상관(2명), 정3품(1명), 종4품(1명), 종6품(1명), 종7품(1명) 총 6인이 음악행정 업무를 담당
ㄹ. (×) 서명응이 정한 규칙에 따라 장악원에서 실시한 1회의 시험에서 악공과 악생들이 받은 총 상금액은 40냥 이상이었을 것이다.
　→ 제3문단에서 악공과 악생의 등수에 따른 상금이 같으므로 해당하는 인원수를 합쳐서 등수별로 계산하면, 2인×2냥+5인×1.5냥+8인×1냥+30인×0.5냥=34.5냥

32 .... p.49

정답 ④

① (×) 제1문단에서 달의 공전 궤도가 타원이어서 달이 지구에 가까워지거나 멀어지는 현상이 생기는데, 달뿐만 아니고 모든 행성이 태양 중심으로 타원 궤도로 돌고 있어 지구와 태양 사이의 거리도 마찬가지로 일정하지 않다는 사실을 확인할 수 있다.
② (×) 제3문단에서 달이 지구에 가까워지면 달의 중력이 더 강하게 작용하게 되고, 달을 향한 쪽의 해수면은 평상시보다 더 높아진다고 하였으므로 해수면의 높이는 지구와 달의 거리에 영향을 받는다.
③ (×) 제3문단에서 달이 지구에 가까워지면 달의 중력이 더 강해진다는 사실을 통해 만약 달이 지구에서 멀어진다면 달의 중력이 약해져서 평소보다 더 약하게 지구를 잡아당길 것으로 유추할 수 있다.
④ (○) 제2문단에서 지구와 달의 거리가 짧아지면 짧아질수록 시각도가 커지는 것을 알 수 있고(반비례), 40만km인 경우 보름달을 바라보는 시각도가 0.49이므로 36만km인 경우에는 시각도가 0.49보다 클 것으로 추론할 수 있다.
⑤ (×) 제4문단을 보면 달의 중력 때문에 높아진 해수면으로 지구의 자전을 방해하게 되어 자전 속도가 느려지고 있음을 확인할 수 있다.

CHAPTER 01 추리분석 – 게임 · 퍼즐 · 퀴즈형

▶ 2.1 게임 · 퍼즐 · 퀴즈

01 .... p.52

정답 ③

Point up

제시문에 주어진 상황을 토대로 <보기>의 정오를 판정하도록 한다. 특히, ⅰ) 키가 큰 어린이의 위치가 양방향에서 볼 수 있는 최대 인원에 영향을 주므로 이를 판단의 기준으로 삼는 것이 중요하고 ⅱ) 어떤 어린이가 특정 위치에 세워지는 경우에는 그 기준이 되는 어린이보다 키가 작은 어린이가 몇 명인지에 따라 볼 수 있는 인원이 결정되므로 이를 주의해서 살펴본다.

ㄱ. (○) A방향에서 보았을 때 모든 어린이의 뒤통수가 다 보이게 세우는 방법은 자리번호 순번에 따라 키가 작은 순서대로 차례대로 세우는 경우로 1가지만 가능하다.

ㄴ. (○) 5번 자리에 서있는 어린이보다 키가 작은 어린이는 3명뿐인데 5번 어린이의 뒤쪽 자리(A방향 쪽)는 총 4자리이므로 5번 어린이보다 키가 큰 어린이 1명이 반드시 포함될 수밖에 없다. 따라서, A방향에서 보았을 때 5번 어린이의 뒤통수는 보이지 않는다.

ㄷ. (○) B방향에서 2명의 얼굴만 보이도록 어린이들을 세운 경우, B위치에서는 6번 자리에 선 어린이와 그 외 1명의 얼굴을 볼 수 있어야 한다. 이 때 키가 가장 큰 어린이는 어디에 서 있더라도 B에서 얼굴을 볼 수 있으므로 6번을 제외한 다섯 곳에 위치할 수 있다. 따라서, A방향에서 볼 때 6번 자리에 서 있는 어린이의 뒤통수는 키가 가장 큰 어린이에 가려져 보이지 않는다.

ㄹ. (×) 키가 큰 순서대로 4번 → 5번 → 6번에 어린이를 세우고 다시 3번 → 2번 → 1번 순으로 남은 어린이를 세운다면, B방향에서 3명의 얼굴이 보이고 A방향에서는 4명의 뒤통수가 보이게 된다.

Power up 보기 ㄹ의 경우를 도식화하면 다음과 같다.

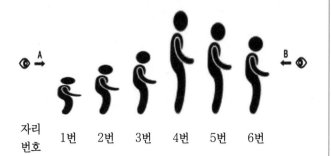

| 자리 번호 | 1번 | 2번 | 3번 | 4번 | 5번 | 6번 |

02 .... p.52

정답 ④

Point up

제시문에 주어진 게임의 주요 규칙(ⅰ) 1번 이상 출전, ⅱ) 왼손(가위) → 2점, 오른손(보) → 0점, 양손(바위) → 3점)을 통해 3라운드까지의 결과를 집계한 후 <보기>의 정오를 판정하도록 한다.

상황

다음은 3라운드를 마친 현재까지의 결과이다.

구분	1라운드	2라운드	3라운드	중간 점수	4라운드	5라운드
A팀	왼손잡이 (가위) → 2점	왼손잡이 (가위) → 2점	양손잡이 (바위)	4점		
B팀	오른손 잡이 (보)	오른손 잡이 (보)	오른손 잡이 (보) → 0점	0점		

※ 각 라운드에서 가위바위보가 비긴 경우는 없다.

ㄱ. (○) 3라운드까지 A팀은 4점을 획득하고 B팀은 0점을 획득한 상황이므로 두 팀의 점수의 합은 4점이다.

ㄴ. (×) B팀은 3라운드까지 오른손잡이(보)만 출전하였기 때문에 남은 2개의 잔여 라운드에서는 반드시 왼손잡이(가위)와 양손잡이(바위)가 한 번씩 출전해야 한다. 따라서, A팀이 잔여 라운드에서 모두 오른손잡이(보)를 출전시키는 경우에 B팀은 2점을 획득할 수밖에 없으므로 A팀이 게임에서 승리한다.

ㄷ. (○) B팀이 잔여 라운드에서 반드시 출전시켜야 하는 왼손잡이(가위)와 양손잡이(바위)가 모두 이기는 경우에는 5점을 획득할 수 있으므로 B팀이 게임에서 승리하게 된다.

03 .... p.53

정답 ③

Point up

검은 블록이 사용된 막대의 경우, 윗면과 아랫면에 쓰는 숫자의 일정한 규칙만 발견(윗면 숫자와 아랫면 숫자의 합이 일정)한다면 암산으로도 쉽게 계산 가능한 문제이므로 지엽적인 부분에 연연하지 않는 것이 중요하다.

제시문 각 문단의 규칙과 주어진 정보를 정리하면 다음과 같다.

⑴ 제시문 1문단의 규칙: 하얀 블록 5개와 검은 블록 1개로 만들어진 막대의 경우 윗면과 아랫면의 <u>숫자의 합은 항상 '7'로 일정</u>하다. 막대의 총수는 30개이다.

⑵ 제시문 2문단의 규칙: 하얀 블록 6개로 만든 막대의 경우에는 윗면과 아랫면에 모두 '0'으로 표기한다. 막대의 총수는 6개이다.

⑶ 제시문 3문단의 정보: ⑴유형의 막대 30개와 ⑵유형의 막대 6개 모두를 사용하여 만든 정육면체의 윗면에 쓰인 36개의 숫자의 합이 109이다.

위에 정리한 규칙과 정보를 바탕으로 계산해보면 ⑵유형의 막대는 숫자의 합에 아무런 영향이 없고, ⑴유형의 막대는 윗면과 아랫면의 합이 어느 것이나 항상 7이며, 30개의 막대가 있으므로 모든 막대의 양면에 적힌 숫자의 총합은 $7 \times 30 = 210$이다. 따라서, 정육면체 아랫면에 쓰인 숫자의 합은 양면의 총합에서 윗면의 합을 뺀 $210 - 109 = 101$이다.

04 .... p.53

정답 ④

Point up

게임의 규칙(점수 산정 방법)에 따라 가능한 결과를 예측하는 유형의 문제로서 ㄱ보기와 관련해서는 홀짝성(짝수＋짝수＝짝수)을, ㄴ보기에서는 최종금액으로 가능한 경우의 수를 카운팅해야 하는 것으로 중복되거나 빠트리는 경우가 없도록 주의한다.

ㄱ. (○) 甲이 짝수가 적힌 카드를 뽑았다면, <점수 산정 방법>에 따라 1차 시기에 어느 구역을 맞추더라도 1차 점수는 짝수('0'포함)이고 2차 점수도 짝수('0'또는'2')이므로 '짝수＋짝수＝짝수'이다. 따라서 甲의 최종점수는 홀수가 될 수 없다.

ㄴ. (×) 甲이 숫자 2가 적힌 카드를 뽑은 경우, 甲의 1차 시기 점수는 0점, 2점, 4점, 6점이 가능하고, 2차 시기 점수는 0점, 2점이 가능하므로 최종점수로 가능한 경우는 0점, 2점, 4점, 6점, 8점으로 5가지이다.

Power up

최종적으로 나올 수 있는 점수가 몇 종류가 되는 것인지 묻는 경우의 수이므로 중복되는 점수는 한 가지로 카운팅해야 하는 점에 주목해야 한다. 최종점수를 만드는 방법의 경우의 수인 4가지(1차 시기)×2가지(2차 시기)＝8가지가 아님에 유의해야 한다.

예컨대, 50원짜리 동전 2개, 100원짜리 동전 1개로 지불할 수 있는 지불금액의 경우의 수는 총 4가지(50원, 100원, 150원, 200원)인 반면에 지불할 수 있는 방법의 경우의 수는 총 5가지로 결과에 차이가 있음을 유의해야 한다.(지불금액이 100원일 때, 50원을 2개 내는 경우와 100원을 1개 내는 경우는 다른 경우로 보게 되기 때문이다.)

ㄷ. (○) 숫자 4가 적힌 카드를 뽑은 甲의 최종점수의 최댓값은 $4 \times 3 + 2 = 14$이고, 숫자 2가 적힌 카드를 뽑은 乙의 최종점수의 최솟값은 $2 \times 0 + 0 = 0$이므로 두 값의 차이는 14점이다.

05 .... p.54

정답 ①

Point up

<대화>내용을 통해 상황을 추론하는 유형의 문제로 여러 정보들 중에 확정적으로 세팅이 가능한 정보를 우선순위(<상황4>＋두더지 E의 멘트)로 하여 판단하고, 조건에 모순되거나 불일치하는 경우를 소거해 나가는 것도 중요하다.

제시문의 상황들을 위에서부터 <상황1>부터 <상황5>로 설명하기로 한다.

우선 <상황2>, <상황3>, <상황4>의 조건들과 두더지 E의 대화 내용을 종합해 보면, 맞은 횟수가 모두 12번이고, 甲이 총 14점을 획득하였으므로 대장 두더지는 2번을 맞았고, 부하 두더지는 총 10번을 맞았다.

Power up

대장 두더지는 2점 획득으로 부하 두더지보다 1점 더 획득하게 되므로 맞은 횟수만큼 총점이 1점씩 가산된다.

한편, 두더지 C의 대화 내용에서 두더지 A, C, D가 맞은 횟수의 합은 $12 \times \dfrac{3}{4} = 9$번이므로 두더지 B가 맞은 횟수는 3번으로 확정되며, 두더지 B의 대화 내용으로 두더지 C도 3번 맞은 것이 된다.

또한, 맞지 않은 두더지는 대화 내용을 종합해 보면 두더지 E라는 사실을 쉽게 확인할 수 있고, 남은 횟수 6번은 두더지 A와 D가 맞은 횟수의 합인데, 두더지 A가 가장 적게 맞았고, 맞은 횟수는 짝수라고 하였으므로 두더지 A가 2번 맞은 것임을 알 수 있다.

두더지 A가 4번, 두더지 D가 2번 맞은 것으로 보면 두더지 A가 가장 적게 맞았다는 대화 내용에 모순이다. 그러므로, 대장 두더지는 A이다.

06 .... p.54

정답 ③

Point up

제시문에 주어진 <상황>에 따라 A국 사람들이 숫자를 표현한 표에서 '숫자'는 물건의 가격으로 '펼친 손가락 개수'는 甲이 지불하는 금액으로 보고 <보기>의 각 내용을 판단한다.

ㄱ. (○) 물건의 가격과 甲이 지불하려는 금액이 일치한 경우에는 표의 '숫자'와 '펼친 손가락 개수'가 같은 경우이므로 물건의 가격은 5원 이하이다.
ㄴ. (○) 상인이 손가락 3개를 펼친 경우, 펼친 손가락 개수가 3개인 숫자는 '3'과 '7'이므로 물건의 가격은 최대 7원이다.
ㄷ. (○) 물건의 가격과 甲이 지불하려는 금액이 8원만큼 차이가 난다면, '숫자'와 '펼친 손가락 개수'의 차이가 8인 경우이므로 물건의 가격은 9원이거나 10원이다.
ㄹ. (×) 표의 '숫자'보다 '펼친 손가락 개수'가 더 많은 경우는 없으므로, 甲이 물건의 가격을 초과하는 금액을 지불하려는 경우는 발생할 수 없다.

07 .... p.55

정답 ④

Point up

1라운드를 기준으로 甲과 대전하는 상대를 C와 E로 나누어서 경우의 수의 곱의 법칙과 합의 법칙을 이용하면 쉽게 풀 수 있다. 이 때 C의 경우에는 甲과 乙을 모두 상대할 수 있으므로 1라운드에 출전한 경우라면 2라운드에는 출전할 수 없다는 사실에 주의한다.

제시문의 내용 중 중요한 기준을 정리하면 다음과 같다.
⑴ 두 번째 내용: 총 3라운드로 진행되며, 한 명의 선수는 <u>하나의 라운드에만 출전 가능</u>하다.
⑵ 네 번째 내용: 각 라운드별로 <u>이길 수 있는 확률이 0.6 이상</u>이 되도록 선발한다.
위의 기준에 따라 각 라운드마다 甲, 乙, 丙과 대전할 수 있는 선수는 다음과 같다.
첫째, 1라운드 甲: 선수 C, E
둘째, 2라운드 乙: 선수 A, B, C
셋째, 3라운드 丙: 선수 D, F, G
따라서, 1라운드에서 C를 출전시키는 경우에는 2라운드에 출전 가능한 선수 선발의 경우는 A, B로 2가지이고 3라운드에는 D, F, G로 3가지이므로 총 2×3=6가지이고, 1라운드에서 E를 출전시키는 경우에는 2라운드에서 A, B, C로 3가지, 3라운드에서 D, F, G로 3가지이므로 총 3×3=9가지이다.
그러므로 사자바둑기사단이 선발할 수 있는 출전선수 조합의 총 가짓수는 6+9=15가지이다.

08 .... p.55

정답 ②

Point up

甲과 乙의 던지기 결과를 토대로 각각 최대(혹은 최소)득점을 받을 수 있는 경우를 기본 득점인 2점 숏과 3점 숏을 가정하여 판정한다. 특히, 4점 숏 도전 여부와 반례의 적극적 활용이 중요하다.

ㄱ. (×) 甲의 합계 점수의 최솟값은 4회의 성공샷은 2점 숏으로 보고 1회의 실패샷은 4점 숏 도전으로 실패한 것으로 본다면 1점이 감점되므로 7점이 된다.
ㄴ. (○) 甲의 합계 점수의 최솟값은 4회 성공횟수 중에서 3점 숏을 2번 성공(+6점)하고, 나머지 2회는 2점 숏(+4점), 1회 실패는 4점 숏을 도전하여 실패(-1점)한 경우로 합계 점수가 9점이 된다. 반면 乙은 총 3회를 성공한 상황에서 4점 숏을 도전하여 성공하지 않고서 3점 숏만으로 甲의 합계 점수보다 높을 수는 없으므로 乙이 승리하기 위해서는 乙은 반드시 4점 숏에 도전하여 성공하였을 것이다.

Power up 甲의 합계 점수가 최소인 경우에도 乙이 승리하기 위해서는 4점 숏 성공이 필요하다는 논리로 극단적 상황만을 판정하는 것으로 충분하다. 또한, 甲의 최소득점은 3점 숏 2번 도전을 1번은 성공, 1번은 실패로 보고 남은 3회 성공 샷을 2점이라고 보아도 합계 점수는 9점이 된다.

ㄷ. (×) 甲의 합계 점수의 최솟값은 4회 성공 샷은 모두 2점 샷으로 보고 1회 실패에 대해 1점 차감을 적용하면 총 7점이 되고, 乙의 합계 점수의 최댓값은 성공 샷 3회분을 4점 숏과 3점 숏으로 보고 2회 실패에 대한 2점 차감을 적용하면 총 8점이 된다. 따라서 언제나 甲이 승리하는 것은 아니므로 옳지 않다.

09 .... p.56

정답 ③

Point up

양봉농가 간 거리의 최솟값이 A군의 반지름의 길이와 같으므로 A군 중심에서부터 원주상까지 허가가 가능하다는 점을 파악하는 것이 포인트이다. 특히, 두 지점 사이의 거리는 최단(직선)거리임을 주의한다.

A군의 중심에 양봉농가가 있다고 가정하고 원주상의 지점까지는 허가가 허용되는 최소 거리가 되므로 원의 중심에 있는 양봉농가와 원주상에서 인접하는 2개의 양봉농가를 연결하면 정삼각형의 각 꼭짓점에 위치한다. 따라서 원주상에 위치하는 6개의 양봉농가와 A군의 중심에 있는 양봉농가를 합쳐 총 7개의 양봉농가가 최대가 된다.

10 ·· p.56

정답 ④

Point up

직원 수를 미지수로 정하고 사무용품의 총 개수를 만족하는 값을 구한다.

┌─ 사무용품 배분방법 ─┐
(직원수를 x명이라 할 때 각 사무용품의 개수)
- A는 1인당 1개씩 배분한다. → 총 x개
- B는 2인당 1개씩 배분한다. → 총 x/2개
- C는 4인당 1개씩 배분한다. → 총 x/4개
- D는 8인당 1개씩 배분한다. → 총 x/8개
└───────────────┘

그러므로 甲기관의 사무용품 A, B, C, D를 모두 합한 개수(x+x/2+x/4+x/8)는 1,050개가 되어야 한다. 따라서 甲기관의 직원 수는 560명이다.

Speed up

┌─ 사무용품 배분방법 ─┐
(甲기관 직원 8명당 배분 받는 사무용품의 개수)
- A는 1인당 1개씩 배분한다. → 총 8개
- B는 2인당 1개씩 배분한다. → 총 4개
- C는 4인당 1개씩 배분한다. → 총 2개
- D는 8인당 1개씩 배분한다. → 총 1개
└───────────────┘

직원 8명당 배분 받는 사무용품의 총 개수는 15개이므로 甲기관의 직원 수는 1,050개/15개×8명=560명이다.

11 ·· p.56

정답 ②

Point up

올바른 우편번호의 첫자리와 끝자리만을 파악할 수 있다면 그것으로 충분하다. 판정 범위를 제한하는 것이 포인트이다.

올바른 우편번호의 첫자리를 x, 끝자리를 y라 하자.
- 甲이 잘못 표기한 우편번호 : x□□□y2
- 乙이 잘못 표기한 우편번호 : 2x□□□y

(1) 끝자리 숫자: y에 3을 곱하여 일의 자리수가 2가 되는 경우는 '4'가 유일하므로 y의 숫자는 4이다.
(2) 첫자리 숫자: 우선, 乙이 표기한 우편번호의 첫자리 숫자가 2이므로 x는 최소 6이상의 자연수가 대상이 된다. 그러나 x가 6인 경우는 乙이 표기한 우편번호의 만의 자리에서 십만 자리로 1자리가 올려지므로 불가능하고 7의 경우에는 2자리가 올려지므로 불가능하다. 한편 甲이 표기한 우편번호의 첫자리가 9인 경우에는 乙이 표기한 첫자리의 숫자가 3으로 시작해야 하므로 x가 9인 경우도 불가능하다. 따라서 첫자리 숫자 x는 8이다.

그러므로 올바른 우편번호의 첫자리와 끝자리 숫자의 합은 12이다.

Power up

올바른 우편번호 전부를 알아내야 하는 경우에는 방정식을 활용하는 편이 효율적이다. 올바른 우편번호 전체를 X라 하면 甲이 잘못 표기한 우편번호는 10X+2로 나타낼 수 있고, 乙이 잘못 표기한 우편번호는 200,000+X로 나타낼 수 있다. 따라서 3×(200,000+X)=10X+2를 만족하는 X를 구하면 올바른 우편번호 전체를 바로 알아낼 수 있다. 물론 복면산을 통해 가능한 자릿수를 파악하는 것도 가능할 것이다.

12 ·· p.56

정답 ④

Point up

甲과 乙이 서로 같은 것을 낸 적이 한 번도 없었다는 사실에 주목하여 판정한다.

┌─────────────────────────┐
甲과 乙이 10회 실시한 가위바위보에 대해 다음과 같은 사실이 알려져 있다.
- 甲은 가위 6회, 바위 1회, 보 3회를 냈다.
  → 甲이 가위를 낼 때 乙은 바위 3회와 보 3회를 냈다.
- 乙은 가위 4회, 바위 3회, 보 3회를 냈다.
  → 乙이 가위를 낼 때 甲은 바위 1회와 보 3회를 냈다.
- 甲과 乙이 서로 같은 것을 낸 적은 10회 동안 한 번도 없었다.
└─────────────────────────┘

따라서 甲은 4승 6패의 결과를 냈다.

13 ·· p.57

정답 ③

Point up

배열된 숫자 외에 남은 숫자 카드(1, 2, 4, 4, 5)로 규칙을 적용하여 배열이 가능한 숫자의 순서를 추론한다. 이때 1카드 또는 2카드(A배열되는 경우 제외)는 마지막에 오거나 인접해야 한다는 점에 주목하여 판정한다.

〈규칙에 따른 숫자 카드의 배열〉

5	1	2	3	A	3	B	C	D	E
		(1)		2	ㄱ		4	4	5	1
					ㄴ		4	5	4	1
		(2)		4	ㄷ		4	5	2	1
					ㄹ		4	5	1	2

① (○) A로 가능한 수는 2카드와 4카드로 2가지이다.

② (○) B는 어떠한 경우에도 4카드가 배열된다.

③ (×) C는 (1)-ㄱ을 제외하고는 5카드가 배열된다.

④ (○) D가 2인 경우는 (2)-ㄷ이므로 A, B, C, E를 모두 알 수 있다.

⑤ (○) E는 마지막 자리로 1카드나 2카드만 가능하고 다른 카드는 올 수 없다.

14 .... p.57

정답 ③

Point up

코드 한 자리마다 서로 다른 26개의 알파벳으로 구성하여 하나의 단어를 표현할 수 있는 경우의 수를 계산하여 문제의 조건을 충족하는 코드의 길이를 판단한다. 특히, 표현 가능해야 하는 단어의 개수는 '코드의 길이가 1인 경우의 단어 개수+코드의 길이가 2인 경우의 단어 개수+…' 누적된다는 점에 주의해서 판단한다.

☑ **코드의 길이에 따른 표현 단어의 개수**

- 길이가 1인 경우는 한 글자에 서로 다른 알파벳의 개수로 각각 표현이 가능하므로 26가지가 된다.
- 길이가 2인 경우는 첫 글자에 26가지, 두 번째 글자에도 마찬가지로 26가지가 가능하므로 총 26가지×26가지=676가지가 된다.
- 길이가 3인 경우는 위의 경우와 마찬가지로 26가지×26가지×26가지=17,576가지가 가능하다

따라서, **코드의 길이가** 3인 경우에 표현할 수 있는 단어의 누적 개수는 26개+676개+17,576개=18,278개로 18,000개의 단어를 표현할 수 있으면서 코드 중 가장 긴 것의 길이를 최소화하는 것이 된다.

15 .... p.57

정답 ①

Point up

제시문에 주어진 놀이 규칙을 파악하여 선지의 정오를 판정한다. 특히, 함께 외칠 수 없는 왕의 조건(ⅰ) '조'로 끝나는 왕, ⅱ) 반정 성공한 왕과 폐위된 왕)에 주의하면서 판단한다.

☑ 놀이 규칙에 따라 함께 외칠 수 없는 왕을 진한 선으로 구분하면 다음과 같다.

〈조선시대 왕의 계보〉

1	태조	10	연산군	19	숙종
2	정종	11	중종	20	경종
3	태종	12	인종	21	영조
4	세종	13	명종	22	정조
5	문종	14	선조	23	순조
6	단종	15	광해군	24	헌종
7	세조	16	인조	25	철종
8	예종	17	효종	26	고종
9	성종	18	현종	27	순종

① (×) 乙이 '선조'와 '광해군'을 함께 외치면 甲은 '인조'를 외칠 수 있다.

② (○) 甲과 乙이 한 번에 최대로 외치는 경우를 가정하고 甲부터 외칠 수 있는 마지막 왕을 순서대로 나열하면 '태종-단종-성종-연산군-명종-광해군-현종-영조-정조-철종-순종'으로 총 11번을 외치는 것으로 놀이가 종료될 수 있다. 따라서 甲과 乙이 각각 6번씩 외치는 것으로 놀이가 종료될 수 있다.

③ (○) '연산군'과 '중종'은 함께 외칠 수 없어 乙은 직전에 '중종'만을 외친 것이므로 '연산군'은 甲이 외친 것이 된다.

④ (○) 乙이 다음 차례에서 '문종'만을 외치거나 '문종'과 '단종'을 외치는 경우에는 甲이 자신의 다음 차례에 '세조'를 외칠 수 있다.

⑤ (○) 甲이 '영조'를 외친 경우 다음 차례인 乙은 '정조'만을 외칠 수밖에 없고 다시 甲은 1명의 왕부터 3명의 왕을 외칠 수 있는데 어느 경우에도 乙은 자신의 차례에서 '고종'을 끝으로 외칠 수 있으므로 乙은 甲의 선택에 관계없이 승리할 수 있다.

16 .... p.58

정답 ①

Point up

3개의 과일상자 중에 임의로 한 상자를 정하여 그 상자에 담겨 있을 과일로 가능한 경우를 나눠 〈보기〉의 정오를 판정한다.

☑ '사과와 배 상자'를 기준으로 각 상자별로 과일이 담겨 있을 경우를 나눠보면 다음과 같다.

	사과와 배 상자	배 상자	사과 상자
(ⅰ)	사과	사과+배	배
(ⅱ)	배	사과	사과+배

ㄱ. (○) (ⅰ)의 경우와 같이 '사과와 배 상자'에 사과가 들어있다면 '사과 상자'에는 배만 들어 있게 된다.

ㄴ. (×) (ⅰ)의 경우와 같이 '배 상자'에서 배가 나왔다면 '배 상자'에는 사과와 배가 섞여 있는 것이고 '사과 상자'에는 배만 들어 있게 된다.

ㄷ. (×) '사과 상자'에서 배가 나왔다면 (ⅰ)의 경우인지 (ⅱ)의 경우인지 단정할 수 없으므로 '배 상자'에는 사과와 배가 섞여 있을 수도 있고 사과만 들어 있을 수도 있으므로 옳지 않다.

17 .... p.58

정답 ③

Point up

甲이 乙의 집으로 가고 다시 자신의 집으로 돌아오는 데 걸린 총 이동시간을 파악한 후 그 시간 중에 갈 때와 올 때의 속력의 비율에 따라 甲이 귀가했을 때의 정확한 시각을 추론한다. 다만, 시계 Y의 오차범위를 놓치지 않고 반영하는 것에 주의한다.

☑ 甲의 이동시간의 계산

甲은 자신의 집에 있는 시계 X의 시각을 정오로 맞추고 집을 나선 후 다시 자신의 집으로 돌아왔을 때의 시각이 14시 정각이었으므로 그 사이에 소요된 시간은 총 2시간이 된다.
그런데 乙의 집에서 乙과 이야기를 나눈 시간이 1시간이었으므로 이동시간만으로는 **총 1시간**이 소요된 것이다.

☑ 甲이 자신의 집으로 돌아올 때 걸린 시간

甲이 乙의 집으로 갈 때와 올 때 같은 길로 이동하였으므로 걸음의 빠르기(속력)와 걸린 시간은 서로 반비례가 된다. 즉, <속력비>가 갈 때:올 때=1:2인 경우에 <걸린 시간비>는 갈 때:올 때=2:1이 되므로 甲이 총 이동시간 1시간 중 자신의 집으로 돌아갈 때는 60분 $\times \frac{1}{3}$ =20분이 걸렸다.

따라서 乙의 시계 Y의 오차를 반영하여 甲이 乙의 집에서 나왔을 때 시각이 11시 40분이었으므로 甲이 자신의 집으로 돌아갈 때 걸린 시간 20분을 반영하면 甲이 귀가했을 때의 정확한 시각은 12시 00분이 된다.

18 .... p.58

정답 ③

Point up

제시문에 주어진 게임규칙을 통해 독립시행의 확률을 소재로 한 유형임을 확인할 수 있다. 하지만, <보기>의 정오를 판정하기 위해 실제로 확률을 계산하는 것은 바람직하지 않으므로 대안을 찾아 판정기준을 확보하는 것이 중요하다. 즉, 대칭적 확률의 분포의 성질과 확률의 곱셈정리 등을 통해 시험장에서 사용할 수 있는 방식의 접근이 필요하다.

ㄱ. (×) 게임을 짝수번을 진행하고 종료하게 되면 말이 위치할 수 있는 시각은 오로지 짝수 시각만 가능하므로 말이 홀수 시각에 위치할 수는 없다. 따라서 말의 최종 위치가 3시일 확률은 0이다.

Power up 주의해야 할 점은 시계의 12시각 중 특정 1시각(3시)에 위치한다는 사실만으로 확률이 $\frac{1}{12}$ 일 것으로 착각하지 않도록 한다.

ㄴ. (○) 게임 시작 지점인 12시를 기준으로 시계방향과 반시계방향으로의 도착 지점이 일정한 시각에서의 확률은 서로 같다. 즉, 12시와 6시를 잇는 수직선을 대칭축으로 하여 대칭의 위치에 있는 2시와 10시, 4시와 8시의 확률은 각각 서로 같게 된다.

Power up 참고로 독립시행의 확률을 통해 정확한 확률값을 계산할 수 있다. 즉, 주사위를 던지는 독립시행을 총 n번 시행할 때 사건 A(짝수가 나오는 사건이라 하자)가 r번 일어날 확률은 $_nC_r p^r q^{n-r}$(단, p는 사건 A가 일어날 확률이고 p+q=1, r=0,1,2,3 ⋯ n)이다.

ⅰ) 말의 최종 위치가 4시일 확률: 주사위의 짝수가 2번, 8번, 14번, 20번이 나오는 경우에 가능하므로

$_{24}C_2 \left(\frac{1}{2}\right)^2 \left(\frac{1}{2}\right)^{22} + _{24}C_8 \left(\frac{1}{2}\right)^8 \left(\frac{1}{2}\right)^{16} + _{24}C_{14} \left(\frac{1}{2}\right)^{14} \left(\frac{1}{2}\right)^{10} + _{24}C_{20} \left(\frac{1}{2}\right)^{20} \left(\frac{1}{2}\right)^4$ 이다.

ⅱ) 말의 최종 위치가 8시일 확률: 주사위의 짝수가 4번, 10번, 16번, 22번이 나오는 경우에 가능하므로

$_{24}C_4 \left(\frac{1}{2}\right)^4 \left(\frac{1}{2}\right)^{20} + _{24}C_{10} \left(\frac{1}{2}\right)^{10} \left(\frac{1}{2}\right)^{14} + _{24}C_{16} \left(\frac{1}{2}\right)^{16} \left(\frac{1}{2}\right)^8 + _{24}C_{22} \left(\frac{1}{2}\right)^{22} \left(\frac{1}{2}\right)^2$ 이다.

확률값을 직접 다 계산하지 않아도 역순으로 각각의 값이 동일한 것을 확인할 수 있다.

ㄷ. (×) 만약 乙이 마지막 주사위를 던지기 직전에 말의 위치가 5시였다면 짝수가 나오는 경우(6시로 이동하여 비김)보다 홀수가 나오는 경우(4시로 이동하여 甲이 승리)가 甲에게 더 유리하므로 乙이 마지막 주사위를 던져 짝수가 나오는 것이 甲에게 항상 유리한 것은 아니다. (반례의 제시)

ㄹ. (○) 甲이 승리하는 경우는 남은 2회가 모두 짝수가 나와서 말의 최종 위치가 2시가 되어야 가능하므로 $\frac{1}{2} \times \frac{1}{2} = \frac{1}{4}$ 이고, 무승부가 되는 경우는 12시 위치를 그대로 유지해야 하므로 짝수 → 홀수 또는 홀수 → 짝수로 번갈아 한 번씩 나와야 가능하다. 따라서, 무승부가 될 확률은 $\frac{1}{4} + \frac{1}{4} = \frac{1}{2}$ 이다.

그러므로 甲이 승리할 확률은 무승부가 될 확률보다 낮다.

19 ··· p.59

정답 ②

Point up

甲과 乙이 정해진 무게만큼 나눠 갖기 위한 최소 측정 횟수를 구하기 위해 주어진 돌멩이 무게를 활용하여 측정할 수 있는 무게(합: 40g, 차: 30g)를 파악하도록 한다. 특히 두 명이 함께 수확한 전체 콩의 무게(1,760g)를 스타트 포인트로 삼는 것이 가장 중요하다.

ⅰ) 양팔저울 1회 측정

　甲과 乙이 수확한 전체 콩 1,760g을 양팔저울에 양쪽에 담아 평형을 이루게 하여 880g씩으로 나눈다.

ⅱ) 양팔저울 2회 측정

　1회 측정으로 나눈 880g의 콩을 다시 양팔저울 양쪽에 담아 평형을 이루게 하여 440g씩으로 나눈다.

ⅲ) 양팔저울 3회 측정

　2회 측정으로 나눈 440g의 콩 중에서 양팔저울의 한쪽에는 돌멩이 두 개(합 40g)를 모두 올려놓고 평형을 이룰 때까지 반대편 저울에 콩을 올려놓아 평형을 이루게 한다.

따라서, 甲과 乙이 정해진 무게만큼 나누기 위한 최소의 측정 횟수는 3회이다

Power up

무게가 상대적으로 적은 甲의 400g을 기준으로 하여 시도해 볼 수도 있을 것이나, 기왕에 400g만을 측정하려고 한다면 굳이 전체의 콩의 양(1,760g)을 제시할 필요가 있었는지를 확인해 보는 것도 중요하다. 즉, 출제자의 의도 또는 방향을 파악하기 위한 발상의 전환이 필요한 부분이다.

20 ··· p.59

정답 ②

Point up

작약을 포함하는 경우에 추가되는 제약조건이 있으므로 작약을 포함하는 경우와 그렇지 않은 경우로 나눠서 판단하는 것이 중요하다. 특히, 조합의 기본개념을 활용하면 보다 효율적으로 셀 수 있다.

⑴ 작약을 포함하는 경우

　꽃다발에 작약을 포함하는 경우에는 수국을 포함시킬 수 없으므로 꽃의 종류는 3가지 중에서만 선택이 가능하고, 잎은 2가지 중에 반드시 1가지가 포함되도록 하면 된다. 총 4종류로만 구성해야 하므로 추가로 3종류를 선택한다. 이때 꽃다발을 만들 수 있는 가짓수는 $_5C_3$으로 10가지인데 이 중에서 꽃만으로 구성하는 경우의 수 1가지($_3C_3$)를 제외시켜야 하므로 결국 최대 9가지로 만들 수 있다.

⑵ 작약을 포함하지 않는 경우

　작약을 포함하지 않는 경우에는 작약이 포함되는 경우에 추가되는 제약조건이 없으므로 기본조건을 충족하도록 꽃다발을 만들면 된다. 작약을 제외한 4종류의 꽃과 2종류의 잎으로 5종류 이상의 조합으로 만들면 되므로 5종류로 만들 수 있는 가짓수는 $_6C_5$로 6가지, 6종류로 만들 수 있는 가짓수는 $_6C_6$으로 1가지가 된다. 따라서 작약을 포함하지 않는 경우 만들 수 있는 꽃다발의 가짓수는 최대 7가지이다.

그러므로 조건을 충족하면서 만들 수 있는 꽃다발의 최대 가짓수는 16가지이다.

21 ··· p.59

정답 ②

Point up

왕이 한 번에 최대 금액을 갖기 위해서는 당연히 신하의 몫을 줄여야 하고, 그 인원과 금액을 최소로 하기 위해 매월 시행되는 왕의 제안과 관련하여 그 내용과 방식을 찾는 것이 중요하다. 핵심 포인트는 ⅰ) 신하들이 행사하는 각 표(찬성, 반대, 기권)의 성질을 파악(1번째 달에서 지급받은 금액 2만 원을 시작으로 매월 만 원 단위로 상승)하는 것과 ⅱ) 왕의 제안이 시행되는 충족 조건(찬성>반대)을 고려하여 찬성표가 반대표보다 많게 되는 최소한의 과반수를 유도(1번째 달 33명을 기준으로 2번째 달에 17명 찬성 유도)하는 방법을 찾는 것이다.

왕은 한 번에 최대금액을 가장 빨리 받기 위해 합리적으로 행동한다는 조건을 바탕으로 다음과 같이 판단하기로 한다.

<2번째 달>

왕이 1번째 달에 2만 원씩 지급받은 33명의 신하들 중에 '(임의로)17명에게만 3만 원을 지급하고, 나머지 신하들에게는 지급하지 않는다'라고 제안한다면 3만 원을 제안 받은 17명의 신하는 찬성표를 행사하고, 1번째 달에 2만 원을 지급받았던 16명의 경우에는 반대표를, 그리고 1번째 달에 한 푼도 지급받지 못했던 신하 32명은 여전히 기권표를 행사할 것이다. 따라서, 왕은 총 66만 원에서 17명×3만 원=51만 원을 신하에게 지급하고 남은 15만 원을 차지하게 된다.

<3번째 달>

왕이 2번째 달에 3만 원씩 지급받은 17명의 신하들 중에 '(임의로)9명에게만 4만 원을 지급하고, 나머지 신하들에게는 지급하지 않는다'라고 제안한다면 4만 원을 제안 받은 9명의 신하는 찬성표를 행사하고, 2번째 달에 3만 원을 지급받았던 8명의 경우에는 반대표를, 그리고 2번째 달에 한 푼도 지급받지 못했던 신하 48명은 여전히 기권표를 행사할 것이다. 따라서, 왕은 총 66만 원에서 9명×4만 원=36만 원을 신하에게 지급하고 남은 30만 원을 차지하게 된다.

같은 원리로 6번째 달까지 제안의 시행 결과를 간단히 정리하면, 다음과 같다.

<4번째 달>

찬성 5명(각 5만 원), 반대 4명, 기권 56명, 왕이 차지하는 금액 41만 원

<5번째 달>

찬성 3명(각 6만 원), 반대 2명, 기권 60명, 왕이 차지하는 금액 48만 원

<6번째 달>

찬성 2명(각 7만 원), 반대 1명, 기권 62명, 왕이 차지하는 금액 52만 원

<7번째 달>

7번째 달에도 동일한 방식으로 제안하면 찬성표와 반대표가 같아 시행할 수 없고, 왕의 금액을 최대로 하지 못한다. 따라서, 6번째 달에 7만 원을 지급받았던 2명의 신하의 표를 반대표로 만들고 최소한의 과반수인 3표의 찬성표를 최소의 지급금액으로 얻기 위해서는 6번째 달에 한 푼도 지급받지 못했던 63명의 신하 중에서 '(임의로)3명에게만 1만 원을 지급하고, 나머지 신하들에게는 지급하지 않는다.'라고 제안을 달리해야 한다. 이 경우 왕은 총 66만 원에서 3명×1만 원=3만 원을 신하에게 지급하고 남은 63만 원을 차지하게 된다.

<8번째 달>

왕이 7번째 달에 1만 원씩 지급받은 3명의 신하들 중에 '(임의로)2명에게만 2만 원을 지급하고, 나머지 신하들에게는 지급하지 않는다'라고 제안한다면 2만 원을 제안 받은 2명의 신하는 찬성표를 행사하고, 7번째 달에 1만 원을 지급받았던 1명의 경우에는 반대표를, 그리고 7번째 달에 한 푼도 지급받지 못했던 신하 60명은 여전히 기권표를 행사할 것이다. 따라서, 왕은 총 66만 원에서 2명×2만 원=4만 원을 신하에게 지급하고 남은 62만 원을 차지하게 된다.

그러므로, 왕이 한 번에 최대금액을 갖는 가장 빠른 달은 <u>7번째 달</u>이고 그 금액은 <u>63만 원</u>이다.

22 .... p.60

정답 ⑤

누른 순서	1	2	3	4	5
누른 버튼	←	→	→	←	←
甲의 말의 위치	L	L	B	B	L

23 .... p.60

정답 ③

Point up

현재 전구의 상태에서 A, B, C가 각각 마지막 순서에 배치되는 경우를 가정할 때 모든 방에 전구를 끌 수 있기 위한 직전 상황을 파악하는 것이 중요하다. 가능한 경우만을 추려서 판단하도록 한다.

☑ A, B, C 각각 마지막 단계로 가정할 때, 모든 전구를 끌 수 있기 위한 직전 단계의 상황 정리(성공 기준)

ⅰ) A: 3번과 6번을 제외한 나머지 전구는 모두 꺼져 있어야 함

ⅱ) B: 짝수(2번, 4번, 6번)는 모두 켜지고 홀수(1번, 3번, 5번)는 모두 꺼져 있어야 함

ⅲ) C: 3번 전구는 반드시 꺼짐 & 3번을 기준으로 양 쪽의 전구가 동일한 수로 켜져 있거나 한 쪽에만 켜져 있어야 함

ⅰ) 마지막 순서를 A라 가정할 때, 위의 직전 상황이 연출되지 않으므로 불가능함

Power up B → C 순으로 진행된 경우에는 1번 전구가 켜져 있고, C → B 순으로 진행된 경우에는 짝수번의 전구가 켜져 있게 된다.

ⅱ) 마지막 순서를 B라 가정할 때, 위의 직전 상황이 연출되지 않으므로 불가능함

Power up A → C 혹은 C → A순으로 진행되는 모든 경우에 전구는 모두 꺼져 있게 된다.

ⅲ) 마지막 순서는 C가 되어야 하고, 선택지 ①번과 ③번의 경우만 비교하면 된다. 우선, ①번의 A → B로 진행하는 경우에 3번 전구를 기준으로 양쪽 다 전구가 켜져 있게 되어(켜진 전구: 1번, 4번, 6번 즉, 동일한 수가 아님) C가 모든 전구를 끌 수는 없다.

Power up A → B 순으로 진행한 경우의 상황(켜짐: ○, 꺼짐: ×)

	왼쪽 ←					→ 오른쪽
전구 번호	1	2	3	4	5	6
상태	○	×	×	○	×	○

따라서 모든 전구를 끌 수 있는 순서는 ③ B → A → C 순이다.

Power up B → A 순으로 진행한 경우의 상황(켜짐: ○, 꺼짐: ×)

전구 번호	1	2	3	4	5	6
상태	○	×	×	○	×	×

24 .... p.61

정답 ③

☑ 대화의 핵심 내용 정리

- A시를 출발한 지 20분 후(㉮지점): (A시 기준) A시−B시 사이를 3등분했을 때 1/3지점
- 75km를 더 간 후(㉯지점): (B시 기준) B시−C시 사이를 3등분했을 때 2/3지점

이를 통해 A시−B시−C시 간의 거리를 표시하면 다음과 같다.

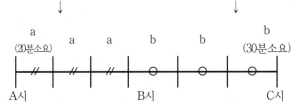

(단, a구간 및 b구간끼리는 같은 거리이다)

㉮지점에서 ㉯지점까지의 거리가 75km이고 그 구간을 이동하는데 총 100분이 소요(20분×2+30분×2)되고, A시에서 B시까지의 거리를 $x$km라 하면, 그 구간을 이동하는데 걸리는 시간은 총 60분이므로 75km/100분=$x$km/60분이다.

따라서 A시에서 B시까지의 거리는 x=③ 45km이다.

Power up

'거리=속력×시간'이고 자동차의 속력이 항상 일정하므로 임의의 구간에서의 '거리/시간'도 항상 일정하다.

25 .... p.61

정답 ③

ㄱ. (○) '각기'는 '논리'보다 단어점수가 더 높다.
   → '각기'의 단어점수는 한 종류의 자음인 'ㄱ'만이 3번 사용되었으므로 $2^3/1=8$점이고, '논리'의 단어점수는 'ㄴ'이 2번, 'ㄹ'이 1번 각각 사용되었으므로 $2^2+2^1/2=3$점이므로 옳은 내용이다.

ㄴ. (○) 단어의 글자 수가 달라도 단어점수가 같을 수 있다.
   → '가'의 단어점수는 'ㄱ'이 1번 사용되어 $2^1/1=2$점이고, '가나'의 단어점수는 'ㄱ'과 'ㄴ'이 각각 1번씩 사용되었으므로 $2^1+2^1/2=2$점이므로 옳은 내용이다.

Power up <조건>박스 하단의 ※내용에 따라 의미가 없는 글자의 나열도 단어로 인정하므로 '가나다라 …' 순으로 글자를 하나씩 늘려갈 때 단어점수는 항상 2점으로 일정함을 확인할 수 있다.

ㄷ. (×) 글자 수가 4개인 단어의 단어점수는 250점을 넘을 수 없다.
   → 글자 수가 4개인 단어의 단어점수의 최댓값은 한 종류의 자음으로 각 글자에 최대로 2번씩 사용하는 경우이므로 $2^8/1=256$점이 되어 250점을 넘을 수 있다.
   🔵 '각각각각' 등

26 .... p.61

정답 ④

〈라운드별 점수표와 지워진 라운드 점수 복원〉

	1 라운드	2 라운드	3 라운드	중간 합산	4,5라운드 점수 합 및 라운드별 점수 구성	점수 합
甲	2	4	3	9	7=4+3	16
乙	5	4	2	11	6=4+2	17
丙	5	2	6	13	<u>5=4+1</u>	18

※ 동점 라운드가 4회가 되든 5회가 되든 상관없다

ㄱ. (○) 甲이 7번으로 가장 많다.(乙은 6번, 丙은 5번)

ㄴ. (×) 한 라운드의 점수가 모두 동일하기 때문에 1번 튕겨서 넣은 사람은 4, 5라운드 합산 총점이 가장 낮은 丙을 기준으로 적용해야 한다.

ㄷ. (○) 丙의 점수는 라운드 순으로 5, 2, 6, 4(1), 1(4) 획득하였으므로 라운드마다 다르다.

ㄹ. (○) 3라운드까지 단독으로 1위를 한 횟수는 모두 1회씩 (1라운드: 甲, 2라운드: 丙, 3라운드: 乙)로 동일한데, 4, 5라운드 중 동점인 라운드를 제외한 라운드에서 丙이 1위를 하였으므로 丙이 우승한다.

27 .... p.62

정답 ⑤

ㄱ. (×) 甲의 최댓값은 9×9=81이고, 乙의 최댓값도 1×9×9=81이므로 둘은 무승부다.

ㄴ. (○) 甲의 최댓값은 1+2+1=4이고, 乙의 최댓값도 2+1+1=4이므로 둘은 무승부다.

ㄷ. (×) 甲의 최댓값은 3×6×9인데, 乙이 299쪽을 펼치면 2×9×9으로 무승부가 되므로 甲이 반드시 승리하는 것은 아니다.(무승부를 반례로 활용)

ㄹ. (○) 乙의 최댓값은 1+0+1=2인 상황에서 甲의 최댓값이 1 이하가 나오는 경우는 없으므로(甲이 10쪽이나 11쪽 펼치더라도 최댓값이 2임) 乙은 甲에게 비기거나 질 수밖에 없다.

28 ····· p.62

정답 ③

〈라운드별 승패 결과와 지불하는 음식값〉

★ 승리: ○ , 비김: △, 패배: X

		1라운드	2라운드	3라운드	4라운드	5라운드	
	甲	가위 X	바위 △	보 ○	가위 △	바위 ○	음식값 총합
	乙	바위 ○	가위 △	바위 X	가위 △	가위 X	
	丙	바위 ○	보 △	바위 X	가위 △	바위 ○	
지불 금액 (원)	甲	12,000	15,000		직전 승리		27,000
	乙		직전 승리	9,000	12,500	30,000	51,500
	丙		직전 승리	9,000	12,500		21,500

따라서, 음식값을 가장 많이 낸 사람은 乙이고, 그 음식값은 51,500원이다.

29 ····· p.63

정답 ④

ㄱ. (○) 카드 A, B를 뽑았다면 '목민심서'라는 단어를 만들 수 있다.

1 경	2 표	3 명	4 심
5 목	6 세	7 유	8 서
9 자	10 심	11 보	12 법
→ 13 손	14 민	15 병	16 감

위쪽의 낱말퍼즐에서 굵은 가로방향을 기준으로 하여 A카드로 [6 세]조각과 [14 민]조각을 맞바꾸고, B카드로 [7=3×2+1 유]조각과 [4=3×1+1 심]조각을 맞바꾸면 단어를 완성할 수 있다.

ㄴ. (X) 카드 A, C를 뽑았다면 '경세유표'라는 단어를 만들 수 있다.

1 경	2 표	3 명	4 심
5 목	6 세	7 유	8 서
9 자	10 심	11 보	12 법
→ 13 손	14 민	15 병	16 감

위쪽의 낱말퍼즐에서 굵은 가로방향을 기준으로 하여 완성해야 하는데, [1 경]조각과 [5 목]조각은 A카드와 C카드 어느 것으로도 불가능하므로 단어를 만들 수 없다.

ㄷ. (○) 카드 B, C를 뽑았다면 '명심보감'이라는 단어를 만들 수 있다.

1 경	2 표	3 명	4 심
5 목	6 세	7 유	8 서
9 자	10 심	11 보	12 법
→ 13 손	14 민	15 병	16 감

위쪽의 낱말퍼즐에서 굵은 세로방향을 기준으로 하여 B카드로 [7=3×2+1 유]조각과 [4=3×1+1 심]조각을 맞바꾸고, C카드(15+16=31로 소수)로 [15 병]조각과 [16 감]조각을 맞바꾸면 단어를 완성할 수 있다.

30 ····· p.63

정답 ①

☑ 총점으로 가능한 오답 유형

혜민: 역사 2개 or 경제(또는 예술) 1개

은이: 역사 3개 or 경제(또는 예술) 1개+역사 1개

☑ OX표시가 일치하는 정답과 불일치한 정답의 문제 수는 각각 4문제

ㄱ. (X) 두 명이 모두 틀리는 경우에 경제 문제는 OX표시가 일치하는 문제 중에 하나일 것이고, 배점이 20점이므로 혜민이의 총점이 80점이 되기 위해서는 은이와 표시가 다른 4문제를 모두 맞춰야 한다. 한편, 은이는 해당 4문제를 모두 틀린 것이 되므로 은이의 총점이 40점 이하(4문제가 모두 배점이 가장 작은 역사 문제라 가정하면 40점임)가 되어 조건을 만족할 수 없으므로 두 명이 모두 경제 문제를 틀린 경우는 있을 수 없다.

ㄴ. (○) 혜민이만 틀리는 경우에 경제 문제는 OX표시가 다른 문제 중에 하나일 것이고, 혜민이는 경제 문제를 제외한 나머지 문제는 모두 맞추어야만 한다. 은이는 표시가 다른 나머지 3문항만을 틀린 상황에서 그 3문제가 모두 역사문제인 경우에는 총점 70점이 가능하게 된다. 따라서 예술 문제는 두 명이 모두 맞췄음을 알 수 있다.

ㄷ. (X) 혜민이가 틀린 역사 문제가 OX표시가 일치하는 문제 중에 한 문제라도 해당한다면 은이는 4문제를 틀린 것이 되어 총점을 만족시킬 수 없으므로 틀린 2개의 문제는 OX 표시가 다른 문제 중에 있어야 하고, 남은 2문제는 은이가 틀린 것이므로 남은 문제는 모두 맞춘 상황에서 은이의 총점이 70점이 되기 위해서는 그 2문제 중에 1문제는 반드시 배점이 20점인 경제 문제 혹은 예술 문제이어야 한다. 따라서, 은이는 예술 문제와 경제 문제 중 1문제는 틀린 것이 된다.

CHAPTER 02

추리분석 – 수 · 규칙 · 암호추리형

2.2 수 · 규칙 · 암호추리

01 ··· p.64

정답 ⑤

Point up

주무관의 대화 내용을 통해 총 4단계로 구성된 성과등급 간 변화 단계수에 따른 인원을 파악한다.

○○부처의 성과등급은 4단계(S, A, B, C)로 구성되어 있으므로 작년과 비교할 때 등급의 변화가 없거나 등급의 변화가 있다면 승급 혹은 강등을 포함하여 1단계, 2단계, 3단계만 가능하다. 甲주무관의 첫 번째 진술에서 성과등급이 3단계 변한 주무관은 1명뿐이고, 乙의 첫 번째 진술에서 같은 성과등급을 받은 주무관은 1명밖에 없다고 하였으므로 총 20명 중에서 남은 18명의 주무관은 1단계 혹은 2단계가 변한 주무관임을 확인할 수 있다. 한편 甲주무관의 두 번째 진술에서 1단계 변한 주무관 수가 2단계 변한 주무관 수의 2배라고 하였으므로 <u>1단계 변한 주무관이 (㉠ 12명)</u>이고 2단계 변한 주무관이 6명임을 확정할 수 있다.

02 ··· p.64

정답 ⑤

Point up

숫자코드를 만드는 규칙의 내용에서 기본 조건(4개 이상의 점 도달)과 제한 조건(i) 직선끼리 겹치지 말 것, ii) 시작점과 도착점이 불일치할 것)에 주의해서 가능한 숫자코드를 판정한다.

① (×) 596 → 4개 이상의 점에 도달하지 않아 숫자코드가 될 수 없다.
② (×) 15953 → 직선끼리 겹치기 때문에 숫자코드가 될 수 없다.
③ (×) 53695 → 시작점과 도착점이 일치하여 숫자코드가 될 수 없다.
④ (×) 642987 → '6-4'를 지나는 직선은 반드시 '5'를 지난다. 따라서, 6542987이 되어야 한다.
⑤ (○) 9874126

03 ··· p.65

정답 ⑤

Point up

제시문에서 i) ○○시의 시내버스 운영규칙과 ii) 구간별 혼잡도 정보의 표시 기준을 정확히 파악하고, <상황>에서 <승·하차 내역>과 <구간별 혼잡도 정보>를 통해 선택지의 정오를 판정하도록 한다. 이 때, 버스가 출발한 A정류장으로부터 순서대로 판단하는 것이 승·하차 인원의 변화를 추론하기가 수월하므로 선택지의 판정 순서(④ → ③ → ① → ⑤ → ②)도 이에 따르는 것이 좋다.

〈승·하차내역 및 구간별 혼잡도 정보〉

정류장	승차(명)	하차(명)
A	20	0
B	(㉠)	10
C	5	( )
D	( )	10
E	15	( )
F	0	( )

구간	표시
A–B	(㉡)
B–C	매우혼잡
C–D	매우혼잡
D–E	(㉢)
E–F	보통

④ (×) 탑승객은 A정류장에서 승차한 20명뿐이므로 '<u>보통</u>'으로 표시된다.
③ (×) B정류장에서 10명이 하차하여 현재 탑승객은 10명이 되고, B–C구간의 혼잡도가 '매우혼잡'이므로 <u>승차인원(㉠)</u>은 26명~30명이 되어야 한다. 따라서 ㉠에 들어갈 수 있는 최솟값과 최댓값의 합은 <u>56</u>이다.
① (×) 현재 탑승객의 수는 <u>36명~40명</u>(B–C구간 '매우혼잡')이다. 최소 승객수인 36명을 가정해도 C정류장에서 5명이 승차하였으므로 정원 40명을 반드시 초과하게 된다. 따라서 <u>최소한 1명은 하차</u>해야 한다.

Power up C–D구간도 '매우혼잡'이므로 C정류장에서 하차한 사람은 1명~5명이다.

⑤ (○) C–D구간이 '매우혼잡'이므로 D정류장에 도착하기 전의 탑승객은 36명~40명이다. D정류장에서 10명이 하차하더라도 탑승객은 최소 26명 이상이므로 승차인원에 따라 ㉢은 '혼잡'이나 '매우혼잡'만이 가능하다.
② (×) D–E구간은 '혼잡' 혹은 '매우혼잡'이고, E–F구간은 '보통'이므로 E정류장에 도착하기 전 최소 탑승객수를 26명이라 가정하여도 E정류장에서 15명이 승차하였으므로 E정류장에서는 <u>최소 16명 이상</u>이 하차해야 한다.

Power up E정류장에서 하차하는 사람은 16명~30명이다.

04 ··· p.66

정답 ①

Point up

A부처와 B부처 간 인력 이동의 수가 동일하다는 점에서 한 차례 인력 이동을 한 후에 두 부처 간의 인력 구성의 변화를 확인하여 일정한 규칙을 빠르게 파악하는 것이 중요하다.

ㄱ. A와 B부처 간 인력지원이 한 차례씩 이루어진 후에 A부처에 B부처 소속 공무원이 3명 남아 있다면, A부처에서 B부처로 인력 이동 시 B부처 소속 공무원이 6명이 포함된 것이므로 나머지 3명은 A부처 소속 공무원임을 쉽게 알 수 있다. 따라서 B부처에는 A부처 소속 공무원이 (3)명 있게 된다.

ㄴ. ㄱ과 마찬가지로 B부처에 A부처 소속 공무원이 2명 남아 있다면 A부처에서 B부처로 인력 이동 시 B부처 소속 공무원이 7명이 포함되어 있을 것이고, 따라서 A부처에는 B부처 소속 공무원이 (2)명 있게 된다.

Speed up

두 부처 간의 같은 수의 인력 이동이므로 부처 간 인력 이동이 한 차례씩 이루어진 후에도 여전히 각 부처의 총 인력수는 변함없이 100명으로 일정하며, 인력 이동 후에 B부처에 있는 A부처 소속 공무원 수와 A부처에 있는 B부처 소속 공무원 수가 항상 같다는 사실을 인지한다면 굉장히 쉽게 풀이가 가능하다.

05 ··· p.66

정답 ⑤

Point up

주어진 상황조건이 많아서 다소 복잡해 보일 수는 있으나, 풀이에 활용되는 핵심 정보는 <상황1, 8, 9>에 집중되어 있으므로 선택지 소거법을 활용하여 하나씩 제거해 나가는 방법으로 해결하는 것이 효과적이다.

제시문의 내용을 위에서부터 <상황1>에서 <상황9>로 설명하기로 한다.

<상황1>에서 각 곡의 재생 시간을 전주와 본 연주로 나누어 정리하면 다음과 같다.

	전주	본 연주	총 재생시간	4곡의 반복주기
A	30초	40초	1분 10초	5분 40초
B		50초	1분 20초	
C		30초	1분 00초	
D		1분 40초	2분 10초	

<상황6>과 <상황7>을 통해서, 찬우가 곡을 듣기 시작한 이후로 3분 후에 C가 재생되고 있었다고 하였으므로, 곡의 재생 순서가 가능한 경우는 (1) A-B-C-D, (2) B-A-C-D, (3) D-C-A-B, (4) D-C-B-A 총 4가지이다.(선택지 ③번 탈락)

한편, <상황9>에서 찬우가 음악을 듣기 시작한 이후로 25분이 지난 후에 어떤 곡의 전주부분이 재생되었다고 하였으므로, 그 시간은 4곡이 4번 반복(5분 40초×4=22분 40초)된 후 2분 20초가 경과된 시점인데, 그 시점에서 전주가 재생되는 경우는 (3) D-C-A-B이거나 (4) D-C-B-A의 순서이어야 한다. (선택지 ①번과 ②번 탈락)

마지막으로 <상황8>에서 A를 듣고 있던 어느 한 시점부터 3분이 지난 후에 C가 재생되고 있었다고 하였으므로 (3) D-C-A-B의 경우에는 A를 듣던 시점을 A의 마지막 부분으로 가정하더라도 B와 D의 재생시간의 합이 3분 30초로 3분을 초과하기 때문에 해당 시점에서 C가 재생될 수가 없다.(선택지 ④번 탈락)

따라서, 찬우가 설정한 곡의 순서는 D-C-B-A이다.

06 ··· p.67

정답 ②

Point up

코드를 구성하는 한 칸의 표시 가능한 경우가 2가지씩(흰색 or 검은색) 있으므로 고유 표시와 지역 코드를 고려하여 구별 가능한 코드의 가짓수를 구하고 지수의 계산 법칙을 이용하여 <보기>의 정오를 판단하도록 한다. 이 때, 2의 거듭제곱의 수를 어느 정도 숙지하고 있다면 판정하기가 훨씬 수월해지므로 지수법칙과 2^{10}까지의 수는 암기하는 것이 좋다.

제시문의 '○○코드'는 총 25칸(5×5)으로 이루어져 있고, 상단 오른쪽의 3칸(A)은 항상 '흰색-검정색-흰색'으로 ○○코드의 고유표시를 나타내며, 하단 왼쪽의 2칸(B)은 코드를 제작한 지역을 표시하는 것으로 전 세계를 총 4개의 지역으로 분류(흰-흰, 흰-검, 검-흰, 검-검)하고, 甲지역은 '흰색-흰색'으로 표시한다는 내용을 기준으로 판단한다.

ㄱ. (○) 甲지역에서 만들 수 있는 코드는 상단 오른쪽의 고유코드(3칸)와 하단 왼쪽의 지역코드(2칸)를 제외한 20칸으로 만들 수 있는데, 한 칸에 표시가능한 경우가 흰색 또는 검정색으로 2가지씩 가능하므로, 만들 수 있는 코드의 개수는 2^{20}개이다. 따라서, 甲지역에서 만들 수 있는 코드 개수($2^{20} = (2^{10})^2 = 1,024^2 > 1,000^2 = 100$만개)는 100만 개를 초과한다.

ㄴ. (×) 甲지역에서 만들 수 있는 코드와 다른 지역에서 만들 수 있는 코드는 하단 왼쪽의 지역코드에서 1칸이 같을 수 있고, 상단 오른쪽 고유코드 3칸은 모든 지역에 동일하며 나머지 20칸이 모두 같을 수 있으므로 최대 24칸이 동일하다.

ㄷ. (○) 각 칸을 기존의 흰색과 검정색뿐만 아니라 빨간색과 파란색으로도 채울 수 있다면, 한 칸에 표시가능한 경우가 총 4가지이므로 만들 수 있는 코드의 개수는 4^{20}개다. 이 때, $4^{20} = (2^{20})^2 = 2^{20} \times 2^{20}$이므로 2가지 색을 추가한 경우에는 기존보다 100만 배 이상 증가한다.

ㄹ. (×) 만약 상단 오른쪽의 3칸(A)도 다른 칸과 마찬가지로 코드 만드는 것에 사용토록 개방한다면, 만들 수 있는 코드의 개수는 2^{23}개이고, 이는 $2^{23}=2^{20}\times2^3=2^{20}\times8$이므로 기존보다 6배가 아닌 8배로 증가한다.

Power up 지수법칙을 제대로 적용할 수 있어야 오답을 피할 수 있다.

☑ $a>0$, $b>0$ 이고, m, n 이 실수일 때

① $a^m a^n = a^{m+n}$ ② $(a^m)^n = a^{mn}$

③ $(ab)^n = a^n b^n$ ④ $a^m \div a^n = a^{m-n}$

07 ··· p.67

정답 ⑤

Point up

조건의 우선순위를 따져보는 것이 필요하다. 제시문의 조건 중에 먼저 판단해야 하는 것은 바로 <조건3>인데, '2'의 위치를 확정한 후 주변 칸들의 수의 종류를 결정하고 나면, 어느 정도 윤곽이 드러나기 때문이다. 또한, <조건4>는 되도록 마지막에 판단하는 것이 좋은데, 그렇지 않으면 '3'의 위치를 가정해보면서 조건의 만족여부를 따져 나가야 하고, 이 경우 풀이시간의 효율성 측면에서 바람직하지 않기 때문이다.

제시문의 주어진 <조건>을 위에서부터 <조건1>로부터 <조건6>으로 설명하고, <숫자판>의 각 영역을 아래와 같이 구분하기로 한다.

〈숫자판〉

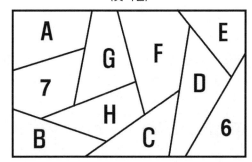

☑ <조건3>에 따라 '2'가 모든 홀수(1, 3, 5, 7, 9)와 인접하기 위해서는, 5개의 칸이 인접할 수 있으면서 이미 쓰여 있는 '7'과도 인접할 수 있어야 하므로 '2'는 H칸에 쓰여야 한다. 또한, B, C, F, G의 칸은 홀수이다.

☑ <조건6>에서 '10'은 어느 짝수와도 인접하지 않는다고 하였으므로, 짝수 '6'과 이미 인접해 있으므로 D와 E를 제외하면 '10'은 A칸에 쓰여야 한다.

☑ <조건2>에 따라 '1'은 소수와만 인접해야 하는데, G칸은 A칸의 '10'과 인접하고 있어 조건에 어긋나고, F칸은 짝수인 D칸과 E칸에 인접하고 있고, C칸도 짝수 D칸과 인접하고 있으므로 '1'은 B칸에 쓰여야 한다.(D칸과 E칸에 쓰인 짝수가 '2'는 아니므로 소수가 아님)

☑ <조건5>에서 '5'는 가장 많은 짝수와 인접한다고 하였으므로 3개의 짝수칸(H, D, E)과 인접하는 F칸에 쓰여야 한다.

☑ <조건4>를 보면, '3'이 쓰일 수 있는 칸은 G칸과 C칸뿐인데, '3'에 인접한 숫자를 모두 더해 16이 되기 위해서는 '3'은 C칸에 쓰여야 한다.(G칸에 인접해 있는 칸의 숫자는 이미 확정되어, 그 인접칸의 숫자의 합은 10+7+2+5=24이므로 16이 될 수 없기 때문임) 또한, '3'의 인접칸 숫자의 합은 1+2+5+D=16이므로 D칸의 숫자는 '8'로 확인되며, 남은 홀수 '9'는 G칸에 쓰이고, 마지막 남은 E칸에는 '4'가 쓰여 있게 된다.

위의 상황을 분석한 내용을 토대로 <숫자판>의 각 칸을 완성하면 다음과 같다.

〈숫자판〉

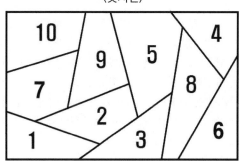

따라서, '5'에 인접한 숫자를 모두 더한 값은 2+3+4+8+9=26이다.

08 ··· p.68

정답 ⑤

Point up

수리를 맡긴 7월의 첫 날의 요일을 정하는 경우에 ⅰ) 수리를 맡긴 첫 날 이후 월요일과 금요일이 모두 도래하는 토요일, 일요일, 월요일로 정하는 경우와 ⅱ) 수리를 맡긴 첫 날 이후에 금요일만 먼저 도래하는 화요일, 수요일, 목요일, 금요일로 정하여 각각의 경우에 조건에 위반되는 점이 없는지 살펴보도록 한다. 다만, 자동차 수리가 완료되어 있음을 전제로 제시문에 주어진 '사정이 생겨'라는 의미를 늦어지는 것으로만 생각하기 쉬운데 빨라지는 경우도 고려해야 한다는 점에 주의한다.

제시문에서 자동차 수리를 맡긴 7월 1일이

⑴ 토, 일, 월요일인 경우에는 4주 후가 되는 29일까지 월요일과 금요일이 모두 4번 포함되어 있고, 그 29일의 요일은 첫 날의 요일과 같게 되는데, 7월 말까지는 2일이 더 진행되므로 7월 31일까지의 요일을 따져보면 월요일이 5번 등장하게 되어 마지막 4번째 월요일이라는 상황을 만족하지 못한다. 따라서 자동차 수리를 맡긴 7월 1일은 토요일, 일요일, 월요일이 될 수 없다.

마찬가지로 7월 1일이

(2) 수, 목요일인 경우에는 4주 후가 되는 29일까지 월요일과 금요일이 모두 4번 포함되어 있으나, 2일 후가 되는 7월 31일까지 따져보면 금요일이 5번 등장하게 되어, 상황을 만족하지 못한다.

마지막으로 7월 1일이

(3) 금요일인 경우에는 이미 4주 후 29일이 되는 날이 5번째 금요일이 되므로 불가능하다.

따라서, 7월 1일은 화요일(29일도 화요일)이고, 7월 31일은 목요일이므로 8월 1일은 금요일이다.

Speed up

날짜나 요일 문제의 경우 달력의 구조를 통해 가늠해 보는 것도 효율적이다. 첫째주와 마지막주를 뺀 중간에 3주는 21일로 연속되고 남은 10일을 첫째주와 마지막주에 배정한다. 이때 월요일과 금요일이 각각 4번씩만 있도록 하기 위해서는 마지막주에 4일을 배정(금요일이 5번 오는 상황이 일어나지 않도록)하고 첫째주에 6일을 배정해야 하므로 7월의 첫째날은 화요일이 된다.(주 시작 월요일 기준)

☑ 주기성과 관련한 요일 관련 TIP

(1) 매월 1일과 29일은 요일이 같다.

(2) n일 후의 요일은 n을 7로 나눈 나머지 수만큼만 판단한다.(예로, 본 문제에서 8월 1일의 요일은 7월 1일부터 31일 후의 요일이므로 31을 7로 나눈 나머지는 3이고, 7월 첫날인 화요일에서 3일만큼만 진행하여 요일을 결정하면 금요일이 된다)

(3) 윤년인 경우 2월은 29일이고, 그 해 일수는 366일이다.

---

09 ······································ p.68

정답 ③

Point up

실제 지불해야 하는 총 금액과 결제 금액의 차이(9,300원)를 파악하여 과일별 1상자 가격을 고려하여 가능한 상황을 추론한다.

구분	사과	귤	복숭아	딸기
1상자 가격(원)	30,700	25,500	14,300	23,600
구입 수량(상자)	2	3	3	2

→ 복숭아 1상자 가격과 딸기 1상자 가격 차이가 딱 9,300원이므로 딸기 1상자가 더 계산되고 복숭아 1상자가 덜 계산되었음을 알 수 있다.

Power up

실제 지불해야 하는 금액보다 9,300원만이 더 많이 나온 상황이므로 제일 가격이 낮은 복숭아 1상자의 가격을 고려해 볼 때 ③번을 제외한 선지는 그 자체로 불가능하다는 점을 파악하는 것으로 충분하다.

---

10 ······································ p.68

정답 ①

Point up

떡을 먹는 순서에 대한 규칙성을 파악한 후 떡이 놓인 위치를 기준으로 먹는 순서를 판정한다.

원 쟁반의 둘레에 떡이 놓여 있는 위치를 12시 방향을 기준으로 1번이라 하고 시계 방향으로 같은 간격만큼 2번부터 6번까지 표시한다. 떡을 먹는 규칙에 따라 먹는 순서대로 위치한 표시를 나열하면 '6번-1번-3번-2번-5번-4번' 순이다. 따라서 마지막에 먹었던 떡(송편)이 위치한 4번에서 그 직전에 먹은 떡은 시계 방향으로 1칸 옆에 있는 떡이므로 무지개떡이 된다.

Power up

원 쟁반 둘레에 놓여 있는 떡의 종류를 처음부터 특정할 필요는 없다. 먹는 규칙에 따른 위치의 순서를 결정하고 시계 방향으로 놓여 있는 떡에 대응시키는 것이 혼동을 방지하는 데 효과적이고 규칙성을 일반화하려는 것보다는 직접 따져 보는 것이 낫다.

---

11 ······································ p.68

정답 ③

Point up

상품 무게 순에 따라 가장 무거운 무게 54kg(A+B)과 가장 가벼운 무게 35kg(C+D)으로부터 각 상품의 무게 차이를 조정하여 각 상품의 무게를 판단한다.

〈각 상품별 무게 순서에 따른 결정〉

우선 상품별 무게 순서(A>B>C>D)와 두 상품별 합의 무게의 최댓값과 최솟값을 고려하여 가장 근소한 차이를 보이는 각 상품의 무게를 가정하면 다음과 같다.

A	B	C	D
28kg	26kg	18kg	17kg

이때 두 번째로 무게 측정된 50kg은 A+C무게이므로 현재의 상황에서 그 무게의 합을 4kg 증가시켜야 한다.

(1) A는 그대로 두고, C의 무게만을 +4kg 올려서 가정하면 다음과 같다.

A	B	C	D
28kg	26kg	22kg	13kg

→ 이 경우에 세 번째로 무거운 무게의 합 45kg이 나올 수 없으므로(A+D=41kg, B+C=48kg) 올바른 무게가 아니다.

(2) A를 +1kg, C를 +3kg 올려서 가정하면 다음과 같다.

A	B	C	D
29kg	25kg	21kg	14kg

→ 이 경우에 세 번째로 무거운 무게의 합(45kg)이 나올 수 없으므로(A+D=43kg, B+C=46kg) 올바른 무게가 아니다.

(3) A를 +2kg, C를 +2kg 올려서 가정하면 다음과 같다.

A	B	C	D
30kg	24kg	20kg	15kg

→ 이 경우에 세 번째로 무거운 무게의 합(45kg)은 A+D 의 무게이고, 그 다음 무게의 합(44kg)은 B+C가 된다. 또한 그 다음 무게의 합(39kg)은 B+D의 무게가 되므로 서로 다른 두 상품을 저울에 올린 무게가 모두 가능해진다. 따라서 甲이 구매하려는 두 상품(B와 D)의 무게는 24kg와 20kg이다.

Speed up

A+B=54kg이고 A+C=50kg이므로 甲이 구매할 두 상품인 B와 C의 무게 차이는 4kg이다. 선지 중에서 두 상품의 무게 차이가 4kg인 ③번, ④번, ⑤번 중에서 그 무게의 합이 측정된 값으로 일치하는지 여부만 판단한다면 빠른 풀이가 가능하다.

12 ·· p.69

정답 ⑤

Point up

첫째 날부터 20만 명의 잠재 사용자의 절반씩 2그룹으로 나뉘어 메시지를 전송받게 되는 규칙을 적용하여 판단한다. 특히, 날씨 예보 앱을 5일차에 설치한 잠재 사용자 수를 산정하는 경우에 1일차와 2일차의 일치 여부에 따른 가짓수가 2가지가 존재한다는 점을 간과하지 않는 것이 중요하다.

〈3일차에 앱을 설치한 잠재 사용자 수〉
1일차부터 3일차 모두 잠재 사용자가 받은 메시지와 날씨가 일치한 그룹의 인원들이 설치하게 되므로 총 2만 5천명이다.

〈4일차에 앱을 설치한 잠재 사용자 수〉
1일차는 잠재 사용자가 받은 메시지와 날씨가 불일치하고 2일차부터 연속해서 4일차까지 일치하는 그룹의 인원들이 설치하게 되므로 총 1만 2천 5백명이다.

〈5일차에 앱을 설치한 잠재 사용자 수〉
(1) 1일차와 2일차 양일에 모두 잠재 사용자가 받은 메시지와 날씨가 불일치하고 3일차부터 연속해서 5일차까지 일치하는 그룹의 인원들이 설치하게 되므로 총 6천 2백 5십명이다.

(2) 1일차에는 잠재 사용자가 받은 메시지와 날씨가 일치했으나 2일차에 불일치하고 3일차부터 다시 연속해서 5일차까지 일치하는 그룹의 인원들이 설치하게 되므로 총 6천 2백 5십명이다.

따라서 날씨 예보 앱을 설치한 잠재 사용자의 총수는 5만 명이다.

Power up

표로 정리하면 다음과 같다.

(일치: O, 불일치: X)

그룹별 인원 수	1일차 10만 명	2일차 5만 명	3일차 2만 5천명	4일차 1만 2천 5백명	5일차 6천 2백 5십명
3일차 설치	O	O	O		
4일차 설치	X	O	O	O	
5일차 설치	X	X	O	O	O
	O	X	O		O

13 ·· p.69

정답 ④

Point up

이번 주 월~금요일 중에서 ⅰ) 출·퇴근 30분이 확보되지 않은 요일이 있는지 ⅱ) 책을 읽을 수 있는 대중교통을 추가로 이용한 요일은 있는지 등을 제시된 〈상황〉을 통해 파악하여 A가 새로 읽기 시작한 350쪽의 책을 다 읽은 때를 판정한다.

〈상황〉

A는 이번 주 월 ~ 금요일까지 출퇴근을 했는데, 화요일에는 회사 앞에서 회식이 있어 밤 8시 30분에 시외버스를 타고 30분 후에 집 근처 정류장에 내려 퇴근했다. <u>수요일</u>에는 오전 근무를 마치고 회의를 위해서 <u>지하철로 20분 이동한 후 다시 시내버스를 30분 타고 회의 장소로 갔다.</u>
(X)
회의가 끝난 직후 밤 9시 10분에 <u>지하철을 40분 타고 퇴근</u>했다.
(X)
→ 수요일만 퇴근시간 30분이 제외되고 지하철 이동시간 20분이 추가된다.

A는 <u>200쪽까지 읽은 280쪽의 책</u>을 월요일 아침 출근부터 이어서 읽었고, 그 책을 다 읽은 직후 곧바로 350쪽의 새로운 책을 읽기 시작했다.
→ A가 읽던 책을 끝까지 다 읽는 데에는 40분, 새로운 책의 30쪽까지는 읽는 데에는 20분이 소요된다. 그리고 남은 320쪽의 분량을 다 읽는 데에는 160분이 소요되므로 A가 새로 읽기 시작한 350쪽의 책을 다 읽을 때까지 소요되는 시간은 총 220분이다. 따라서 A는 목요일 퇴근 중에 책을 다 읽게 된다.

	월요일	화요일	수요일	목요일	금요일
출근	30분	30분	30분	30분	30분
퇴근	30분	30분	×	30분 (누적 230분)	30분
추가	–	–	20분	–	–
합계	60분	60분	50분	60분	60분

> **Power up** 상기 상황을 간단하게 정리하면 다음과 같다.

14 ·········· p.70

정답 ②

Point up

W-K암호 변환의 원리와 규칙(4자리씩 구분)을 파악하여 정오를 판정한다. 특히, W-K 암호체계의 자음과 모음의 순서를 제시문 각주에서 빠르게 구분하여 적용하는 것이 중요하다.

ㄱ. (×) 제1문단을 보면 김우진 선생이 일본군에 징병되었던 시기는 1944년 1월이고, 제2문단에서 W-K암호는 1945년 3월 중국에서 광복군과 함께 특수훈련을 하고 있을 시점에 만들었음을 알 수 있으므로 옳지 않다.

ㄴ. (○) 제2문단 마지막 문장을 보면 W-K암호는 자음과 모음을 각각 두 자리 숫자로 표시(받침 없는 글자는 네 자리로 표시)하고 받침은 앞에 '00'을 붙여 네 자리로 표시(받침 있는 글자는 여덟 자리로 표시)한다고 하였으므로 결국 W-K암호체계에서 한글 단어를 변환한 암호문의 자릿수는 4의 배수이다.

ㄷ. (○) 마지막 4자리 숫자는 해독할 수 없다.

> **Power up** W-K암호체계에서 '1830 | 0015 | 2400' 중 1830은 '아'로 0015는 'ㅁ' 받침으로 해독되어 '암'으로 표시할 수 있을 뿐 마지막 네 자리의 2400은 해독이 불가능하다.

ㄹ. (×) 받침이 없는 글자이므로 네 자리로 변환된다.

> **Power up** W-K암호체계에서 '궤'는 1148로 변환된다.

15 ·········· p.70

정답 ①

Point up

추가된 규칙을 적용하여 암호로 변환한다.

– 3: 5300으로 변환한다.
– 가운뎃점(·): 8000으로 변환한다.
– 1: 5100으로 변환한다.
– 운: 1836 | 0012로 변환한다.
– 동: 1334 | 0018로 변환한다.

– 느낌표(!): 6600으로 변환한다.

따라서 '3·1운동!'는 '53008000510018360012133400186600'으로 변환된다.

16 ·········· p.71

정답 ③

Point up

문제에서 주어진 상황과 조건의 핵심 내용을 빠르게 파악한 후, ○○백화점이 한 해 캐럴 음원이용료로 지불해야 하는 최대 금액을 판단하기로 한다. 중요한 것은 지불하는 기간을 최장으로 설정하는 것이 핵심 포인트(11월 1일을 목요일로 세팅)임을 고려하여 기간을 정하는 것이 중요하다.

〈○○백화점의 캐럴 음원이용료 지불 방침〉

– 11월 네 번째 목요일 이후 돌아오는 첫 월요일부터 12월 25일까지 적용
– 하루에 2만 원의 음원이용료 지불
– 휴점일은 매월 네 번째 수요일(단, 크리스마스와 겹칠 경우 정상 영업)

Point up 에서 설명한대로 12월 25일까지의 적용 일수를 최대로 하기 위해서는 11월 1일을 목요일로 정하고 〈○○백화점의 캐럴 음원이용료 지불 방침〉에 따라 적용 일수를 판단하기로 한다.

i) 11월의 경우

11월 1일(목) ~ 22일(목) ········· 26일(월) ~ 30일(금)
→ 7×3=21일 후에 네 번째 목요일이 됨 → 7일이 첫 번째 수요일
(7일 후인 8일이 두 번째 목요일 이므로
14일 후인 15일이 세 번째 목요일 7일+21일=28일이
21일 후인 22일이 네 번째 목요일) 네 번째 수요일(휴점일)

⇒ 총 4간 음원 사용

ii) 12월의 경우

12월 1일(토) ~ 25일(화) ⇒ 총 25일간 음원 사용
→ 12월 5일이 첫 번째 수요일이고
네 번째 수요일은 5일+21일=26이므로
위 기간에는 휴무일이 없음

따라서, 총 29일 동안 음원을 사용하는 경우가 최장 기간이 된다. 그러므로 ○○백화점이 한 해 캐럴 음원이용료로 지불해야 하는 최대 금액은 58만 원이다.

Power up

요일이나 날짜 관련 문제의 경우 정확한 판단을 위해서 달력을 직접 그려보는 것도 좋은 방법이지만, 실전에서는 본 해설과 같이 횡이나 종으로 시간의 흐름을 유추해 보는 것이 실제 시험장에서는 보다 효율적인 방법이 된다.

17 ·········· p.71

정답 ②

Point up

제시문에 주어진 <상황>에서 관람객의 도착 시간 규칙과 <관람 위치 배정방식>의 기준에 따라 공연장 좌석표에 직접 시간 등을 표시하면서 정리하는 것이 중요하다. 선택지별로 해당하는 위치의 시간 등을 상대적으로 비교·검토한다.

☑ 배정 좌석별 관람객의 도착 시간(앞줄: 좌→우, 뒷줄: 우→좌)

무대														

| 좌 | | | 중앙 | | | | | | | | | 우 | | |

| | 2:10 | 2:30 | 2:50 | 계단 | 3:10 | 3:30 | 3:50 | 4:10 | 4:30 A | 계단 | 4:40 | 4:50 | 5 |
| 앞줄 |
| 뒷줄 | 8:30 | 8 | 7:30 | | 7 C | 6:30 | 6 D | 5:50 | 5:40 | | 5:30 | 5:20 | 5:10 B |

9:00   10:30
9:30   11:00
10:00   11:30

① (×) 우측 계단에 앉은 관람객이 중앙 좌석에 앉기 위해서는 지금보다 적어도 3시간, 최대 4시간은 일찍 도착해야 한다.
→ 우측 계단에 앉은 관람객 중 10시 30분에 도착한 사람은 중앙의 마지막 좌석인 C의 도착 시간이 7시이므로 적어도 3시간 30분 일찍 도착해야 하고 최대로 4시간 30분 전에는 도착해야 한다.(우측 계단의 처음과 마지막 관람객의 도착 시간의 차이는 1시간이므로)

② (○) 공연일 오전 9:00부터 공연일 오전 10:00까지 도착한 관람객은 모두 좌측 계단에 앉는다.
→ 옳은 설명이다.

③ (×) A에 앉은 관람객과 B에 앉은 관람객의 도착시간은 50분 차이가 난다.
→ A좌석의 관람객은 4시 30분 도착이고, B좌석의 관람객은 5시 10분 도착이므로 40분 차이가 난다.

④ (×) 공연일 오전 6:00에 도착한 관람객은 앞줄 좌석에 앉는다.
→ 오전 6시에 도착한 관람객은 좌석표에서 D좌석인 뒷줄에 앉게 된다.

⑤ (×) 총 30명의 관람객이 공연장에 도착하였다.
→ 좌석에 앉은 관람객은 22명이고 계단에 앉은 관람객은 6명이므로 총 28명이다.

18 ·········· p.72

정답 ②

Point up

제시문에 주어진 <조건>을 기준으로 <문자메시지>를 해독하는 순서와 방법에 따라 실제접선시각을 추론하도록 한다. 특히, 회전방법과 관련하여 시침과 분침의 단위시간당 회전각(시침: 1시간당 30°, 분침: 1분당 6°)과 대칭성을 잘 활용하는 것이 무엇보다 중요하다.

<문자메시지>
★ 해독방향 (→)
9시 16분 i) N ii) C$_6$ iii) W

i) N: 9시 16분의 시침과 분침을 12시와 6시를 잇는 직선을 축으로 좌우대칭하면 2시 44분이 된다.(시간: 2시~3시 사이, 분: 60분−16분)

ii) C$_6$: 시침은 1시간당 30°를 회전하고 분침은 1분당 6°를 회전하므로 시계방향으로 시침과 분침을 모두 60° 회전하면 시침은 2시간, 분침은 10분이 회전하게 되어 4시 54분이 된다.

iii) W: 4시 54분의 시침과 분침을 3시와 9시를 잇는 직선을 축으로 상하대칭하면 1시 36분이 된다.(시간: 1시~2시 사이, 분: 30분+6분)

따라서 늘 오후에만 접선한다는 마지막 <조건>을 감안하면 실제 접선시각은 오후 1시 36분이다.

19 ·········· p.72

정답 ④

Point up

각 버튼의 변화규칙을 역으로 적용하여 최종 출력값에서 각 버튼을 누르기 전 가능한 출력값들을 빠르게 확인하여 소거한다. 특히 변화규칙 적용 시 좌우대칭의 성질을 이용(오른쪽 3칸= 왼쪽 1칸)하여 이동 칸수를 최소로 하여 판정하는 것이 효율적이다.

☑ A버튼을 누르기 전 출력값
최종 출력값에서 M이 오른쪽으로 두 칸 이동하면 되므로 M−J−K−H이다.(①번)

☑ B버튼을 누르기 전 출력값
최종 출력값에서 먼저 J가 왼쪽으로 두 칸 이동한 후(K−M−J−H) K가 왼쪽으로 한 칸 이동하면 되므로 M−J−H−K이다.(③번)

☑ C버튼을 누르기 전 출력값

최종 출력값에서 먼저 H가 왼쪽으로 세 칸 이동한 후(H-J-K-M) M이 왼쪽으로 두 칸 이동하면 되므로 H-M-J-K이다.(②번)

☑ D버튼을 누르기 전 출력값

최종 출력값에서 먼저 J가 오른쪽으로 세 칸 이동한 후(K-M-H-J) K가 오른쪽으로 한 칸 이동하면 되므로 M-K-H-J이다.(⑤번)

따라서 해당 버튼을 누르기 전 가능한 출력값으로 옳지 않은 것은 ④번이다.

---

20 .... p.73

정답 ①

Point up

<상황>에서 상자별로 무게를 비교한 출력값을 근거로 하여 상자별로 무게의 순위를 결정한 후 <조건>의 내용 중에서 각 상자의 무게가 2의 배수인 자연수라는 점에 주목하여 상자별 무게를 결정한다.

<상황>에서 무게를 비교한 사례를 위에서부터 <상황1>부터 <상황5>로 설명하기로 한다.

우선 <상황1>과 <상황2>, 그리고 <상황4>를 통해 상자의 무게가 빨간색<파란색<노란색<초록색 순으로 무겁다는 사실과 상황별 출력값에서 빨간색과 파란색 상자의 무게 차이는 10kg 이하(A), 파란색과 노란색 상자의 무게 차이는 10kg 초과 20kg 이하(B), 노란색과 초록색 상자의 무게 차이는 마찬가지로 10kg 초과 20kg 이하(B)임을 확인할 수 있다.

또한, <상황3>에서 초록색 상자의 무게범위가 20kg 초과 30kg 이하인데 상자별 무게 차이가 비교적 큰 편임을 감안한다면 초록색 상자의 무게를 가능한 큰 값으로 설정하고 상자별 무게의 최소 차이를 적용하여 판단하는 것이 합리적이다.

1) 초록색 상자의 무게가 30kg인 경우

노란색 상자는 최소한 12kg이 적은 18kg이 되고 파란색 상자도 최소한 12kg에 적은 6kg이 되어야 한다. 그리고 가장 가벼운 빨간색 상자의 무게는 4kg 또는 2kg이 가능하다. 하지만 <상황5>에서 빨간색 상자 1개와 노란색 상자 1개의 무게의 합이 20kg을 초과해야 하므로 빨간색 상자의 무게는 4kg만이 가능하다. 따라서 <u>빨간색 상자의 무게는 4kg, 파란색 상자의 무게는 6kg, 노란색 상자의 무게는 18kg, 초록색 상자의 무게는 30kg</u>으로 결정된다.

Power up

초록색 상자의 무게가 28kg인 경우에는 노란색 상자는 최소한 12kg이 적은 16kg이 되고 파란색 상자도 최소한 12kg이 적은 4kg이 되어야 한다. 그리고 가장 가벼운 빨간색 상자의 무게는 2kg만이 가능하다. 하지만 빨간색 상자 1개의 무게(2kg)와 노

란색 상자 1개의 무게(16kg)의 합이 20kg을 초과하지 못하므로 <상황5>의 출력값을 충족하지 못한다.

그러므로 왼쪽 접시에 빨간색 상자 2개와 노란색 상자 1개를 올려놓는 경우 총 무게는 26kg이고, 오른쪽 접시에 파란색 상자 1개와 초록색 상자 1개를 올려놓는 경우 총 무게는 36kg이므로 오른쪽 접시의 무게가 10kg 더 무거워서 출력값은 '-A'가 된다.

---

21 .... p.73

정답 ③

Point up

<조건>에서 각 스위치별로 기능의 차이점(신호등 제어 위치)을 파악한 후 스위치를 작동시키기 전과 후의 색상이 바뀐 위치에 착안하여 작동을 하지 않는 스위치를 결정한다.

<조건>에서 각 스위치의 기능이 모두 교통신호등의 색상을 바꾸는 것(적색 → 청색, 청색 → 적색)으로 동일한 반면 신호등을 제어하는 위치는 각기 다르다. 하지만 <상황>에서와 같이 4개의 스위치를 모두 한 번씩 작동시키는 경우(순서는 상관없음)에는 교통신호등의 위치마다 총 2번씩 작동을 하게 되고 만약 모든 스위치가 정상적으로 작동이 되는 경우라면 교통신호등의 색상은 스위치를 작동시키기 전의 색상으로 그대로 남아 있어야 한다.

따라서 스위치를 1번씩 작동시킨 후에 교통신호등의 색상이 2번과 4번만 바뀌어 있다는 사실은 2번과 4번의 신호등은 각각 한 번씩만 작동이 되었다고 볼 수 있으므로 그 두 곳을 제어하는 두 번째 스위치가 작동을 하지 않아 원래의 색상으로 돌아오지 못했음을 추리할 수 있다.

---

22 .... p.74

정답 ①

연산자 A, B, C, D의 규칙과 괄호 계산 순서에 따라 주어진 <수식>을 계산하면 다음과 같다.

⑴ (1 A 5)=5: 좌우 수의 합이 6으로 10미만이므로 두 수를 곱한다.

⑵ (3 C 4)=12: 좌우 두 수의 곱이 12로 10이상이므로 두 수를 곱한다.

⑶ {5 B 12}=60: 좌우 두 수의 차가 7로 10미만이므로 두 수를 곱한다.

⑷ 60 D 6=10: 좌우 두 수 중에 큰 수를 작은 수로 나누면 10으로 10이상이므로 두 수를 나눈다. 따라서, 정답은 10이다.

---

23 .... p.74

정답 ①

	종류	글자수	득점	감점	총점
① 10H&20Mzw	4	9	10	—	10
② KDHong!	3	7	8	3 (아이디포함)	8−3=5
③ asjpeblove	1	10	10	2 (인접→'as')	10−2=8
④ SeCuRiTy*	3	9	10	2 (인접→'Ty')	10−2=8
⑤ 1249dhqtgml	2	11	10	2 (인접→'12')	10−2=8

Speed up

<패스워드의 점수 산정 기준>을 보면 어떠한 경우에도 최고점이 10점을 넘을 수는 없으므로 선택지 ①번의 패스워드 점수를 계산하여 10점으로 확인했다면 나머지 선택지의 패스워드는 감점여부만 파악하여 어느 하나라도 해당된다면 10점이 되지는 않을 것이므로 득점 계산 없이 판단하는 것이 필요하다. 그러나, 실전에서는 보기 ②번~⑤번은 계산할 필요 없이 보기 ①번으로 답을 확정하고 넘어가시길 바란다. 최고점이 동점일 경우는 없기 때문이다.

24 .... p.75

정답 ⑤

첫 번째로 위치교환해야 하는 두 수는 '22'와 '10'이다.

┌─ 정렬 대상 ──────────────────┐
15, <u>22</u>, 13, 27, 12, <u>10</u>, 25   '20' → 피벗(pivot)
└──────────────────────────┘

두 번째로 위치교환해야 하는 두 수는 '27'과 '12'이다.

┌─ 정렬 대상 ──────────────────┐
15, 10, 13, <u>27</u>, <u>12</u>, 22, 25   '20' → 피벗(pivot)
└──────────────────────────┘

따라서, <정렬 대상>에서 두 번째로 위치를 교환해야 하는 두 수는 ⑤ 27과 12이다.

25 .... p.75

정답 ④

☑ **甲과 乙의 카드로 가능한 숫자 카드의 종류**

	1	2	3	4	5	6	7	8	9
(×3) 일의 자리 수	3	6	9	2	5	8	1	4	7
(×9) 일의 자리 수	9	8	7	6	5	4	3	2	1

선지에 제시된 수의 범위 안에서 甲과 乙이 가지고 있는 각각의 카드의 숫자의 합이 9부터 13까지가 가능한데 2명 모두 3을 곱한 일의 자리 수와 9를 곱한 일의 자리 수가 같아지는 수의 세트는 (9, 3) 또는 (4, 8)이 가능하다.

Power up

(6, 2)와 (1, 7)의 카드의 조합도 문제의 조건을 충족하는 쌍이다.

26 .... p.76

정답 ⑤

ㄱ. (×) KK (현재상태부호)(<u>특수임무부호</u>)(<u>기본임무부호</u>)(항공기종류부호)
  → 'K'는 공중급유기로서의 임무를 나타내는 부호로서 제4문단을 통해 (특수임무부호)는 기본임무와 다른 임무를 수행할 때 붙이는 부호임을 알 수 있으므로 같은 임무를 해당 코드에 연속해서 사용할 수 없다.

ㄴ. (○) GBCV (현재상태부호)(<u>특수임무부호</u>)(기본임무부호)(항공기종류부호)
  → 'G'는 영구보존처리된 항공기, 'B'는 폭격기 임무, 'C'는 수송기 임무, 'V'는 수직단거리이착륙기 (특수임무부호)는 기본임무와 다른 임무를 수행하는 경우에 해당하므로 구성이 가능하다.

ㄷ. (○) CAH (<u>현재상태부호</u>)(<u>특수임무부호</u>)(기본임무부호)(<u>항공기종류부호</u>)
  → 'C'는 수송기 임무, 'A'는 지상공격기 임무, 'H'는 헬리콥터 (현재상태부호)는 현재 정상적으로 사용되고 있는 경우에는 표시하지 않으므로 구성이 가능하다.

ㄹ. (○) R (<u>현재상태부호</u>)(<u>특수임무부호</u>)(<u>기본임무부호</u>)(항공기종류부호)
  → 'R'은 정찰기 임무로 (특수) 혹은 (기본임무부호)로 사용되어야 하고, (현재상태부호)는 현재 정상적으로 사용되고 있는 경우에, (항공기종류부호)는 일반 비행기인 경우에 모두 표시하지 않으므로 구성이 가능하다.

합이 9가 나올 수 없다. (B부족이 엄지 제외 4+4+1＝
9로 계산된 경우라 하더라도 A부족의 경우에는 5+5
−2＝8이므로 불가능함)

27 ·· p.76

[정답] ③

☑ '현재 정상적으로 사용 중인 개량하지 않은
   → (현재상태부호)는 표시✕ → (특수임무부호)는 표시✕
   일반 비행기'
   → (항공기종류부호)는 생략함

따라서, 문제에 주어진 상황에 맞는 항공기 식별코드 형식은
'(기본임무부호) − (설계번호)(개량형부호)'이다.

Power up

제4문단에서 특수임무부호는 항공기 개량을 거쳐 기본임무와
다른 임무를 수행할 때 붙이는 부호이므로 '개량하지 않은' 상
황에서는 표시하지 않게 되고, '개량하지 않은' 경우에 뒷부분
마지막 부호인 (개량형부호)는 마지막 문단에서 항상 'A'를 부
여받게 되므로 표시하지 않는 것이 아님을 주의해야 한다.

28 ·· p.77

[정답] ①

ㄱ. (○) 손바닥이 보이는 채로, 손가락 다섯 개가 세 번 모두
   → A부족의 경우: ＋   → B부족의 경우: ＋
   펴져 있으면, 셈의 합은
   A부족이 15이고 B부족은 12일 것이다.
   → 5+5+5＝15 → 4+4+4＝12(엄지 제외)

ㄴ. (○) B부족의 셈법에 따르면, 세 번 다 엄지만이 펴져 있는
   것의 셈의 합과
   → 엄지를 제외하고 펴진 손가락 개수의 합이므로 0
   세 번 다 주먹이 쥐어져 있는 것의 셈의 합은 동일하다.
   → 펴진 손가락 개수가 없어 뺄 값이 없으므로 0

ㄷ. (✕) 손바닥이 보이는 채로, 첫 번째는 **엄지·검지·중지**만이
   → A부족의 경우 '＋'만 연산   → A부족: 3, B부족: ＋2
   펴져 있고, 두 번째는 **엄지**가 접혀 있고 검지·중지만 펴져
                          → A부족: 2, B부족: −2
   있고, 세 번째는 다른 손가락은 접혀 있고 **엄지**만 **펴져** 있다.
                  → A부족: 1, B부족: 0
   이 경우 셈의 합은 A부족이 6이고 B부족은 3일 것이다.
                  → A부족: 3+2+1＝6, B부족: 2−2+0＝0

ㄹ. (✕) 세 번 동안 손가락이 몇 개씩 펴져 있는지는 알 수 없
   으나 세 번 내내 엄지는 꼭 **펴져** 있었다. 이를 A부족, B부족
   각각의 셈법에 따라 셈을 하였을 때, 셈의 합이 똑같이 9가
   나올 수 있다.
   → B부족을 기준으로 3번의 셈의 합이 9가 되는 경우에 A
     부족은 3번 모두 손바닥을 보이는 경우로 가정했을 경
     우에는 엄지를 포함하여 계산하게 되므로 셈의 합이
     12가 된다. 따라서, A부족의 경우 셈의 합이 9가 되기
     위해서는 3번의 경우 중에 1번은 손등을 보이는 경우
     이어야 하는데 가장 적게 빼는 경우라 하더라도 셈의

조건판단 - 배치결정형(선정, 조합, 순서)

▶ 3.1 배치결정(선정, 조합, 순서)

01 ·· p.80

정답 ④

Point up

참여 대상조건을 (1)원칙 → (2)예외 → (3)예외의 예외 순으로 참여 대상에서 제외되는 항목에 해당하는지 여부를 <상황>에 적용하여 판정한다.

☑ **참여 대상**
• 중소기업·비영리민간단체·사회복지법인·의료법인 근로자.
  → 대기업 丁제외
  단, 아래 근로자는 참여 제외
  - 병·의원 소속 의사
  - 회계법인 및 세무법인 소속 회계사·세무사·노무사
    → B회계법인 노무사 乙 제외
  - 법무법인 소속 변호사·변리사
• 대표 및 임원은 참여 대상에서 제외하나, 아래의 경우는 참여 가능
  - 중소기업 및 비영리민간단체의 임원
  - 사회복지법인의 대표 및 임원
  → 丙과 戊가 원칙적으로 참여 대상에서 제외되나 丙은 사회복지법인의 대표이고, 戊는 비영리민간 단체의 임원이므로 참여 가능

따라서 휴가지원사업에 참여할 수 있는 사람은 甲, 丙, 戊이다.

02 ·· p.80

정답 ①

Point up

팀장을 제외한 팀원 수를 기준으로 2명 내지 3명으로의 조합 가능성을 판단한다. 이 때 반드시 함께 해야하는 인원(E와 F)을 기준으로 추가 1인으로 가능한 인원을 결정하는 것이 중요하다.

※ 팀장을 제외한 팀원 수만을 고려함
• 함께 식사하는 총 인원은 4명 이하여야 한다. → 3명 이하
• 단둘이 식사하지 않는다. → 2명 또는 3명으로 구성 즉, 2|2|3
• 부팀장은 A|B뿐이며, 이 둘은 함께 식사하지 않는다.
• 같은 학교 출신인 C|D는 함께 식사하지 않는다.
• 입사 동기인 E+F는 함께 식사한다.(기준)
  → 1) EF만 구성(2인): AC와 BD 또는 AD와 BC의 조합이

가능하고 각 조합에 부팀장이 구성되어 있으므로 G는 임의로 추가 가능함
  2) EF+1인 구성(3인): G는 불가능하고 A 또는 B가 추가되는 경우 남은 부팀장 조합에 3인(부팀장+C(또는 D)+G)이 되어 모순. 따라서 1인으로 추가될 수 있는 팀원은(C 또는 D만 가능함.

① (×) A가 E(F도 포함)와 함께 참석한다면 나머지 인원으로는 1인과 3인으로 구성되므로 조건에 부합하지 않는다.
② (○) B가 C와 함께 참석하는 경우 나머지 팀원은 1) EF와 ADG 또는 2) EFD와 AG로 구성할 수 있다.
③ (○) C는 G와 함께 부팀장 1명을 포함하여 총 3인으로 구성한다면 남은 인원은 EF와 남은 부팀장과 D로 각각 2인 구성으로 참석할 수 있다.
④ (○) D가 E(F포함)와 함께 3인으로 참석하는 경우 C는 부팀장 중 1인과 G도 남은 부팀장과 각각 2인으로 구성하여 참석하게 된다.
⑤ (○) G를 포함하여 총 3명(팀장 제외)이 함께 참석하는 경우, F(E포함)가 참석하는 환영식사의 인원은 2인 구성으로 참석하게 된다.

03 ·· p.81

정답 ③

Point up

검사지점에 따라 검사대상별로 검사결과 기준치를 충족하는지 검사빈도 주기에 포함되는지 여부를 파악하되 기준에 부합하지 않는 검사지점을 소거하는 방식으로 대상지점을 선정한다.

검사지점		검사대상	검사결과 (②항)	검사빈도
1호	정수장 A	가목 잔류염소	2 mg/L	매일 1회
	정수장 B	질산성 질소	11 mg/L (10 mg/L이하X)	매일 1회
	정수장 C	나목 일반세균	70 CFU/mL	매월 1회 (매주 1회 이상X)
2호	수도꼭지 D	대장균	불검출/100 mL	매주 1회
3호	배수지 E	잔류염소	2 mg/L	매주 1회

따라서 수질검사빈도와 수질기준을 둘 다 충족하는 검사지점은 A, D, E이다.

04 .... p.81

정답 ②

Point up

제시문에 주어진 조건에서 먼저 甲과 丁의 연령대를 확인(甲 : 60대 사업가, 丁: 50대 주부)한 후 사람별로 투자한 금융상품을 매칭하여 선택지의 정오를 판정한다.

제시문에 주어진 조건을 위에서부터 순서대로 <조건1>에서 <조건5>로 설명하기로 한다.

ⅰ) <조건1>과 <조건3>을 통해 甲은 주식에 투자하지 않았기 때문에 50대 주부가 될 수 없으므로 甲이 60대 사업가, 丁이 50대 주부임을 확정할 수 있다. 따라서, 丁은 주식에 투자하였고, 투자액이 가장 큰 사람임을 확인할 수 있다.

ⅱ) <조건3>과 <조건5>를 통해 甲은 선물에 투자하였음을 확정할 수 있다.

ⅲ) <조건4>를 통해 乙은 채권에 투자하였음을 확정할 수 있다.

ⅳ) 丙(회사원)은 남은 금융상품인 옵션에 투자하였음을 확정할 수 있고, 수익률이 가장 높은 사람임을 확인할 수 있다.

① (×) 채권 투자자는 甲이 아니라 乙이다.

② (○) 선물 투자자는 사업가이다.

③ (×) 투자액이 가장 큰 사람은 乙이 아니라 丁이다.

④ (×) 회사원은 옵션에 투자하였다.

⑤ (×) 가장 높은 수익률을 올린 사람은 옵션 투자자이다.

05 .... p.82

정답 ①

Point up

우선, 상황(본문)에서 'ⅰ) 수요일은 휴업 ⅱ) 같은 청소구역은 연속X'의 두 가지 제한 조건을 확인하고, 제시된 청소 규칙을 아래에서부터 적용(3→2→1 순)하여 구역을 확정한다.(요일별 구역을 확정하기 위한 조건 전개 순서의 판단이 가장 중요하다)

두 번째 청소 규칙에서 B구역은 'B○○B' 간격으로 청소가 진행되므로 월요일과 목요일에 배치되고 상황조건에 따라 남은 C와 A는 인접하지 않도록 아래와 같이 구역이 정해진다.

월	화	수	목	금	토	일
B	C	휴업	B	C	A	C

따라서 B구역을 청소하는 요일은 ① 월요일과 목요일이다.

06 .... p.82

정답 ②

Point up

각 업무에 따라 필요한 직무역량을 살피되 유일한 직무역량을 필요로 하는 업무(진학지도 - 정보수집역량, 지역안전망구축 - 자원관리역량)가 채용여부에 어떠한 힌트를 제공하는지 유의해서 판단하고, <상황>의 내용 중에서 확정적으로 역량 배치가 가능한 내용을 우선적으로 정하고 나머지 조건들에 따라 순차적으로 확인하는 것이 중요하다. <상황2>와 같이 기본으로 부여되는 역량을 우선하여 확정해 나가는 것이 필요하다.

Power up

중요한 것은 정보수집역량과 자원관리역량은 각각 진학지도 업무와 지역안전망구축 업무를 위해 필요한 유일한 직무역량으로 정해져 있다는 사실에 주목해야 한다. 해당 역량을 갖추고 있는 후보자는 반드시 모두 채용되어야 하고, 그 후보자들은 또한 1개의 업무를 추가로 담당해야 하므로 <의사소통역량＋대인관계역량> 혹은 <의사소통역량＋문제해결역량>의 조합으로 직무역량을 갖추고 있어야 한다.

주어진 <상황>조건을 위에서부터 <상황1>부터 <상황5>로 구분하여 설명하기로 한다.

1) 우선, <상황1>에서 각 채용후보자는 3가지씩의 직무역량을 가지고 있음을 확인한 후, <상황2>조건에 맞도록 <상황1>에 나타난 (甲, 乙, 丙, 丁)위에 그대로 표시한다.

자원관리	자원관리		자원관리
甲	乙	丙	丁

2) <상황3>에서 진학지도업무를 제외한 모든 업무를 수행하기 위해서는 의사소통, 대인관계, 문제해결, 자원관리 역량을 필요로 하는데, 丁이 이를 위해서는 의사소통만 추가로 갖추면 된다고 하였으므로 丁의 직무역량은 앞서 언급한 4가지 역량 중 의사소통을 제외한 대인관계, 문제해결, 자원관리 역량을 갖추고 있다.

			대인관계
			문제해결
자원관리	자원관리		자원관리
甲	乙	丙	丁

3) <상황4>의 제시된 조건에 따라 甲은 심리상담업무를 수행할 수 있도록, 乙과 丙은 진학지도업무를 수행할 수 있도록 필요 직무역량을 추가하면 다음과 같다.

의사소통	문제해결	문제해결	대인관계
대인관계	정보수집	정보수집	문제해결
자원관리	자원관리		자원관리
甲	乙	丙	丁

4) 마지막으로 丙의 마지막 남은 역량은 <상황5>에 따라 이미 甲과 丁이 대인관계 역량을 갖추고 있으므로 丙은 의사소통 역량을 갖추게 된다.

의사소통	문제해결	문제해결	대인관계
대인관계	정보수집	정보수집	문제해결
자원관리	자원관리	의사소통	자원관리
甲	乙	丙	丁

따라서, 앞서 언급한 제시문 분석 Power up 에 따라 조건에 맞는 후보자는 甲과 丙이다.

Speed up

수험생의 입장에서 실전상황을 염두에 두고 서술한 만큼 문제지의 내용을 그대로 활용하면서 각 역량의 앞글자만 따서 표시만 하는 등 정보를 간소화하여 정리하는 것이 좋다. 또한, 서두에 언급한 제시문 분석의 Power up 에 따라 2가지 업무 수행이 가능한 후보자가 甲과 丙뿐이라는 사실도 빠르게 확인하는 것이 시간을 줄일 수 있는 방법이 된다.

07 ······ p.83

정답 ⑤

Point up

조건에 따라 우선배치가 확정적인 신입직원을 판단하고, A신입직원의 입사성적에 따른 나머지 직원들의 부서배치 상황을 판단한다.

먼저, <배치기준>과 신입직원 7명의 입사성적 및 1, 2지망 지원 부서를 토대로 우선배치되는 신입직원을 정리하면 다음과 같다. 신입직원 A의 점수와 상관없이 1지망에서 지원인원이 각 부서에서 요구한 인원을 넘지 않는 신입직원은 우선 배치가 가능하므로 신입직원 F는 정책팀에 배치되고, 신입직원 C, E는 재정팀에 배치된다. 또한, 신입직원 B는 국제팀에 배치(A 혹은 G가 배치됨)되지 못하므로 2지망에 따라 재정팀에 배치된다. 부서배치가 완료된 신입직원 C, E, F, G를 제외한 남은 인원의 현황과 각 부서별 남은 TO(정책팀: 1명, 재정팀: 3명, 국제팀: 1명)를 고려하여 각 선택지를 판단하기로 한다. 현재 상황은 모두 국제팀을 1지망으로 하고 있다.

신입직원	A	D	G
입사성적	? (82점 이상)	78	93
1지망	국제	국제	국제
2지망	정책	정책	정책

① (○) A의 입사성적이 90점이라면, 입사성적이 가장 높은 G가 국제팀에 배치되고 2지망에서 A와 D가 정책팀을 지망하나, 정책팀 TO는 1명이므로 입사성적이 높은 A가 정책팀에 배치된다.

② (○) A의 입사성적이 95점이라면, A의 입사성적이 가장 높으므로 A가 국제팀에 배치된다.

③ (○) 위에서 설명한 내용과 같이 B는 재정팀에 배치된다.

④ (○) 위에서 설명한 내용과 같이 C는 재정팀에 배치된다.

⑤ (×) A의 입사성적이 94점 이상이라면, 국제팀에 A가 배치되고 정책팀의 남은 1명은 입사성적이 높은 G가 배치되어 D는 인원이 남은 재정팀에 배치되고, A의 입사성적이 92점 이하라면, 반대로 국제팀에 G가 배치되고, 정책팀에는 A가 배치되고, D는 여전히 재정팀에 배치된다. 따라서, D는 어떠한 경우에도 정책팀에 배치될 수 없다.

Speed up

본 해설에서 확정하지 않았던 부분까지도 우선 배치한다면, 정답을 찾는 것이 훨씬 수월해진다. 즉, 신입사원 7명의 부서배치 중 A의 점수에 따라 바뀌는 부분은 오직 국제팀에 배치되는 인원(A인지 혹은 G인지)만 달라질 뿐, 나머지 직원의 부서배치는 확정적이다. 따라서, 선택지의 보기를 매번 따로 확인하면서 시간을 낭비하는 풀이는 지양하는 것이 좋다.

08 ······ p.83

정답 ④

Point up

제시문의 조건에 따라 상황을 추론하여 자리배치를 확정해야 하는 경우에 확정적인 조건을 우선 세팅하여 기준으로 잡고 미확정의 조건에 대해서는 가능한 상황들을 경우로 나눠서 판단한다. 다만, 확정적으로 배치할 수 있는 조건이 <조건4>에 불과하므로 성별에 대한 정보와 모자의 색깔에 따른 배치를 고려하여 조건에 위반되는 부분은 없는지 살펴보도록 한다.

제시문에 주어진 조건을 위에서부터 <조건1>로부터 <조건8>로 설명하기로 한다. 우선, <조건4>에 따라 A를 6시에 놓고, 9시에 파란 모자를 둔다. <조건6>에 따라 C가 위치할 수 있는 경우는 ⅰ) 9시에 위치하거나 ⅱ) 12시에 위치할 수 있으므로 각각의 경우에 따라 조건을 모두 충족시킬 수 있는지 여부를 판단하기로 한다.

ⅰ) C가 9시에 위치하는 경우에 <조건6>에 따라 C의 맞은 편인 3시에 빨간 모자를 두고, <조건3>에 따라 C는 남자인데 파란 모자를 쓰게 되어, 3시에 놓인 빨간 모자를 쓴 사람은 <조건8>에 따라 여자가 된다. 따라서, 3시에 B를 놓고, 남은 남자인 D를 12시에 위치시키면 다음과 같다.

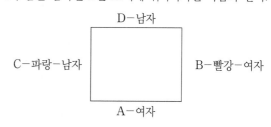

이 경우 <조건7>에 따라 D가 노란 모자, A가 초록 모자를 써야 하는데, <조건5>에 모순이 되어 불가능하다.

ⅱ) C가 12시에 위치하는 경우에는 <조건6>에 따라 C의 맞은편인 A에 빨간 모자를 두고, B를 9시에 D를 3시에 위치시키면, <조건5>에 따라 12시에 있는 C가 노란 모자를 쓰게 되고, 3시에 위치한 D가 초록 모자를 쓴다. 그러나, 이 경우에는 <조건8>에 모순이 되어 불가능하다. 따라서, 9시에 D를, 3시에 B를 위치시키고 <조건7>에 따라 B가 초록 모자를 쓰고 C는 노란 모자를 쓰게 된다. 이 경우에는 다른 모든 조건들을 만족한다. 위치를 정리하면 다음과 같다.

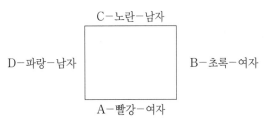

C−노란−남자
D−파랑−남자
B−초록−여자
A−빨강−여자

따라서, 초록 모자를 쓰고 있는 사람은 B이고, A입장에서 왼편에 있는 사람은 D이다.

09 ··· p.84

정답 ③

Point up

교류기관 간의 공통되는 승인조건(연령)에 대해서는 각 기관의 승인조건 중에 최소기준을 적용하여 판단하되 조건에 충족되지 않는 항목을 찾아 인사교류를 할 수 없는 신청자를 소거하여 결정한다.

첫째, □□기관과의 교류 조건
1) 연령 3세 이상X(공통 최소적용), 최초임용년월 5년 이상X, 현직급임용년월 3년 이상X
둘째, △△기관과의 교류조건
1) 연령 5세 이상X(공통 최소적용), 최초임용년월 2년 이상X, 현직급임용년월 3년 이상X

甲	32세	○○ 기관	2015년 9월	2015년 9월
신청자	연령 (세)	현 소속 기관	최초임용년월	현직급임용년월
A	30	□□	2016년 5월	2019년 5월 (X)
B	37 (X)	□□	2009년 12월 (X)	2017년 3월
C	32	□□	2015년 12월	2015년 12월
D	31	△△	2014년 1월	2014년 1월
E	35	△△	2017년 10월 (X)	2017년 10월

따라서 甲과 인사교류를 할 수 있는 사람은 C, D이다.

10 ··· p.84

정답 ①

Point up

국가인증 농가 선정기준에 따라 판정하되 제외 조건을 우선 적용한 후 선정할 수 없는 농가를 소거하여 결정한다.

농가	친환경 인증 유무	전통식품 인증 유무	도농교류 활성화 점수	지역	합산 점수
A	○	○	80	(가)	40+80=120
B	×	○	60	(가)	40+60=100
C	×	○	55	(나)	40+55+9.5 =104.5
D	○	○	40 (X)	(다)	−
E	○	×	75	(라)	30+75=105
F	○	○	70	(라)	40+70=110

따라서 △△부가 2021년에 국가인증 농가로 선정할 곳은 A, C, F이다.

Speed up

마지막 2개의 선정조건에 따라 도농교류 활성화 점수가 40점인 D농가를 제외한 후 동일 지역의 농가를 2곳 이상 선정할 수 없으므로 동일한 (가)지역에 속해 있는 A농가와 B농가의 합산 점수의 비교만으로 선정 농가가 결정된다.

11 ··· p.85

정답 ④

Point up

C의 진술을 토대로 C의 청소일을 결정하는 것이 핵심 포인트이다. 즉, 청소당번을 하지 않는 일수가 4일이 되려면 발표 수업이 있는 당일과 시험 전날이 연속적으로 이어져야 한다는 점을 파악하는 것이다.

A와 D의 진술로 월요일의 청소당번은 A이고, 금요일의 청소당번은 D이다. 한편 C의 진술을 통해 C가 청소할 수 있는 요일이 하루밖에 될 수 없기 위해서는 1)시험일이 수요일과 금요일인 경우(월요일만 가능) 2)시험일이 화요일과 금요일인 경우(수요일만 가능) 3)시험일이 화요일과 목요일인 경우(금요일만 가능)로 총 3가지의 경우가 가능하다. 하지만 월요일과 금요일에는 이미 A와 D가 각각 청소당번으로 정해졌으므로 C는 수요일의 청소당번이 된다. 또한 청소를 2번 하는 A가 이틀 연속으로 청소당번을 할 수는 없으므로 화요일의 청소당번은 B가 되고 남은 목요일의 청소당번이 A임을 확인할 수 있다. 따라서 수요일의 청소당번은 C, 목요일의 청소당번은 A이다.

12 ·· p.85

정답 ③

Point up

참여 자격과 참여 제한의 조건을 파악하여 참여 불가의 항목이 있는 기업을 소거하여 판단한다.

기업	고용보험 피보험자 수	대표자 나이	사업 개시 경과연수	(㉠)	(㉡)	청년수당 가입유지율
A	45	39	8	25	7	7÷25×100 =28 (X)
B	30	40	8	25	23	
C	4	<u>40 (X)</u>	6	2	2	
D	2	39	6	**2**	0	
E	2	38	<u>8 (X)</u>	2	2	

따라서 청년미래공제에 참여 가능한 기업은 B, D이다.

13 ·· p.86

정답 ②

Point up

사용연수(연장사용 감안)가 내용연수를 초과했는지 여부와 내용연수 기준을 초과한 것으로 간주하는 사유를 기준으로 하여 폐기대상을 제외한 후 교체대상이 될 장비를 결정한다.

내용연수	구분	사용연수	연장사용여부	내용연수 초과여부	비고
10	소방자동차1	12	2년 연장	X	<u>운행거리 15만 km</u> (초과간주사유) 특수정비 받음
	소방자동차2	9	없음	X (1년 남음)	운행거리 8만 km 특수정비 불가
7	소방용로봇	4	없음	X (3년 남음)	
3	구조용안전벨트	5	1년 연장	O (1년 초과)	경제적 사용량 1,000회 실사용량 500회
10	폭발물방호복	9	없음	X	<u>경제적 사용량 500회</u> <u>실사용량 600회</u> (초과간주사유)

따라서 甲소방서는 소방자동차1과 구조용안전벨트, 폭발물방호복은 모두 폐기대상에 해당하여 제외하고 남은 소방자동차2와 소방용로봇 중에서 내용연수가 1년이 남아 있는 <u>소방자동차2</u>를 가장 먼저 교체하게 될 것이다.

14 ·· p.87

정답 ①

Point up

甲과 乙이 점수를 부여하는 방식 중에 <위험도>와 <활동량>의 항목에 대해서는 甲과 乙의 합산 점수가 종목에 상관없이 일정(항목별 6점)하다는 점을 파악하는 것이 중요하다.

우선, <비용>과 <만족도>의 항목은 甲과 乙이 동일하게 점수를 부여하게 되므로 甲만의 점수를 기준으로 할 때 점수의 합이 가장 높은 종목은 등산과 암벽등반, 볼링이 총 7점으로 동점이 되고, 3개의 종목을 대상으로 남은 <위험>과 <활동량>의 항목도 마찬가지로 甲을 기준으로 하여 점수를 부여한 후 두 개의 항목의 점수의 합이 가장 낮은 종목을 결정하면 된다. 甲의 점수의 합이 가장 낮은 종목이 반대로 乙이 가장 높은 점수를 부여한 종목이기 때문이다. 따라서 甲을 기준으로 <위험도>와 <활동량>의 합산 점수가 3점이 되는 <u>등산</u>을 甲과 乙은 선택할 것이다

	배점 기준	구분	등산	스키	암벽등반	수영	볼링
甲과 乙 기준 동일	↓	비용 (원)	8,000 (5)	60,000 (1)	32,000 (2)	20,000 (3)	18,000 (4)
	↑	만족도	30 (2)	80 (4)	100 (5)	20 (1)	70 (3)
甲 기준 (乙은 반대)	↑	위험도	40 (1)	100 (5)	80 (4)	50 (2)	60 (3)
	↑	활동량	50 (2)	100 (5)	70 (3)	90 (4)	30 (1)

15 ·· p.87

정답 ①

Point up

제시문에 주어진 프로그램 스케줄과 출연 조건을 고려하여 甲이 출연할 프로그램을 요일별로 연결한다. 특히, 출연 조건 중에 마지막 조건(동일 시간대 연속 출연X, 동일 매체에 연속 출연X)에 집중하여 전체적인 스케줄 라인을 형성하는 것이 가장 중요하다.

ⅰ) 동일 시간대에 2일 연속 출연하지 않고, 동일 매체에도 2일 연속 출연하지 않는 조건을 만족하기 위해서는 다음의 2가지 경우의 스케줄 라인만이 가능하다.

〈A타입〉

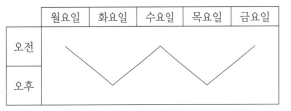

	월요일	화요일	수요일	목요일	금요일
오전					
오후					

또는

〈B타입〉

	월요일	화요일	수요일	목요일	금요일
오전					
오후					

ⅱ) 프로그램 일정표에서 출연 가능 시간대가 오전이든 오후
이든 **3번이 가능한 매체는 라디오뿐**이므로 라디오의 오전
시간대 3개의 프로그램을 배치하려면 〈A타입〉의 스케줄
라인을 이용해야 한다. 또한, 화요일과 목요일은 TV매체
에서 오후 시간대에 가능한 프로그램이 2개 밖에 없으므로
요일 간 중복을 피해서 프로그램을 배치하면 된다.

	월요일	화요일	수요일	목요일	금요일
오전	펭귄파워 (라디오)		지금은 남극시대 (라디오)		굿모닝 남극 대행진 (라디오)
오후		펭귄극장 (TV)		남극의 법칙 (TV)	

16 .... p.88

정답 ④

Point up

제시문에 주어진 〈메뉴 결정 기준〉에 따라 각 기준별 메뉴를
결정하고 〈상황〉을 고려하여 〈보기〉의 정오를 판정한다.

☑ 메뉴 결정 기준에 따라 정해진 메뉴
• 기준1 : 1순위가 가장 많은 메뉴로 정한다. → 바닷가재
• 기준2 : 5순위가 가장 적은 메뉴로 정한다. → 탕수육
• 기준3 : 1순위에 5점, 2순위에 4점, 3순위에 3점, 4순위에 2점,
5순위에 1점을 부여하여 각각 합산한 뒤, 점수가 가장 높은
메뉴로 정한다. → 양고기

〈메뉴 선호 순위〉

* ( )는 환산 점수

메뉴\팀원	탕수육	양고기	바닷 가재	방어회	삼겹살
甲	3 (3)	2 (4)	1 (5)	4 (2)	5 (1)
乙	4 (2)	3 (3)	1 (5)	5 (1)	2 (4)
丙	3 (3)	1 (5)	5 (1)	4 (2)	2 (4)
丁	2 (4)	1 (5)	5 (1)	3 (3)	4 (2)
戊	3 (3)	5 (1)	1 (5)	4 (2)	2 (4)
합산 점수	15	18	17	10	15

• 기준4 : 기준3에 따른 합산 점수의 상위 2개 메뉴 중, 1순위
가 더 많은 메뉴로 정한다. → 바닷가재

• 기준5 : 5순위가 가장 많은 메뉴를 제외하고 남은 메뉴 중,
1순위가 가장 많은 메뉴로 정한다. → 양고기

ㄱ. (○) 기준1과 기준4를 따르는 경우 모두 바닷가재로 같은
메뉴가 정해진다.
ㄴ. (○) 기준2에 따르면 탕수육으로 메뉴가 정해진다.
ㄷ. (✕) 기준3에 따르면 양고기로 메뉴가 정해지고 〈상황〉에
따라 戊는 회식에 불참하게 되므로 모든 팀원이 회식에 참
석하는 것은 아니다.
ㄹ. (○) 기준5에 따르면 양고기로 메뉴가 정해지고 〈상황〉에
따라 戊는 회식에 불참하게 된다.

Speed up

제시문에 주어진 〈메뉴 결정 기준〉 중에서 쉽게 결정하기 쉬
운 기준(기준1, 2, 5)을 우선 적용하여 〈상황〉과 〈보기〉를 선
별(ㄴ과 ㄹ)하여 판정한 후 정답을 가려내는 것이 효과적이다.

17 .... p.88

정답 ④

Point up

제시문에 주어진 〈감독의 말〉에서 제2문단에 첫째부터 넷째
로 언급하고 있는 4가지의 점수 산정 기준을 빠르게 확인하는
것이 중요하다. 〈상황〉에서는 기본 점수로 사용되는 오디션
점수를 기초로 하여 판단한다.

주어진 〈상황〉의 내용을 위에서부터 〈상황1〉부터 〈상황6〉
으로 설명하기로 한다.
우선, 〈상황3〉와 〈상황6〉을 통해 戊의 나이가 23세이므로,
〈감독의 말〉 ⅰ)을 고려하여 총 5명의 지원자의 기본점수와
나이에 따른 점수를 계산하면 다음과 같다.

	甲	乙	丙	丁	戊
오디션 점수	76	78	80	82	85
나이	32	30	28	26	23
감독의 말 ⅰ)-나이	-8	-4	0	-4	-10

다음으로 〈상황4〉와 〈상황5〉를 반영한 점수는 다음과 같다.

	甲	乙	丙	丁	戊
오디션 점수	76	78	80	82	85
나이	32	30	28	26	23
감독의 말 ⅰ)-나이	-8	-4	0	-4	-10
감독의 말 ⅱ)-군의관			-5		
감독의 말 ⅲ)-사극	+10				
최종 점수	78	74	75	78	75

따라서 최종 점수는 甲과 丁이 78점으로 최고 동점자이므로 동점자 처리 기준에 따라 기본 점수인 오디션 점수가 높은 丁이 드라마에 캐스팅되는 배우가 된다.

18 ··· p.89

정답 ④

Point up

제시문에 주어진 <상황>의 내용에 따라 조건을 확정해 가는 순서로 판단하는 것이 효과적이며, 조건 중에 ⅰ) '운전면허 1종 보통' 소지자인 甲과 丁중에서 적어도 한 명은 출장인원에 포함되어야 하고, ⅱ) 책임자 직급인 '차장'에 해당하는 甲과 乙중에서도 적어도 한 명은 포함되어야 하는 것을 기준으로 하여 제시된 조건에 적합한 출장 인원의 조합을 판단한다.

甲과 丁이 모두 출장인원에 포함되는 경우에는 甲의 건강상태(부상)에 따라 30분이 추가로 소요되어 도착시간이 17시 30분으로 丁이 당직 근무(17시 10분에 시작)를 수행할 수 없으므로 甲과 丁은 동시에 출장인원에 포함될 수 없다. 따라서, '운전면허 1종 보통' 소지자 자격으로는 甲과 丁중 한 명만이 포함되어야 한다.

☑ 甲이 출장을 가는 경우(17시 30분에 도착)

甲은 면허 소지자이자 책임자에도 해당하므로 상기 Point up 에서 표시한 ⅰ)+ⅱ)조건을 동시에 만족시키므로, '부상'에 따른 도착 지연 시간을 고려하여 업무 지장이 없는 직원으로 구성하면 된다.

직원	직급	운전면허	건강상태	출장 당일 사내 업무
甲(반드시○)	차장	1종 보통	부상	없음
乙(X)	차장	2종 보통	건강	**17시 15분** 계약업체 면담
丙(○)	과장	없음	건강	17시 35분 고객 상담
丁(X)	과장	1종 보통	건강	**당직 근무**
戊(○)	대리	2종 보통	건강	없음

이 경우에는 甲, 丙, 戊의 직원 조합이 가능하다.

Power up 다만, 선택지에 甲, 丙, 戊의 직원 조합의 보기가 없으므로 정답이 될 수 없다.

☑ 丁이 출장을 가는 경우(17시에 도착)

차장 직급의 필수 합류 조건에 따라 乙이 반드시 포함되어야 하고, 도착 시간을 고려한 업무 가능 여부에 따라 추가 출장 인원을 결정하면 다음과 같다.

직원	직급	운전면허	건강상태	출장 당일 사내 업무
甲(X)	차장	1종 보통	부상	없음
乙(반드시○)	차장	2종 보통	건강	17시 15분 계약업체 면담
丙(○)	과장	없음	건강	17시 35분 고객 상담
丁(반드시○)	과장	1종 보통	건강	당직 근무
戊(○)	대리	2종 보통	건강	없음

이 경우에는 乙, 丙, 丁 또는 乙, 丁, 戊의 조합이 가능하다. 따라서, 정답은 ④번이다.

Speed up

<선택지 소거법>을 활용하여 甲과 丁이 동시에 포함되어 있거나 아예 한명도 포함하지 않는 선택지 ②번과 ③번을, 丁이 가는 경우에 乙을 포함하지 않는 선택지 ⑤번은 Point up 에서 분류한 기본 기준에 어긋나는 것이므로 구체적인 판단 없이 바로 제외하고 남은 선택지만 정오를 판정하면 쉽게 정답을 가려낼 수 있다.

19 ··· p.89

정답 ⑤

Point up

제시문에서 주어진 실험 조건을 통해 4종류(A, B, C, D)의 세균은 2일차 실험으로 각각 다른 세균과 2번씩 짝을 짓고 보관되는 사실에 주목하고, 추론 과정을 맨 아래쪽 실험결과로부터 거꾸로 파악하는 것이 중요하다. 즉, ⅰ) 실험이 종료된 후의 각 세균의 생존지수 증감을 가능하게 하는 ⅱ) 세균 간 관계에 따른 생존지수의 변화 중 2번의 적용으로 결과가 가능한 경우를 판단(기피와 천적은 2가지, 독립과 공생은 1가지)하고 ⅲ) 그 조합 관계에 따른 구체적인 세균의 종류를 파악하여 최종적으로 실험과정상 2일차 실험에서 짝이 되는 세균을 결정한다. 이 경우 ⅰ) → ⅱ) 과정 중에 세균 간 관계가 한 가지로 정해지는 B세균과 D세균을 먼저 판단한다.(단, 각 세균별 괄호의 점수는 '초기 생존지수 − 2일차 실험종류 후 생존지수' 값이고, 해당 관계의 실험 일자는 고려하지 않음)

☑ B세균의 경우(+1점) ★

'공생−기피'의 조합만으로 실험이 진행되어야 하므로 2일간 <B-D>와 <B-C>의 조합으로 진행되었을 것이다.

Power up <B-D>의 조합으로 실험이 진행된 일자에는 다른 수조에는 <A-C>조합으로 실험이 진행되고, <B-C>인 경우에는 <A-D>의 조합이 진행되었음을 쉽게 확인할 수 있다.

☑ D세균의 경우(−1점)

'공생−천적(D약세)'의 조합만으로 실험이 진행되어야 하므로 <B−D>와 <A−D>의 조합으로 진행되었을 것이다.

Power up 천적관계인 경우 <C−D>의 조합도 가능하나, B세균 조합의 결과에 따라 <A−D>로 확정한다.

☑ A세균의 경우(−2점)

'독립−기피'의 조합이거나 '천적(A강세)−기피'의 조합이 가능하다. 하지만, 독립관계는 A와 B의 조합으로 유일하고, B세균이 독립관계의 조합에 해당하지 않으므로 A세균은 **천적(A강세)−기피**'의 조합으로 실험이 진행되어야 하는데, B세균과 D세균의 경우에 따라 이를 만족한다.

☑ C세균의 경우(−4점)

'독립−천적(C약세)'의 조합이거나 '기피−기피'의 조합이 가능하다. 하지만, 독립관계는 A와 B의 조합으로 유일하고, C세균은 해당하지 않으므로 C세균은 **기피−기피**'의 조합으로 실험이 진행되어야 하고, B세균과 D세균의 경우에 따라 이를 만족한다. 따라서, 4종류(A, B, C, D)의 세균을 대상으로 한 2일자 실험에서 일자와 상관없이 <B−D: **공생**>와 <A−C: **기피**>, <B−C: **기피**>와 <A−D: **천적(A강세, D약세)**>의 조합으로 실험이 진행되었음을 알 수 있다.

ㄱ. (×) 천적관계에 있는 <A−D>의 실험이 진행되었다.

ㄴ. (○) 독립관계에 있는 <A−B>는 실험하지 않았다.

ㄷ. (○) 기피관계에 있는 <A−C>의 조합과 <B−C>이 일자를 달리해서 실험이 진행되었다.

ㄹ. (○) C세균은 기피관계에 있는 세균A와 세균B의 조합으로 일자를 달리해서 실험이 진행되었다.

Speed up

실전에서는 ★의 B세균에 대한 판정만으로 실험하는 세균의 조합이 확정되므로 이를 바탕으로 막바로 <보기>의 내용을 세균 간의 관계를 참고하여 정오를 판단한다면 빠른 풀이가 가능하다.

20 ·· p.90

정답 ①

Point up

제시문에 주어진 자료에서 ⅰ)기본조건(4명 이상, 완충 시 200km이상 주행)의 충족 여부, ⅱ)충전시간에 따른 급속/완속 충전기의 구분, ⅲ)지원금 고려 실구매 비용의 산정, ⅳ)점수 계산 방식의 적용의 순으로 순차적으로 판단하여 해당되지 않는 차량을 소거해 가는 방식(<선택지 소거법>)으로 풀이한다. 특히, 급속 충전기는 구매 및 설치 비용에서 전액 지원하는 완속 충전기와 달리 소요되는 2,000만 원을 지원하지 않아 완속 충전기가 더 저렴할 수 있을 것이란 예상을 하기 쉬우니 이와 같은 함정에 빠지지 않도록 주의한다.

〈차량별 조건에 따른 실구매비용과 '점수 계산 방식'의 적용 결과〉

차량	A	B	C	D	E
최고속도 (km/h) → 감점	130	100 → −4	120	140	120
완전충전 시 주행거리(km)	250	200	250	300	300
충전시간 (완속 기준) → 구매·설치비용	7시간 → 급속 (+2,000)	5시간 → 완속 (무료)	8시간	4시간 → 완속 (무료)	5시간 → 완속 (무료)
승차 정원 → 가점	6명 → +2	8명 → +4	2명 (인원수 충족X)	4명	5명
차종 → 지원금액	승용 → −2,000	승합 → −1,000	승용 (경차)	승용 → −2,000	승용 → −2,000
가격(만 원)	5,000	6,000	4,000	8,000	8,000
실구매비용 (만 원)	5,000	5,000		6,000	6,000

따라서, 甲이 구매하게 될 차량은 실구매비용이 5,000만 원으로 가장 저렴한 A차량과 B차량 중에서 '점수 계산 방식'에 따라 점수가 2점 더 높은 A차량이 된다.

21 ·· p.90

정답 ④

Point up

A서비스를 이용할 수 있는 핵심조건인 제3문단(인천공항, 13:00~24:00 출발, 국제선, 단 미주노선 제외)에 집중하여, 이용 기준에 부합하지 않는 항목들이 포함되어 있는 선택지를 제거하여 판단할 것

	숙박 호텔	항공기 출발 시각	출발지	목적지
① (×)	○○호텔	15:30	김포공항 (×)	제주 (×)
② (×)	◇◇호텔	14:00	김포공항 (×)	베이징
③ (×)	○○호텔	15:30	인천공항	사이판 (×)
④ (○)	◇◇호텔	21:00	인천공항	홍콩
⑤ (×)	○○호텔	10:00 (×)	인천공항	베이징

22 ·· p.91

정답 ①

〈신청 현황〉

신청 병원	전문의 수	점수	전문의 평균 임상 경력	점수	행정처분을 받은 적이 있는 의사수	점수	가장 가까이 있는 기존 산재보험 의료기관까지의 거리	점수	총합
甲	6명	8	7년	14	4명	2	10 km	4.4	28.4
乙	~~2명~~		17년		1명		8 km		
丙	8명	10	5년	10	0명	10	1 km	-4	26
丁	4명	8	11년	20	3명	2	2 km	-5.6	24.4
戊	3명		12년		2명		~~500 m~~		

따라서, 신청병원 (甲 ~ 戊)중에서 산재보험 의료기관으로 지정되는 곳은 점수의 총합이 28.4점으로 가장 높은 <u>甲병원</u>이 된다.

23 ·· p.91

정답 ②

Point up

최빈값(A점)을 기준으로 편차의 총합을 계산해 본 자료 참고할 것.

〈후보도시 평가표〉

구분	서울	인천 (+5)	대전	부산 (+5)	제주
1) 회의 시설 1,500명 이상 수용가능한 대회의장 보유 등	A	A	C (제외 사유)	B (-3)	C (제외 사유)
2) 숙박 시설 도보거리에 특급 호텔 보유 등	A	B (-3)	A	A	C
3) 교통 공항접근성 등	B (-3)	A (+5)	C	B (-3)	B
4) 개최 역량 대규모 국제행사 개최 경험 등	A	C (-7)	C	A	B
편차의 총합	-3	0		-1	

※ '바다' 추가 점수: 인천, 부산 각 +5점씩,
'교통' 추가 점수: 인천 +5점
따라서 국제행사의 개최도시로 선정될 곳은 ② 인천이다.

24 ·· p.92

정답 ④

제시문의 지원기준 표 아래의 내용들을 위에서부터 순서대로 <지원기준1>부터 <지원기준4>로 설명하기로 한다. 지원기준과 지원현황에 따른 5명의 지원금은 다음과 같다.

① 甲: 지원기준에 적합하고 <지원기준1>에 따라 지원금단가 kW당 80만 원을 적용하면 지원금은 $8kW \times 80$만원$/kW = 640$만원이다.

② 乙: 乙의 설비종류는 태양열이고 전월 전력사용량이 550kWh인데, <지원기준3>에 따라 전월 전력사용량이 450kWh 이상인 건물은 태양열 설비지원 대상에서 제외되므로 지원금을 받지 못한다.

③ 丙: <지원기준2>에 따라 국가 및 지방자치단체 소유의 건물은 지원대상에서 제외되므로 건물소유자가 국가인 丙은 지원금을 받지 못한다.

④ 丁: 지원기준에 적합하고 <지원기준1>에 따라 지원금단가 kW당 50만 원을 적용하면 지원금은 $15kW \times 50$만원$/kW = 750$만원 이다.

⑤ 戊: 戊의 설비종류는 연료전지이고 용량(성능)이 3kW인데, <지원기준4>에 따르면 연료전지의 경우 1kW이하의 용량(성능)을 벗어나는 신청은 지원대상에서 제외되므로 지원금을 받지 못한다.

Speed up

지원대상 제외 인원을 빠르게 판단하여 소거한 후 결국 지원금 지원대상이 甲과 丙만이 남게 되므로 계산은 최소화하도록 상황을 파악하는 것이 중요하다.

25 ·· p.92

정답 ①

대화문 내용 중에 세훈이 선택하는 여행지를 판단하는 데 있어, 중요한 기준을 정리하면 다음과 같다.

ⅰ) 세훈 첫 번째 대화문: 세훈이가 사용가능한 연가 1일을 포함하여 최대 여행일수를 계산하면 5일이다. ('토-일-월-<u>연가</u>-수' 또는 '수-<u>연가</u>-금-토-일'이 가능)

ⅱ) 세훈 두 번째 대화문: 편도 총 비행시간이 8시간 이내이면서 직항노선으로 한다.

ⅲ) 세훈 세 번째 대화문: 주어진 기간 내에서 최대한 길게 일정을 잡는다.

위의 기준을 종합해 볼 때, 세훈이 선택하는 여행지는 <u>두바이</u>이다.

Speed up

선택지 소거법에 따라 모스크바-여행기간(6박8일), 방콕-1회 환승, 뉴욕-총비행시간(14시간)은 조건에 맞지 않으므로 세훈이가 선택할 여행지 대상에서 제외한다. 따라서, 조건에 맞는 여행지는 두바이와 홍콩뿐이므로 그중 기간이 긴 여행지를 선택하면 쉽게 정답을 찾을 수 있다.

26 .... p.93

정답 ②

2017학년도 A대학교 ○○학과 지원자 원점수 성적을 토대로 과목별 등급표에 따른 등급 합과 원점수의 합산 점수를 계산하면 다음과 같다.

지원자	국어(등급)	수학(등급)	영어(등급)	등급 합	원점수 합산점수
甲	90(3)	96(1)	88(3)	7	274
乙	89(3)	89(1)	89(2)	6	267
丙	93(2)	84(2)	89(2)	6	266
丁	79(4)	93(1)	92(2)	7	264
戊	98(1)	60(4)	100(1)	6	258

따라서, 제시문의 A대학교 ○○학과 입학전형에 따른 합격자는 3개 과목 평균등급이 2등급(3개 과목 등급의 합이 6) 이내인 자 중에서, 3개 과목 원점수의 합산 점수가 가장 높은 乙이 된다.

Speed up

선택지 소거법을 통해 평균등급에 미달되는 甲과 丁은 탈락시키고, 남은 지원자 중에서 원점수 합산점수 순으로 판단한다. 특히, 원점수 합산 점수가 가장 큰 甲을 선택하지 않도록 주의해야 한다. 이 때, 乙과 丙의 합산 점수 비교 시 각자의 3과목 점수의 합으로 비교하는 것보다 과목간 점수차를 계산하여 비교(乙은 丙에 비해 국어는 −4점, 수학은 +5점, 영어는 0점이므로 총 +1점이 점수차가 나므로 乙이 丙보다 합산점수가 높다)하는 것이 훨씬 수월하다. 보통 2개를 상대적으로 비교하여 토너먼트식으로 순위를 정해나가는 방식으로 다른 문제 등에도 활용하면 좋다.

27 .... p.93

정답 ④

제시문의 ○○부 아동 방과 후 교육 사업에서 허용되는 사업비 지출품목 기준을 정리하면 다음과 같다.
(1) 원칙: 사업목적이 '사업운영'인 경우에만 허용
(2) 예외: 품목당 단가가 10만 원 이하인 '서비스 제공'의 사업
목적인 경우와 사용연한이 1년 이내인 경우에 한해 허용
따라서, 주어진 기준에 따라 허용되는 사업비 지출품목은 원칙적으로 사업운영을 목적으로 하는 인형탈과 예외적으로 사용연한이 6개월인 프로그램 대여, 품목당 단가 기준에 적합한 서비스 제공인 블라인드로 총 3가지이다.

28 .... p.94

정답 ⑤

① (×) 면의 경우, 성인 1인분 기준이 200g이고, 2.5인분인 500g 중 절반에 해당하는 250g 이상이 냉장고에 없으므로 (냉장고에 200g만 있음) 구매해야 하는 재료이고, 냉장고에 있는 200g을 감안할 때 300g을 추가 구매해야 한다.
② (×) 양파의 경우, 성인 1인분 기준이 60g이고, 2.5인분인 150g 중 절반에 해당하는 75g을 초과하는 100g이 냉장고에 있으므로 양파는 구매하지 않는다.
③ (×) 새우의 경우, 우선, 냉장고에 보관중인 재료가 없으므로 구매해야 하고, 새우는 예외적으로 아들이 1인분의 양을 먹으므로 총 성인 3인분의 양이 필요하다. 따라서, 성인 1인분 기준이 40g이므로 총 120g의 새우를 구입해야 한다.
④ (×) 건고추의 경우, 우선, 냉장고에 보관 중인 재료가 없으므로 구매해야 하고, '고추'가 들어간 단어의 재료이므로 성인 1인분 기준 8g의 5/4에 해당(2.5인분의 절반)하는 10g을 구매해야 한다.
⑤ (○) 돼지고기의 경우, 성인 1인분 기준이 90g이고, 2.5인분인 225g중 절반에 해당하는 112.5g 이상이 냉장고에 없으므로(냉장고에 100g만 있음) 구매해야 하는 재료이고, 냉장고에 있는 100g을 감안할 때 125g을 추가 구매하면 된다.

29 .... p.94

정답 ⑤

Point up

제시문에 주어진 광고수단별 광고효과를 계산함에 있어, 광고 횟수의 단위가 불일치하므로 '월' 단위 → '일' 단위로 통일(4월이므로 30일 기준)하여 계산하는 것에 주의하고, 광고비용이 예산을 초과하는 'KTX'수단은 계산에 포함시키지 않는 것이 중요하다.

Power up

광고 횟수의 단위를 통일하는 경우, 원래는 '광고수단은 한 달 단위로 선택'한다고 되어 있으므로 '월' 단위로 계산해야 하지만, '일' 단위로 주어진 수단이 대부분이므로 'TV'수단의 단위를 '일'단위로 변경하는 것이 효율적이다)

☑ 〈표〉에 따른 각 광고수단의 광고효과는 다음과 같다.

광고 수단	광고 횟수 (일 기준)	회당 광고노출자 수 (만 명 기준)	월 광고비용 (천 만 원)	광고효과
TV	일 0.1회	100만 명	3	$0.1 \times 100/3$ $= 10/3$
버스	일 1회	10만 명	2	$1 \times 10/2 = 10/2$
~~KTX~~	~~일 70회~~	~~1만 명~~	3.5	
지하철	일 60회	0.2만 명	2.5	$60 \times 0.2/2.5$ $= 12/2.5$
포털 사이트	일 50회	0.5만 명	3	$50 \times 0.5/3$ $= 25/3$

각 항목별로 '밑줄'로 표시한 단위로 통일하고, 해당 단위에 따라 변환한 수치는 진하게 표시하였다. 조금이라도 계산의 부담을 줄이기 위한 방식을 적용한 것이니 참고 바라고, 마지막 광고효과의 결과 값도 끝까지 계산하지 말고 분수비교법 등을 통해 상대적 순위만 결정하는 것이 효율적이다.

따라서, A사무관이 선택할 4월의 광고수단은 광고효과가 가장 높은 '포털사이트'이다.

30 ·· p.95

정답 ⑤

□ 2017년 3월 인사 파견의 지원자별 선발 자격 분석

직원	직위	근무부서	근무평정	어학능력	직전 인사파견 시작 시점	배제 사유
A	과장	과학기술과	65 (X)	중	2013년 1월	근무 평정 70점 미만
B	과장	자치행정과	75	하	2014년 1월	
C	팀장	과학기술과	90	중	2014년 7월 (X)	직전 인사 파견기간 종료 후 2년 미만 경과
D	팀장	문화정책과	70	상	2013년 7월	
E	팀장	문화정책과	75	중	2014년 1월	
F	-	과학기술과	75	중	2014년 1월	반드시 선발
G	-	자치행정과	80	하	2013년 7월	

※ 마지막 〈선발 조건〉의 판단 Tip

직전 인사 파견 기간이 종료된 이후 2년 이상 경과 여부는 파견이 1년간 이루어짐을 감안하여 애초에 3년을 기준으로 산정하는 것이 좋다.

① (×) A, D, F → A직원은 근무평정 미달로 선발 자격 ×

② (×) B, D, G → 반드시 선발되어야 하는 F직원을 포함하지 않음

③ (×) B, E, F → 어학 능력이 '상'인 직원이 포함되지 않았고, B직원(과장)이 선발되는 경우에는 G직원도 반드시 선발되어야 하는데 포함X

④ (×) C, D, G → C직원은 직전 인사 파견 기간 종료된 이후 2년 이상 경과하지 않아 선발 자격 ×

⑤ (○) D, F, G → 모든 선발 조건을 충족함

CHAPTER 02 조건판단 – 의사결정형(비교, 평가, 최선)

3.2 의사결정(비교, 평가, 최선)

01 ·· p.96

정답 ②

Point up

평균속력은 잔여거리(A)를 잔여시간(B)로 나눈 값으로 A와 B의 값의 변화(증가 또는 감소)가 평균속력에 기존 값에 비해 전체 값에 어떤 영향을 주는지 상관관계를 기준으로 판단한다.

ㄱ. (○) A가 증가하고 B가 감소하면 평균속력은 더 높아지므로 甲은 항상 대안경로를 선택할 것이다.

ㄴ. (×) A와 B가 모두 증가한다 하더라도 A증가율보다 B의 증가율이 더 크다면 평균속력은 더 낮아질 것이므로 甲은 기존경로를 유지할 것이다.

ㄷ. (○) A와 B가 모두 감소한다 하더라도 A감소율보다 B의 감소율이 더 크다면 평균속력은 더 높아질 것이므로 甲은 대안경로를 선택할 것이다.

ㄹ. (×) A가 감소하고 B가 증가하면 평균속력은 더 낮아지므로 甲은 기존경로를 유지할 것이고 대안경로를 선택하는 경우는 없다.

02 ·· p.96

정답 ③

Point up

방식별 일일 업무량을 요일별 기본업무량과 비교하여 기준에 따라 판단한다.

	월요일	화요일	수요일	목요일	금요일
기본 업무량	60	50	60	50	60
방식1	100 (칭찬)	80 (칭찬)	60 (−)	40 (꾸중)	20 (꾸중)
방식2	0 (꾸중)	30 (꾸중)	60 (−)	90 (칭찬)	120 (칭찬)
방식3	60 (−)	60 (칭찬)	60 (−)	60 (칭찬)	60 (−)

ㄱ. (×) 방식1을 선택할 경우 화요일에는 칭찬을 듣는다.

ㄴ. (○) 어느 방식을 선택하더라도 수요일에는 칭찬도 꾸중도 듣지 않는다.

ㄷ. (○) 어느 방식을 선택하더라도 칭찬을 듣는 날수는 2일로 동일하다.

ㄹ. (×) 모든 방식이 칭찬을 듣는 날수가 동일하므로 칭찬을 듣는 날수에서 꾸중을 듣는 날수를 뺀 값을 최대로 하려면 꾸중을 듣는 날수가 최소가 되는 방식3을 선택해야 한다.

03 ·· p.97

정답 ④

Point up

사업자별로 기본심사 점수에서 감점 사항별로 횟수당 감점점수를 뺀 최종점수로 사업자 자격요건에 대한 재허가 심사 결과를 판정한다.

사업자	기본심사 항목별 점수				합산점수
	㉮	㉯	㉰	㉱	
A	20	23	17	?	60+㉱
B	18	21	18	?	57+㉱
C	23	18	21	16	78

사업자	과태료 부과횟수 (×2)	제재 조치 횟수			합산 점수
		경고 (×3)	주의 (×1.5)	권고 (×0.5)	
A	3 (6)	−	−	6 (3)	9
B	5 (10)	−	3 (4.5)	2 (1)	15.5
C	4 (8)	1 (3)	2 (3)	−	14

ㄱ. (×) A의 ㉱항목이 15점이라면 최종점수가 66점(75−9)이 되어 '허가정지'로 판정한다.

ㄴ. (○) B의 허가가 취소되지 않으려면 최종점수(57+㉱−15.5)가 60점 이상이 되어야 하므로 B의 ㉱항목의 점수가 19점 이상이어야 한다.

ㄷ. (○) C의 최종점수는 64점(78−14)으로 '허가정지'에 해당하지만 만약 과태료를 부과받은 적이 없다면 최종점수가 72점(78−6)이 되어 '재허가'로 판정결과가 달라진다.

ㄹ. (×) 기본심사 점수와 최종심사 점수 간의 차이가 가장 큰 사업자는 감점 점수의 크기가 가장 큰 B이다.

04 ·· p.97

정답 ③

Point up

동일한 양(2kg)의 CO_2배출량을 기준으로 전기와 도시가스의 사용 요금을 정산하여 <보기>의 정오를 판정한다.

ㄱ. (○) 전기는 5kWh당 100원, 도시가스는 1 m^3당 60원의 사용 요금으로 동일한 2kg의 CO_2를 배출하므로 1만 2천 원을 각각 사용한 경우에는 전기는 총 240kg, 도시가스는 총 400kg의 CO_2를 배출하게 되므로 전기 사용으로 인한 월 CO_2 배출량이 도시가스 사용으로 인한 월 CO_2 배출량보다 적다.

Power up

동일한 양의 CO_2를 배출하는 데 드는 사용 요금이 전기가 도시가스에 비해 더 비싸므로 전기와 도시가스의 총 사용 요금이 같다면 전기 사용으로 인한 월 CO_2배출량이 도시가스 사용으로 인한 월 CO_2배출량보다 적을 것으로 예측하면 충분하다.

ㄴ. (○) 매월 전기 요금이 5만 원인 경우 월 CO_2배출량은 10,000kg(50,000원÷100원×2kg)이고, 도시가스 요금이 3만 원인 경우 월 CO_2배출량도 10,000kg(30,000원÷60원×2kg)으로 동일하다.

Power up 동일한 양의 CO_2를 배출하는 데 드는 전기와 도시가스의 요금의 비율이 100원:60원=5:3이므로 전기와 도시가스로 각각 5만 원과 3만 원을 사용하는 경우에는 CO_2배출량은 동일하다.

ㄷ. (×) 전기 1kwh를 절약하는 경우 CO_2배출량이 0.4kg 감소하고, 도시가스 1m^3를 절약하는 경우에는 CO_2배출량이 2kg 감소하므로 도시가스를 절약한 가구가 더 많은 포인트를 지급받는다.

05 .... p.98

정답 ⑤

Point up

국가별 X의 1톤당 수입비용을 고려하여 유불리를 판정한다. 이 때 비교대상 국가 간에 항목당 비용차이에 주목하여 판정하는 것도 효율적이다.

국가	1톤당 단가	관세율	1톤당 물류비	1톤당 수입비용(달러)
A국	12달러	0%	3달러	12×1+3=15
B국	10달러	50%	5달러	10×1.5+5=20
C국	20달러	20%	1달러	20×1.2+1=25

ㄱ. (○) 甲국이 B국과 FTA를 체결한다면 B국에서 수입하는 X에 대한 관세율이 0%가 되므로 1톤당 수입비용은 10×1+5=15달러로 낮아져 A국과 동일하게 된다.

Power up 각국의 1톤당 수입비용을 계산하지 않고 X의 거래조건만으로 판정한다. B국의 관세율이 0%인 경우 1톤당 단가는 B국이 A국에 비해 2달러가 낮고 1톤당 물류비는 2달러가 높으므로 서로 상쇄되어 1톤당 수입비용은 동일하다.

ㄴ. (×) C국의 1톤당 단가가 12달러인 경우에 1톤당 수입비용은 12×1.2+1=15.4달러가 된다. 따라서 甲국은 기존에 A국에서 수입하던 비용(15달러)보다 더 많은 비용이 발생하므로 C국으로부터 X를 수입하지 않을 것이다.

Power up 1톤당 단가는 C국이 A국에 비해 2.4달러가 높고 1톤당 물류비는 2달러가 낮으므로 1톤당 수입비용은 C국이 0.4달러가 더 높아 여전히 불리하다.

ㄷ. (○) A국에서 수입하는 경우 추가되는 보험료를 반영하면 수입비용은 총 21달러이고 B국에서 수입하는 경우 수입비용은 20달러이므로 甲국은 A국보다 B국에서 X를 수입하는 것이 수입비용 측면에서 더 유리하다.

Power up 1톤당 단가는 B국이 A국에 비해 3달러가 높고 1톤당 물류비는 2달러가 높아 총 5달러가 높지만 A국의 추가 보험료가 6달러이므로 결국 B국이 1달러가 낮으므로 유리해진다.

06 .... p.98

정답 ②

Point up

사전평가 결과가 '적정'인 경우의 지원정책과 '부적정'인 경우의 제한조치를 기준으로 <보기>의 정오를 판정한다.

ㄱ. (×) 지방자치단체가 공립 미술관을 설립하려는 경우에는 국비지원여부와 상관없이 반드시 사전평가를 받아야 하므로 A는 사전평가를 거치지 않고는 甲미술관을 설립할 수 없다.

ㄴ. (×) 乙미술관이 사전평가에서 '적정'으로 판정되는 경우 B는 부지매입비를 제외한 건물건축비 40억에 대해 최대 40%인 16억 원을 국비로 지원받을 수 있다.

ㄷ. (○) 丙박물관이 2019년 하반기부터 2020년 상하반기에 연속해서 3회 '부적정'으로 판정된 경우 C는 향후 1년간 사전평가 신청이 불가능하므로 2021년 상반기 사전평가를 신청할 수 없다.

07 .... p.99

정답 ③

Point up

개정안별로 평가점수의 총합과 평가점수를 높일 수 있는 추가절차를 고려하여 채택여부를 결정한다. 특히 동점처리 규정과 제외조건에 주의한다.

ㄱ. (○) 추가절차를 진행하지 않는 경우 (가)는 입법부 수용가능성 항목의 평가점수가 1점이므로 대상에서 제외되며 나머지 개정안 중에 총합이 더 높은 (나)가 채택된다.

ㄴ. (○) 3개 개정안 모두를 대상으로 입법부 수용가능성을 높이는 절차를 최대로 2회 진행하면 개정안 모두 동일하게 1점(1회당 0.5점)씩 추가되어 (가)도 다시 대상에 포함되므로 평가점수의 총합이 14점으로 동일한 (가)와 (나) 중에 국정과제 관련도 점수가 더 높은 (가)가 채택된다.

ㄷ. (×) (나)에 대한 부처 간 회의를 1회 진행하는 경우에 2점이 추가되고 (다)에 대한 관계자간담회를 2회 진행하는 경우에도 2점이 추가되므로 여전히 (나)의 평가점수의 총합이 더 높아 (나)가 채택된다.

08 ··· p.99

정답 ⑤

Point up

우선, 순위산정의 기준으로 제시된 정성평가 기준에서 평가 항목별 해당 기관의 선정비율을 파악(상:중:하=1:3:1)하는 것이 중요하다. 이 후 주어진 <상황>에서 훼손되지 않은 부분의 각 기관별 정성평가 점수는 어떤 배점으로 구성되는지 확인하고, 훼손된 부분에 가능한 점수를 고려하여 선택지의 정오를 판정한다.

☑ <상황>의 분석 및 훼손된 평가 점수의 복원

평가 기관	정량 평가	정성평가 (협력 배점＋종합평가 배점)				최종점수 (정량평가 ＋정성평가)			
A	71	20 (10＋10)				91			
B	80	11 (6＋5)				91			
C	69	11 (6＋5)				80			
		D기관과 E기관이 획득 가능한 정성평가 점수와 최종점수의 조합							
		(i)	(ii)	(iii)	(iv)	(i)	(ii)	(iii)	(iv)
D	74	4 (3＋1)	7 (6＋1)	8 (3＋5)	11 (6＋5)	78	81	82	85
E	66	11 (6＋5)	8 (3＋5)	7 (6＋1)	4 (3＋1)	77	74	73	70

정성평가 기준 선정비율에 따라 '상'은 1개 기관, '중'은 3개 기관, '하'는 1개 기관에 배점이 된다. 훼손되지 않은 A, B, C기관의 정성평가 점수를 통해 'A기관: 상＋상, B기관: 중＋중, C기관: 중＋중'이고, 훼손된 D기관과 E기관의 점수는 D기관을 기준하여 위의 표에서 왼쪽부터 '하＋하, 중＋하, 하＋중, 중＋중' 순으로 오름차순 방식으로 점수를 기록하였다.

※ [협력 배점＋종합평가 배점]으로 평가 항목을 결정함

① (×) 훼손된 기관 중에 최종점수가 더 높은 D기관의 최대 점수도 85점에 불과하므로 A기관은 1위로 확정된다.

② (×) 훼손된 기관 중에 최종점수가 더 높은 D기관의 최대 점수도 85점에 불과하므로 B기관은 2위로 확정된다.

③ (×) 위의 분석표에 따라 훼손된 D기관과 E기관이 진한 박스 부분의 점수(ii~iv)를 최종점수로 획득한다면, C기관은 4위가 된다.

④ (×) 위의 분석표에 따라 훼손된 D기관과 E기관이 진한 박스 부분의 점수(ii~iv)를 최종점수로 획득한다면, D기관은 3위가 된다.

⑤ (○) E기관은 정성평가 점수를 최대로 획득한다 하여도 최종점수는 77점에 불과하므로 5위로 확정된다.

09 ··· p.100

정답 ④

Point up

사슴 혹은 맹수로 살 때의 총 효용을 계산하는 방식(제2문단)과 사슴이 맹수를 선택하는데 있어 제한조건 2가지(제3문단: i) 여생의 총 효용이 줄어드는 선택X＋ii) 포기해야 하는 수명 < 사슴의 남은 수명)를 정확히 파악하여 <보기>의 정오를 판정한다.

ㄱ. (×) 사슴으로 살 경우의 총 효용은 $13 \times 40 = 520$인데 반해 곰으로 살 경우의 총 효용은 $(13-11) \times 170 = 340$에 불과하여 사슴은 곰을 선택하지 않을 것이다.

ㄴ. (○) 사슴으로 살 경우의 총 효용은 $20 \times 40 = 800$인데 반해 독수리로 살 경우의 총 효용은 $(20-5) \times 50 = 750$에 불과하여 사슴은 독수리를 선택하지는 않을 것이다.

ㄷ. (○) 사슴의 남은 수명을 n년이라고 하면, 호랑이로 살 경우의 총 효용은 $(n-13) \times 200$이고 사자로 살 경우의 총 효용은 $(n-14) \times 250$이 된다. 따라서 둘의 총 효용을 같다고 하면, $n=18$로 자연수 n이 존재하므로 옳은 내용이다.

Power up

사슴의 남은 수명이 18년인 경우 사슴으로 살 경우의 총 효용은 $18 \times 40 = 720$이고, 호랑이로 사는 경우의 총 효용은 $(18-13) \times 200 = 1,000$(사자의 경우에도 총 효용은 동일함)이므로 여생의 총 효용이 줄어들지 않아 선택할 수 있다.

10 ··· p.100

정답 ①

Point up

5개의 평가항목 간 가중치가 0.2로 동일하다는 점에서 평가점수의 총점은 평가항목의 점수들의 평균과 같다는 점을 확인하고 등급을 구분하는데 활용하는 것이 효과적이다. 이 때, '가평균'을 활용하여 계산하면 보다 쉽게 정오를 판정할 수 있다.

ㄱ. (○) A시설의 5가지 항목의 평가점수는 모두 90점 이상이기 때문에, 평가점수의 총점을 구하지 않더라도 1등급 시설임을 짐작할 수 있다. 따라서 A시설은 특별한 조치가 없으므로 관리 정원을 감축하지 않아도 된다.

ㄴ. (○) B시설의 평가점수의 총점(산술평균과 일치)은
$$\frac{90+70+70+70+95}{5}=79점이므로, 3등급 시설에 해당$$
한다. 따라서, B시설은 관리 정원을 감축(10%)해야 하나 정부의 재정지원은 받을 수 있다.

Power up B시설의 평가점수의 총합을 계산하는 경우에 가평균(평균값을 임의의 값으로 예정, 즉 예측되는 평균값을 의미)을 이용하여 계산하면 수월해진다. 예컨대, 가평균을 70점으로 가정한 후, 각 항목의 평가점수와의 차(변량(자료의 값)−가평균=과부족)의 합산 평균값($\frac{20+0+0+0+25}{5}=9$)을 가평균에 더하면 실제 평균값이 된다. 가평균을 80점으로 하여도 결과($80+\frac{10+(-10)+(-10)+(-10)+15}{5}=79$)는 같다.

주로 자료해석 영역에서 활용되는 개념이지만, 산술평균을 구하는 경우에는 유용하게 쓰이므로 알아두는 것이 좋다. 단, 본 상황에서와 같이 5개의 모든 평가항목에 곱해지는 가중치가 동일한 경우에 한해 적용이 가능하므로 주의해야 한다.

ㄷ. (×) C시설의 평가점수의 총합은 65점을 가평균으로 하여 계산해보면, $65+\frac{15+0+(-10)+(-5)+(-15)}{5}=62$ 점이므로 4등급에 해당되고, 만약 평가항목에서 환경개선의 가중치를 0.3으로, 복지성과의 가중치를 0.1로 바꾼다 하더라도, 평가점수의 총합은 $80×0.3+65×0.2+55 ×0.2+60×0.1+50×0.2=64$점으로 4등급에 해당되어 C시설은 여전히 정부의 재정지원을 받을 수 없다.

Power up ㄷ과 같이 가중치의 변동이 생긴 경우에는 원래의 규칙대로 '각 평가항목 점수×가중치' 값을 합산해서 계산할 수도 있지만, 기왕이면 결과적으로 변동된 값만을 반영하여 빠르게 구하는 것이 유리하다. 즉, 환경개선 항목에서는 0.1만큼의 가중치가 증가하였으므로 8점이 더해지고(+8), 복지성과 항목에서는 0.1만큼 가중치가 감소하였으므로 6점이 빠지게 된다. (−6) 변동된 점수의 총점은 +2점이 되므로, 이를 기존 평가점수의 총합에 반영(62점+2점=64점)하면 전부를 계산하지 않아도 쉽게 확인할 수 있다.

ㄹ. (×) D시설의 평가점수의 총합은 73점으로 3등급 시설에 해당되어, 관리 정원의 10%를 감축해야 하지만, 정부의 재정지원은 받을 수 있다.

11 ··· p.101

정답 ④

Point up

A국과 B국에서 대기오염정도를 나타내는 통합지수를 산정하는 각각의 방식을 확인하고, 방식 차이로 인하여 양국의 적용기준을 서로 다른 국에 적용할 경우 결과가 상이할 수 있음을 고려하여 <보기>의 내용의 정오를 판단한다.

ㄱ. (○) A국과 B국의 통합지수의 산정방식이 상기 기준과 같이 상이하므로, A국과 B국의 통합지수가 동일하더라도, 각 대기오염 물질의 농도는 다를 수 있다.

ㄴ. (×) B국의 통합지수 산정방식에서 6개의 대기오염 물질 중에 대기환경지수가 101이상인 물질이 2개 이상이 있는 경우에는 최댓값이 160일 때, 통합지수는 160+20=180으로 산정한다. 따라서 B국의 통합지수가 180이라면, 6가지 대기오염 물질의 대기환경지수 중 가장 높은 것은 180 미만일 수 있다.

ㄷ. (○) A국의 통합지수 산정방식은 대기오염 물질에 대한 대기환경지수의 평균값으로, A국이 대기오염 등급을 '해로움'으로 경보한 경우, 각각의 대기오염 물질의 평균값이 151~200사이에 해당하는 것만 확인할 수 있을 뿐, 그 정보만으로는 특정 대기오염 물질 농도에 대한 정확한 수치를 알 수 없다.

ㄹ. (○) A국에서 경보색깔이 '노랑'인 경우에는 행동지침에 따라 외부활동이 가능하지만, B국의 경우에 경보색깔이 '노랑'인 경우에는 행동지침에 따라 외부활동을 자제할 것이다.

12 ··· p.102

정답 ⑤

Point up

각 판단기준에 따라 정책의 유불리를 판단한다. 특히 (가)기준은 다른 기준과는 달리 국민 전체 혜택의 크기를 비교해야 하므로 두 집단 간 인구수의 비율 등이 고려되어야 하는 점에 주의한다.

ㄱ. (○) (가)를 판단기준으로 할 때 A인구가 B인구의 4배라면 각 집단에 속한 개인이 얻는 혜택의 크기를 A집단은 4인 기준으로 하고 B집단은 1인 기준으로 하여 혜택을 합산하고 이를 기초로 하여 비교하면 된다. 따라서 현행 정책의 혜택의 합은 100×4+50=450이고 개정안의 혜택의 합은 90×4+80=440이므로 국민 전체 혜택의 합은 현행 정책이 더 클 것이므로 현행 정책이 유지된다.

ㄴ. (○) (가)를 판단기준으로 할 때 B인구가 전체 인구의 30%라면 각 집단에 속한 개인이 얻는 혜택의 크기를 A집단은 7인 기준으로 하고 B집단은 3인 기준으로 하여 혜택을 합산하고 이를 기초로 하여 비교하면 된다. 따라서 현행 정책의 혜택의 합은 100×7+50×3=850이고 개정안의 혜택의 합은 90×7+80×3=870이므로 국민 전체 혜택의 합은 개편안이 더 클 것이므로 개편안이 채택된다.

ㄷ. (○) (나)를 판단기준으로 하는 경우 현행 정책과 개편안 모두 개인이 얻는 혜택이 적은 집단은 B이고 B집단은 현행 정책의 혜택(50)보다 개편안의 혜택(80)이 더 유리하므로 각 집단의 인구수와 관계없이 개편안이 채택된다.

ㄹ. (×) (다)를 판단기준으로 하는 경우 두 집단 간 개인 혜택의 차이는 현행 정책이 50이고 개편안은 10이므로 차이가 더 적은 개편안이 채택된다.

Power up (다)의 판단기준은 각 집단의 인구수와 관계없이 두 집단 간 개인 혜택의 차이를 비교하는 것이므로 'A인구가 B인구의 5배'를 고려할 필요는 없다.

13 ······ p.102

정답 ⑤

Point up

도시별 도로 건설 비용에 대해서 비용 분담안(Ⅰ안, Ⅱ안, Ⅲ안)별로 부담비용을 결정하여 정오를 판정한다. A, B, C가 분담하는 비용은 각 도시의 주민이 O로의 이동을 위해서만 도로를 이용한다는 제한조건에 주의해서 판단한다.

```
O    30km   A   30km   B   30km   C
├──────┼──────┼──────┤
     //         //         //
```

☑ 비용 분담안에 따른 건설비용(도로 1km당 건설비용은 동일하므로 분담하는 거리값을 단위를 무시하고 비용으로 간주)
- Ⅰ안: 각 도시가 균등하게 비용을 부담하므로 ∴ A=30, B=30, C=30
- Ⅱ안: 각 도시가 이용하는 구간 길이의 비는 A:B:C=1:2:3이므로 ∴ A=15, B=30, C=45
- Ⅲ안: 해당 구간을 이용하는 도시가 균등하게 부담하므로

	A	B	C
$\overline{OA}$	$30 \times \frac{1}{3} = 10$	$30 \times \frac{1}{3} = 10$	$30 \times \frac{1}{3} = 10$
$\overline{AB}$	−	$30 \times \frac{1}{2} = 15$	$30 \times \frac{1}{2} = 15$
$\overline{BC}$	−	−	30
합계	10	25	55

이상을 정리해보면 다음과 같다.

	A	B	C
Ⅰ안	30	30	30
Ⅱ안	15	30	45
Ⅲ안	10	25	55

따라서 ⑤ C의 부담 비용은 Ⅲ안이 55이고 Ⅰ안이 30이므로 Ⅲ안이 Ⅰ안의 2배 이상이 아니다.

14 ······ p.103

정답 ③

Point up

제시문에 주어진 기준별(Ⅰ~Ⅲ) 대안 선택 방식의 차이점을 정확히 비교·파악하고 <A사업의 상황별 대안의 기대이익>을 근거로 <보기>의 정오를 판정한다.

☑ 기준별(Ⅰ~Ⅲ) 대안 선택 방식의 정리
- 기준Ⅰ: 대안별 최대 기대이익 중 최댓값 (→+↓)
- 기준Ⅱ: 대안별 최소 기대이익 중 최댓값 (→+↓)
- 기준Ⅲ: (상황별 최대기대이익 − 각 대안의 기대이익) 중 최솟값 (↓+→)

A사업의 상황별 대안의 기대이익 및 후회						
구분	상황S1	상황S2	상황S3	기준 Ⅰ	기준 Ⅱ	기준 Ⅲ
대안 A1	50 (0)	16 (3)	−9 (19)	50	−9	19
대안 A2	30 (20)	19 (0)	5 (5)	30	5	20
대안 A3	20 (30)	15 (4)	10 (0)	20	10	30

★ (후회=상황별 최대 기대이익 − 각 대안의 기대이익), 진한 숫자는 각 기준별 선택 결과
ㄱ. (×) 기준Ⅰ로 대안을 선택한다면, 대안A1을 선택하게 된다.
ㄴ. (○) 기준Ⅱ로 대안을 선택한다면, 대안A3을 선택하게 된다.
ㄷ. (×) 상황S2에서 대안A2의 후회는 0이다
ㄹ. (○) 기준Ⅲ으로 대안을 선택한다면, 대안A1을 선택하게 된다.

15 ·· p.104

정답 ③

Point up

제시문에 주어진 <면접시험 결과>의 총점이 5명 모두 동일한 상황이므로 각 평가항목별 가중치의 순위를 판단하기 위해서는 <등수>가 높은 순서대로 그 순위를 결정짓는 평가기준의 항목 (해당 순위자가 3점을 득점한 평가 항목을 기준)을 찾아 판정한다. 이 때, 평가항목별 가중치의 순위를 결정한 경우에는 해당 순위자는 탈락시키고 남은 대상자끼리만 후순위를 판정하는 토너먼트식 방식을 적용하여 판정하는 것이 효과적이다.

Power up

일반적인 토너먼트의 경우에는 순위가 올라가면서 탈락자를 결정하는 반면, 본 문제의 경우 순위가 내려가면서 선 순위자를 탈락시키는 점에서 차이가 있다.

☑ 乙이 1등이 되기 위한 항목별 가중치 순위 분석

구분	甲	乙	丙	丁	戊
가치관	3	2	3	2	2
열 정	2	3	2	2	2
표현력	2	3	2	2	3
잠재력	3	2	2	3	3
논증력	2	2	3	3	2

乙이 3점을 득점한 '열정'과 '표현력'의 항목가중치가 높은 순으로 1위와 2위에 해당하여야 한다.

Power up

'열정'과 '표현력'의 항목 중 어느 항목이 1위가 되더라도 乙과 戊의 1등과 2등의 등수에는 영향이 없다.

☑ 甲이 3등이 되기 위한 항목별 가중치 순위 분석(乙과 戊의 평가점수는 가림)

구분	甲		丙(5등)	丁(4등)	
가치관	3		3	2	
열 정	2		2	2	
표현력	2		2	2	
잠재력	3		2	3	
논증력	2		3	3	

甲이 3점을 득점한 '가치관'과 '잠재력'의 항목가중치 중 '잠재력'이 '가치관'의 항목가중치보다는 높아야 4등인 丁과 5등인 丙의 결과를 만족할 수 있으므로 '잠재력' > '가치관' > '논증력'의 순서임을 추론할 수 있다.

따라서, 각 항목별 가중치를 상대적으로 비교하면, '열정', '표현력'

→ 순위결정은 불가

> '잠재력' > '가치관' > '논증력'의 순으로 결정된다.

① (×) 잠재력은 열정보다 항목가중치가 높지 않다.

② (×) 논증력은 열정보다 항목가중치가 높지 않다.

③ (○) 잠재력은 가치관보다 항목가중치가 높다.

④ (×) 가치관은 표현력보다 항목가중치가 높지 않다.

⑤ (×) 논증력은 잠재력보다 항목가중치가 높지 않다.

16 ·· p.104

정답 ②

Point up

우선, 제시문에 주어진 ⅰ) <정책 평가 결과>를 통해 각 정책의 영역별 통과 여부를 확인한 후, ⅱ) <감액 조건>에 주의(특히, '계획 대비 실적' 영역이 미통과인 경우에는 무조건 15% 감액)하여 정오를 판정한다.

〈정책 평가 결과 및 전년 대비 감액 비율〉

* 미통과만: X

정책	감액 비율	계획의 충실성	계획 대비 실적	성과지표 달성도
A	10%	96	95	76 X
B	15%	93	83 X	81
C	0%(동일)	94	96	82
D	15%	98	82 X	75 X
E	10%	95	92	79 X
F	0%(동일)	95	90	85

① (○) 전년과 동일한 금액의 예산을 편성해야 하는 정책은 C와 F로 총 2개이다.

② (×) 甲부서의 2018년도 A ~ F 정책 예산은 ⅰ) B와 D정책의 경우는 합산 예산 총 40억에 대한 15%인 6억 원이, ⅱ) A와 E 정책의 경우는 합산 예산 총 40억에 대한 10%인 4억 원이 줄어들어 전년 대비 총 10억 원이 줄어들 것이다.

③ (○) B정책은 '성과지표 달성도' 영역에서 '통과'로 판단된 경우에도 예산을 감액해야 하는 정책에 해당한다.

④ (○) 예산을 전년 대비 15% 감액하여 편성하는 정책들은 B와 D 정책이 있으며, 이들 정책은 모두 '계획 대비 실적' 영역이 '미통과'로 판단되었다.

⑤ (○) 2개 영역이 '미통과'로 판단된 정책에 대해서만 전년 대비 2018년도 예산을 감액하는 것으로 기준을 변경하는 경우에는 D정책만 해당하므로 총 1개의 정책만 감액하게 된다.

17 ···················· p.105

정답 ④

Point up

제시문에 주어진 <선정 방식>에 따라 항목별 해당하는 신문사를 표시하고, 빠르게 계산하는 것이 중요하다.

☑ 방식1

평가항목	항목별 점수			
발행부수 (부)	20,000 이상 甲, 乙, 丙	15,000~ 19,999	10,000~ 14,999	10,000 미만
	50점	40점	30점	20점
유료부수 (부)	15,000 이상	10,000~ 14,999 乙, 丙	5,000~ 9,999 甲	5,000 미만
	30점	25점	20점	15점
발행기간 (년)	15 이상	12~14 丙	9~11 乙	6~8
	20점	15점	10점	5점

→ 丙은 총점 90점으로 광고비 500만 원 > 乙은 총점 85점으로 광고비 300만 원 > 甲은 총점이 70점으로 광고비 ×

☑ 방식2

등급	발행부수(부)	유료부수(부)	발행기간(년)
A	20,000 이상 甲, 乙, 丙	10,000 이상 乙, 丙	10 이상 乙, 丙
B	10,000 이상 甲, 乙, 丙	5,000 이상 甲	5 이상 甲
C	5,000 이상 甲, 乙, 丙	2,000 이상	2 이상

→ 乙과 丙은 모두 A등급으로 광고비 400만 원 > 甲은 B등급으로 광고비 200만 원

☑ 방식3(발행부수 비율대로)
→ 甲과 乙은 모두 광고비 375만 원 > 丙은 광고비 250만 원
ㄱ. (×) 乙은 방식2의 경우 광고비 400만 원으로 가장 유리하다.
ㄴ. (○) 丙은 방식 1이 가장 유리하다.
ㄷ. (×) 방식 1의 경우, 甲은 광고비를 지급받지 못한다.
ㄹ. (○) 방식 2로 선정할 경우, 丙은 甲보다 두 배의 광고비를 지급받는다.

Speed up

실전에서는 <보기>의 효율적인 판단순서가 중요하다. ㄱ과 ㄴ의 경우는 모든 방식을 계산하여 결과를 비교해야 하는 반면에 ㄷ, ㄹ은 각각 한 가지 방식에 따른 결과만으로 정오판정이 가능하므로 먼저 검토하는 것이 좋다. ㄷ을 틀린 것으로 판정했다면, <선택지 소거법>에 따라 ②번, ③번, ⑤번을 소거하고, ㄹ을 이용해 정답을 가려내는 것이 효과적이다.

18 ···················· p.106

정답 ②

Point up

제시문에 주어진 조건을 통해 A사가 서비스센터를 설립하는 방식을 먼저 결정한 후, <설립위치 선정 기준>에 따라 최종적인 위치를 결정한다. 특히 선정 기준(20~30대 비율)에 미달하여 대상에서 제외되는 乙지역을 빠르게 파악하는 것도 중요하다.

☑ 설립방식의 결정 → (고객만족도 효과의 현재가치)−(비용의 현재가치)의 값이 큰 방식 결정
(가) 방식의 경우에는 5억 원−3억 원=2억 원이고, (나) 방식의 경우에는 4.5억 원−(2억 원+1억 원+0.5억 원)=1억 원이므로 (가) 방식으로 결정
☑ 설립위치의 결정 → {(유동인구)×(20~30대 비율)/(교통혼잡성)}의 값이 큰 위치 결정

위치	유동인구 (만 명)	20~30대 비율(%)	교통혼잡성	{(유동인구)×(20~30대 비율)/(교통혼잡성)}
甲	80	75	3	80×75/3=2,000
乙	100	50	1	
丙	75	60	2	75×60/2=2,250

따라서, A사가 서비스센터를 설립하는 방식은 **(가) 방식**이고, 설립위치는 **丙**이다.

19 ···················· p.107

정답 ①

Point up

선택지에 주어진 프로그램에 대해 ⅰ) 전문가 점수와 학생 점수의 반영 비율(3:2)에 따른 환산 점수의 합산과 ⅱ) 하나밖에 없는 분야에 속한 프로그램에 대한 가산점(취득점수의 30%)을 고려하여 가장 높은 점수의 프로그램을 선정한다.

☑ 프로그램 후보에 대한 점수의 정리 (가산점을 부여하는 분야는 '★'표시)

분야	프로그램명	전문가 점수	학생 점수	환산 점수의 합산 (전문가 점수×3 +학생점수×2)	가산점	총점
무용 ★	스스로 창작	37	25	37×3+25×2=161	48.3	209.3
음악	연주하는 교실	34	34	34×3+34×2=170	51	231
연극 ★	연출노트	32	30	32×3+30×2=156	46.8	202.8
미술	창의 예술학교	40	25	40×3+25×2=170		170
진로 ★	항공체험 캠프	30	35	30×3+35×2=160	48	208

따라서, A시가 '창의 테마파크에'에서 운영할 프로그램은 가장 점수가 높은 ①번의 연주하는 교실이다.

Power up

실전에서는 가산점을 반영한 총점은 계산할 필요가 없다. 환산 점수의 합산 점수가 가장 높은 2개의 프로그램 중에 가산점을 부여받는 프로그램을 결정하는 것으로 충분하기 때문이다.

20 ·· p.107

정답 ①

Point up

제시문에 주어진 <조건>에 따라 우선 분배금액(제조원가의 10%)을 적용한 후 남은 순이익에 대해서는 각 구분에 따른 지출 비용에 비례한 분배액을 계산하여 <보기>의 정오를 판정한다.

☑ A사와 B사에 대한 우선 분배금액과 분배기준에 따른 각 부문별 분배금액 정리 (단위 : 억 원)

구분	A사	B사
우선 분배 금액(제조원가×0.1)	20	60
남은 순이익	120	
연구개발비(1:3)	30	90
판매관리비(1:1)	60	60
광고홍보비(2:1)	80	40

ㄱ. (○) A사는 광고홍보비로 80억 원을, B사는 연구개발비로 90억 원을 각각 가장 많이 분배받게 되므로 옳은 내용이다.

ㄴ. (○) 연구개발비를 분배기준으로 한다면, B사는 150억 원을, A사는 50억 원을 분배받게 되므로 B사의 금액은 A사의 3배가 된다.

ㄷ. (×) 판매관리비를 분배기준으로 한다면, 지출한 비용의 비율이 같아 60억 원씩 분배받게 되지만, 우선 분배금액이 다르므로(A사: 20억 원, B사: 60억 원) 총 순이익에서 A사와 B사가 분배받는 금액은 동일하지 않다.

ㄹ. (×) 광고홍보비를 분배기준으로 한다면, 총 순이익에서 A사는 100억 원(20억 원+80억 원)이고, B사도 100억 원(60억 원+40억 원)이므로 두 회사의 분배금액은 동일하다.

21 ·· p.108

정답 ②

<표>

구분	스튜디오	드레스	메이크업	총액
(ⅰ)	A	C	E	76만 원
(ⅱ)	이용 안함	C	F	58만 원
(ⅲ)	A	D	E	100만 원
(ⅳ)	이용 안함	D	F	82만 원
(ⅴ)	B	D	F	127만 원

ㄱ. (×) (ⅰ)에서 A업체 가격이 26만 원이라면 C+E=50만 원이고, (ⅱ)에서 C+E=58만 원이므로 F업체 가격이 E업체 가격보다 8만 원 비싸다.

ㄴ. (○) (ⅴ)의 총액에서 (ⅳ)의 총액을 뺀 45만 원은 B업체의 10% 할인된 가격이므로 할인 전 가격은 45만 원×10/9= 50만 원이다.

ㄷ. (×) C업체 가격만으로는 E업체 가격을 알 수는 없다.

Power up (ⅰ)에서 A+E=46만 원이라는 사실과 (ⅱ)에서 F업체 가격이 28만 원이라는 사실만 확인할 수 있을 뿐이다.

ㄹ. (×) (ⅲ)의 총액에서 (ⅰ)의 총액을 빼면, D업체 가격이 C업체 가격보다 24만 원이 비싸다는 것을 알 수 있다.

22 ·· p.108

정답 ③

ㄱ. (×) □ 사업개요 2. 사업대상의 범위는 0세 ~ 만 12세 취약계층 아동으로 명시되어 있고, 각주에 따르면, 0세는 출생 이전의 태아와 임산부를 포함한다고 하였으므로 임신 6개월째인 취약계층 임산부는 사업대상에 해당한다.

ㄴ. (○) □ 사업개요 2. 사업대상자의 각주에 초등학교 재학생이라면 만 13세 이상도 포함한다고 하였으므로 내년에 초등학교 졸업을 앞둔 만14세의 취약계층 학생은 사업대상에 해당한다.

ㄷ. (○) □ 운영계획 1. 지역별 인력구성의 내용을 통해 기본 구성원을 '전담 공무원 3명과 전문요원 4명 이상'으로 하되 각주에 의해 '아동통합서비스 전문요원은 대상 아동 수에 따라 최대 7명까지 배치 가능'하다고 규정하고 있으므로 아동 수가 많은 지역이라도 전담 공무원(3명)과 전문요원(최대 7명)을 합한 인원으로 최대 10명까지만 가능하다.

ㄹ. (×) □ 운영계획 2. 사업예산에서 시·군·구별 최대 3억 원(국비 100 %) 한도에서 사업 환경을 반영하여 차등지원하되 각주에 따라 사업예산의 최대 금액은 신규 사업지역의 경우 1억 5천만 원으로 제한하고 있으므로 해당 사업을 신규로 추진하고자 하는 △△시는 사업 예산을 최대 1억 5천만 원을 지원받을 수 있다.

23 .... p.109

정답 ①

ㄱ. (○) 2013년의 지원금이 14,000백만 원에서 2014년에는 13,000백만 원으로 1,000백만 원이 줄었지만, 2013년의 1인당 평균 지원금은 $\frac{14,000백만\ 원}{3,000명}$ =약 4.66백만 원이고, 2014년의 1인당 평균 지원금은 $\frac{13,000백만\ 원}{2,000명}$ =약6.5백만 원이므로 2014년에는 2013년보다 총지원금은 줄었지만 지원 인원 1인당 평균 지원금은 더 많아졌다.

ㄴ. (×) 참여자 항목을 살펴보면 저소득층, 장기실업자, 여성가장은 기타의 우대요건에 해당하는 대상일 뿐, 참여대상을 한정한 것은 아니므로 옳지 않다.

ㄷ. (×) 근로조건의 4대 사회보험 항목에서 국민연금, 건강보험, 고용보험, 신재보험 항목에 모두 'O'으로 표시한 것을 확인할 수 있으므로 이 사업 참여자들은 4대 사회보험을 보장받을 수 있다.

ㄹ. (×) 주된 참여자 항목에서 중장년(50~64세)에만 표시되어 있으므로 이 사업은 청년층이 아닌 중장년층이 주된 참여자가 된다.

24 .... p.109

정답 ①

(1) 甲 사업 : ○○광역시가 시행주체가 되어 추진하는 ⅰ)부지면적 12만 5천 m^2에 보금자리주택을 건설하는 ⅱ)신규 도시개발사업으로, 총사업비 520억 원 중 ⅲ)100억 원을 국비로, 420억 원을 시비로 조달함
→ ⅰ)과 ⅱ)의 사업내용을 통해 B와 C의 평가는 받아야 하고, ⅲ)에 따라 국비 지원 기준 금액(300억 이상)을 충족하지 않기 때문에 A평가는 받지 않아도 된다. 따라서, B, C 2개의 평가를 받아야 한다.

(2) 乙 사업 : 최근 ⅰ)국회에서 제정한 '△△광역시 철도건설특별법률'에 따라 △△광역시에 ⅱ)정거장 7개소, 총길이 18 km의 철도를 건설하는 신규사업으로, 총사업비 ⅲ)4,300억원을 전액 국비로 지원받음
→ ⅱ)의 사업내용을 통해 B, C의 평가는 받아야 한다. 한편 ⅲ)의 내용은 A평가의 국비 지원 기준(300억 이상)에 해당하지만, ⅰ)의 조건에 따라 예외사항에 포함되어 A평가는 받지 않아도 된다. 따라서, B, C 2개의 평가를 받아야 한다.

그러므로 甲사업과 乙사업 모두 동일하게 2개의 평가(B,C)를 받아야 한다.

25 .... p.110

정답 ②

(1) A안: 전체 1,500가구×0.2=300가구, 월 평균 소득 200만 원×0.25=50만 원. 따라서, 월 소요 예산은 15,000만 원임.

(2) B안: 한 자녀 가구는 600가구×10만 원=6,000만 원, 두 자녀 가구는 500가구×20만 원=10,000만 원, 세 자녀 이상 가구는 100가구×30만 원=3,000만 원. 따라서, 월 소요 예산은 19,000만 원임.

(3) C안: 한 자녀 가구는 600가구×30만 원=18,000만 원, 두 자녀 가구는 500가구×60만 원=30,000만 원, 세 자녀 이상 가구는 100가구×100만 원=10,000만 원. 맞벌이 가구는 각 가구 유형의 30%이므로 월 소요 예산은 58,000만 원×0.3=17,400만 원임

따라서, <대안>의 월 소요 예산 규모가 작은 순으로 나타내면 A<C<B이다.

26 .... p.110

정답 ①

ㄱ. (○) A안의 경우 총 60만 원(15만+15만+30만)을 지급받게 되고, B안의 경우에는 총 62만 원(20만+20만+22만)을 지급받게 된다. 따라서, 18세 이하 자녀 3명만 있는 가정의 경우에 지급받는 월 수당액은 A안보다 B안을 적용할 때 더 많다.

ㄴ. (×) A안은 자녀가 둘 이상인 경우에 한하여 적용할 수 있으므로 18세 이하 1명만 있는 가정의 경우에는 수당을 지급받을 수 없다.

ㄷ. (○) A안의 경우 총 30만 원(15만+15만)을 지급받게 되고, C안의 경우에는 수당을 50% 증액하여 적용하더라도 총 24만(12만+12만)을 지급받게 되므로 A안보다 C안을 적용할 때 더 적다.

ㄹ. (×) C안의 경우 3세 미만의 자녀에게는 1명 당 10만 원을 지급하고 이후 초등학교 졸업할 때까지는 8만 원, 중학생인 경우에도 8만 원을 지급하게 되므로 자녀가 성장하면서 감소 후 유지되는 특징이 있으므로 옳지 않다.

27 ·· p.111

정답 ④

☑ 〈자료〉의 정리

⑩ : 최대 파고(단위 : m)

일	월	화	수	목	금	토
16 ⑩ 1.0	17 ⑩ 1.4	18 X ⑩ 3.2	19 ⑩ 2.7	20 ★ ⑩ 2.8	21 X ⑩ 3.7	22 X ⑩ 2.0
23 ⑩ 0.7	24 호 X ⑩ 3.3	25 ★ ⑩ 2.8	26 ⑩ 2.7	27 ★ ⑩ 0.5	28 X ⑩ 3.7	29 X ⑩ 3.3

〈자료〉의 일정표에 제한 조건 등을 정리한 결과 울릉도에서 호박엿 체험을 하고 '울릉도−독도−울릉도'를 돌아보기 위해서는 반드시 24일 월요일과 25일 화요일이 포함되어야 한다. 따라서, 23일(일)에 포항에서 울릉도로 이동한 후, 24일(월)에 호박엿 체험을 하고, 25일(화) 독도를 돌아보는 일정을 마친 후, 26일(수)에 다시 포항으로 돌아오면 된다.

Power up

다른 선택지의 일정이 불가능한 이유를 정리하면 다음과 같다.

① (×) 16일(일) ~ 19일(수) → 18일(화)에는 선박 운행이 불가능하여 독도를 돌아보는 일정을 마칠 수 없다.

② (×) 19일(수) ~ 22일(토) → 일정을 모두 소화할 수 있지만, 22일(토)에는 선박 이용이 불가능하여 포항으로 복귀할 수 없다.

③ (×) 20일(목) ~ 23일(일) → 20일(목) 포항에서 출발하여 울릉도에 도착하는 시간이 오후1시이므로 당일에 독도를 돌아보는 일정을 마칠 수 없다.

④ (○) 23일(일) ~ 26일(수)

⑤ (×) 25일(화) ~ 28일(금) → 일정을 모두 소화할 수 있지만 28일(금)에 선박 운행이 불가능하여 울릉도에 머물러 있게 된다.

Power up

선박 운행이 가능하더라도 호박엿 만들기 체험이 오후 6시이므로 오후 3시에 출발하는 선박을 이용(울릉도→포항)하여 복귀하기 위해서는 호박엿 만들기 체험을 할 수 없게 된다.

28 ·· p.111

정답 ②

	탈출 통로	좀비 수	팀 구성 인원 (아래 숫자는 전투 능력)	탈출 가능 여부
① (×)	동쪽 통로	11	폭파전문가 − 무사 − 노인(3) $2 + 8 = 10$	불가능
② (○)	서쪽 통로	7	사냥꾼 − 경찰 − 아이(2) − 노인 $4 + 3 = 7$	가능
③ (×)	남쪽 통로	11	사냥꾼 − 폭파전문가 − 아이 − 노인(2) $4 + 2 = 6$	불가능
④ (×)	남쪽 통로	11	폭파전문가 − 사냥꾼 − 의사 − 아이(2) $2+4$(전투력 강화제 : $+2$)$+2=10$	불가능
⑤ (×)	북쪽 통로	9	경찰 − 의사 − 아이(2) − 노인 3(전투력 강화제 : $+1.5$)$+2=6.5$	불가능

자료판정-단순수치계산(개별, 합산, 순위)

4.1 단순수치계산(개별, 합산, 순위)

01 .... p.114

정답 ③

Point up

농부 甲이 5일 동안 A시 지역 농산물 유통센터에 공급한 수박의 총 수량에서 전일에 판매하지 못해 이월된 수박의 개수를 파악하여 그 개수만큼 할인가를 적용하여 총 판매액을 산정한다.

〈甲으로부터 공급받은 수박의 일일 판매량과 이월된 개수〉

날짜(일)	1	2	3	4	5	6
판매된 수박(개)	80	100	110	100	100	10
이월된 개수		20	20	10	10	

2일부터 전일에 판매하지 못한 수박의 이월개수는 순서대로 20개, 20개, 10개, 10개, 10개로 총 70개이므로 5일 동안 공급한 총 500개의 수박 중에서 430개는 개당 1만 원에 판매하였고 이월된 70개는 개당 1만 원의 80%인 8천 원에 판매되었다. 따라서 7월 1일부터 6일까지 지역 농산물 유통센터에서 판매된 甲의 수박 총 판매액은 486만 원이다.

02 .... p.114

정답 ③

Point up

〈착수금 산정 기준〉에 따라 甲과 乙이 지급받는 보수의 차이를 파악한다. 이 때 별도로 착수금을 산정하지 않는 예외 항목에 주의한다.

〈甲과 乙의 보수의 산정〉

세부항목	금액 (만 원)	甲의 보수	乙의 보수
기본료	120	120	
독립항 1개 초과분(1개당)	10	(1개)	40 (5개)
종속항(1개당)	3.5	7 (2개)	56 (16개)
명세서 20면 초과분(1면당)	0.9	(14면)	27 (50면)
도면(1도당)	1.5	4.5 (3도)	18 (12도)
합계		131.5	140 (착수금 상한액)
특허출원의 등록여부		등록결정(O)	거절결정(X)
사례금 반영 총 보수		263	140

따라서 甲과 乙이 지급받는 보수의 차이는 123만 원이다.

Speed up

착수금의 상한액이 140만 원이므로 乙의 경우 기본료에 독립항 5개를 합산한 금액만으로 이미 140만 원을 초과하여 나머지 세부항목을 계산할 필요가 없고 특허출원이 '거절결정'되었으므로 사례금 또한 발생하지 않는다. 甲의 착수금 또한 세부항목을 계산하지 않고도 최소 기본료(120만 원)와 상한액(140만 원) 사이에서 정해질 것이라는 점과 특허출원이 '등록결정'되어 착수금과 동일한 사례금을 지급받게 되는 점만을 고려하면 甲과 乙의 보수의 차이는 1백만 원대임을 짐작할 수 있다. 따라서 甲의 세부 항목 중에 도면만 유일하게 5천 원 단위의 금액이 발생하므로 사례금을 반영하면 최종적으로 둘의 보수의 차이는 만 원 단위로 계산될 것임을 간파할 수 있다. 따라서 선지 ③번과 ④번 중에서 금액 단위의 차이점만으로 정답을 결정하는 것이 효과적이다.

03 .... p.115

정답 ②

Point up

제시문 마지막에 주어진 〈무역의존도〉를 구하는 산식을 먼저 확인한 후 각 항목별 값(제시문 중간에 상대국과의 수출액 자료)을 찾아 세 국가의 무역의존도 순위를 판정한다.

〈A국의 총 수출액과 총 수입액 확인하기〉

• A의 B와 C에 대한 수출액은 각각 200억 달러와 100억 달러였다.
 → A의 총 수출액은 200억+100억=300억이다.
• B의 A와 C에 대한 수출액은 각각 150억 달러와 100억 달러였다.
• C의 A와 B에 대한 수출액은 각각 150억 달러와 50억 달러였다.
 → A의 총 수입액은 150억+150억=300억이다.

동일한 방식으로 나머지 B국가와 C국가에 대해서도 총 수출액과 총 수입액을 파악하여 각 국의 무역의존도를 계산해보면 다음과 같다.

☑ A국의 무역의존도$=\dfrac{300+300}{1,000}=\dfrac{3}{5}$, ☐ B국의 무역의존도 $=\dfrac{250+250}{3,000}=\dfrac{1}{6}$,

☑ C국의 무역의존도$=\dfrac{200+200}{2,000}=\dfrac{1}{5}$

따라서, 2019년의 무역의존도가 높은 순서는 A, C, B이다.

04 ·· p.115

정답 ②

Point up

제시문에 주어진 <상황>과 <기준>을 통해 A기관이 원천징수 후 甲에게 지급하는 금액을 산정하도록 한다. 특히, 각주 부분의 기준 내용을 놓치지 않도록 주의한다.

☑ <상황>에 따른 지급 기준액의 산정 → 250,000원

ⅰ) 3시간의 위원회 참석＋ⅱ) 슬라이드 20면 분량의 발표
　　150,000원　　　　　　　100,000원(∵슬라이드 2면＝A4 1면)

☑ 원천징수금액의 산정 → 22,000원

－ 기타소득세: (지급기준액 － 필요경비) × 소득세율(20%)
　＝지급기준액의 40%(∵필요경비＝지급기준액의 60%)
　　→ 250,000원 × 0.4 × 0.2＝20,000원

　주민세: 기타소득세 × 주민세율(10%)
　　→ 20,000원 × 0.1＝2,000원

따라서 A기관이 원천징수 후 甲에게 지급하는 금액은 228,000원이다.

05 ·· p.116

정답 ④

Point up

특허출원과 관련한 수수료 규정을 통해 <상황>에서 발생하는 비용을 산정한다. 특히, 출원료의 경우 언어(국어/외국어)와 형식(서면/전자문서)에 따라 수수료가 차등 적용되는 점을 주의한다.

┌─(상황)─────────────────────────────
│　甲은 ⅰ) 청구범위가 3개 항으로 구성된 ⅱ~ⅲ) 총 27면
│의 서면을 작성하여 1건의 특허출원을 하면서, 이에 대한
│특허심사도 함께 청구한다.
│　→ ⅰ) 특허심사청구료: 143,000원＋44,000원×3개
│　　　　＝275,000원
│　　　ⅱ) (국어로 작성한 경우) 출원료: 66,000원＋7,000원
│　　　　＝73,000원
│　　　ⅲ) (외국어로 작성한 경우) 출원료: 93,000원＋7,000
│　　　　원＝100,000원
└─────────────────────────────────

따라서, 甲이 납부해야 할 수수료는 국어로 작성한 경우(ⅰ＋ⅱ)에는 348,000원이고, 외국어로 작성한 경우(ⅰ＋ⅲ)에는 375,000원이다.

Speed up

주어진 <상황>에서 국어로 작성하는 경우와 외국어로 작성하는 경우에 수수료의 차이가 나는 부분은 20면까지의 기본 비용뿐(국어 : 66,000원 vs 외국어 : 93,000원)이므로 선택지에서 27,000원의 차이를 보이는 ④번을 빠르게 정답으로 찾는 것이 효과적이다. 자료의 구조를 정확히 파악하여 가능한 한 불필요한 계산 등은 하지 않는 것이 유리하다.

06 ·· p.116

정답 ⑤

Point up

제시문에서 오탈락률과 오채용률의 각각의 정의를 확인하고 <상황>에 빠르게 적용하여 빈칸에 알맞은 비율을 계산한다.

┌─(상황)─────────────────────────────
│　甲회사의 신입사원 채용 공고에 1,200명이 지원하여, 이
│중에 360명이 채용되었다. 신입사원 채용 후 조사해보니
│1,200명의 지원자 중 회사에 적합한 지원자는 800명이었
│고, 적합하지 않은 지원자는 400명이었다. 채용된 360명의
│신입사원 중 회사에 적합하지 않은 인원은 40명으로 확인
│되었다.
│　→ 적합한 인원은 320명임(즉, 적합한 지원자 중 탈락시킨
│　　지원자는 800명－320명＝480명)
│이에 따르면 오탈락률은 (㉠ 480/800×100＝60) %이고,
│오채용률은 (㉡ 40/400×100＝10) %이다.
└─────────────────────────────────

07 ·· p.117

정답 ②

Point up

다소 복잡한 식이 주어지는 경우에 식을 구성하는 각 항목별 값들의 상관관계를 파악하는 것이 중요하다. 엘로 점수의 차가 크면 클수록 점수가 큰 선수가 게임에서 승리할 확률이 커지는지(비례) 작아지는지(반비례) 그 변화의 관계를 이해하고 접근하는 것이 필요하다.

ㄱ. (×) 제시문의 <제2문단>에 따라 $P_{XY}＋P_{YX}＝1$이다. 즉 X가 패배할 확률은 P_{YX}이고, Y가 패배할 확률은 P_{XY}이므로 <제4문단>의 내용에 따라 X가 승리한 것으로 보면, X가 얻는 엘로점수는 $P_{YX}×k$가 되고, 패배한 Y가 얻는 엘로점수도 $P_{YX}×k$가 되므로 한 경기에서 승리한 선수가 얻는 엘로점수와 패배한 선수가 잃는 엘로점수는 항상 같다.

ㄴ. (○) 한 경기에서 승리로 얻을 수 있는 최대 엘로점수는 패할 확률이 가장 큰 경우에 해당하고, 확률의 기본 성질에 따라 확률의 최댓값은 1이므로 k=32인 경우라면, 얻을 수 있는 엘로점수는 32점 이하이다.

ㄷ. (×) 제시문 제2문단의 내용을 보면 엘로점수가 상대적으로 높은 선수가 승리할 확률이 높은 것을 알 수 있고, A가 B에게 패배할 확률이 0.1인 경우에(A가 B에게 승리할 확률이 0.9이므로 A의 엘로점수가 B의 엘로점수보다 상대적으로 높다)

$$P_{BA} = \frac{1}{1+10^{-(E_B-E_A)/400}} \text{에서} \quad \frac{1}{10} = \frac{1}{1+10^{-(E_B-E_A)/400}},$$

$1+10^{-(E_B-E_A)/400} = 10$, $10^{-(E_B-E_A)/400} = 9$를 만족하기 위해서는 $\frac{-(E_B-E_A)}{400} < 1$이므로 $E_A - E_B < 400$이다. 따라서 A와 B의 엘로 점수 차이는 400점 미만이다.

ㄹ. (○) 제시문 제2문단 두 번째 문장의 내용(엘로점수가 200점이 높은 선수가 이길 확률은 약 0.76임)통해 A와 B, B와 C의 각각의 엘로점수 차이는 200점을 넘게 되고, 따라서 A와 C의 엘로점수 차이는 400점보다 크게 된다. 보기 ㄷ에서 판단한 것과 같이 엘로점수 차가 400이상이면 패할 확률이 0.1보다 작게 되므로 A가 C에게 승리할 확률은 0.9이상이 된다.

Speed up

보기 ㄷ의 경우 실전에서는 직접 A와 B의 엘로점수 차이의 범위를 구하는 것이 수월하지 않을 수 있다. 이러한 경우에는 보기에서 언급한 범위의 경계값, 즉 400점을 대입한 값 $\left(P_{BA} = \frac{1}{1+10^{400/400}} = \frac{1}{11} \text{이므로 } 0.1보다 작다\right)$을 기준으로 판단하는 것이 좋다.

08 ···································· p.117

정답 ②

Point up

자동차 유지비를 구성하는 3가지 비용에 대한 계산 방식을 정확히 확인한다. 다만, <상황> 마지막 정보는 운행 거리가 월 단위로 제시된 만큼 <조건>에 따른 주유비용 계산시 연간으로 환산하여 처리하는 것에 주의한다.

제시문의 <조건1>에 따라 자동차 유지비는 (1) 연 감가상각비 (2) 연 자동차 보험료 (3) 연 주유비용으로 구성된다. 각각의 항목을 주어진 상황을 고려하여 계산해보면 다음과 같다.

ⅰ) <조건2>에 따른 연 감가상각비는
연 감가상각비=(자동차 구매비용−운행가능기간 종료 시 잔존가치)÷운행가능기간(년)이다.
<상황1>, <상황2>의 내용을 보면, 자동차 구매비용이 1,000만 원, 운행가능기간 종료 시 잔존가치는 100만 원, 운행가능기간은 10년이므로, 연 감가상각비는 (1,000−100)÷10=90만 원이다.

ⅱ) <조건3>에 따른 연 자동차 보험료는 <상황1>에서 차는 중형차이고, <상황3>에서 甲의 운전경력은 2년 6개월이므로 120만 원이 해당된다. 한편, <상황3>에서 차에는 블랙박스가 설치되어 있다고 하였으므로 보험료를 10%로 할인하면 연 자동차 보험료는 120만 원×(1−0.1)=108만 원이다.

ⅲ) <상황4>에서 甲은 매달 500km씩 운행한다고 하였으므로 1년간은 500km×12=6,000km를 운행하게 된다. 그러므로 <조건4>에 따른 연 주유비용은 6,000km÷10km/리터 ×1,500원/리터=90만 원이다.

따라서, 甲이 향후 1년 간 자동차를 유지하는 데 소요될 총 비용은 90만 원+108만 원+90만 원=288만 원이다.

09 ···································· p.118

정답 ①

Point up

이익을 산정하는 계산식의 구성항목(비고)을 반영하여 2020년 대비 2021년 이익의 증감을 판정한다.

이익은 매출액에서 변동원가와 고정원가를 뺀 금액으로 비고란의 구성항목을 반영하여 정리하면 <이익=판매량×(판매가격−변동원가)−고정원가>가 된다.

ㄱ. (×) 이익을 산정하는 식의 구성항목인 판매량, 판매가격, 단위당 변동원가, 고정원가가 2020년과 2021년에 모두 같았다면 이익도 동일하다.

ㄴ. (○) 2020년에 비해 2021년에 판매량, 단위당 변동원가, 고정원가는 같고 판매가격만 5% 인하하였다면 이익은 감소한다.

ㄷ. (×) 2020년에 비해 2021년에 판매가격과 단위당 변동원가는 같고 판매량은 10% 증가, 고정원가는 5% 감소하였다면 이익은 증가한다.

ㄹ. (×) 2020년에 비해 2021년에 단위당 변동원가와 고정원가는 같고 판매가격을 5% 인상하고 판매량도 25% 증가하였다면 이익은 증가한다.

10 ···································· p.118

정답 ③

Point up

작년 성과급 등급적용비율(산정비율의 산술평균)과 올해 성과급 등급적용비율(산정비율 중 더 큰 값)을 확인하고 <상황>의 직원별 연봉에 따른 성과급을 계산하여 비교·판단한다.

〈작년과 올해 □□시 소속 직원 甲 ~ 丙의 연봉과 성과등급 및 산정기준〉

구분	작년				올해			
	연봉 (만 원)	성과등급		등급적용 비율 (부서+개인) /2	연봉 (만 원)	성과등급		등급적용비율 max (부서, 개인)
		부서	개인			부서	개인	
甲	3,500	S	A	(40+20)/2 =30%	4,000	A	S	S (40%)
乙	4,000	B	S	(10+40)/2 =25%	4,000	S	A	S (40%)
丙	3,000	B	A	(10+20)/2 =15%	3,500	C	B	B (10%)

① (○) 甲의 작년 성과급은 연봉 3,500만 원의 30%인 1,050만 원이다.

② (○) 甲과 乙은 올해 연봉과 등급적용비율이 같으므로 올해 성과급은 동일하다.

③ (×) 甲은 작년에 비해 올해 연봉과 등급적용비율이 모두 높아졌고, 乙도 작년과 올해의 연봉은 같지만 등급적용비율이 높아졌으므로 작년 대비 올해 성과급이 증가하였다. 그러나 丙은 작년의 성과급이 3,000만 원의 15%인 450만 원이었지만 올해에는 3,500만 원의 10%인 350만 원으로 감소하였으므로 甲, 乙, 丙 모두가 작년 대비 올해 성과급이 증가한 것은 아니다.

④ (○) 올해 연봉과 성과급의 합이 가장 작은 사람은 연봉과 등급적용비율이 모두 가장 낮은 丙이다.

⑤ (○) 작년 대비 올해 성과급 상승률은 성과급이 감소한 丙을 제외하면 甲은 (4,000만 원×0.4−3,500만 원×0.3)/3,500만 원×0.3×100≒52.4%이고, 乙은 (4,000만 원×0.4−4,000만 원×0.25)/4,000만 원×0.25×100=60%이므로 성과급 상승률이 가장 큰 사람은 乙이다.

Power up

작년 대비 올해의 성과급 상승률은 올해 성과급에서 작년 성과급을 뺀 차이(변화량)를 기준값(작년 성과급)으로 나누는 것이 원칙이지만 실전에서는 올해 성과급(변화값)을 작년 성과급(기준값)으로 나눈 값으로만 비교해도 무방하다. 그러므로 甲과 乙의 올해 성과급이 동일한 상황에서 작년 성과급은 乙이 더 적으므로 乙의 성과급 상승률이 더 높다고 볼 수 있다.

11 .... p.119

정답 ③

Point up

하계 올림픽과 동계 올림픽의 차수 결정방식을 확인하고 빈칸의 차수를 결정하기 위한 기준값으로 알맞은 특정 대회를 파악한다.

☑ 하계 올림픽의 차수는 올림피아드(4년)를 기준으로 계산하고 대회 개최여부는 차수에 영향을 미치지 않는다. 따라서 1936년 제11회 베를린 올림픽 다음으로 개최된 1948년 런던 올림픽은 중간에 대회가 개최되지 못했더라도 제11회 대회로부터 12년이 지나 3개의 올림피아드만큼 시간이 흘렀으므로 3회가 올라가게 되어 제(⑤14)회 대회가 된다.

☑ 동계 올림픽의 차수는 실제로 열린 대회만으로 정해지는데 1948년 동계 올림픽이 제5회 대회였고 이후 2020년 전까지 올림픽이 개최되지 않은 적이 없었다. 따라서 1992년 알베르빌 동계 올림픽은 제5회 대회로부터 44년이 지나 11개의 올림피아드만큼 시간이 흘렀으므로 11회가 올라가게 되어 제(ⓒ16)회 대회가 된다.

12 .... p.119

정답 ②

Point up

차종별 보조금과 세금을 계산하여 자동차의 지불금액을 비교한다.

(단위: 만 원)

자동차	차종	자동차 가격	보조금	세금	지불금액
A	중형 전기차	4,000	1,500	개별소비세 (4,000×0.1 =400)	4,000−1,500 +400=2,900
B	소형 전기차	3,500	1,000	−	3,500−1,000 =2,500
C	하이브 리드차	3,500	500	취득세 (3,500×0.05 =175)	3,500−500 +175=3,175

따라서 자동차 가격에서 보조금을 빼고 세금을 더한 지불금액은 B<A<C 순이다.

Speed up

자동차 가격은 A가 B와 C보다 딱 500만 원이 비싸고 보조금은 순서대로 500만 원씩 일정하게 낮아지므로 세금을 반영하기 전 지불가격은 A와 B가 같고 C가 500만 원이 높은 사실을 쉽게 파악할 수 있다. 세금의 경우 가장 많은 금액이 책정되는 개별소비세도 〈상황〉의 차량 가격을 감안하면 500만 원 미만이므로 최종 지불금액은 B<A<C 순임을 직관적으로 간파할 수 있다.

13 .... p.120

정답 ③

Point up

사료비와 인건비, 보호비를 산정하여 □□시가 A동물보호센터에 10월에 지급할 경비의 총액을 계산한다. 이 때 인건비의 종류별 산정기준과 보호비 징수의 예외에 주의한다.

(1) 사료비

1마리당 1일 사료급여량에 A동물보호센터가 9월 한 달간 관리한 동물의 일평균 마릿수를 반영하여 1일 총 사료급여량을 구한다. 사료가격은 동물의 종류 및 무게와 무관하게 1kg당 금액이 동일하므로 묶어서 계산하면 다음과 같다.

구분	무게	1일 사료 급여량	일평균 마릿수	1일 총 사료 급여량	9월 총 사료비
개	10 kg 미만	300 g/마리	10	3kg	8kg×5천 원 ×30일 =120만 원
	10 kg 이상	600 g/마리	5	3kg	
고양이	-	400 g/마리	5	2kg	

(2) 인건비

포획활동비: 1일 1인당 안전관리사 노임액을 전액 지급하므로 8일 동안 1인을 포획 활동에 투입한 경우 115천 원의 8일분인 92만 원이 발생한다.

관리비: 1일 1마리당 안전관리사 노임액의 20%를 지급하므로 일평균 마릿수가 20마리인 경우 115천 원×0.2×20마리×30일로 1,380만 원이 발생한다.

따라서 인건비의 9월 한 달간 총액은 <u>1,472만 원</u>이다.

(3) 보호비

보호일수와 상관없이 1마리당 1만 원을 기준으로 3일 미만 보호시 징수하지 않고 7일 이상 보호 시 50%를 가산한 결과는 다음과 같다.

보호 일수	1일	2일	3일	4일	5일	6일	7일 이상
마릿수	2	3	1	1	2	0	2
보호비	X	X	4마리×10만 원 =<u>40만 원</u>				2마리×15만 원 =<u>30만 원</u>

따라서 □□시가 A동물보호센터에 10월에 지급할 경비의 총액은 120만 원(사료비)+1,472만 원(인건비)-70만 원(보호비)=<u>1,522만 원</u>이다.

14 .... p.120

정답 ③

Point up

수액의 방울 수를 나타내는 단위인 gtt의 기준 규격(20 gtt/ml)의 의미를 정확히 이해하고 빈칸에 알맞은 수치로 환산한다.

• 기준규격에 따라 수액 360 ml를 주입하기 위해서는 총 20 gtt/ml×360ml=7,200 gtt가 필요하고 2시간 동안 모두 주입하려면 1초당 7,200 gtt/7,200초인 (㉠ 1) gtt씩 주입하여야 한다.

• 기준규격에 따라 3초당 1 gtt로 수액을 주입하면 60초(1분)당 1ml를 주입하는 것과 같으므로 24시간(60분×24시=1,440분) 동안에는 최대 (㉡ 1,440) ml를 주입할 수 있다.

15 .... p.121

정답 ⑤

Point up

2010년과 2016년의 세계 외환거래액에서 유럽 유로가 차지하는 비중을 제시문에서 찾아 증감액을 판단한다. 특히, %p의 의미에 대해 주의해서 판단한다.

☑ 2010년과 2016년의 세계 외환거래액 중 유럽 유로의 비중

- 제2문단의 마지막 문장에서 유럽 유로는 2020년 세계 외환거래액의 32%를 차지했으나, 이는 10년 전 보다는 8%p낮아진 수치이므로 <u>2010년</u> 당시에는 유럽 유로의 비중이 <u>40%</u>이었음을 알 수 있다.

- 마찬가지로 2020년 수치는 4년 전보다 2%p높아진 것으로 <u>2016년</u> 당시에는 <u>30%</u>이었음을 알 수 있다.

따라서 <u>2010년</u>에 유로로 이루어진 하루 평균 세계 외환거래액은 3조 9천억 달러×0.4=<u>1조 5천 6백억 달러</u>이고 <u>2016년</u>에 유로로 이루어진 하루 평균 세계 외환거래액도 5조 2천억 달러×0.3=<u>1조 5천 6백억 달러</u>이므로 2010년과 비교하여 2016년에 유로로 이루어진 하루 평균 세계 외환거래액은 변화가 없다.

16 ·· p.121

정답 ④

Point up

할인의 적용 순서 및 기준((ⅰ)개별 물품 할인 → (ⅱ)이달의 할인 쿠폰 → (ⅲ) 20,000원 추가 할인 쿠폰(★200달러 초과 시에만 적용))에 따라 판정한다. 툭히, '최소 금액'을 묻는 형식이지만 실질은 최적화 논리의 구조가 아닌 단순한 수리계산형의 문제임에 주의한다.

구분	정가 (달러)	이번 달 할인율 (%)	(ⅰ)개별 물품 할인 적용	(ⅱ) 이달의 할인쿠폰 (20%) 적용	(ⅲ) 2만 원 추가 할인 적용
가방	150	10	135		
영양제	100	30	70	250×0.8 =200	적용 불가 (200달러 초과X)
목베개	50	10	45		

따라서, 창렬이가 결제한 최소 금액은 환율 1달러 당 1,000원을 적용하여 200,000원이 된다.

17 ·· p.122

정답 ⑤

Point up

제시문에 주어진 각 단위들의 관계를 파악하여 환산한다. 특히, 동음이의어(두(斗) vs 두(豆)) 간의 혼동이 생기지 않도록 주의한다.

☑ 제시문 제1문단의 단위 분석 : 1종(鍾)＝10부(釜)＝40구(區) ＝160두(斗)

☑ 제시문 제2문단의 단위 분석 :
  ⅰ) 지금의 1승(升)＝옛날의 1두(斗)
  ⅱ) 1석(石) : 1종(鍾)＝15 : 16 (∵ 1종(鍾)은 16두(豆)인데 1석(石)은 1종(鍾)에 비해 1두(豆)가 적기 때문)
따라서, 오늘날을 기준으로 1석(石)은 150승(升)이 된다.

18 ·· p.122

정답 ②

Point up

제시문에 주어진 두 번째 조건인 <입장료 및 지하철 요금>을 기준으로 4번째 조건에서 각 상품별 혜택을 고려하여 최소의 관광비용을 산출한다. 이 때, 지하철 요금이 부과되는 상품(시티투어B)의 경우, 지하철로 이동하는 구간이 2개임을 주의한다. 또한, 각 상품별 할인액을 비교하여 가장 저렴한 관광 상품을 예측하여 선정한 후 해당 상품의 비용만 계산하는 것도 효과적인 방법이다.(Speed up 참고)

☑ <관광비용＝입장료＋지하철 요금＋상품가격> 임을 고려하여 각 상품별 관광비용을 합산해보면 다음과 같다.

상품	가격	혜택				
		경복궁	서울 시립 미술관	서울타워 전망대	국립중앙 박물관	지하철
스마트 교통 카드	1,000원	–	–	50% 할인	–	당일 무료
총 관광 비용	1,000원	1,000원	5,000원	5,000원	1,000원	0원
		13,000원				
시티 투어A	3,000원	30% 할인	30% 할인	30% 할인	30% 할인	당일 무료
총 관광 비용	3,000원	17,000원×0.7=11,900원				0원
		14,900원				
시티 투어B	5,000원	무료	–	무료	무료	–
총 관광 비용	5,000원	0원	5,000원	0원	0원	2,000원
		12,000원				

따라서 甲이 지불할 최소의 관광비용은 '시티투어B' 상품을 이용하는 12,000원이다.

Speed up

각 상품별 할인금액을 상대적으로 비교하여 관광비용이 가장 저렴한 상품을 정하고, 해당 상품의 비용만 계산하는 것이 유리하다. 즉, '스마트 교통카드' 상품이 '시티투어A' 상품에 비해 저렴하고(할인액이 100원 적지만, 상품가격이 2,000원이 저렴하므로), '시티투어B' 상품이 '스마트 교통카드' 상품에 비해 더 저렴하므로(상품가격이 지하철 요금을 포함하여 6,000원이 비싸지만, 할인액이 7,000원 더 저렴하므로) 가장 저렴한 상품은 '시티투어B'임을 확인할 수 있다. 따라서, 다른 상품의 총 관광비용을 계산하지 않고 '시티투어B'상품의 관광비용만을 계산하는 것이 좋다.

(→ '금액' : 관광지별 관광비용의 총 할인금액)

상품	가격	혜택				
		경복궁	서울 시립 미술관	서울타워 전망대	국립중앙 박물관	지하철
스마트 교통 카드	1,000원	–	–	50 % 할인	–	당일 무료
		→ 5,000원				
시티 투어A	3,000원	30 % 할인	30 % 할인	30 % 할인	30 % 할인	당일 무료
		→ 17,000원×0.3=5,100원				
시티 투어B	5,000원 +2,000원 (지하철)	무료	–	무료	무료	–
		→ 12,000원				

19 .... p.122

정답 ③

Point up

제시문에 주어진 '합계점수'를 구성하는 부분을 파악('거리점수'+'자세점수')한다. 특히, 거리점수는 다시 '기본점수' ± '가산점수'로 이루어지는 점과 자세점수를 반영하는 기준에 주의한다.

☑ 〈경기 결과〉에 따른 A와 B의 합계점수의 합산 결과

출전 종목	선수	비행 거리 (m)	거리점수 (기본±가산)	자세점수(점)					자세점 수 총점
				심판 1	심판 2	심판 3	심판 4	심판 5	
노멀힐 K-98	A	100	60+4=64	17	16	17	19	17	51
라지힐 K-125	B	123	60-3.6=56.4	19	17	20	19.5	17.5	56
합산 점수			120.4						107

따라서, A선수와 B선수의 '합계점수'의 총합은 227.4점이다.

Speed up

유일하게 소수점이 계산되는 경우는 '선수B의 가산거리'뿐이므로 선택지에서 '000.4'로 끝나는 ③번과 ⑤번 중에서 정답을 찾는 것이 효과적이다.

20 .... p.123

정답 ③

Point up

제시문에 주어진 조건과 〈상황〉을 통해 선거방송을 구성하는 ⅰ) 방송광고와 ⅱ) 방송연설을 구분하고 각각에 소요되는 최대 시간을 계산한다. 이 때, 방송연설의 경우에는 ⅲ) 지역구의원과 비례대표의원 별로 인원 수를 고려하여 판단한다.

〈상황〉
• △△국 방송매체로는 텔레비전 방송사 1개, 라디오 방송사 1개가 있다.
  → 甲정당은 비례대표 후보를 추천하였으므로 방송매체별로 1회 1분 한도로 각 15회 이내에서 방송광고 실시 가능함. 따라서, 방송광고는 1분×15회×2개=30분

• △△국 甲정당은 의회의원 선거에서 지역구의원 후보 100명을
  → 후보자별 1회 10분 한도 방송매체별로 각 2회 실시 가능 따라서, 100명×10분×2개×2회=4,000분
  출마시키고 비례대표의원 후보 10명을 추천하였다.
  → 후보자 중 대표 2인에게 각각 1회 10분 한도 방송매체별로 각 1회 실시 가능 따라서, 2명×10분×2개×1회=40분

따라서, 甲정당과 그 소속 후보자들이 최대로 실시할 수 있는 선거방송 시간은 총 30분+4,000분+40분=4,070분이다.

21 .... p.123

정답 ④

ⅰ) 통역료
영어 통역은 3시간 동안의 기본요금 50만 원과 초과 1시간에 대한 추가요금 10만 원을 반영하고 총 2명이 진행하였으므로 (50만 원+10만 원)×2명=120만 원이 된다. 한편, 인도네시아어 통역은 총 2시간 진행으로 기본요금 부과 시간인 3시간 이내에 해당하고 마찬가지로 총 2명이 진행하였으므로 60만 원×2명=120만 원이 되어 이를 합산하면 총 240만 원이다.

ⅱ) 교통비
교통비는 왕복으로 실비를 지급하게 되므로 왕복 교통비 10만 원에 대한 4명의 교통비는 총 40만 원이다.

ⅲ) 이동보상비
이동보상비는 일률적으로 이동 시간당 1만 원을 지급하게 되므로 4명의 통역사에 대해 왕복 4시간(편도 2시간)으로 계산하면, 총 16만 원이다.

따라서, 총 통역경비는 ⅰ)+ⅱ)+ⅲ)의 합산으로 240만 원+40만 원+16만 원=296만 원이다.

22 ·· p.124

정답 ⑤

Point up

제시문에 주어진 <휴양림 요금규정>과 <조건>에 따라 甲, 乙, 丙일행이 지불한 총요금을 계산하도록 한다. 이 때, ⅰ) 휴양림 입장료 면제 대상 여부나 ⅱ) 요금과 관련한 단서 규정에 적용을 받는지 여부 등에 특히 주의하여 판단하도록 한다.

┌─ **상황** ─────────────────────┐
• 甲(만 45세)은 아내(만 45세), 자녀 3명(각각 만 17세, 15세, 10세)과 함께 휴양림에
  → 다자녀 가정. 휴양림 입장료 면제
  7월 중 3박 4일간 머물렀다. 甲 일행은 5인용 숙박시설 1실을 이용하였다.
  → 성수기, 숙박일수 3일
  ⇒ 따라서, 甲일행은 5인용 숙박시설 1실의 성수기 요금인 85,000원에 대한 3일간의 요금인 255,000원을 총 요금으로 지불한다.

• 乙(만 25세)은 어머니(만 55세, 장애인), 아버지(만 58세)를
  → 야영시설 요금 50% 할인(비수기)
  모시고 휴양림에서 12월 중 6박 7일간 머물렀다. 일행은 캐빈 1동을 이용하였다.
  → 동절기. 입장료 면제, 숙박일수 6일
  ⇒ 따라서, 乙일행은 캐빈 1동의 사용료 30,000원에 대한 6일간의 요금인 180,000원의 1/2에 해당하는 90,000원을 총 요금으로 지불한다.

• 丙(만 21세)은 동갑인 친구 3명과 함께 휴양림에서
  → 휴양림 입장료 어른 적용
  10월 중 9박 10일 동안 머물렀다.
  → 비수기(의미X). 입장료 10일, 숙박시설 9일 적용
  丙일행은 황토데크 1개를 이용하였다.
  ⇒ 따라서, 丙일행은 입장료 1,000원×4인×10일=40,000원과 황토데크 1개 사용료인 10,000원에 대한 9일간의 요금인 90,000원을 합한 130,000원을 총 요금으로 지불한다.
└────────────────────────────┘

그러므로, 甲, 乙, 丙 일행이 각각 지불한 총 요금 중에 가장 큰 금액인 255,000원에서 가장 작은 금액인 90,000원을 뺀 차이는 165,000원이다.

23 ·· p.125

정답 ⑤

☑ **甲국**: 선거구당 의석수는 3명이고, 유권자 1인당 투표수는 2표이므로, 최소득표율(%)은 $\frac{2}{2+3}×100=40(\%)$이다.

☑ **乙국**: 선거구당 의석수는 5명이고, 유권자 1인당 투표수는 3표이므로, 최소득표율(%)은 $\frac{3}{3+5}×100=37.5(\%)$이다.

24 ·· p.125

정답 ③

☑ 평가항목별 점수 반영 결과(항목별 ( )로 표기) 및 총점

평가항목 음식점	음식 종류	이동 거리	가격 (1인 기준)	맛평점 (★ 5개 만점)	방 예약 가능 여부	총점
자금성	중식 (2)	150 m (4)	7,500원 (5)	★★☆ (1)	○ (1)	13
샹젤리제	양식 (3)	170 m (3)	8,000원 (4)	★★★ (2)	○ (1)	13
경복궁	한식 (4)	80 m (5)	10,000원 (2)	★★★★ (3)	×	<u>14</u>
도쿄타워	일식 (5)	350 m (1)	9,000원 (3)	★★★★☆ (4)	×	13
광화문	한식 (4)	300 m (2)	12,000원 (1)	★★★★★ (5)	×	12

25 ·· p.126

정답 ③

지도상의 두 지점 A와 B를 잇는 사면의 경사도를 구하기 위해서는 <측량학 수업 필기>의 세 번째 항목인 경사도 계산 방식에 따라 ⑴ 두 지점 사이의 표고 차이와 ⑵ 두 지점 사이의 실제 수평 거리로 확인할 수 있다.

먼저, 표고 차이는 <측량학 수업 필기>의 두 번째 항목인 등고선을 통해 축척이 1:25,000인 지도에서는 표고 10m마다 등고선을 그리게 되므로, A지점(표고 180m)과 B지점(표고 150m)의 표고차이는 30m(=3,000cm)이다.

한편, 두 지점 사이의 실제 수평 거리는 축척이 1:25,000인 지도에서 A와 B 두 지점간의 거리가 4cm이므로 25,000×4=100,000cm이다. 따라서, 두 지점 A와 B를 잇는 사면의 경사도는 3,000÷100,000=0.03이다.

26 ·· p.126

정답 ③

〈주차 요금 기준〉

구분	총 주차시간: 4시간 45분
요금	**3시간 초과인 경우에 따라 적용** • 1시간 초과 ~ 3시간: 30분마다 500원 　→ 최초 1시간은 면제되고 이후 2시간 동안은 30분마다 500원으로 계산하므로 4×500원=2,000원 부담 • 3시간 초과: 30분마다 2,000원(잔여시간이 30분 미만일 경우 30분으로 간주) 　→ 3시간 초과에 해당하는 시간은 1시간 45분이므로 30분 단위를 4번 적용하여 계산하므로 4×2,000원=8,000원 부담

따라서, 甲이 주차 요금으로 지불해야 할 금액은 2,000원+8,000원=10,000원이다.

CHAPTER 02 자료판정-최적수치계산(경우, 제한, 최적)

4.2 최적수치계산(경우, 제한, 최적)

01 ··· p.127

정답 ①

Point up

甲이 통합력의 업무역량 값을 가장 크게 만들면서도 통합력에 투입하는 노력은 최소로 하려면 재능이 가장 큰 추진력 부문에 대한 노력의 투입도 최소로 투입해야 하는 점을 파악하고 재능과 노력에 반영되는 가중치를 고려하여 판정한다.

甲의 통합력의 재능은 60인데 재능이 110으로 가장 큰 추진력보다 50이 부족하여 가중치(×4)를 고려하면 실질적으로 200이 낮은 상황이다. 甲은 총 100의 노력을 각 부문별로 투입해 부문별 업무역량 값을 만드는데 통합력의 업무역량 값을 가장 크게 하면서 투입하는 노력을 최소로 하기 위해서는 추진력 부문의 노력을 아예 투입하지 않는 채로 업무역량 값을 산정해야 한다. 따라서 추진력과의 재능 차이인 200을 넘기기 위한 노력의 최솟값은 67이다.

Power up

남은 노력 33을 기획력과 창의력 부문에 투입할 때 통합력의 업무역량 값을 넘지 않도록 적절히 배분해야 한다. 즉, 기획력의 재능이 가중치를 반영할 때 통합력보다 120이 커 기획력의 노력은 통합력의 노력보다 41 이하로 작아져야 하므로 기획력의 노력은 최대로 26까지 투입할 수 있다. 한편 창의력의 재능은 가중치를 반영할 때 통합력보다 160이 커 창의력의 노력은 통합력의 노력보다 54 이하로 작아져야 하므로 창의력의 노력은 최대로 13까지 투입할 수 있다.

02 ··· p.127

정답 ④

Point up

ⅰ) 전 직원 57명이 빠짐없이 구성해야 하는 점과 ⅱ) 소조직 종류별 최소 1개 이상씩 & 총 10개로 구성해야 하는 제한 조건 하에서 5명으로 구성되는 소조직의 최대 개수(선지에 제시된 7개부터 순차적으로 판정)를 기준으로 판정한다.

☑ 5명으로 구성된 소조직의 최대 개수
(1) 5명으로 구성된 소조직의 최대 개수가 7개인 경우: 35명을 제외한 남은 인원 22명 중에서 6명의 소조직과 7명의 소조직을 최소 1개씩 구성하여 13명을 배정하고 나면 남은 인원

이 9명이 되는데 그 인원으로 나머지 1개의 소조직을 구성할 수 없으므로 불가능하다.
(2) 5명으로 구성된 소조직의 최대 개수가 6개인 경우: 30명을 제외한 남은 인원 27명 중에서 6명의 소조직과 7명의 소조직을 최소 1개씩 구성하여 13명을 배정하고 나면 남은 인원이 14명이 되는데 그 인원으로 나머지 2개의 소조직을 7명으로 구성한다면 가능하다.

☑ 5명으로 구성된 소조직의 최소 개수
(1) 5명으로 구성된 소조직의 최소 개수가 3개인 경우: 15명을 제외한 남은 인원 42명 중에서 6명의 소조직과 7명의 소조직을 최소 1개씩 구성하여 13명을 배정하고 나면 남은 인원이 29명이 되는데 그 인원으로 나머지 5개의 소조직을 6명으로 구성한다고 해도 1명이 부족하여 배정할 수 없으므로 불가능하다. 따라서 5명으로 구성된 소조직의 최소 개수는 4개이다.

Power up

5명으로 구성된 소조직을 4개 구성하는 경우 20명을 제외한 남은 인원 37명 중에서 6명의 소조직과 7명의 소조직을 최소 1개씩 구성하여 13명을 배정하고 나면 남은 인원이 24명이 되는데 그 인원으로 나머지 4개의 소조직을 6명으로 구성된 소조직으로 만들면 가능하다.

Speed up

우선 5명, 6명, 7명 소조직을 하나씩 구성해 놓고 남은 인원(39명)으로 나머지 소조직(7개)을 만드는 방법으로 수를 줄여서 판정하는 것도 효과적이다. 다만 이 경우에는 최소로 구성해야 하는 소조직을 확보한 상황이므로 나머지 소조직의 종류는 '0'개 이상(즉, 없어도 무방)이면 가능하다는 점과 최종 소조직의 개수를 확정할 때 판정했던 개수에서 기본으로 확보했던 1개를 누락하는 일이 없도록 주의해야 한다.

03 ··· p.128

정답 ③

Point up

제시문에 주어진 A기관의 <포상금 사용기준>에서 ⅰ) 우수부서를 최소한으로 선정한다는 조건과 ⅱ) 직원 복지 시설 확충 비용(2,900만 원)을 통해 각 부서에 현금으로 배분하는 포상금의 범위를 제한하고 확정하는 것이 중요한 핵심포인트이다. 전체 포상금 금액 중 남는 금액을 빠르게 판단하여 기념품 구입 개수를 판단한다.

우수부서를 x개라 하면 보통부서는 $15-x$로 나타낼 수 있고, 현금으로 배분하는 금액이 2,000만 원 이상(5,000만 원의 40% 이상) 되어야 하므로 조건에 따라 다음의 부등식을 만족해야 한다.

$150x + 100(15-x) \geq 2{,}000 \qquad \therefore x \geq 10$

따라서 총 5,000만 원의 포상금 중에서 <u>우수부서는 최소 10개를 선정</u>하여 현금 2,000만 원을 배분하고 직원 복지 시설 확충 비용으로 2,900만 원을 사용한 후 남는 100만 원으로 개당 1만 원의 기념품을 <u>총 100개</u> 구입할 수 있다.

Speed up

본 해설에서는 부등식의 방식으로 풀이했지만 실전에서는 우수부서의 수를 결정할 때 전체 15개 부서를 적당히 나눈 후 금액 차이를 따져본다면 암산으로도 확정할 수 있으므로 시간을 절약할 수 있다. 예컨대, 우수부서 8개, 보통부서 7개로 나누어 금액을 합산해 보면 1,900만 원이 나오게 되는데 우수부서와 보통부서 간의 지원금액의 차이가 50만 원이므로 우수부서 수를 +2하면 현금 배분 금액의 최솟값을 맞출 수 있다.

04 .... p.128

정답 ④

Point up

주어진 조건 중에 <궁궐에서의 관람조건>이 핵심 기준이 되므로, 그 기준에 따르되, 관광순서에 따라 시간을 합산하며 가능여부를 판단하는 것은 부담이 되므로, 전체 허용된 시간의 범위 안에서 고정적인 관람시간을 제외한 나머지 시간 안에 이동시간의 합산시간이 포함되는지 여부로 따져 보는 것이 효과적이다.

제시문 조건의 내용을 요약하면 다음과 같다.

(1) <조건1> : 4개 관광지 한 번 씩 모두 관광

(2) <조건2> : 궁궐은 10시와 14시에 시작하는 가이드투어만 가능, 시작 시간 전까지 반드시 도착

(3) <조건3> : 관광 소요 시간은 2시간이며 운영시간에만 가능

<조건2>에 따라 궁궐을 관람하는 시간을 10시인 경우와 14시인 경우, 2가지로 나누고, <관광지 운영시간 및 이동시간>을 고려하여 관광이 가능한 순서를 정리하면 다음과 같다.

첫째, <u>10시에 궁궐을 관람하는 경우</u>

궁궐을 먼저 관람하게 되면 남은 3곳의 총 관람시간만 6시간이 소요되므로 이동시간까지 추가한다면 가장 늦게까지 운영하는 사찰을 마지막으로 한다 해도 불가능하다. 따라서, 궁궐 전에 관람이 가능한 <u>사찰을 먼저 관람</u>하여야 한다.

사찰→궁궐 순으로 관람한 종료시간은 12:00이고, 이 후 관람 순서를 박물관→분수공원으로 하는 경우에 총 소요시간은 이동시간(23분+40분=63분)을 포함하여 5시간 3분이고, 분수공원→박물관 순으로 하는 경우에는 5시간 7분(이동시간 27분+40분=67분 포함)이 된다. 그러므로 이 경우에는 박물관과 분수공원의 운영시간 마감인 17시를 모두 초과하므로 어느 경우에도 관람이 불가능하다.

둘째, <u>14시에 궁궐을 관람하는 경우</u>

궁궐을 14시에 관람하는 경우, 궁궐 관람 이후에는 관람이 불가능하므로 궁궐을 마지막으로 관람하도록 순서를 정해야 한다. 이 경우, 나머지 3곳의 관광시간의 합산시간은 어느 경우에나 6시간이 소요되므로 그 시간을 제외하고 마지막 궁궐까지 <u>이동시간의 합산시간이 2시간(120분) 이내이면 관람이 가능</u>하다.(사찰 6시 관람~궁궐 14시 관람 시 총 8시간 중 관람시간 6시간 제외)

ⅰ) 사찰→박물관→분수공원→궁궐순으로 이동시간의 합산시간은 45분+40분+27분=112분

ⅱ) 사찰→분수공원→박물관→궁궐순으로 이동시간의 합산시간은 40분+40분+23분=103분

따라서, 2가지 경우 모두 관람이 가능하다.

ㄱ. (○) 사찰에서부터 관광을 시작해야만 4곳 모두 관광이 가능하다.

ㄴ. (×) 관광이 가능한 경우 모두 궁궐에서의 관람이 마지막이므로 관광을 종료하는 시간은 16시로 16시 30분 이전이다.

ㄷ. (○) 사찰을 먼저 관광하는 경우에 박물관과 분수공원의 관광 순서는 바뀌어도 무방하다.

05 .... p.129

정답 ④

Point up

A사가 시행중인 ⅰ) 자동차 요일제와 ⅱ) 차량 홀짝제의 운영규칙을 확인하고, <상황>에서 제시된 대화 내용 중 자동차 번호 끝자리의 범위를 확정할 수 있는 甲 또는 丙을 우선하여 판단한다. 특히, 미세먼지 비상저감조치를 시행하여 차량 홀짝제를 적용하는 경우에는 자동차 번호 끝자리의 홀짝성을 우선 판정하는 것이 효과적이다.

제시문에 주어진 <상황>을 기초로 하여 12일(월)부터 16일(금)까지 甲, 乙, 丙 3인의 운행 여부를 정리하고 가능한 자동차 번호의 끝자리를 판단하면 다음과 같다.

(운행한 경우: ○, 운행 안 한 경우: X)

요일 직원	12(월)	13(화)	14(수)	15(목) 7, 8 운행 불가	16(금) 9, 0 운행 불가	(끝자리의 홀짝성 판단) 끝자리로 가능한 숫자
	차량 홀짝제 적용 (미세먼지 비상저감조치 시행)					
甲	○	×	○	○	○	(짝) 7미만이어야 → Max '6'
乙	×	○	×	○	×	(홀) 7만 아니면 → Max '9'
丙	×	○	×	○	×	(홀) 7미만이어야 → Max '5'

Power up

乙의 경우 요일이 특정되어 있지 않으므로 끝자리가 짝수일 때에는 12일(월)과 14일(수)에만 운행했다고도 볼 수 있지만, 이 경우에는 끝자리로 가능한 숫자가 '6' 이하의 짝수로 '9'보다는 작을 것이 분명하므로 실전에서는 판단하지 않아도 좋다.

따라서 甲, 乙, 丙의 자동차 번호 끝자리 숫자의 합으로 가능한 최댓값은 6+9+5=④ 20이다.

06 .... p.129

정답 ③

Point up

주문최소금액을 확정하기 위한 조건이 의외로 복잡하다. 이런 경우에 무턱대고 하나씩 따져가면서 판단하기에는 부담이 되고 자칫 잘못하면 시간을 많이 허비할 수 있다. 최소금액을 만들기 위한 필수메뉴를 찾아 범위를 좁혀서 판단해야 한다. 즉, C치킨가게의 프라이드치킨을 주문에 포함하는 것이 유리하다는 예측을 하는 것이 필요하고, 이 때, 프라이드치킨은 단독으로 1개만 주문이 불가능하므로 개별 가격의 비교는 무의미하고, 2개의 합산 주문금액을 비교하여 C치킨가게의 프라이드치킨을 포함하여 주문하는 경우에만 주문금액의 총 합계가 최소로 가능하다는 추론을 하는 것이 중요하다.

제시문에 주어진 <가격표>를 바탕으로 <조건>을 판단할 때 기준이 되는 사항을 정리하면 다음과 같다.

동네 치킨 가게	치킨 가격(마리당 가격)			배달료	배달가능 최소금액	최소주문 개수
	프라이드	양념	간장			
A	7,000	8,000	9,000	0	10,000	2개 이상
B	7,000	_7,000_	10,000	2,000	5,000	**1개 가능**
C	_5,000_	8,000	_8,000_	1,000	7,000	**프라이드만 1개 주문불가**
D	8,000	8,000	_8,000_	1,000	5,000	**1개 가능**

C치킨가게의 프라이드치킨이 타 가게에 비해서 가장 저렴하지만 프라이드치킨만 주문하는 것은 불가능하므로 C가게에서 프라이드치킨을 포함하여 2개를 주문하는 경우의 주문금액을 계산해 보면 5,000원+8,000원+1,000원=14,000원인데, 이 금액은 다른 치킨가게의 2가지 종류를 합한 주문금액보다 저렴하다. 따라서, 주문금액이 최소가 되게 하기 위해서는 C치킨가게에서 프라이드를 포함하여 2개를 주문해야 하고, C치킨가게에서 주문하지 않은 치킨만 따로 주문하면 된다. 그러므로 A치킨가게에 주문하는 경우는 없다.(2개 이상 주문해야 하므로)

⑴ C치킨가게에서 '프라이드+양념'을 주문한 경우에 간장치킨을 B가게에서 주문하는 경우에는 배달료를 포함하여 12,000원이고, D가게에서 주문하는 경우에는 9,000원이므로 D가게에서 주문해야 한다. 따라서, 이 경우 주문금액은

14,000원+9,000원=23,000원이다.

⑵ C치킨가게에서 '프라이드+간장'을 주문한 경우에 양념치킨을 B가게에서 주문하는 경우에는 배달료를 포함하여 9,000원이고, D가게에서 주문하는 경우에도 9,000원이므로 이 경우에는 두 가지의 경우로 주문이 가능하고 총 주문금액 또한 14,000원+9,000원=23,000원이다.

① (○) A가게에는 주문하지 않았다.

② (○) 총 주문금액은 23,000원이다.

③ (×) 주문이 가능한 경우의 조합은 총 세 가지이다.

④ (○) B가게가 휴업했더라도 총 주문금액 23,000원은 달라지지 않는다.

⑤ (○) '조건 2'를 고려하지 않는다면 C치킨가게에서 모두 주문하는 것이 가장 저렴하므로 총 주문금액은 22,000원이다

07 .... p.130

정답 ③

Point up

우선, 필수단계를 모두 진행하는 경우의 매력지수의 총합과 소요시간을 빠르게 계산한 후, 선택단계 중에 3개만을 진행하는 경우의 매력지수의 총합을 더하여 최대 매력지수를 구한다. 이 때, 가능한 모든 경우를 다 계산하는 것보다는 생략하는 단계를 결정할 수 있는 기준과 지각에 대한 감점을 계산하는 방식을 어떻게 정할 것인지를 고민하는 것이 중요하다.

주어진 <표>에서 각각의 선택단계를 생략하는 방식으로 매력지수의 합산 점수 판단하면 다음과 같다.

⟨표⟩

	화장 단계	매력지수 (점)	소요시간 (분)		매력지수 총점
필수단계	로션 바르기	2	1		
	수분크림 바르기	2	1		
	썬크림 바르기	6	1.5		
	피부화장 하기	20	7	<선택단계총점−생략단계점수−지각감점> ※지각감점: (19− 선택단계 소요시간)×4	
	합계	30	10.5		
선택단계	눈썹 그리기	12	3	107−12−64=31	61
	눈화장하기	25	10	107−25−36=46	76
	립스틱 바르기	10	0.5	107−10−74=23	53
	속눈썹 붙이기	60	15	107−60−16=31	61
	합계	107	28.5		

따라서, <표>의 화장 단계 중 7개만을 선택하였을 경우, 甲의 최대 매력 지수는 선택단계 중 '눈화장하기'를 생략한 경우로 76점이 된다.

Speed up

선택단계마다 전부를 다 계산하는 것은 비효율적이다. 조금만 관점을 돌려보자. 선택단계 중에 어떤 단계를 생략하여도 지각을 면할 수는 없다. 그러므로 각 단계별 소요시간을 매력지수(점수)로 환산한다면, '해당소요시간×(−4점)'으로 처리가 가능하고, 이 경우 '매력지수+환산지수'의 합산점수가 가장 작은 단계를 생략하는 것이 매력지수를 최대로 하는 선택일 것이다.

	화장 단계	매력지수 (점)	소요시간 (분)	소요시간을 매력지수로 환산	매력지수+ 환산지수
선 택 단 계	눈썹 그리기	12	3	−12	0
	눈화장하기	25	10	−40	−15
	립스틱 바르기	10	0.5	−2	8
	속눈썹 붙이기	60	15	−60	0

08 ·· p.130

정답 ③

Point up

5세트가 시작한 시점에 경기장에 남아 있는 관람객 수의 최댓값은 4세트가 끝날 때까지 나간 총 관람객의 수를 최소로 하여 판단한다.

양 팀의 경기 결과 4세트까지는 2:2로 비기는 상황이었으므로 4세트까지 진행하는 동안 나가는 관람객 수를 최소로 하려면 가능한 한 누적 세트 점수가 차이가 나지 않도록 하되 차이가 발생할 수밖에 없는 경우에는 원정팀의 누적 세트 점수가 낮도록 승패를 정해야 한다. 이상을 고려한 4세트까지의 양 팀의 누적 세트 점수와 나간 관람객 수는 다음과 같다.

	홈팀	원정팀	나간 관람객 수(명)
1세트	1	0	500
2세트	1	1	−
3세트	2	1	500
4세트	2	2	−

따라서 경기 시작 전 경기장에는 총 8,000명(홈팀 5,000명, 원정팀 3,000명)의 관람객이 입장해 있었고 4세트가 끝날 때까지 나간 총 관람객 수의 최소는 1,000명이므로 5세트가 시작한 시점에 경기장에 남아 있는 관람객 수의 최댓값은 <u>7,000명</u>이다.

09 ·· p.130

정답 ③

Point up

사무소 A의 전화번호와 연관된 숫자 중에서 가장 큰 숫자를 최대로 하는 숫자의 조합으로 사무소 B의 전화번호를 결정한다.

위에서부터 <조건1>부터 <조건5>로 설명하기로 한다. <조건1>과 <조건2>에 따라 사무소 B의 전화번호를 구성하는 숫자는 사무소 A의 전화번호 숫자인 세 가지의 홀수를 모두 포함하고 있음을 알 수 있다. 한편 <조건3>에서 두 사무소가 공통으로 사용하는 숫자 중에 5를 제외한 나머지 두 개의 홀수의 종류가 (1, 9) 또는 (3, 7) 중에 하나임을 알 수 있는데 <조건4>에서 사무소 B의 전화번호 숫자 중에 가장 큰 숫자가 세 번 사용되는 점을 고려하면 (1, 9)의 조합으로 9를 3번 더하는 경우에 숫자의 합이 최대가 된다. 마지막으로 남은 1개의 숫자는 <조건5>에 따라 1보다 크고 5보다 작은 짝수 중에 큰 수인 4가 되어야 한다. 그러므로 사무소 B의 전화번호를 구성하는 6개 숫자를 모두 합한 값의 최댓값은 9+9+9+5+4+1=<u>37</u>이다.

10 ·· p.131

정답 ①

Point up

우선, 제시문의 조건에 따라 '2차 투표'에서 공란에 해당하는 인원을 확정한 후 (B안 → B안: 1차 투표 → 2차 투표를 의미)으로 투표한 주민 수의 최솟값을 구하기 위해서 나머지 경로 (A안 → B안, C안 → B안)의 투표수를 최대로 할당하는 방식으로 판단한다.

ⅰ) 2차 투표 인원의 확정
표 하단의 정보를 바탕으로 A안의 2차 투표 인원은 25명 (A안 → A안: 20명, O안 → A안: 5명)이고 100명 중 나머지 40명이 B안의 2차 투표 인원이 된다.

ⅱ) B안 → B안 투표 인원의 최솟값 결정
A안 1차 투표 인원 30명 중에 A안으로 2차 투표한 인원 20명을 제외한 10명을 모두 B안으로 투표했다고 가정하고, C안 1차 투표 인원 20명도 모두 B안으로 투표했다고 가정하면 B안 → B안으로 투표한 최소 인원은 <u>10명</u>이다.

이상을 정리하면 다음과 같다.

구분	1차 투표	2차 투표
A안	30명 (20명+<u>10명</u>) → 전원 2차 B안 투표	(25)명
B안	50명 (B안 → A안: 5명, <u>B안 → B안: 10명</u>, B안 → C안: 35명)	(40)명
C안	<u>20명</u> → 전원 2차 B안 투표	35명

Speed up

실전에서는 1차 B안 투표 인원인 50명의 2차 투표 결과는 특별한 제한 조건이 없기 때문에 고려하지 않아도 무방하다. B안 → B안을 제외한 나머지 경로상 최대 이동 인원의 합이 30명(10명(A안)+20명(C안))이라는 점만 파악하면 쉽게 정답을 가려낼 수 있다.

11 .... p.131

정답 ④

Point up

제시문에 주어진 제한 조건(i) 예산 모두 사용+ii) 한번씩 이용+iii) 만족도 합 최대)을 확인하고 태은이의 만족도 점수의 합을 최대로 하기 위한 제한 조건의 전개 방향을 결정하는 것이 중요하다.

☑ 만족도 합을 최대로 하기 위한 필수 선택 항목의 결정

구분	1만 원	2만 원	3만 원	4만 원	5만 원	6만 원
외식	3점	5점	7점	13점	15점	16점
전시회 관람	1점	3점	6점	9점	12점	13점
쇼핑	1점	2점	6점	8점	10점	13점

★ 각 지출 금액에 따른 만족도 점수의 표에서 금액 당 만족도 점수의 차이(6점)가 가장 큰 **외식 4만 원**은 반드시 선택해야 만족도 점수의 합을 최대로 할 수 있음을 파악하고 남은 금액의 조합으로 남은 항목(전시회 관람, 쇼핑)의 점수를 크로스로 계산한다.

외식 4만 원을 제외한 나머지 금액의 조합의 경우에 만족도 점수의 합의 최댓값은
i) (5만+1만)인 경우 → 전시회 관람(12점)+쇼핑(1점)=13점
ii) (4만+2만)인 경우 → 어느 경우에도 11점
iii) (3만+3만)인 경우 → 12점

따라서, 태은이의 만족도 점수의 합의 최댓값은 **26점**이다.

Power up Speed up

예산을 모두 사용하는 경우로는 (6만+3만+1만) → 23점, (6만+2만+2만) → 21점, (5만+3만+2만) → 21점으로 3가지가 추가로 존재한다. 하지만, 모든 경우를 다 계산한 후 만족도 합이 가장 큰 값을 결정하는 방식은 효율성 측면에서는 바람직하지 않다. 판정 범위를 합리적으로 제한하여 최단 시간으로 문제를 해결할 수 있는지 실전을 염두에 두고 늘 점검하고 고민해봐야 한다.

12 .... p.132

정답 ③

Point up

○○공장에서 이틀간(4/1~4/2) 진행한 작업조건 중에서 i) (공통조건)주문량과 작업 시작 시간 및 당일 생산 완료 원칙 등을 파악하고 ii) (제한조건(★))일자별 생산 방식의 차이에 주의해서 작업완료 시까지 소요된 최소 시간의 합을 계산한다.

☑ 4월 1일 최소 작업 시간의 계산
작업반 A와 B가 (★)동시에 동일한 종류의 제품을 생산해야 한다. 제품 X에 대해서는 시간당 3개, 제품 Y에 대해서는 시간당 6개를 생산할 수 있으므로 제품 X는 8시간을 제품 Y는 3시간을 함께 작업하여 생산을 완료할 수 있다.
따라서 4월 1일에는 총 11시간을 최소로 작업하게 된다.

☑ 4월 2일 최소 작업 시간의 계산
제품 Y에 대해서는 두 작업반의 생산효율이 같고 제품 X에 대해서만 작업반 A의 생산효율이 더 높으므로 작업반 A는 작업반 B가 제품 Y를 생산완료하는 동안 제품 X만을 생산하는 것이 시간 절약에 유리하다.
작업반 B가 제품 Y를 생산완료하는 데 소요되는 시간은 6시간이고 동 시간 동안 작업 A가 제품 X를 생산한 개수는 12개이다. 이제 남은 12개의 제품 X를 작업반 A와 B가 동시에 함께 작업하면 4시간이 추가로 더 소요되고 작업은 완료된다.
따라서 4월 2일에는 총 10시간을 최소로 작업하게 된다.
그러므로 ○○공장에서 4월 1일과 4월 2일에 작업한 최소 시간의 합은 21시간이다.

13 .... p.132

정답 ③

Point up

가로등 불빛이 비추는 면적인 원의 형태가 산책로에 빈틈없이 비출 수 있도록 겹쳐서 나타냈을 때 원의 중심과 중심사이의 거리를 파악하여 가로등 개수의 최솟값을 판정한다.

왼쪽부터 첫 번째 원의 중심을 O, 두 번째 원의 중심을 O' 이라 하고 원과 원이 산책로의 가로변과 만나는 두 교점 중에 한 점을 A라 하자. 그리고 A에서 두 원의 중심을 잇는 선분 OO'에 내린 수선의 발을 B라 하면 직각삼각형 OAB에서 선분 OA의 길이는 원의 반지름으로 5m이고, 선분 AB의 길이는 산책로 세로폭의 절반으로 3m이므로 피타고라스 정리에 따라 선분 OB의 길이는 4m가 되어 중심사이의 거리인 선분 OO'은 8m임을 알 수 있다. 이 점을 활용하여 산책로 가로의 총 길이 500m

를 중심사이의 거리 8m로 나누면 몫이 62이고, 나머지가 4m인데 마지막 오른쪽 원이 산책로의 세로변 양 꼭짓점을 지나게 되어 산책로 전체를 빈틈없이 비출 수 있게 되고 그 때의 원의 개수는 63개가 된다. 따라서 산책로에 가로등 불빛이 닿지 않는 곳이 없게 하는 가로등 개수의 최솟값은 63개이다.

Power up

원의 중심사이를 잇는 선분의 양 끝점이 원의 중심이므로 선분이 62개가 이어져 있는 경우 원의 중심의 개수는 맨 왼쪽의 끝점을 포함해서 63개이다. 가령 3m길이의 직선거리에 양 끝 지점을 포함해서 1m 간격으로 나무를 심을 때 나무의 개수가 3개가 아닌 4개인 것과 같은 이치이다.

14 .... p.132

정답 ③

Point up

각 법안을 지지하는 국회의원 수의 배수 관계를 이용하여 총 국회의원 수 내에서 최대 배율을 판정한다.

을 법안을 지지하는 국회의원 수를 x라 하고 병 법안을 지지하는 국회의원 수를 y라 하면 갑 법안을 지지하는 국회의원 수는 각각 3x, 8y가 된다. 3x=8y이므로 x:y=8:3이고 비례상수를 k라 하면 x=8k, y=3k로 나타낼 수 있다. 따라서 갑 법안, 을 법안, 병 법안을 지지하는 국회의원 수는 각각 24k, 8k, 3k이고 총 국회의원 수가 290명 미만이므로 24k+8k+3k<290을 만족해야 한다. 이를 만족하는 자연수 k의 최댓값은 8이므로 갑 법안을 지지하는 국회의원 수의 최댓값은 192명이다.

Speed up

갑 법안을 지지하는 국회의원 수는 3의 배수이면서 8의 배수이기도 해야 하므로 24의 배수가 되어야 한다. 선지에서 해당하는 수가 유일하다면 바로 정답으로 결정해도 무방하다.

15 .... p.133

정답 ⑤

Point up

발문의 조건에 모두 부합하는 도전자 수가 최소가 되기 위해서는 각 조건 중에 하나라도 해당하지 않는 인원을 최대로 배제한다.

• 키가 180cm 초과인 도전자는 198명 이하이다.
 → 키가 180cm 초과인 도전자는 최대 198명이다.
• 귀걸이를 한 도전자는 87명 이하이다.
 → 장신구를 한 도전자에 포함되므로 반영X

• TV출연 경력이 있는 도전자는 83명 이하이다.
 → TV출연 경력이 있는 도전자는 최대 83명이다.
• 염색을 한 도전자는 811명 이상이다.
 → 염색을 안 한 도전자는 최대 176명이다.
• 장신구를 한 도전자는 295명 미만이다.
 → 장신구를 한 도전자는 최대 294명이다.
• 춤을 배워본 경험이 있는 도전자는 901명 이상이다.
 → 춤을 배워본 경험이 없는 도전자는 최대 86명이다.
따라서 댄스어게인 도전자인 987명 중에서 키가 180cm 초과인 최대 인원 198명, 장신구를 한 최대 인원 294명, TV출연 경력이 있는 최대 인원 83명, 염색을 안 한 최대 인원 176명, 춤을 배워본 경험이 없는 최대 인원 86명을 뺀 150명이 발문의 조건을 충족하는 최소 인원이 된다.

Power up

상기의 계산식은 발문의 각 조건에 해당하지 않는 인원들이 서로 겹치는 인원은 한 명도 없음을 전제로 해야 한다. 즉, 키가 180cm 초과인 최대 인원 198명 중에는 TV출연 경력이 있거나 염색을 안 했거나 장신구를 했거나 춤을 배워본 경험이 없는 인원은 단 한 명도 없어야 한다. 그렇지 않으면 인원을 중복해서 뺀 결과가 되어 발문의 조건을 모두 충족하는 도전자 수의 최솟값이 성립하지 않기 때문이다.

16 .... p.133

정답 ③

Point up

갑의 연령과 키를 기준으로 이용조건에 부합하지 않는 시설은 제외하고 남은 시설 중에 (대기+이용)시간이 짧은 순서대로 하루에 최대로 이용할 수 있는 시설의 개수를 판단한다.

우선, 갑의 나이가 만 17세이므로 만 18세 이상을 이용 조건으로 하는 양궁을 제외한다.(남은 시설은 모두 이용조건에 부합함) 각 시설을 이용하기 위해서는 시설을 대기한 다음에 이용해야 하므로 각 시설별 대기시간과 이용시간을 합하면 클라이밍이 20분, 짚라이너가 23분, 트램펄린이 7분, VR농구가 30분이 소요된다. 따라서 갑이 센터에서 하루에 1시간 동안 최대로 이용할 수 있는 시설의 개수는 트램펄린을 포함하여 총 3개이다.

Power up

소요시간이 가장 짧은 트램펄린을 포함하는 경우 클라이밍, 짚라이너, VR농구 중에서 어떤 2개의 시설을 함께 이용하더라도 1시간을 초과하지 않는다.

17 .... p.134

정답 ③

Point up

우선, 제시문에 주어진 각 보석별로 2차 가공의 진행 여부를 1차 가공 시 이윤과 비교하여 판정하는 것이 중요하고, 원석 1개당 판매 이윤이 흑자로 유지되는 최대의 개수를 확인하는 것이 필요하다.

☑ 보석별 2차 가공 진행 여부

ⅰ) 목걸이: (1차 가공 시) 개당 7만 원 < (2차 가공 시) 개당 10만 원 ⇒ 2차 가공 진행○

→ 50만 원(판매비용) − 40만 원(가공비용)

ⅱ) 반지: (1차 가공 시) 개당 5만 원 > (2차 가공 시) 개당 −5만 원 ⇒ 2차 가공 진행×

→ 15만 원(판매비용) − 20만 원(가공비용)

☑ 최대 이윤을 내기 위한 채굴 원석의 개수

ⅰ) 원석 1개로 반지용 보석은 1차 가공만으로 목걸이용 보석은 2차 가공까지 진행하여 판매하는 경우의 판매 금액의 총액을 계산하면, 5만 × 40개+10만 × 60개=800만 원이다.

　　　　　→ 반지용　→ 목걸이용

ⅱ) 원석 1개를 보석으로 판매하기 위한 부대비용으로는 채굴비용+1차 가공비용으로 구성되는데 채굴비용은 첫 번째의 경우에는 300만 원이고, 두 번째는 400만 원, 그리고 세 번째는 500만 원으로 추가로 계속 진행되는 경우에 100만 원씩 증가한다. 한편, 1차 가공비용은 250만 원으로 고정되어 있으므로, 원석 1개로 판매할 수 있는 금액인 800만 원을 넘지 않는 원석의 최대 개수는 3개(500만 원+250만 원=750만 원)이다.

Power up

최대 이윤을 낼 수 있는 원석의 개수를 결정하는 경우에 원석의 채굴비용을 산정함에 있어 제시문에 주어진 것처럼 누적금액에 신경 쓸 필요는 없다. 어차피 [원석 1개당 보석판매 금액에서 부대비용을 뺀 금액](=이윤)이 적자가 나지 않은 상황만 확인하면 되는 것이고, 최대 이윤을 계산하는 경우에 이를 반영하면 충분하기 때문이다.

따라서, 원석을 3개 가공하여 보석으로 판매하는 경우에 총 최대 이윤은 450만 원이고, 원석의 개수는 3개이다.

Power up

800만 원 × 3개 − (300만 원+400만 원+500만 원

→ 총 판매금액　→ 원석 3개의 누적 채굴 비용

+250만 원 × 3개) = 2400만 원 − 1950만 원=450만 원

　→ 원석 3개에 대한 1차 가공비용

18 .... p.134

정답 ②

Point up

우선, 제시문에 주어진 <조건>에서 甲금속회사가 제품 A를 300kg 생산한 후 남은 금속의 질량을 고려하여 생산 가능한 제품의 종류를 결정한 후 최대 금액을 계산한다. 특히, 10kg 단위로 제품을 최대로 생산하는 데 기준이 되는 금속(남은 금속의 질량÷백분율이 최소)을 빠르게 찾는 것이 중요하다.

☑ 제품 최대 생산을 위한 금속별 가용량 정리

구분	구리	철	주석	아연	망간
제품 A (%)	60	5	0	25	10
甲금속회사 보유 질량(g)	710	15	33	155	30
A 300kg 생산 시 사용질량(g)	180	15		75	30
생산 후 남은 질량(g)	530	0	33	80	0
제품 B (%)	80	0	5	15	0
금속별 제품 B의 최대생산량 (남은 질량÷백분율×100) → 일의자리 버림	660		660	530	

위의 표에서 계산한대로 甲금속회사는 제품 A를 300kg 생산한 후 가용 금속으로 제품 B를 530kg까지 최대로 생산할 수 있다. 따라서, 제품 A의 판매금액은 300kg×300원=90,000원이고, 제품 B의 판매금액은 530kg×200원=106,000원이므로 제품 A, B를 모두 판매하여 얻을 수 있는 최대 금액은 196,000원이다.

19 .... p.135

정답 ①

ㄱ. (○) <중간집계>의 총점이 640점인데 투표권자 1명이 총 8점을 부여하게 되므로 80명이 투표한 상황이다. 따라서, 현재 투표한 인원은 총 투표인원에 대해 $\frac{80}{120}×100 ≒ 66.7\%$이므로 64%를 넘는다.

ㄴ. (×) 중간집계 결과 유력한 경쟁자인 丙이 남은 40명에게 모두 1순위를 득표하고, 甲은 2순위를 한 표도 득표하지 못하는 경우에는 丙의 최종 점수가 370점이 되어 '올해의 체육인상'을 수상할 수 있게 된다.

ㄷ. (×) 우선, 남은 72명이 모두 甲에게 1순위로 투표하는 경우에는 甲과 丁을 제외한 다른 후보자의 점수가 모두 2순위 표점인 3점의 배수로 구성되어야 하는데 丙과 戊의 점수가 그렇지 않아 불가능하다. 다음으로 69명이 甲에게 1순위로 투표하는 경우에는 남은 1순위 3표를 丙에게 1표, 丁에게 2표씩 배분하게 된다면, 2순위 표점으로 점수를 구성할 수 있게 되므로, 최대 69명이 甲을 1순위로 적을 수 있다.

☑ 최대 69명이 甲을 1순위로 투표한 〈중간집계〉 정리

후보자	점수	1순위 득표수×5점+2순위 득표수×3점
甲	360점	69×5+5×3
乙	15점	0×5+5×3
丙	170점	1×5+55×3
丁	70점	8×5+10×3
戊	25점	2×5+5×3

20 .... p.135

정답 ③

주민세를 부과하는 구분 내용을 위에서부터 순서대로 〈구분1〉에서 〈구분7〉로 설명함.

ㄱ. (○) 甲의 자본금액은 200억 원으로 〈구분1〉과 〈구분3〉에 해당한다. 종업원 수를 100명 이하로 가정할 때 甲이 납부해야 할 주민세 최소 금액은 〈구분3〉의 부과 세액인 20만 원이다.

ㄴ. (×) 乙의 경우는 자본금액이 〈구분5〉에 해당하지 않고, 종업원 수가 〈구분6〉에 해당하지 않는다. 따라서 10만 원의 세액을 부과하는 구분 내용 중에 어디에도 해당하지 않으므로 옳지 않다.

Power up 乙의 경우는 〈구분7: 그 밖의 법인〉에 해당하여 5만 원의 주민세를 납부해야 한다.

ㄷ. (×) 丙의 경우 자본금액이 10억 원 이하라면 〈구분7〉에 해당하여 5만 원의 주민세만 납부하면 되므로 옳지 않다.

ㄹ. (○) 甲과 乙의 주민세 최대 금액은 종업원 수가 100명을 초과하는 것으로 가정할 때 각각 〈구분1〉과 〈구분6〉에 해당하여 50만 원과 10만 원을 납부해야 하고, 丙의 경우에는 자본금액이 100억 원을 초과하는 것으로 가정할 때 〈구분1〉에 해당하여 50만 원의 최대 금액을 납부해야 한다. 따라서 甲, 乙, 丙이 납부해야 할 주민세 금액의 합계는 110만 원이 최대이다.

21 .... p.136

정답 ③

재배 온도에 따른 재배 가능한 식물의 종류와 상품가치의 총합에 대해 정리하면 다음과 같다.

	〈식물종류의 개수〉	〈상품가치의 총합〉
15℃	4개(A, B, D, E)	85,000원
20℃	3개(A, D, E)	60,000원
25℃	3개(C, D, E) ※ 보기에 해당사항 없음	100,000원

따라서, ㄱ. 가장 많은 식물을 재배할 수 있는 온도는 15℃이고, ㄴ. 상품가치의 총합이 가장 큰 온도는 25℃이다.

주어진 재배가능 온도의 범위 구간이 모두 '~이상 ~이하'로 일정하므로 구간의 경계에 해당되는 식물도 포함시키는 것이 중요하다. '~초과' 혹은 '~미만'의 경우에는 경계값이 포함되지 않으므로 주의해야 한다.

문제 조건을 살펴보면, 식물 D와 E는 주어진 보기의 온도(15℃~25℃)에 모두 해당이 된다. 따라서, 식물 D, E는 계산에 포함시키지 않고, 식물 A, B, C만으로 종류의 개수와 가치의 총합을 판단하는 것이 수월하다.

〈참고〉 식물 A, B, C만으로 판단한 결과는 다음과 같다.

	〈식물종류의 개수〉	〈상품가치의 총합〉
15℃	A, B	35,000원
20℃	A	10,000원
25℃	C ※해당사항 없음	50,000원

22 .... p.136

정답 ④

제시문에 주어진 〈표〉 작물 재배 조건에 따라 재배 가능 시기를 고려하여 재배할 수 있는 작물의 조합의 경우를 먼저 살펴보고, 각각의 경우에 최대로 얻을 수 있는 소득을 계산한다. 이때, 최대 소득을 위해서는 한 작물을 두 번 재배할 수 없으므로 작물 하나로만 재배하는 경우는 제외하고, 두 작물 이상의 경우만 살펴본다.

두 작물 이상의 조합으로 재배 가능한 작물 조합은 〈A+B〉, 〈A+C+D〉, 〈B+C+D〉이다.

☑ 〈A+B〉인 경우

A작물 재배(3월~6월) → B작물 재배(7월~11월) 또는 B작물 재배(2월~6월) → A작물 재배(7월~10월)가 가능하다. 그리고 두 경우 모두 추가로 다른 작물을 재배할 수는 없다. 따라서, A를 통해 얻을 수 있는 소득은 800만 원이고, B를 통해 얻을 수 있는 소득은 1,000만 원이므로 A와 B작물을 재배해서 얻을 수 있는 소득은 총 1,800만 원이다.

☑ 〈A+C+D〉인 경우

A작물 재배(3월~6월) → C작물 재배(7월~9월) → D작물 재배(10월~12월)가 가능하다. 따라서, A를 통해 얻을 수 있는 소득은 800만 원이고, C를 통해 얻을 수 있는 소득은 500만 원, D작물을 통해 얻을 수 있는 소득은 350만 원이므로 A와 C와 D작물을 재배해서 얻을 수 있는 소득은 총 1,650만 원이다.

Power up

A → D → C 순서로 재배할 경우 A작물 재배(3월~6월) → D작물 재배(7월~9월) → C작물 재배(10월~11월)가 되는데 C작물의 재배 가능 시기가 11월 30일까지라 1회 재배기간인 3개월을 채우지 못해 재배가 완료되지 않기 때문에 소득이 발생하지 않는다.

☑ 〈B+C+D〉인 경우

　B작물 재배(2월~6월) → C작물 재배(7월~9월) → D작물 재배(10월~12월)가 가능하다. 따라서, B를 통해 얻을 수 있는 소득은 1,000만 원이고, C를 통해 얻을 수 있는 소득은 500만 원, D작물을 통해 얻을 수 있는 소득은 350만 원이므로 B와 C와 D작물을 재배해서 얻을 수 있는 소득은 총 1,850만 원이다.

　그러므로 최대로 얻을 수 있는 소득은 〈B+C+D〉의 경우로 1,850만 원이다.

Speed up

최대로 얻을 수 있는 소득을 기준으로 하여 최대 금액이 가능한 조합을 우선순위로 하여 재배 가능성을 판단하는 것이 필요하다. 즉, 가장 금액이 많은 〈A+B+C〉조합이나 그 다음 금액의 조합인 〈A+B+D〉 경우 모두는 재배가능기간의 합이 총 12개월이므로 불가능하므로 차 순위 조합인 〈B+C+D〉는 재배가능기간이 총 11개월로 모두 재배가 가능하므로 최대소득을 얻을 수 있다.

23 ·· p.137

정답 ②

제시문에 따라 〈A지역〉의 각 구역별 유권자 수를 표시하면 다음과 같고, 3×1의 구역을 A구역으로 1×3의 구역을 'B구역'으로 표시하여 설명하기로 한다.

60명	10명	10명(B구역)
10명	30명	10명
10명(A구역)	10명	60명

전체 구역의 유권자수의 총합이 $10 \times 6 + 30 + 60 \times 2 = 210$이므로 유권자가 동일한 3개의 선거구로 나누기 위해서는 각 선거구의 유권자수의 합이 $210 \div 3 = 70$명이 되도록 해야 한다. 그러므로 왼쪽 위와 오른쪽 아래의 유권자 수가 60명인 구역은 나눌 수 있는 경우는 총 4가지로 다음과 같다.

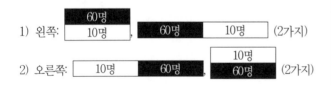

제시문의 〈조건〉에서 같은 선거구에 속하는 구역들은 사각형의 한 변이 적어도 그 선거구에 속하는 다른 한 구역의 사각형의 한 변과 맞닿아 있어야 한다고 하였으므로, 왼쪽과 오른쪽에 있는 60명의 구역을 포함하는 선거구에서

A구역이 조건에 어긋나고,

둘째, 의 경우에는 B구역이 조건에 어긋난다.

따라서, 가능한 경우의 수는 아래와 같이 2가지이다.

60명	10명	10명
10명	30명	10명
10명	10명	60명

60명	10명	10명
10명	30명	10명
10명	10명	60명

24 ·· p.137

정답 ③

Point up

제시문에서 특이한 조건을 갖는 도서('만화'와 '시': 대출기간 7일 & 연장 불가)에 집중하고, 대출 기간(대출일 포함)이나 연체료 부과 일수의 적용 방식(기간 종료일(불포함) 다음날부터 최종 반납일(포함)까지) 등 기간 산정에 특히 유의해야 한다. 연체료를 2배 부과(출간일 6개월 이내 신간)하는 도서에도 주의해야 함.

☑ 甲의 도서 대출 목록 중 연체료 조정이 불가한 특이한 도서 판단
★ 2018.10.30.모두 반납, 2권 연장(단, '만화', '시' 제외)

도서명	분류	출간일	대출일	대출 종료일	연체일수
원○○	만화	2018. 1. 10.	2018. 10. 10.	16일	<u>14일</u>

→ '만화'의 경우에는 예외적으로 대출기간이 7일로 연장도 불가능하므로 대출종료일 16일의 다음날인 17일부터 기산하여 30일 반납일까지 총 14일의 연체료를 지불해야 한다.

도서명	분류	출간일	대출일	대출 종료일	연체일수
입 속의 검은 △	시	2018. 9. 10.	2018. 10. 20.	26일	4일×2 =<u>8일</u>

→ '시'의 경우에도 예외적으로 대출기간이 7일로 연장도 불가능하므로 대출종료일인 26일의 다음날인 27일부터 기산하여 30일 반납일까지 총 4일의 연체료를 지불해야 하나, 본 도서는 대출일 기준으로 출간일이 6개월 이내의 신간에 해당하므로 연체료는 2배로 부과된다.

☑ 甲의 도서 대출 목록 중 연체료 조정(연장 도서 선정)이 가능한 도서 판단

도서명	분류	출간일	대출일	대출 종료일	연체일수
□의 노래	소설	2017. 10. 30.	2018. 10. 5.	18일	<u>12일</u>
☆☆ 문화유산 답사기	수필	2018. 4. 15.	2018. 10. 10.	30일	X
햄◇	희곡	2018. 6. 10.	2018. 10. 5.	25일	5일×2 =<u>10일</u>

→ 남은 3권의 도서 중에 수필과 희곡이 신간이므로 연체료를 최소로 하기 위해서는 도서 연장을 해당 도서에 적용하는 것이 필요하다.

따라서, 甲이 지불한 연체료(연체일수×100원)의 최솟값은 각 도서의 연체 일수의 총합이 14일+8일+12일+10일=44일이므로 총 4,400원이다.

빠른 정답 찾기

PART 01 이해추론편

Chapter 01 이해추론 – 법령제시형

▶ **1.1**

01 ⑤	02 ⑤	03 ①	04 ①	05 ②	06 ⑤	07 ⑤	08 ③	09 ⑤	10 ①
11 ①	12 ⑤	13 ②	14 ①	15 ④	16 ②	17 ⑤	18 ②	19 ④	20 ④
21 ③	22 ②	23 ③	24 ⑤	25 ⑤	26 ①	27 ④	28 ③	29 ③	30 ④
31 ④	32 ②								

Chapter 02 이해추론 – 비문학독해 및 추론

▶ **1.2**

01 ①	02 ④	03 ②	04 ③	05 ④	06 ①	07 ④	08 ①	09 ③	10 ⑤
11 ①	12 ⑤	13 ④	14 ④	15 ①	16 ③	17 ③	18 ②	19 ③	20 ①
21 ④	22 ③	23 ③	24 ①	25 ⑤	26 ⑤	27 ④	28 ④	29 ②	30 ③
31 ①	32 ④								

PART 02 추리분석편

Chapter 01 추리분석 – 게임 · 퍼즐 · 퀴즈형

▶ **2.1**

01 ③	02 ④	03 ③	04 ④	05 ①	06 ③	07 ④	08 ②	09 ③	10 ④
11 ②	12 ④	13 ③	14 ③	15 ①	16 ①	17 ③	18 ③	19 ②	20 ②
21 ②	22 ⑤	23 ③	24 ③	25 ③	26 ④	27 ⑤	28 ③	29 ④	30 ①

Chapter 02 추리분석 – 수 · 규칙 · 암호추리형

▶ **2.2**

01 ⑤	02 ⑤	03 ⑤	04 ①	05 ⑤	06 ②	07 ⑤	08 ⑤	09 ③	10 ①
11 ③	12 ⑤	13 ④	14 ②	15 ①	16 ③	17 ②	18 ②	19 ④	20 ①
21 ③	22 ①	23 ①	24 ⑤	25 ④	26 ⑤	27 ③	28 ①		

PART 03 조건판단편

Chapter 01 조건판단 – 배치결정형(선정, 조합, 순서)

▶ **3.1**

01 ④	02 ①	03 ③	04 ②	05 ①	06 ②	07 ⑤	08 ④	09 ③	10 ①
11 ④	12 ③	13 ②	14 ①	15 ①	16 ④	17 ④	18 ④	19 ⑤	20 ①
21 ④	22 ①	23 ②	24 ④	25 ①	26 ②	27 ④	28 ⑤	29 ⑤	30 ⑤

Chapter 02 조건판단 – 의사결정형(비교, 평가, 최선)

▶ **3.2**

01 ②	02 ③	03 ④	04 ③	05 ⑤	06 ②	07 ③	08 ⑤	09 ④	10 ①
11 ④	12 ⑤	13 ⑤	14 ③	15 ③	16 ②	17 ④	18 ②	19 ①	20 ①
21 ②	22 ③	23 ①	24 ①	25 ②	26 ①	27 ④	28 ②		

PART 04 자료판정편

Chapter 01 자료판정 – 단순수치계산(개별, 합산, 순위)

▶ **4.1**

01 ③	02 ③	03 ②	04 ②	05 ④	06 ⑤	07 ②	08 ②	09 ①	10 ③
11 ③	12 ②	13 ③	14 ③	15 ⑤	16 ④	17 ⑤	18 ②	19 ③	20 ③
21 ④	22 ⑤	23 ⑤	24 ③	25 ③	26 ③				

Chapter 02 자료판정 – 최적수치계산(경우, 제한, 최적)

▶ **4.2**

01 ①	02 ④	03 ③	04 ④	05 ④	06 ③	07 ③	08 ③	09 ③	10 ①
11 ④	12 ③	13 ③	14 ③	15 ⑤	16 ③	17 ③	18 ②	19 ①	20 ③
21 ③	22 ④	23 ②	24 ③						

김영진

주요 약력

- 서울대학교 산업인력개발학과 졸업
- 現) 박문각 공무원 노량진(남부고시학원) 7급 공채 PSAT 상황판단 전임
- 前) 종로국가정보학원 5급 공채 PSAT 상황판단 전임
- 前) 종로국가정보학원 NCS 수리/문제해결 전임
- 前) 종로국가정보학원 국가정보원 NIAT 논리추리 전임
- 前) 미디어정훈 NCS 수리/문제해결/자원관리/조직이해/자기개발 전임
- 前) 마이패스 인적성 삼성(GSAT), 현대(HMAT) 등
- 前) 저작권위원회 정보관리팀 저작권등록/상담/관리 담당
- 건국대, 광운대, 부산대, 상명대, 영남대, 인하대 등 30여개 대학 PSAT/NCS 특강
- 한국기술교육대 NCS 문제해결/자원관리/자기개발 원고 및 평가문항 자문검토위원

주요 저서

- 박문각 공무원 PSAT 김영진 상황판단 유형 분석[기본편](박문각출판)
- 박문각 공무원 PSAT 김영진 상황판단 유형 완성[심화편](박문각출판)
- 5급 공채 PSAT 기출해설집(미디어정훈)
- 5급/7급 민간경력자 PSAT 기출해설집(미디어정훈)
- 국가정보원 NIAT 기본/응용/심화(종로국가정보학원)
- 인적성PASS(마이패스)

PSAT 김영진
상황판단 유형분석
기본편

초 판 인 쇄 : 2024년 5월 10일
초 판 발 행 : 2024년 5월 16일
편 저 자 : 김영진
발 행 인 : 박 용
등   록 : 2015. 4. 29. 제2015-000104호
발 행 처 : (주)박문각출판
주   소 : 06654 서울특별시 서초구 효령로 283 서경빌딩
전   화 : (02) 6466-7202 (교재주문·학습문의)
팩   스 : (02) 584-2927

판권본사소유

정가 17,000원   ISBN 979-11-6987-996-5
                     979-11-6987-995-8(세트)